PREPARING DISSERTATION FOR ART CRAFT & DESIGN

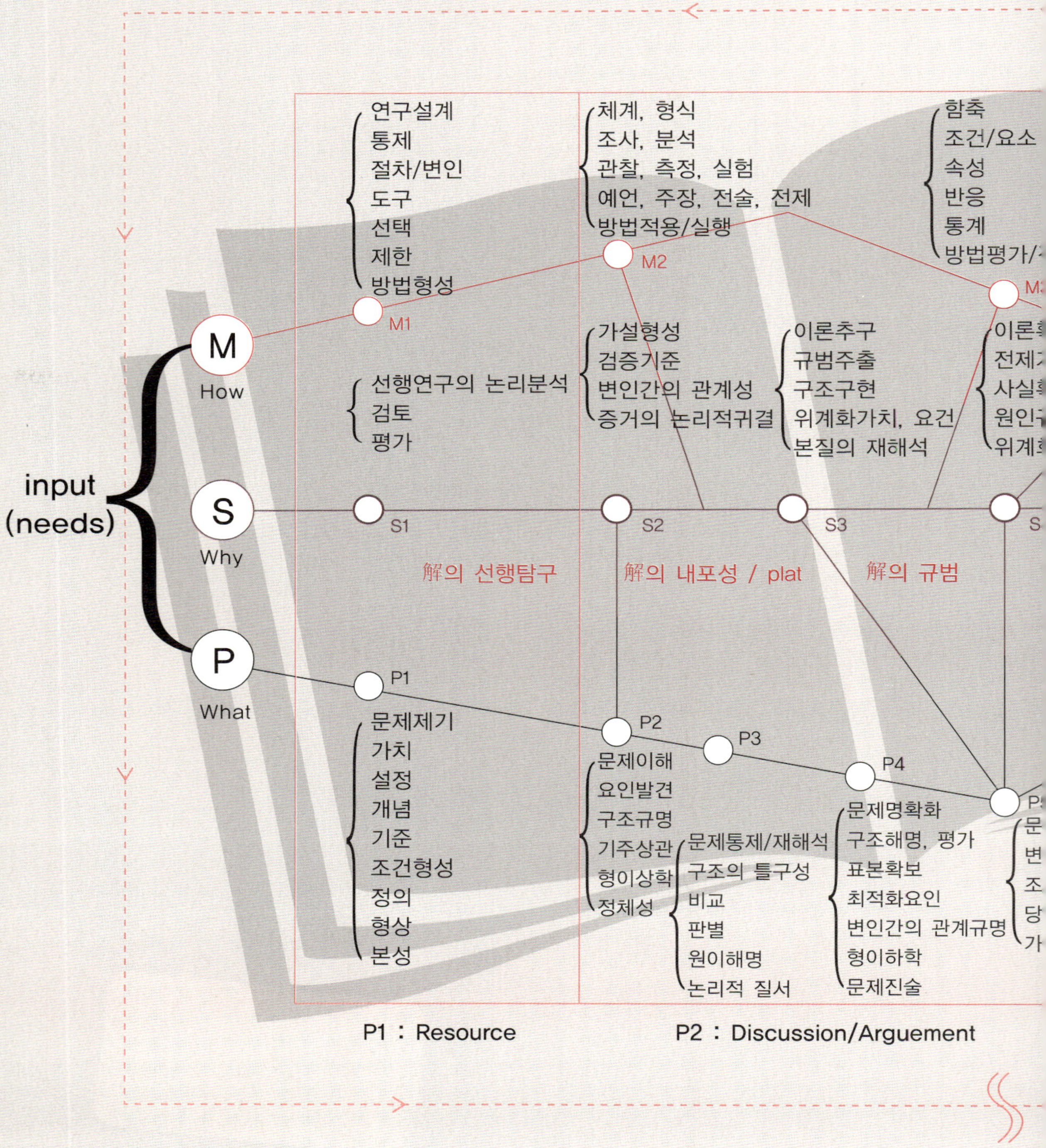

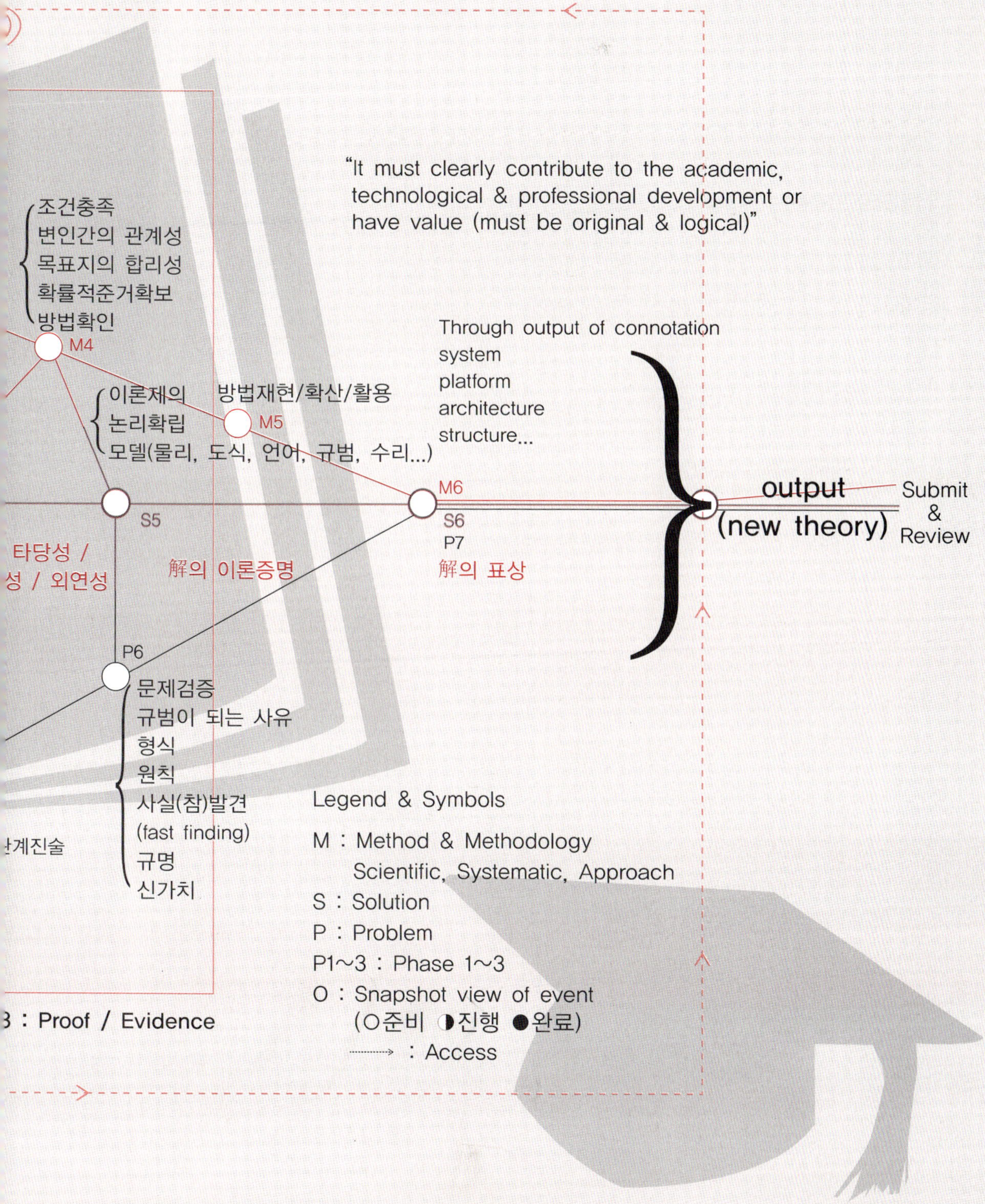

"It must clearly contribute to the academic, technological & professional development or have value (must be original & logical)"
조건충족
변인간의 관계성
목표지의 합리성
확률적준거확보
방법확인
M4
이론제의
논리확립
모델(물리, 도식, 언어, 규범, 수리...)
방법재현/확산/활용
M5
M6
S5
S6
P7
타당성 /
성 / 외연성
解의 이론증명
解의 표상
Through output of connotation
system
platform
architecture
structure...
output
(new theory)
Submit
&
Review
P6
문제검증
규범이 되는 사유
형식
원칙
사실(참)발견
(fast finding)
규명
신가치
계진술
Legend & Symbols
M : Method & Methodology
Scientific, Systematic, Approach
S : Solution
P : Problem
P1~3 : Phase 1~3
O : Snapshot view of event
(○준비 ◑진행 ●완료)
: Access
3 : Proof / Evidence

논문작성 체크포인트

PREPARING DISSERTATION FOR ART CRAFT & DESIGN

한석우 · 김연화

check point

지구문화사
JIGU PUBLISHING Co.

머 리 말

논문은 연구 대상이 지닌 의미론적 속성과 현상학적 표상간의 형이상학적 구조와 형이하학적 실체간의 관계를 논리적으로 설정하는 일이다. 즉 실천적 가치가 지닌 집합조건과 필연성 등과 함께 형식 논리학적인 해석과 변인간의 진술을 판별, 검증 하여 학술적 존재 가치가 구현된 논점이 정당화된 진술이 지닌 이론으로, 참(眞)으로써의 진리를 추체험하는 것이다.

특히 작품성을 추구하는 창조적 행위인 조형예술과 디자인 영역은 융복합적인 가치와 신념을 만들어내는 산출된 지식에 의해 새로운 사실과 이론을 학술적, 전문적인 의미로 승화시켜야하는 당의성을 갖추어야한다.

본서는 연구자가 스스로 자기 진단할 수 있는 안내서로 제1장에서의 연구문제와 체계전체에 대한 인식과 구조의 이해를 시작으로 제2장에서는 국·영문 초록작성과 함께 연구의 기본 전개 및 가설 설정에 대한 논거확립을 기술하였다. 제 3장은 본론부에서 비판적으로 논의해야 할 연구의 핵심부분을 계획된 구조의 틀로 진단, 평가, 해석, 판별 등 체계구현 전반 사항을 기술하였다.

이어 제4장에서는 논의의 신뢰성과 논거를 확립하기 위한 검증에 대한 구체적인 필요충분조건을 서술하였고 마지막 5장에서는 연구 종결부에서 다루어질 결론 도출의 의미와 함께 논제의 타당성과 가치의 발견적 접근에 대하여 안내하였다. 특히 339개의 속성별 체크포인트(check point)와 사례를 해당 항목에 첨부하여 연구자 스스로 논문작성 전체에 대한 맥락과 조건 및 규범들을 자가진단하고 평가할 수 있도록 구성하였다.

2011년 「논문의 이해 및 연구방법론」의 출간 및 E-learning의 동영상과 함께 2014년 「Thesis Comprehension & Methodology」 / 영문판 E-book을 출판해주신 지구문화, 지구인의 가족에게 깊은 감사의 말씀을 드리며 「논문작성 체크포인트」를 완성할 수 있도록 귀중한 옥고와 조언을 지원 해 주신 선배 제현에게 부족한 인사를 드립니다.

을미년 겨울에

대표저자 한 석 우

차 례

Chapter 3

논문의 본론(Main Discourse) 논의하기

Chapter 4 논문의 검증(Verification) 사실 확보하기

Chapter 5 결론(Conclusion) 주장하기

Chapter 1

(Prerequisite & Strucyute)

논문의 전개과정 이해하기

Chapter 1

논문의 전개과정 (Prerequisite & Structure) 이해하기

1-1 연구문제 제기 및 설정 / 인식화

논의(argument)란, 일의 이치, 도리, 이유, 사실(facts)과 적부(propriety)의 진위를 설명, 판단, 해석, 확장하는 일이다. 따라서 논문(article)이란, 연구의 결과나 업적을 상대적이며 차별이 있는 현상과 절대적이며 평등한 본체를 체계적으로 논하여 진술하는 글이다. 즉, 학문의 지식생산에 독창적으로 기여하는 글로써 연구의 과정이나 내용에 새로운 지식을 이끌어 내고 과학적 논리성에 입각한 이론적 의견, 주장, 견해를 진술한 글이다.

그러므로 논문에서의 합목적성과 그 정체성은 개인의 지적 활동에 크게 지배되며 과학성과 창의성은 영역별 관점 등에 기인하면서 상반된 합리성과 비합리성이 다양한 융합적 통합체계로 완성시켜야 하는 명제를 안고 있다.

이것에 대한 논의, 의론, 논변(argumentation)과정에서는 논지, 논점, 논제, 가설을 뜻하는 내용이 기술되어 있고, 문제제기–주장–근거에 대한 사고 과정 및 이것을 나타내는 문장으로 절차의 타당성, 신뢰성, 객관성을 확보하고 현상의 체계적인 견해를 기술(description), 제시할 수 있는 이론적 구축의 제 조건을 갖춰야 한다.

윤미선(2009)은 '결과에 제시된 정보를 과학적 지식으로 전환시키는 이해의 틀이다' 라고 하였다. 따라서 논의부분에서는 추론의 역할이 왜 중요한지에 대한 논점의 정당화와 진술의 핵심이 제시되어야 하며, 이치에 따라 객체를 분별하는 의문과 그 객체에 대한 논증의 이치가 분명하게 나타나 있어야 된다.

1. 논리와 논리성(logicality)이란

논리는 바른 인식을 얻기 위하여 규범이 될 수 있는 사유의 형식, 조건, 전제, 관계, 법칙 등을 연구하는 것으로 이는 논문을 지배하고 논증을 규명하는 원리가 된다. 어원적으로 로고스(logos)란 만물을 총괄하는 이법(理法)과 이성을 뜻하며 논리의 형용적 해석은 논법, 이론구축을 의미한다. 따라서 '논리적이다' 라고 하는 것은 올바른 논증을 이루고 있다거나 타당한 논증을 포함하는 논리의 법칙에 맞는 내용, 추리에 적합한 상태를 가리킨다.

여기에서 바른 인식을 얻기 위하여 규범이 될 수 있는 사유(思惟)에 의해 행해지는 형식, 조건, 전제, 규칙, 법칙, 규범 등을 연구하는 학문이 논리학을 의미하며 구조에 관한 개념과 판단 및 추리의 형식관계를 연구한다. 일반적으로 추상적 원리들의 체계로 구성되어 있는 논리학에서는 수학과 철학처럼 물음에 대한 추리(reasoning)를 비판적으로 평가하고 다양한 쟁점들(contention)에 대한 입장을 논리적으로 기술하여야 한다.

이러한 비판적 사고를 김희정, 박은진(2010)은 어떤 주제, 주장 등을 적극적으로 분석, 종합, 평가하는 능동적 사고이며 이성을 바탕으로 합당하게 추리하는 반성적, 의식적 사고이다'라고 하였다. 논리학에 대한 운영절차는 정의–비교 및 판별–분석–추상–일반화–유사개념, 명제추론, 삼단논법설정의 과정을 거치며, 경험적 관찰–사실모집–문제점연구–실험방법제시–사실의 상호관련–결정적 검증방법의 과정을 이룬다. 논리적 진리는 형식적 진리이며 논리주의는 형이상학설을 기원으로 하고 있고, 논리적 구상은 사고의 전개에 따라 인과, 원칙적용, 동기부여, 문제이해 및 해결 등에 의해 직관적 또는 납득할 수 있는 근거를 지닌 사고를 다룬다. 따라서 이는 추리에 적합한 사고에 해당된다.

논리적 이유와 귀결에 관계되는 이론이란 현상을 설명, 예측하기 위한 목적으로 경험적 사실들로부터 귀납적 논리에 따라 추론된 원리들의 체계적 구성을 통해 형성된 변인간의 관계를 진술하는 것이다. 이는 현상에 대한 체계적인 견해 제시, 상호 관련된 구성 개념, 정의, 명제 등을 포함하며, 경험적 사실들로부터 귀납적 논리에 따라 추론 된 원리들의 체계적 구성을 통해 형성되어 있어야 한다. 따라서 논문에 내제되어 있는 논리성이란, 논리의 확실성 또는 논리에 맞는 성질이며, 논리적이란 추리에 적합한 상태나 논리의 법칙에 맞는 모양과 논리학적 지식에 알맞은 입장을 의미한다.

2. 논제 선정하기

논문의 주제 설정은 논리적 확장 능력과 선행 연구에서 논리적 근거를 추출할 수 있고 독창성, 공헌도와 논리적 연상 및 검증능력이 가능한 문제를 설정하여야 한다. 연구자는 논제와 연관해 변인들을 조작적으로 정의, 측정할 수 있고 검증 가능한 내용을 선정하여야 하는데 이는 검증가능성의 주요 요인 간의 변인들을 구체화시켜야 하기 때문이다.

일반적으로 논문의 주제는 논문이 다루고 있는 근본적인 문제나 중심이 되는 내용을 의미하는 것으로 주어진 여건과 연구자의 능력을 고려하여 해결 가능한 범위의 문제로서 자료수집과 실험적 검증 등이 가능하며 명확한 결론을 도출할 수 있는 문제를 선정하여야 한다.

논제는 연구문제를 명확화, 구체화, 실현화 시킬 수 있는 심화된 내용을 당위성으로 확보, 제시되어야 하고 검증된 새로운 이론과 가치로 구현, 승화시켜야하기 때문이다. 그러므로 논제는 전체 연구 내용을 함축, 상징화 시킨 학제적 정체성을 확립시켜야 하는 의무와 책무를 나타내는 일종의 개별브랜드 성격이 되어야 하며 학제적, 전문적, 관점이 반영된 용어를 선택해야 한다.

check point

논제의 체크포인트 40단계

1. 계획의 과정은 합리성을 부여하고 있는가
2. 연구의 개념이 명쾌한가
3. 미래의 비젼(vision)과 미션(mission)을 담고 있는가
4. 어떻게 실체화 할 것인가에 대한 전략의 흐름이 명쾌한가
5. 전제, 요구, 제약, 조건을 분석·정리하고 있는가
6. 시간과 노력, 경제적 문제 등의 낭비를 막을 수 있는가
7. 과학적이며 기술적인 결과를 얻을 수 있는가
8. 가능성과 타당성을 기술로 습득할 수 있는가
9. 연구방법의 신뢰성, 논리성을 발견할 수 있는가
10. 현상에 대한 법칙성의 제안과 실증적 뒷받침은?
11. 기획, 설정한 의도대로 목표의 성과가 오를 수 있는가

(계속)

12. 기술상의 적용성과 현실성이 존재하는가
13. 연관분야의 전문가가 공통으로 인식을 같이 할 수 있는가
14. 연구절차는 최적의 단계로 구분하여 전개하고 있는가
15. 방법의 범용성과 논리적 근거를 발견할 수 있는가
16. 연구 수행을 위한 자료조사의 분석, 평가방법은 합리적인가
17. 문제 해결을 위한 접근방법의 타당성을 근거로서 제시할 수 있는가
18. 구체적 기대성과로 기술할 수 있는가
19. 제시된 새로운 이론은 연관분야에서의 활용 및 혁신을 이룩할 수 있는가
20. 결과의 실제적 범위가 명확한가
21. 개념 및 개념적인 도식을 이론적 구조로 진술하고 있는가
22. 내적 일관성을 지니고 있는가
23. 구체적 측면을 실험적으로 검증할 수 있는가
24. 논제에 대한 논거 확보, 논의과정에서의 변수에 대한 가능치의 범위 제한 등을 구체적으로 기술하였는가
25. 논제에 나타나듯이 '~체계화 연구' 에서처럼 체계화에 대한 합리적 내용과 구조 및 위계체계는?
26. 연구계획은 논제의 대표성, 표집의 적절성, 해석의 진실성을 기반으로 하는가
27. 현재의 연구내용은 체계화보다는 가이드라인 제시 또는 요구항목 중심의 전개로 구성되어 있지는 않은가
28. 전체적으로 문맥의 흐름이 ~의 일반적인 충분조건인 요구사항, 필요사항, 또는 구성요소와 내용접근을 중심으로 전개되고 있지는 않은가
29. 논제의 근거로써 전제가 될 명제에 대한 논의(hypothesis development or reasoned discussion, argument)가 부족하지 않은가
30. 논의에 대한 논리적규범을 추출, 해석, 실측, 통계, 검증 등이 가능한 주제인가
31. 연구의 범위가 광범위 하지 않고 심화된 주제인가
32. 명료한 논리적 일관성을 유지할 수 있는 주제인가

(계속)

33. 논제에 대한 논거확보, 논의 과정(예 : 변수에 대한 가능치의 범위 제한 등)의 비판적 관점, 가시적 검증내용이 기술되어 있는가
34. 논제에 대한 비판적관점이 명확한가
35. 명제(proposition), 정리(theorem), 가설(hypothesis)의 증명이 논리적인가
36. 조형작품 분석의 경우 의도 및 제작과정에 대한 내용은 창의적인 접근과 연개성으로 구현되었는가(예 : 표현요소 또는 조형적 특성이 어떻게 전의되고 구현되는지에 대한 명확한 내용의 제시 등)
37. 논제와 연관된 콘셉트(주제성, 조형성, 재료성 등) 전개와 형상적, 구조적 표현 과정이 제시되고 있는가
38. 제시된 구조는 상호간의 구체적 연관으로 변인간의 관계성에 대한 패러다임이나 최적화된 모델로써 형성될 수 있는가
39. 실제적 요소에 대한 작품분석 내용은 기법, 장식, 미학원리 등에 대한 객관적인 해석과 관점으로 진술되고 있는가
40. 작품사례 분석의 경우 표현특성, 조형성과 연관되는 형태감, 시각적 균형, 구조와 형식, 미감성, 기술적 표출성, 상징적 의미성 등에 대한 해석은 논리적 관점에서 이루어진 것이다.

3. 연구계획서 (research planning & design)

계획서에는 연구진행에 앞서 필요한 자료의 수집과 진행절차를 명백히 해주어야 하고, 지도교수 등 타인에게 연구계획에 관한 비평과 제안을 받고자 할 때 정확한 의사소통을 위한 하나의 기본적인 방편이 된다. 연구계획서를 작성할 때 반드시 일정한 형식을 따라야 하는 것은 아니지만, 연구의 대표성(representation)을 표출하는 것이 의사소통과 명료한 사고과정을 위해서 필요하다.

연구문제와 연구진행과정을 조직적으로 제시하여야 하므로 전체적인 관점에서 조망, 연구내용을 진단, 결정(decision making)하여야 한다. 연구문제의 성격에 따라서 연구계획 중 어떤 항목이나 내용은 보다 자세하게 명시해야 하는 반면 어떤 부분은 간략하게 설명하거나 축약할 수 있다.

연구 계획은, 연구문제의 제기에서부터 구체적 대상의 한정된 궁극적인 연구의 목표, 연구범위와 하위 문제 요인을 어떻게 선택할 것인가에 대한 선행연구탐색 및 연구자료의 수집과 분석, 논의 내용, 절차와 과정에 대한 방법의 선택이다. 이론적 배경과 이론체계를 연역하기 위한 과정, 즉 '무엇을 실증하려는가'에 대한 콘텐츠가 제시되어야 한다.

변인과 변인의 관계는 어떻게 될 것인가에 대한 잠정적 진술은 논리적으로 검증될 수 있는가 라고 하는 설명이 요구되며 가설, 구성개념의 수준과 관찰의 수준 등 사물에 대한 원리와 형상근거로 탐구하고 체득해야 한다. 구체적으로는 연구의 가치, 필요성, 중요성, 공헌도와 적용성, 현실성을 유지하여야 하고 이에 따른 데이터(under data, law data) 확보 및 자료조정, 분류, 자료해설과 해석, 문헌조사, 자료구성 등에서부터 통계적 예측 및 타당성 평가, 비교판별, 객관적 해석 등 논문체계의 적합성을 조망할 수 있는 내용으로 계획되어야 한다. 즉 연구자가 가설과 이 가설의 조작적 의미를 작성하는 것에서부터 무엇을 어떻게 탐구할 것인가에 대한 개요가 함축되어 있어야 한다.

계획에서는 결론을 포함한 귀납적 조직성을 지녀야 하므로 연구가설에 대한 진술이 필요하며 연구의 가정(assumption)에 대하여 어떤 조치를 취했는가와 결과의 타당성이 보장될 수 있는 조건과 상황을 설명하여야 한다. 연구 자료는 연구자의 문제의식과 안목에 따라 비판적으로 검토되어야 하며 논문의 자료에는 그 배경이 되는 사회적 환경의 차이, 분석 방법과 조사기간 등의 차이 등이 검토되어야 한다.

또한 자료에 대한 확인사항은 정확성과 현대성, 체계성, 범위, 예증 및 도표, 및 출처의 신뢰성에 대한 것이다. 표집의 적절성(sampling adequacy), 연구내용의 타당도(content validity)와 신빙성(dependability) 유지 및 해석의 진실성, 정확성, 결과응용의 보편성을 검토하여야 한다.

그러므로 연구주제는 전후, 상호연계가 함축적으로 이루어져야 하고, 제시된 의미는 연구 목차 전체 맥락의 포용과 연구의 독창성, 목표의 명확성을 유지하며, 국·영문초록의 함축성이 함께 제시되어 있는가에 대한 고민이 필요하다. 연구목적의 설정은, 설정된 연구문제 또는 주제가 과연 무엇을 위하여, 무엇 때문에 하고자 하는가를 밝히는 것이다.

경우에 따라서 연구의 필요는 연구를 다 끝낸 뒤의 연구논문 작성과정에서 문제의 제기 또는 서론으로 연구목적과 별도의 장으로 다루는 경우도 있으나 연구를 추진하기 이전의 설계과정에서는 그렇게 할 필요가 없다. 연구의 필요성은 해당 분야에서 연구되어 온 선행연구 업적들을 각 관점에 따라 소개하고, 자신이 따를 수 없는 관점들에 대한 비판과 자신이 가지고 있는 관점의 타당성을 내보여야 한다.

연구계획서는, 연구의 가치, 연구의 특성 및 공헌성은 무엇인가와 연구의 적용성이 내재하고 있는가에 대한 문제를 제기하고, 연구목적과 가설을 설정하고 구체적인 내용과 방법을 제시하여야 한다. 특히 예술, 공예, 조형 디자인 분야에서는 그 특성과 전문성에 따라 논제가 지니는 가시적, 비가시적 필요충분조건을 충분히 체득하여 전개시켜야 하며 연구주제 선정에 따른 결론적 신념을 공식화하는 중요한 방향을 제공하기 위한 합리적인 접근방법 적용이 요구된다.

그 이유로는 접근방법의 범용성 확보와 논리적 근거 및 체계를 필요로 하기 때문이며 연구내용 전개에 따른 제현상에 대한 디자인 현상에 대한 실증적 뒷받침에 의한 규범을 추출하고 연구설계내용(text of dissertation)의 정체성을 명확하게 포착하여야하기 때문이다.

가설은, 새로운 사실이나 관계를 예언하거나 지금까지 설명되지 못했던 사실이나 관계를 설명하는데 도움이 되는 것이어야 하며, 기정사실이나 원리를 무시하거나 시험이나 증명이 될 수 없는 가설은 무의미한 것이 된다. 무의식중에 가설에 대해 희망적 관찰을 함으로써 관찰 해석 판단에 객관성을 잃게 되기 쉬우므로 사실의 증거가 중심이 된다는 것을 유의하여야 한다.

4. 연구 방법 (method & methodology)

박사학위논문은 자료처리와 방법론 부분도 중요한 심사평가대상이 되므로 정확하게 서술해 두어야 하고 자료에 대한 분석방법도 명시적으로 서술하여 자신의 연구 결과가 논리적인 타당성을 획득할 수 있도록 한다. 또한 자신이 채택하지 않은 방법론의 문제점도 열거하고, 그로 말미암은 자신의 방법론이 가진 강점을 내세우도록 한다.

학위논문일 경우에는, 방법론의 성격이 귀납적인지 연역적인지, 구체에서 추상으로 전개할 것인지에 대한 방향을 분명히 할 필요가 있다. 논립확립이란, 모든 과학연구의 기초가 되는 방법으로 일정한 조사연구의 목적에 도움을 주며 체계적으로 계획되고, 그 결과가 체계적으로 기록되고 그 타당성과 신뢰성에 대한 검증과 통제를 거친다.

관찰의 방법에는 다음과 같은 사례가 있다.

① 자연적 관찰 (incidental observation) : 어떤 행동이나 현상이 자연적으로 발생한 그대로를 조직적인 관찰의 의도 없이 관찰하는 방법이다.

② 전기적 관찰 (bibliographical observation) : 인간행동을 장시간에 걸쳐 지속적으로 관찰하는 방법으로 종단적 방법과 횡단적 방법이 있다.

③ 행동요약 (behavior summaries) : 개인의 행동을 신체적, 정서적 또는 사회적으로 나누어 각 영역의 한 부분에만 국한시켜 오랫동안 조직적으로 관찰하고 그 관찰자료를 누가적으로 기록하여 전체적인 성향을 재구성하는 방법이다.

④ 시간표준 (time sampling technique) : 관찰 장면을 제한하지 않고 특정한 행동단위(반항적 행동이나 친구와의 대화 등)가 비교적 짧은, 일정한 시간사이에 얼마나 발생하는가를 양적으로 측정하는 방법이다. 흔히 빈도기록법이라고도 한다.

⑤ 장면선택 (situational sampling technique) : 이 방법은 사건 추출법(event sampling method)이라고도 하는데, 어떠한 행동이 잘 나타나는 장면을 선택하여 관찰하는 방법이다.

⑥ 참가관찰 (participant observation) : 이 방법은 관찰자가 피관찰자와 같은 행동 상황 속에 들어가 피관찰자의 행동을 관찰하는 방법이다. 피관찰자도 관찰자를 의식하고 있다는 점이 다른 관찰법과 다른 점이다.

⑦ 실제적 관찰 (experimental observation) : 이 방법은 관찰하려는 장면이나 조건을 인위적으로 조작해서 같은 행동을 보다 정확하고 엄밀한 조건 아래서 관찰하는 방법으로 x, y라는 두 개의 사이에 어떤 공존관계가 있는가 하는 인과법칙의 발견, 밝혀진 여러 이론의 검증, 새로운 이론구성, 가설검증을 위한 과학적 접근도 빼놓을 수 없는 방법이다.

연구문제의 내용과 주제가 결정되고 가설이 형성되면, 다음의 문제는 어떠한 내용으로 주제를 분석하고 가설을 증명하느냐 하는 것이다. 이것을 연구내용 또는 문제의 분석이라고 한다. 연구내용에서 다루는 주된 일은, 연구문제에 따르는 하위문제의 분석과 연구문제가 일어나게 된 원인이나 이유를 밝히는 것이다.

하위문제의 분석이란 연구문제를 보다 세분하여 연구문제를 분석하는 각도와 영역을 정하는 것을 말한다. 특히 어떠한 사상이나 상황을 파악하고자 할 때 하위문제의 분석은 더욱 더 요구된다. 또한 연구문제를 보다 구체적으로 분석할 수 있도록 하위개념을 조직적으로 계열화 할 필요가 있다. 그러나 연구문제에 따르는 하위문제를 있는 그대로 계열화하고 그것을 전부 다룬다는 것은 거의 불가능하다. 따라서 연구 내용을 한정시켜 중요한 후보를 선택하여 설정한다.

check point

문제제기 및 인식의 체크포인트

1. 이론면에서 본 이 연구의 가치는 무엇인가
2. 방법면에서 본 이 연구의 가치와 필요는 무엇인가
3. 연구의 활용 및 적용 면에서 본 필요성은 무엇인가
4. 선행연구에 비하여 이 연구의 특성과 독창성은 무엇인가
5. 연구를 통하여 궁극적으로 공헌하고자 하는 것은 무엇인가
6. 연구를 통하여 구체적으로 밝히고자 하는 방향(목적)은 무엇인가
7. 어떠한 대상을 놓고 연구의 목적과 목표를 밝히려고 하는가
8. 어떠한 방법, 도구를 통하여 이 대상을 분석하고자 하는가
9. 연구의 목적 및 필요성의 명확화, 정식화는?
10. 해당연구 분야에서 제기되고 있는 문제점을 인지하는가
11. 연구의 핵심, 가치, 연구의 특성 및 공헌성은 무엇인가
12. 연구의 논리적인 적용성이 내재하고 있는가
13. 구체적인 연구과정과 절차는?
14. 어떤 내용과 방법으로 논의를 비판할 것인가
15. 무엇을 실증하려고 하는가
16. 변인과 변인의 관계가 어떻게 될 것이라고 예측 하는가
17. 연구범위와 문제요인을 어떻게 선택할 것인가
18. 구체적인 연구의 핵심(issue)은 무엇인가
19. 자료의 수집, 대상의 한정 및 추출, 선택 및 분석단계별 접근방법은?
20. 논문의 맥락이 문제발견에서 문제해결까지의 복합적인 상호작용의 관계로 이어지는가

(계속)

21. 논문전개 과정은 논제의 기본 내용이 지니고 있는 비가시적이며 불확실성으로 이루어진 무성격의 포괄적 문제를 필요에 따라 인식·진단해야 하므로 객관적으로 공식화 하는가
22. 논문전개 과정은 필요, 충분조건의 최적화를 위하여 외부적인 문제규명과 질서의 이해와 조직 및 반응 등이 상호 간섭관계를 지니는가
23. 논문전개 과정은 문제의 이해, 해결안의 총합, 해결안의 평가 외 3단계를 한 주기로(TS : Tentative Solution) 하여 또 다른 문제를 야기하는 부가적인 전개과정으로 나타나고 있는가
24. 방법의 타당성을 위한 합리적 방법선택의 사유를 제시하였는가
25. 기존연구의 이론과 선행연구의 실제에 대한 한계 및 핵심관점에 대한 비판적 견해를 제시하는가
26. 선행연구 고찰 결과를 함축적, 투시적(perspective & coordinating)으로 요약제시하고 있는가
27. 문제진술, 도출에 대한 근거는? (어떤 근거위에서 진술하는지)
28. 조작적 변인의 측정과 관련 된 주요변인의 제시는?
29. 논문의 형식, 요건, 구비 및 체계구성(구조틀)이 지닌 논리적 타당성은?
30. 모집자료의 객관성, 보편성과 정보의 신뢰성 확보는?
31. 사실의 상호관련성과 이론구축의 준거는?
32. 관계설정 및 원인과 구조 해명의 명해성은?
33. 연구내용의 적합성과 논리성, 상호연결성은?
34. 결정적 검증방법의 개발 및 응용가능성은?
35. 연구의 가치, 연구의 실용적 특성 및 기여도는 무엇인가
36. 윤리규정 준수 및 투고요령 준수는?
37. 표기방법의 형식성, 정확성은?
38. 문제해결의 설정, 통제, 진단, 확인에 따른 논의과정이 가시적으로 전개되고 있는가
39. 무엇을 실증하는가 즉, 연구가설과 그 가설의 조작적 의미의 개요는?
40. 연구의 가치, 실용성과 함께 제시된 주장의 사유가 타당하게 나타나고 있는가
41. 논문의 구성형식과 논거확립의 체계는 적절한가
42. 문제해결과정에 대한 합리적 연구전개와 증거의 확보는 가능한가

(계속)

43. 연구에서 추구하는 새로운 방향성과 논리적 합리성에 대한 실천적 내용이 되는 관계설정과 의미구현 및 접근방법은 타당한가
44. 논의 내용이 객관적이며 체계구성의 핵심이 되는 개연성에 대한 확인을 발견 할 수 있는가
45. 실행방법은 연구절차 및 과정에 속하며 연구방법은 연구를 위한 수단이며 도구이므로 방법은 객관성과 범용성에 대한 구분으로 이루어져 있는가
46. 연구내용 및 방법에서 연구내용과 방법을 구체적으로 구분하여 제시하였는가(경우에 따라 연구 내용뿐 연구의 범위에 포함될 수 있음)

사례 1

논문연구 계획서

1-1 논제 (연구논문 주제안(Choosing research topics)
1-2 목차(안) (list of figures & tables)
1-3 논의(고찰) 내용(main body of the dissertation)
1-4 결론(conclusions & recommendations)
1-5 요약(summary writing)

- 연구 목적(goal, target & effectiveness / aim & objectives in detail)
- 연구 범위(category / definition of terms) / 연구 논의 내용(main body of the research thesis)
- 연구 방법(desigrning the reserch methodology / tool & skill)
- 연구 절차(implementation & control precess)
- 이론적 배경(background & situation)
- 선행연구 탐색(exploration)
- 자료수집(information gathering & assimilation / measure aggregation) (문헌, 보고서, 논문, 웹사이트 등(appendis, bibliographic refeence)

1-2 논문의 체계 및 구조틀 / 구조화

논문작성의 구조 모델들은 논문이 어떠한 방법으로 결합되어져야 하는가에 대한 문제를 결정짓게 하는 하나의 연관법칙과 구성계획으로서의 과정을 조망하고 실천하는 데에 그 목적을 두고 있다. 일반적인 연구의 구조화 내용은 형이상학적, 비가시적, 불확실성으로 이루어지는 정체성에 대한 문제를 필요에 따라 인지, 판별해야 하므로 객관적으로 공식화하거나 일정한 원칙을 갖고 절대적 방법을 기대할 수는 없다.

논문의 구조화를 위한 '8E 구조틀'의 특징은 계획화 단계에서부터 구현화 단계까지의 복합적인 상호작용의 관계로 구성되며 논제의 기본영역별 특성을 지니고 있다. 그러므로 논문의 체계전개에 대한 구조화 과정은 필요조건의 최적화를 위하여 내외부적인 상황, 수준별 문제의 질서이해와 조직 및 수행 등이 상호간섭적 관계를 지니는데 그 이유는 전개방법의 범용과 실증적 뒷받침에 의한 각각의 존재가치를 허용해야하기 때문이며 연구의 정체성을 포용하여야하기 때문이다.

그림 1-1 의 8E '구조틀'에서 논거확보 단계는 **총망라**(exhaustiveness) **영역**에 해당되며 이 단계에서의 수행내용은 설정된 문제개념을 기반으로 판별, 진단 및 탐구된 사실과 현상의 일반화에 의한 비가시적구조와 비계량적가치에 대한 추상적 표현화 단계에 해당된다. 즉, 문제해결을 위한 요구사항의 목표 및 전개를 조망하고 논리적 정합성의 필요조건을 합리적으로 인식하는 구체적 콘셉트 설정단계이다.

탐구(exploitation) **단계**는 논의를 시작하는 구성화단계로서 학술적, 학제적, 실제적 기회를 확인하고 그 가능성을 준비하는 단계이며 구체적인 문제요인의 항목화, 조형요소의 결정화, 구조화 기능향상으로서의 시스템 전환, 새로운 이론과 가치 등에 대한 요구점을 조직화시키는 단계이다.

최적화(extraction) **단계**는 논의의 결과에 대한 정성적, 정량적 관계를 구축하고 원인을 분석하며 논의의 핵심에 대한 공명성을 확인하는 단계이다. 즉, 이러한 논의의 이론적 체계구축과 속성, 변인간의 위계구조 및 형이상, 하학적 본질과 타당성, 정합성의 규명 및 추론합의 등에 대한 확률적 증거를 확보하는 단계이다.

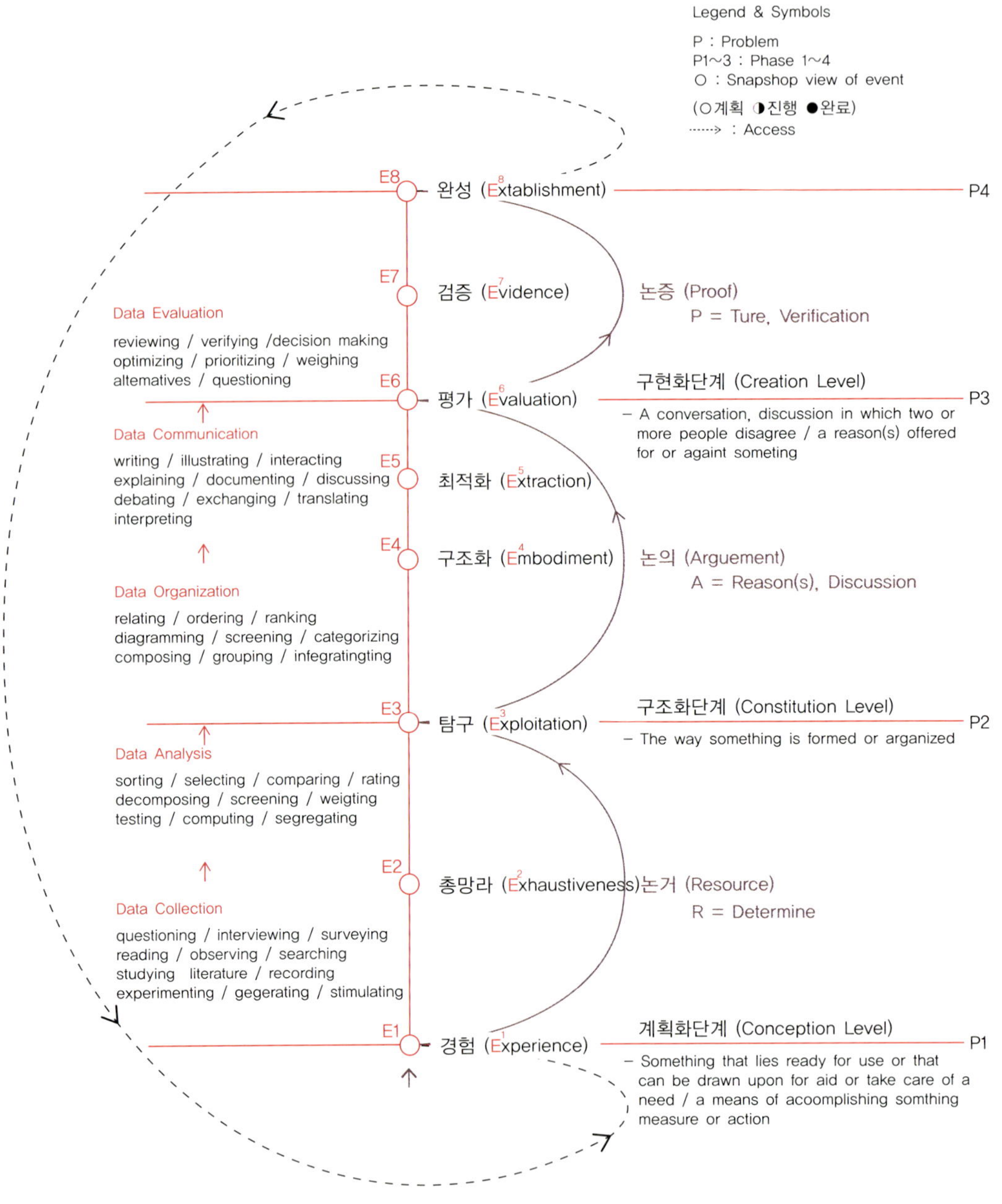

8E = Experience + Exhaustiveness + Exploitation + Embodiment + Extraction + Evaluation + Evidence + Extablishment

그림 1-1 8E 구조틀에 의한 논문체계 구조모델

검증(evidence) 단계는 구조모형, 표본정립, 규범추출, 조건의 최적화, 형식논리학적 구조의 전제 등을 통계적, 실험적 평가 및 판별을 통해 연구자의 새로운 이론체계가 사실임을 확인하는 연구문제의 해결 및 검증단계이다.

그림 1-1의 구조모델에서는 논거, 논의, 논증에 대한 범용적 전개과정을 논문구조에 대한 선경험 단계와 함께 논문작성요건과 투고요령, 형식에 의해 연구논문을 완성시키는 단계를 포함하고 있다. 또한 완성의 단계에서 연구자는 논문결과에 대한 심의용 영상 포함 프레젠테이션 자료 파일 및 논문심사용 다큐멘테이션(documentation) 단계를 나타낸 구조모델이다.

그림 1-2 MSP(Method, Solution, Problem) 접근별 논문체계 구조모델은 해석의 선행탐구에서 표상까지의 방법별 구조 영역에서 결론적 신념을 공식화하는 방향을 제공하기 위한 접근태도와 도구, 기술 등에 대한 모델이다. 문제발견에서부터 문제해결까지의 방법별 탐구과정에서 M1은 방법형성, M2는 방법적용 및 실행, M3는 방법평가 및 진단, M4는 확인, M5는 방법재현, 확산 및 검증, M6는 방법표상의 단계를 나타낸 것이다. 문제해결(solution) 전개과정에서 S1은 *解*의 선행탐구, S2는 *解*의 내포성, S3는 *解*의 규범, S4는 *解*의 타당성, 신뢰성 및 외연성, S5는 *解*의 이론증명, S6는 *解*의 표상으로 구성되었다.

또한 문제제기와 인식에서부터 문제검증까지의 문제별(problem) 구조화 영역에서는 문제의 발생원인과 결과에 대한 해석이 이치에 부합되는 논리성을 부합시키는 내용으로, P1은 문제제기 및 인식, P2 문제이해, P3 문제통제, 재해석, P4 문제명확화, P5 문제해결 P6는 문제검증의 여섯 단계로 이루어졌다.

이 단계에서는 문제해결이 어떤 도움이 되는가에 대한 설정, 도출, 통제, 확정, 실시 등에 대한 문제의 명확화에 목적을 두어야 한다. 특히 3영역별 단계에서는 논증에 해당되는 사실을 재현 또는 시연할 수 있는 논문트랙(matrix형 networking)은 6단계로 구성된 체계모델이다.

실제적으로 그림 1-2의 모델에서는 각각의 영역별로 독자적인 단계로 전개되고 있으나 각 단계에서는 형식논리학적인 논의 된 발견적 견해, 즉, 사유, 형식, 법칙 등 규범이 될 수 있는 타당성과 객관화 된 실체들이 유기적으로 상호영향을 줄 수 있는 형식으로 전개되고 있다.

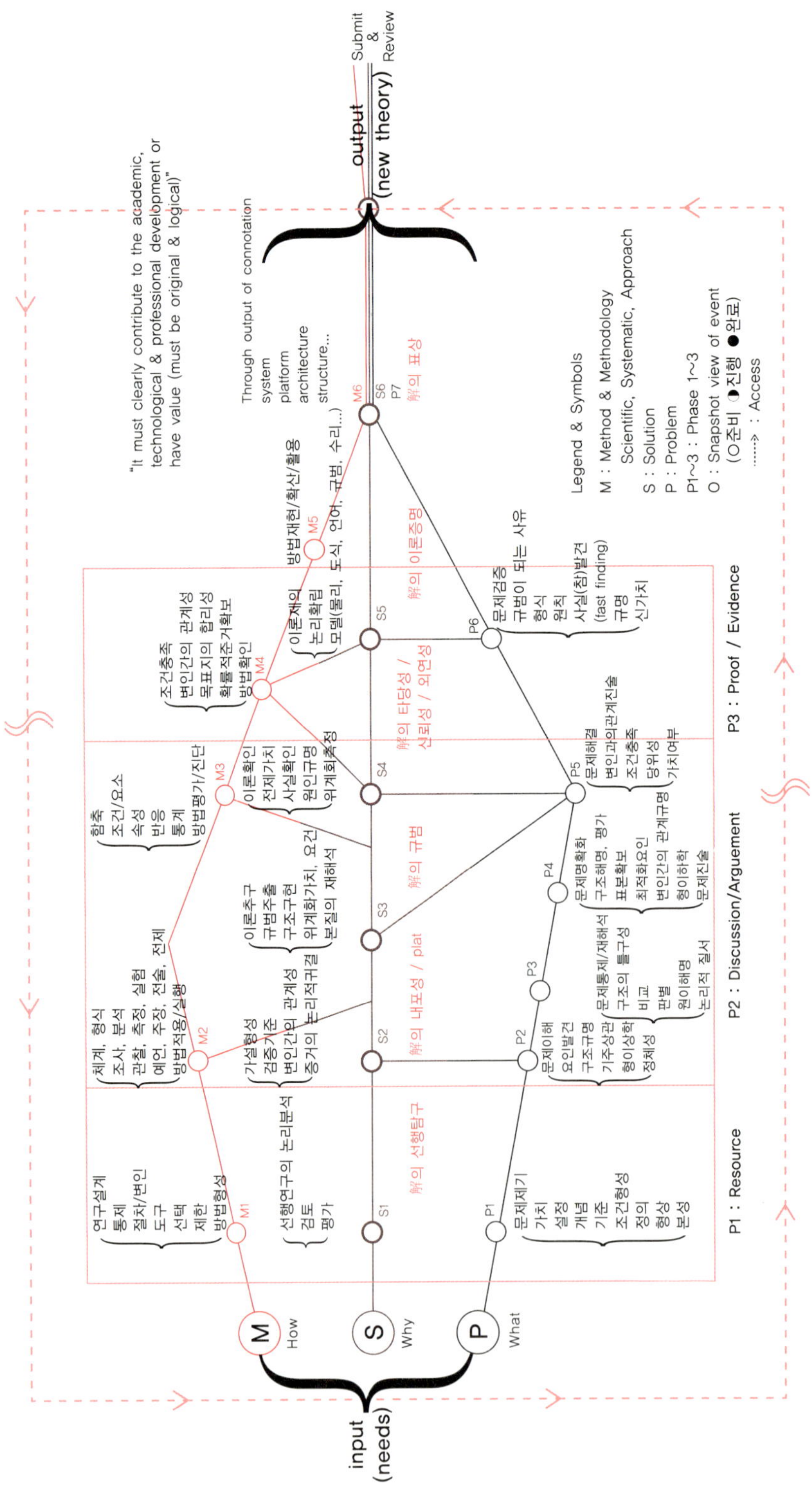

그림 1-2 MSP(Method, Stage, Problrm) 중심의 논문체계 구조모델

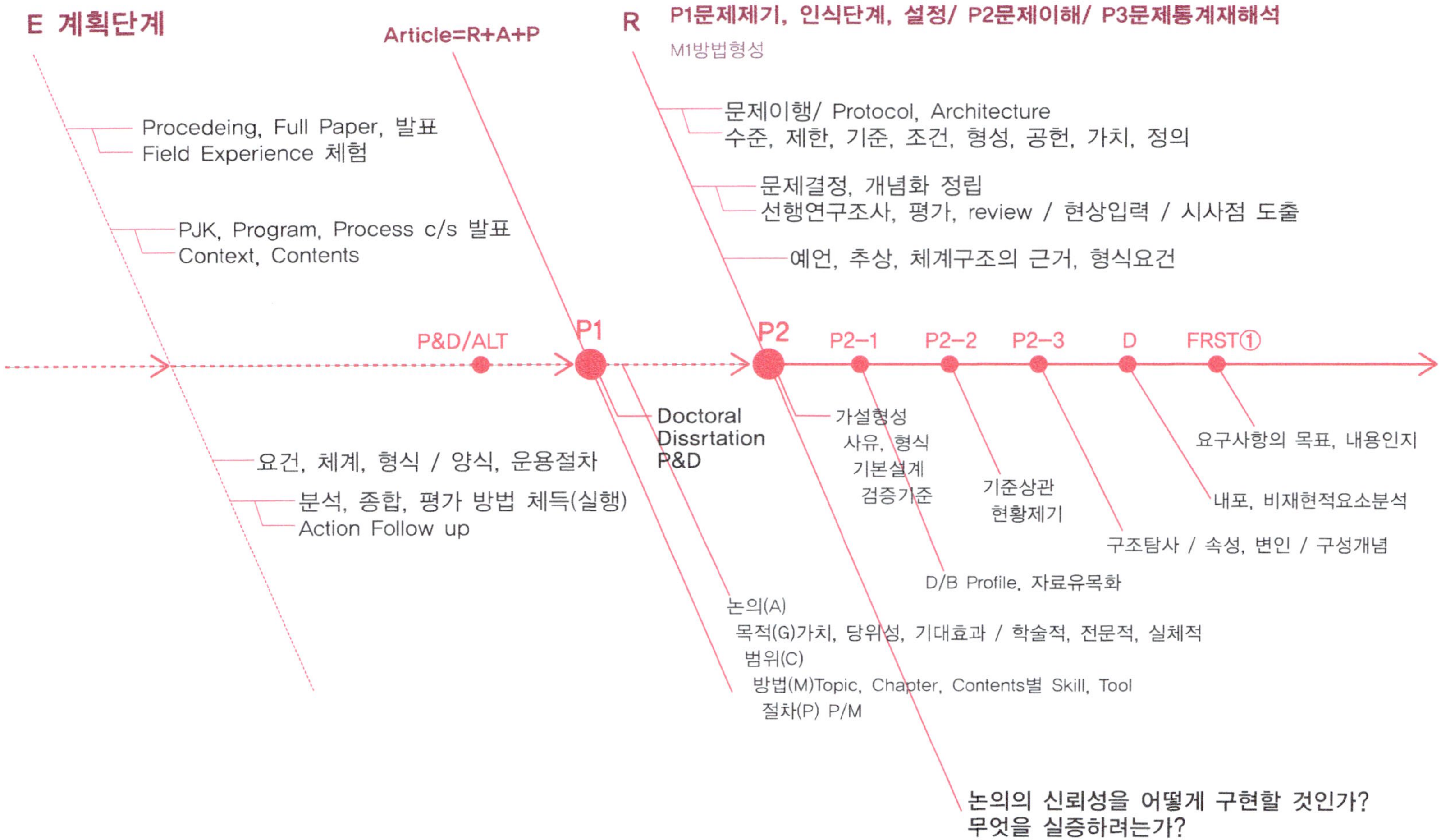
E 계획단계
Article=R+A+P
R
P1문제제기, 인식단계, 설정/ P2문제이해/ P3문제통계재해석
M1방법형성
Procedeing, Full Paper, 발표
Field Experience 체험
PJK, Program, Process c/s 발표
Context, Contents
문제이행/ Protocol, Architecture
수준, 제한, 기준, 조건, 형성, 공헌, 가치, 정의
문제결정, 개념화 정립
선행연구조사, 평가, review / 현상입력 / 시사점 도출
예언, 추상, 체계구조의 근거, 형식요건
P&D/ALT
P1
P2
P2-1
P2-2
P2-3
D
FRST①
Doctoral
Dissrtation
P&D
가설형성
사유, 형식
기본설계
검증기준
기준상관
현황제기
요구사항의 목표, 내용인지
내포, 비재현적요소분석
구조탐사 / 속성, 변인 / 구성개념
D/B Profile, 자료유목화
요건, 체계, 형식 / 양식, 운용절차
분석, 종합, 평가 방법 체득(실행)
Action Follow up
논의(A)
목적(G)가치, 당위성, 기대효과 / 학술적, 전문적, 실체적
범위(C)
방법(M)Topic, Chapter, Contents별 Skill, Tool
절차(P) P/M
논의의 신뢰성을 어떻게 구현할 것인가?
무엇을 실증하려는가?

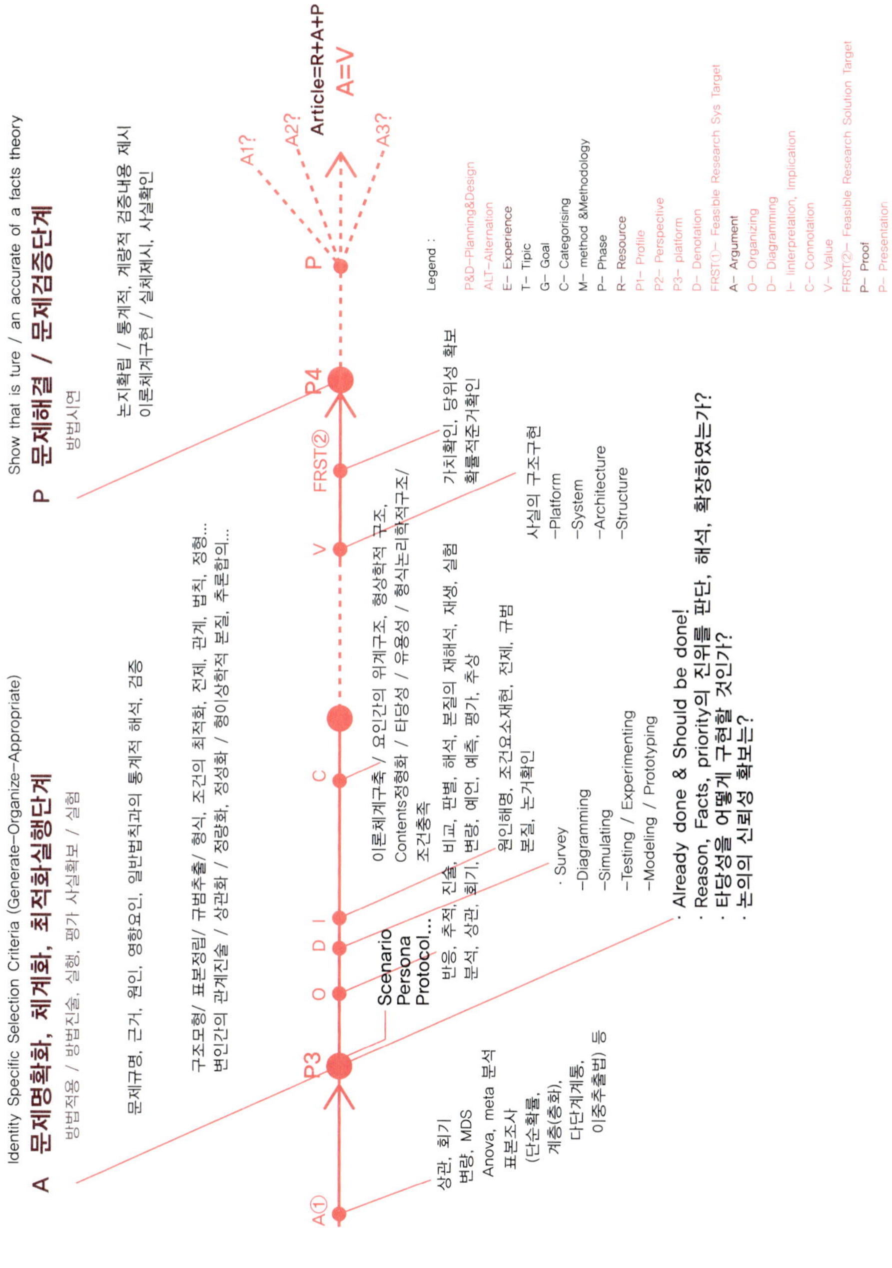

그림 1–3 P&D(Planning & Design) 중심의 논문체계 구조모델

그림 1-3 P&D(Planning & Design) 중심의 논문체계 구조모델은 연구모델의 수행단계 및 내용을 계획단계, 서론, 본론, 검증의 4단계로 구분하여 해당영역별 단계에서 수행하는 구체적인 내용을 중심축으로 한 모델이다. 서론에서는 논문의 요건, 체계, 형식, 양식, 운영절차 등과 같은 기본적 구성을 이해하며 체험하는 단계로 구성되고 있다. 학위논문의 경우 여기에서의 체험이란, 학위논문 논제와 직간접적으로 연계되는 소논문 형식의 선경험에 대한 연구를 의미한다.

특히 논문의 중심부가 되는 본론 부분에서는 논거, 논의, 논증 단계로 구분하고 개념인식, 형성, 변화내용 및 형상화, 선행연구 검토, 문제 탐색, 분석자료 규명, 타당성 검토, 논거 확인, 검증의 단계로 대별된다.

그림 1-3에서는 그림 1-1과 그림 1-2의 특성처럼 문제 해결에 대한 검증화 단계 및 이에 대한 세부적 연구절차에 대한 통섭적 이해를 할 수 있도록 구체적인 내용 즉, 연구의 당위성, 분석, 검토, 문제에 대한 최적화 실행과 해결안 제시 및 확정에 대한 일반적 내용들을 포함하며 이러한 제문제들이 궁극적으로 진실의 꼴로 바꿔 놓을 수 있는가에 대한 모델이다.[1]~[11]

Bibliographic Reference

[1] 경희대 사회과학연구원, "조사방법론", 1999, p.22.

[2] 김연화, "현대 도예의 미니멀리즘 경향과 탈환원구조", 박사학위 논문연구 계획서, 홍익대학교 대학원, 2008, 2009.

[3] "논문작성법", 서울과학기술대학교, 2010, pp.6-10.

[4] 논문작성법 편찬위원회, "학술논문작성법", 계명대학교 출판부, 2008, pp.18-20.

[5] 배종근, 하덕모 공저, "연구논문 작성법", 동국대학교 출판부, 1983.

[6] 숙명여자대학교, "학위논문작성법", 숙명여자대학교, 2009.

[7] 이도영, "건축 및 디자인분야 연구자를 위한 건축디자인 연구방법론", space Time, 2005.

[8] 한국디자인학회, 한국예술포럼, 한국디자인트렌드학회, 한국화예디자인학회 한국귀금속보석학회, 한국기초디자인문화학회, 한국조형디자인학회, 한국조

형교육학회, 한국공간디자인학회, 한국디자인지식학회, 한국디지털디자인학회 논문투고요령–Web site 재인용
[9] 한석우, 김연화, “논문이해 및 연구방법론”, 지구문화, 2011.
[10] 한석우, “디지털 타임스 지재권 라운지”, 디자인코리아, 2010.
[11] James.E.Mauch, Jack.W.Birch 원저, 박명호, 오동근 공역, “학위논문의 작성과 지도”, 계명대학교 출판부, 1999.

Word Expound

- **논거**(resource) : 논증에서 진위를 확정할 판단으로 제제(堤題)근거로서 전제가 될 명제
- **논리성과 논리적** : 논리성은 논리의 확실성 또는 논리에 맞는 성질이며, 논리적은 추리에 적합한 상태나 논리의 법칙에 맞는 모양과 논리학적 지식에 알맞은 입장임
- **논리학** : 바른 인식을 얻기 위해 규범이 될 수 있는 사유, 형식, 법칙을 연구하는 학문으로 형식논리학적으로는 의미와 언어의 구조에 관한 개념, 판단, 추리의 형식. 관계, 조건, 전제, 규칙을 논하는 학문
- **논리학의 운용절차** : ① 정의–비교 및 판별–분석–추상–일반화–유사개념 명제 추론–설정 및 삼단논법(forming syllogism), ② 경험적 관찰–사실모집–문제점연구–실험방법제시–사실의 상호관련–결정적검증방법 개발
- **논의** (discourse, discussion) : 이론의 의미, 요지, 취지(tenor), 논지(drift)
- **연구** (research) : 사물에 대한 원리와 형상을 조사하는 일로서 이론, 가설, 구성개념 외 수준과 관찰 등을 근거로 함
- **연구계획** : 연구의 전반적인 다이어그램 혹은 프로그램 연구계획 속의 가설과 이 가설의 조작적 의미를 작성에서 부터 무엇을 어떻게 할 것인가에 관한 개요를 포함시키는 계획
- **적응적 연구방법** : 자연계의 현상, 질서, 구조, 법칙을 유추하며 생물공학(biological engineering), 생체공학(biometrics)의 기본원리, 질서, 시스템 등을 인위적 환경 요소에 접근하는 방법론

- 메타 연구(meta analysis) : 기존연구에서 제시된 결론에서 연구자 자신의 새로운 주장을 도출하는 간접연구
- 소시오메트리(sociometry) : 사회적 선택에 대한 연구와 측정으로 집단 내 개인의 선택, 커뮤니케이션 및 상호작용 형태에 관한 자료를 수집, 분석하는 방법들을 지칭하는 포괄적 의미임
- 사적연구(historical research) : 과거의 사건, 경험에 대한 정보출처 및 자료의 타당성에 관한 증거의 가치를 평가, 해석하고 그 평가된 증거를 재해석하는 것
- 타당성과 신뢰도의 유지조건 : 신빙성(dependability), 진실성(veridiction), 예측가능성(predictability), 정확성(accuracy), 확실성(certainty), 객관성(objectivity), 정밀도(precision), 논제의 대표성(representative), 내용의 타당도(content validity), 표집의 적절성(sampling adequacy), 결과응용의 보편성(universality) 등
- 형성적·부가적 조사 : 형성적(fomative)리서치는 문헌연구, 사진, 문화기술지향적인 조사이며 부가적(supplementary) 리서치는 설문, 웹 분석 등을 뜻함(사용자 테스트는 형성적, 부가적 리서치에 공통으로 해당됨)
- 환원(reduction) : 어떤 것의 근원으로 되돌리는 것을 의미하며 구체적인 방법은 우선 환원할 대상에서 근본적이지 않은 것, 본질적이지 않은 것을 제거해 가는 것이다. 환원주의는 근대과학의 한 방법이며, 가장 단순한 원리나, 공식, 구조 등으로 이해하려는 태도를 가짐. 모더니즘시대를 지배했던 특정한 정신적 태도, 사고방식에 기초한 공간은 극도의 형식적 논리와 기하학적인 질서가 강조되어 나타남
- 이태릭체의 일반적 사용 : 인용잡지명, 동식물학명, 수식중의 수를 나타내는 기호, 영문으로 된 논문에서 라틴어에서 유래된 약어, 희랍문자나 sin, cos, log, mod 와 같은 삼각법의 술어에 사용함

Chapter 2

논문의 서론(Introduction) 문제설정하기

Chapter 2

논문의 서론(Introduction) 문제설정하기

2-1 국(영)문초록, 목차 / 함축화

1. 논문요약(Abstract)이란

논문의 전체 내용 중 독자들에게 알려야 할 부분만을 추려서 축약해 놓은 요약본이다. 검색창에서 요약은 일반적으로 가장 먼저, 많이 읽혀지며 실제로 읽혀지는 대상이다. 논문 요약에는 연구의 목적과 내용이 정확하게 반영되어야 하며 논문의 본문에 나타나 있지 않은 내용은 포함시켜서는 안 된다. 논문 요약은 자기 포함적이어야 한다. 연구에 사용된 실험과 조사방법, 연구방법 등을 기입하고 모든 약자와 독특한 용어는 간결하고 구체적으로 정의되어야 한다.

초록의 목적은 논제에 관심이 있는 독자가 논문의 내용을 전부 읽을 필요가 있는가를 판단할 수 있도록 하며 논제에 관심이 조금밖에 없는 독자나 논문의 원본을 입수할 수 없고 해독할 수 없는 외국 독자에게 가능한 한 많은 정보를 주기 위한 것이다. 따라서 초록은 논문의 중요한 내용과 연구내용을 축약하여 기술하여야 하며 논문에 내포된 새로운 가치와 정보를 적시할 수 있도록 해야 한다.

이와 같이 초록은 무엇을 어떻게 연구하며 어떤 결과 또는 결과의 중요성을 도출하였는지에 대한 것으로 결론도 축약시켜 포함시켜야 한다. 그러므로 초록은 적요(synopsis), 발췌(extract)와 다른 의미를 지닌다. 요약에서는 주제 관련 특성, 문제성질, 해결과정과 해법, 실현방법, 장치, 도구, 절차, 주요재료, 검사명칭 등 구체적인 논의, 논증의 개요를 제시하여야 한다.

초록을 원문 대신 논문의 정보 콘텐츠를 제공하고 2차 정보 서비스기관 이용 및 검색 이용자료로 사용됨으로 체계적으로 간결하게 전개하여야 한다. 초록의 유형은 포괄적 이해, 내용 및 잠재적 유용성 이해, 주제, 방법론, 결과 및 논점을 다룬 정보적 초록과 주요부문 중심의 주제, 범위설명에 대한 지시적 초록이 있다.

check point

트렌드 대한 주요 체크포인트

1. 독자는 이 분야의 일반적인 지식을 가진 것으로 간주하고 본문을 조회하지 않아도 이해할 수 있는가
2. 문장은 명제의 요구조건을 충족시키는 간결한 문장으로 기술되고 있는가
3. 논문 중에 발표된 새로운 결과나 지식의 표현은 과거시제를 사용하였는가
4. 사용되는 약호는 전문분야마다 따로 정해져 있으므로 표준약호가 없는 용어를 여러 번 반복하여 사용할 필요가 있을 때는 처음 나올 때 생략 방법을 설명하였는가

사례 1

비양식성과 비정통성으로서의 민화가 지닌 현상학적 해석 [1]

민화(Minhwa)는 조선조시대 생활인의 문화, 역사적 변화 속에서 자연스럽게 탄생된 우리 민족 예술의 정체성이 내제된 고유의 양식이며 조형 표상이다. 이는 일상적인 생활 속에서 지속적으로 형성되었으므로 창조적인 동인의 사고와 잠재적인 미의식이 순수하게 내적깊이로 표출된 사상, 의식, 행동, 규범이 작위없이 나타난 독창적 예술작품이다.

본 연구에서는 생활지복(至福)사상의 발상적 기원을 지니고 있는 민화의 비인위성, 비양식성과 비정통성으로서의 형식을 지닌 조형표상의 진단과 규명에 연구의 목표를 두었다. 이를 위한 접근방법과 범위는 모티브의 상징과 추상적 재현의 대표적 작품 99점을 11개의 카테고리 별로 분류, 인지, 분석, 진단, 재해석 하였다.

민족적 기질과 사회적 양태 및 자연숭배신앙, 민간신앙, 도교, 유교, 불교적 관점에서의 현상학적 해석과 진단을 통해 민화의 환원적 현상과 형식으로서의 내포성과 외연성의 존재론적 미적가치의 준거를 중심으로 검증하였다. 연구를 통해 발견된 작품의 조형적 정체성에는 서술적, 해학적, 일상적인 콘텐츠로 무작위의 형식배제와 비재현적, 비공간성으로 구성되고 있음을 확인하는 의미를 지니고 있다.

사례 2

산업디자인 트렌드 예측시스템(DTTS) 구축을 위한 영향요인의 위계구조[2]

산업디자인 신제품 개발지원 체제를 확립하고 경쟁력 우위의 디자인 창조기회를 확대하기 위해서는 창의적인 디자인 정책개발과 정착 프로그램의 실행과 함께 이를 위한 실제적인 트렌드예측시스템이 뒷받침되어야 한다. 이와 함께 디자인에 대한 분석적 연구에서 미래시장을 예측한다는 것은 산업경쟁력 극대화를 위해 매우 중요한 과제가 되고 있다.

트렌드는 기술적, 사회적, 문화적, 경제적, 지역적 특성의 제 경향 및 소비자의 개성화, 다양한 의식변화와 함께 제품과 기업에 대한 인기의 끊임없는 변동, 그리고 생활 및 제품 라이프사이클의 단기화, 차별화, 고급화, 감성화 등이 변화요인으로 작용되기 때문이다.

그러므로 본 연구는 합목적적인 전략에 의한 산업디자인 트렌드 예측시스템(DTTS : Design Trend Tracking System) 구축 지원을 위한 영향요인의 위계구조과 트렌드의 상관적 구조를 이해하기 위한 분석기법을 제안하는 데 그 목적이 있다.

트렌드가 지니고 있는 주요 문제는 새로운 패러다임에 의한 변화 가능성과 함께 그 타당성을 지식과 기술 및 경험으로 습득하여 신제품 개발에 반영시켜야 한다는 것이다. 따라서 트렌드에 대한 합리적인 방법연구와 함께 정체성 확인에 의한 DTTS 개발 지원체계를 전략적으로 확립하고 신부가가치의 조형성 구현으로 계획되고 실행될 수 있는 실용적인 시스템의 구축은 중요한 의미를 지닌다.

아울러 연구의 중심은 트렌드 언어형성 과정과 그 이미지 형상을 구조적으로 이해하고 논리적인 방법으로 전개시키며, 디자인이 지닌 제 경향 및 가치의 구현과정과 키 아이디어(key idea) 형성을 위한 영향요인의 구조적 질서와 체계를 객관적으로 실현시킬 수 있는 방법을 정립하는 데 있다.

이것의 주요 내용은 트렌드의 이론적 구조가 되고 있는 형이상학적, 형이하학적 요인의 개념화, 구조화, 형상화 과정에 대한 요인을 논의하고 영향요인 간의 상관적 조건 해석을 통해 변화되어지는 구조의 정량적, 정성적 관계의 정체성을 제시하는 것이다.

(계속)

산업디자인의 경쟁력 극대화와 미래지향적 창안을 위해서는 디자인계획의 과정과 방법전개에 합리성이 부여되어야 하며 그 개념은 객관적이며 보편적인 시대상응적 속성을 지녀야 하므로 이것을 어떻게 논리적으로 구체화할 것인가에 대한 검증과 함께 합리적인 전략이 요구된다. 따라서 미래시장에서의 제품력 초극화를 위한 디자인은 다양한 장면과 생활구조에서의 적합성을 지녀야하므로 신제품 컨셉트는 트렌드가 지닌 미감창출의 본물성과 정체성으로 확인할 수 있어야 한다.

트렌드에 대한 연구는 소비자의 관심, 의식, 행태 변화의 연구이고 가치변화는 생활 변화를, 생활변화는 시장변화를 유도하며, 변하는 시장에서는 변해진 제품 속성과 의미를 부합시켜야 한다. 따라서 본 연구에서는 개념의 중심이 되는 감성어휘 구조의 필요충분조건을 함께 진단하고, 트렌드 요인이 지니고 있는 구조와 그 구조에 작용하는 과정들에 관하여 영향요인간의 속성 및 조건해석을 통해 변화구조 체계의 상관적 관계를 도출하였다. 이와 같은 시도는 트렌드가 지녀야 할 고유 이미지 구축의 현대화 및 제품력 확보와 시장성 요구에 의한 위계구조 확립과 함께 사용자 니즈 및 디자인변화 적용기술의 증진효과와 함께 트렌드예측시스템 연구기술 방법실현을 앞당겨주게 된다.

본 연구는 6개의 장으로 구성되어 있다. 제 1 장 서론에서는 연구의 중요성과 목적을 기술하고 주요연구 수행내용과 범위를 제시하였고, 아울러 기대되는 연구성과 및 활용방안을 구체적으로 논의하였다. 이와 함께 제 2 장에서는 거시적인 측면에서의 산업디자인이 지닌 패러다임 변화개관을 통해 디자인 메가트렌드가 지니고 있는 과제와 전망을 종합적으로 조망하였다. 즉 트렌드웨어(trendware)에 포용되고 있는 디자인의 역할변화와 유저웨어(userware), 마켓웨어(marketware) 및 조형 이미지 구현과 기업의 메시지를 디자인으로 전달되기 위한 디자이너의 역할과 역량을 프로토콜(protocol) 별로 분석하였다.

제 3 장에서는 정의된 개념의 트렌드 정체성을 이해하고 이를 통해 조형적 특성으로서의 가치적 규범을 재정립하고 트렌드가 지닌 필요충분조건을 방법론적 관점에서 논의하였다. 제 4 장은 트렌드와 패드(fad)로서의 키워드(key word)와 키 메시지(key message)의 추출과정을 통해 사용언어의 준거에 대한 특징적 속성을 논의하였다.

(계속)

또한 반응하는 변인들을 어떻게 통제, 결정할 것인가에 대한 내용을 문헌조사와 타운 와칭(town watching)에 의해 상호교차적이며 실제적 현상으로 대입시키며 비교, 검토하였다. 이를 통해 트렌드 요인을 재해석하고 시계열별, 단위별로 군집시켜 미래적 변화의 방향과 소구점을 유목화하였다. 이러한 연구의 접근과 진단은 트렌드 예측을 위한 체계구축과 실증에 의한 규범추출로써 객관적인 합리성을 제공하며 디자이너가 직관적으로 이해될 수 있는 요인으로 작용하게 된다.

제 5 장에서는, 제품과 사용자 인터페이스 문제를 이해하고 디지털문화에서의 디자인서비스와 변화의 동인을 확인하였다. 또한 소비자의 취향, 선호, 태도, 의견, 행태에 대한 구조와 함께 트렌드의 다중적, 다차원적인 표상이 지닌 속성을 발견하기 위하여 소비자 가치와 의식변화에 따른 소비형태와 생활 및 환경변화를 조망하고 제품과 시장의 변화의 주요인을 분석하였다. 이는 DTTS 구축에 상관적으로 관계되는 디자인 환경과 구조변화 내용 및 제요인의 내용을 종합적으로 제안하기 위함이다.

제 6 장에서는, 범용적 가치를 표현해야 하는 조형성으로서의 트렌드가 지니고 있는 영향요인의 이론적 구조와 위계에 대한 구조적 체계모형을 제시하였다. 특히 본 연구에서 제안하고 있는 인지영역에 의한 비교판별 방법은 트렌드 구현을 논리적인 방법으로 구조화시켜 디자이너의 신념을 객관적 실체로 실현화시킬 수 있는 분석기법이 된다. 이를 통해 위계구조의 체계설정 이론이 지녀야 할 논리성과 신뢰성을 검증하였다.

위계구조 체계가 지니고 있는 당위성은 개념적, 구조적, 형상적인 과정에 의해 구축되어지며 이러한 정의와 상호작용에 부합되는 요구는 트렌드를 이룩하게 되는 영향요인의 정체성이 된다는 사실을 발견할 수 있다.

본 연구에서 제시된 위계구조에 의한 DTTS 트렌드 실행구축도는 새로운 방법의 타당성을 결정하는 기초적인 조건을 분명하게 하는 문제를 해결하여 줌으로써 의도적인 해(解)를 도출시키고 그 적용범위를 확산시켜 독자적으로 정식화(定式化)된 트렌드예측 체계로서의 고유성을 유지하게 된다.

사례 3

현대도예의 미니멀리즘 경향과 탈환원구조 [3]

현대도예는, 도예가 스스로 실용성이라는 속박에서 벗어나면서부터 시작되었다고 해도 과언이 아니다. 공예적인 측면을 그 본질로 하지만, 도예의 고유한 질료성과 형식성, 표현의 방식과 제작의 방식을 갖는다는 점에서 현대도예는 자신만의 영역을 구축할 수 있으며 한편으로는 다른 예술의 영역에 쉽사리 접근할 수 있는 가능성을 지니고 있다.

성형, 유약, 소성의 과정 그 자체만으로도 무한한 표현의 가능성을 가지고 있는 현대도예는 형상도자, 표현적 도자, 추상도자, 설치 및 환경 도자, 개념적 도자 등으로 그 영역을 확장해 왔고, 건축적 도자나 신소재 도자 등의 가능성을 열어왔다. 이러한 과정은 현대미술의 큰 흐름과 그 맥을 같이 해왔다고 볼 수 있는데, 그 중에서 미니멀 양식의 도자는, 도자 본연의 미니멀한 성향과 미니멀리즘의 의식적 미술 양식이 만나 이루어진 것이라 할 수 있다.

본 연구는, 연구자의 도예작업이 미니멀리즘적 이라는 점에서 출발한다. 미니멀 양식은 현대도예의 한 경향으로 여겨지기도 하지만, 도예는 원래 기술적, 경제적, 미적인 측면에서 미니멀한 특성이 있다. 현대도예의 본격적인 문제의식은 피터 볼커스 등의 추상표현주의적 경향에서부터 시작되었다고 보여지며 그 때문에, 시작에서부터 미니멀적인 본래의 성향은 질료와 도예가의 표현적 성질에 가려져 부각되지 않았다. 존 메이슨이 미니멀리즘의 영향을 받아 1970년대 미니멀한 작품을 내놓기는 했으나, 도예는 오브제, 개념, 표현, 형상, 아이디어 등의 가능성들을 탐구해 오면서 미니멀적 성격은 크게 주목받지 못하였다.

그러나 1990년대 이후 모던적, 포스트모던적 실험의 폭풍이 지나가고, 도예가 잃어버렸던 본연의 가능성을 추구하기 시작하면서 미니멀한 양식은 당당히 도예의 한 흐름으로 인정받을 수 있게 되었다. 미니멀한 경향의 도예 작업들은 1960년대 미국의 미니멀리즘의 아이디어, 곧 모듈과 모듈의 동어반복적이고 환원적인 구조, 그리드적 심층구조, 단일하고 균질한 색채, 엄격한 기하학적 형태 등의 문법을 기본적으로 받아들이면서 그것들을 도예의 가능성 안에서 수용하려는 양식이라고 규정할 수 있다. 여기서

(계속)

본 연구는 미니멀리즘의 경향을 도예의 양식으로 수용하는 데 있어서 문화적, 시대적, 지역적, 개인적 차별성이 존재한다는 것을 주장하고자 한다.

현대도예는 미니멀리즘의 경향을 받아들이면서도 포스트모더니즘이라는 문화적 패러다임을 여과하는 중에 서구와 동양이라는 문화적 토대에 따라 여과하지 않으면 안 되었다. 이 과정에서 외견상 미니멀리즘적으로 보이는 것들이 그 구조나 토대, 지향점 등에서 오히려 미니멀리즘의 이념을 벗어나기도 하고, 심층적으로는 자국의 문화전통으로 회귀하는 경향을 낳았다. 본고의 목적은, 연구자의 미니멀한 경향의 작업이 기존의 서구적인 환원주의적 방식에서 벗어나, 이와 차별화된 방식이 한국의 전일주의를 도입함으로서, 서구의 미니멀 양식과는 차별적인 양식으로서 미니멀리즘을 주장하려는데 있다.

이를 위해서 서구적인 환원주의적 방식의 미니멀 도예는 어떠한 것인지, 또 서구적인 탈환원주의는 어떤 것인지를 규정할 필요가 있고, 연구자의 작업을 이 두 가지 환원과 탈환원의 방식과 차별화할 필요가 있다. 이렇게 함으로써 연구자는 서구적인 환원주의적 방법을 버리는 대신 탈환원의 이념으로서 전일주의의 방법을 고찰하고 이를 도예에 적용할 구체적 대안을 마련하고자 하였다.

서구적인 환원의 방식을 대표하는 작가로는 미니멀리즘 조각가인 칼 안드레를, 서구적인 탈환원에는 도예가인 존 메이슨을 꼽았고, 이들의 성과를 연구자의 그것과 비교 검토함으로써 차별성을 부각시키고자 하였다. 이를 위해 우선 기본적으로 미니멀리즘을 구성하는 것으로서 모듈, 그리드, 모노크롬의 측면을 먼저 정의한다.

연구자가 제기하는 것은, 외견상 미니멀 양식이라고 분류될 수는 있어도 환원주의와 차별되는 특성들이 있다는 것을 주장하는 데 있다. 탈기하학적인 형태, 오방색을 중심으로 하는 음양의 대비를 이루는 색채 구성, 전일적 수열에 의한 모듈의 설정과 배열 등이 그것이다. 기실 이것들은 연구자의 작업을 서구적 미니멀리즘 양식과 차별화 할 수 있는 최후의 보루적 요소들이다.

(계속)

연구자의 작업 형태들은 우리나라의 유수한 역대 도예의 형태들에서 볼 수 있는 것처럼, 의도적으로 환원적 방식에서 일탈하려는 특징이 있으며, 색채 역시 산업적이라기보다는 다분히 한국적인 자연주의의 미학적 태도에서 비롯된 것이다. 특히 모듈을 운용하는 방식에 있어서도 전체가 단순한 하나의 부분으로 추상화한 환원이 아니라, 각 개별이 전체이며, 전체가 개별인(全卽一, 一卽全) 전일주의적 방식을 취하고 있다.

다시 말해서 외견상 미니멀리즘이라고 하더라도 그 뿌리가 다르다고 할 수 있는 것이다. 이 연구를 통하여 연구자는 서구적 사유에 의한 근대적 환원구조가 아닌 우리문화의 형질적 요소들을 형상화한 미니멀리즘적 양식을 창출하고자 하였다.

사례 4

The Improvement of Usability for Train Toilet Design [4]

Abstract: Design for improved usability is to understand products from the user's point of view so eventually to enhance the pleasantness users by reflecting it into the design. The philosophy of user-oriented design is an essence of human-centered product plann ing, and its application is more important for railway vehicle design, which is closely connected with everyday life.

This study has an objective to define basic elements of train interior design concept, which considers convenience and comfort for passengers, by extracting and interpreting ergonomic requirements, as usability factors, of train toilet design. The study on user-oriented design of trains consists of the practice of sensibility engineering for the management of customers' emotions and its harmonious use on design, and aims on the embodiment of new ergonomic design.

In the center, it has analyzed the criteria and characteristics of the user-oriented design and has concluded the design direction and

(계속)

com–ponents to a concrete idea and proposed prototypes, which may become a good example for train interior design later on. In addition, it proposes a direction, which may become a guideline of ergonomic design, to secure competition capacity.

Moreover this study is concentrated on the physical environment and human behavior of train toilet users, on the analysis of factors necessary for adequate toilet design, and on the understanding of interfacebetween its users. What is more, it proposes a module of dev elopment process and methods of approaching the interface. The study presents a design standard, under which the concrete data of the characteristics and practicable range and the convergent demands accelerate to the module could be confirmed and criticized.

The study on the usability is going to contribute to more pleasant and comfortable train environments and consequently, it's going to create new values of increased railway competitiveness by design.

Key words: Toilet Design, Usability, Ergonomics, User Oriented

사례 5

산업디자인 트렌드 예측시스템(DTTS) 구축을 위한 영향요인의 위계구조 [4]

- 논문초록

1. 서론
   1.1. 연구목적 및 중요성
   1.2. 연구범위 및 방법
   1.3. 연구성과 및 활용방안
2. 산업디자인의 패러다임 변화
   2.1. 산업디자인의 패러다임 변화
   2.2. 산업디자이너의 역할 변화

(계속)

사례 6

현대도예의 미니멀리즘 경향과 탈환원구조 [5]

• 국문초록

서 론

I. 현대도예와 미니멀리즘(minimalism)경향의 역사적 배경

1. 서구의 미니멀리즘 경향

2. 1970년대 이후 일본과 한국의 미니멀리즘 경향

2.1. 일본

2.2. 한국

3. 총괄 및 요약

II. 문제의 설정과 방법론

1. 문제의 제기

2. 예비적 개념규정

2.1. 그리드(grid)

2.2. 모듈(module)

2.3. 모노크롬(단색면)(monochrome)

3. 방법론과 절차

3.1. 문제의 한정

3.2. 방법과 절차

2-2 서론 / 개관화

서론에서는 연구문제의 이론적, 논리적 배경을 제시하기 위하여 관련된 과거의 연구결과의 제시와 본 연구와의 관계를 기술해야 한다. 즉 논제에 대한 언급과 필요성, 중요성에 대한 이론적 근거와 함께 연구개요가 기술되고 연구문제, 가설을 포함한 조사범위, 근거의 논리구축이 언급되어야 하는데 특히 이론을 검증하기 위한 실험적, 분석적 연구에서는 그 이론의 가설이 어떻게 그 이론으로부터 유도되었는가에 대한 논리적 관계와 근거를 함께 제시하여야 한다.

윤미선(2009)은 대학원생을 위한 논문작성법에서 연구문제의 진술기준(Kerliger, 1988)을 가능한 의문문의 형식, 변인과 변인과의 관계, 연구문제의 진술된 각 변인은 측정이 가능하고 진술된 변인간의 관계가 경험적으로 진술해야한다고 하였다. 서론부는 연구논제에 관한 선행연구결과의 정치한 개관(계승 및 비판)을 바탕으로 논문의 문제의식, 연구목적 및 의의, 방법, 범위 및 절차를 기술하는 연구논문의 도입부에 해당된다.

서론의 보편적 구성으로는 연구배경, 「목적과 근거, 의의, 필요성, 논의의 범위와 방법(실험도구 포함), 절차」가 있고 「도입부, 연구배경, 타인의 주장과 다른 문제제기, 머리말, 들어가는 말」로 구성되는데 이때 문제 소개는 중요, 관련성, 시사점, 필요내용, 이론도출과 선행연구들과의 관련성 등으로 전개시킨다. 아울러 연구의 필요성, 제한점, 이론적 방향과 조사된 문헌을 통합하고 비판적으로 분석하며 방법론적 문제를 제시하여야 한다. 즉 기존의 연구를 요약, 비평하고 핵심개념, 고찰의 범위, 논문구성 등 구체적 문제와 가설을 함께 제시한다.

사례 1

산업디자인 트렌드 예측시스템(DTTS) 구축을 위한 영향요인의 위계구조 [6]

산업디자인에서는 연관분야에서의 디자인 응용 기술력 확보와 함께 일체적 신개념과 새로운 접근방법에 의한 디자인이 지닌 메가트렌드 예측을 위한 위계구조 구축과 트렌드 형성 요인간의 상관적 구조를 이해하여야 한다. 산업디자인 독창성과 고유성을 창조하여 신생활문화 창달 기회를 증진하기 위한 플랫폼(platform)을 구축하는 의미를 지닌다.

또한 이를 통한 디자인 활동의 표면화 증진과 함께 트렌드를 신제품 개발에 적극적인 가치로 활용하여 디자인 선진화에 필요한 자원으로 승화시키는 연계적 역할을 담당하게 된다. 현대는 발견과 발명이라고 하는 기술연구형의 하드 사이언스(hard science)가 절정에 달하면서 축적된 기술과 지식을 조립, 응용하는 시스템으로 변모하고 있다.

여기에서 한 가지 특수한 분야를 다루는 하드 사이언스보다 여러 가지 문제를 총합적, 복합적으로 취급할 수 있는 소프트 사이언스(soft science)가 있으며 이것의 대표적 분야에는 산업디자인이 해당된다. 신산업혁명시

(계속)

대, 지식기반과 가치의 시대, 디지털 문화산업시대, 감성시대의 예고는 물론이거니와 다원적 창조시대로서의 디자인 르네상스(design renaissance) 시대 도래에 대해 많은 전문가들은 그들의 이론과 견해를 함께 하고 있다. 이제 생활의 패턴은 혁신적 변혁들에 힘입어 토플러(A. Toffler)의 지적처럼 "소비자의 급격한 변화, 제품과 기업에 대한 인기의 끊임없는 변용" 등이 일반화 되어질 것이다.

그러므로 산업디자인 활동은 의도된 제품 이미지의 발상으로부터 제품이 생산될 수 있도록 완성하는데 까지 이르는 계획 과정 이상의 가치를 확보하여야 한다. 엘 코틀러(L. Kotler) 박사는 밀레니엄의 베스트셀러인 "Marketing Management"에서 트렌드의 징후(Fad)를 파악하는 것은 트렌드를 예측하는 것이며, 트렌드 예측은 곧 시장을 선점하는 것"이라고 지적한 바 있다.

급변하는 현대의 기술환경과 산업에서의 디자인 위상을 높이고 국가 및 기업경쟁력 제고 측면에서 볼 때는 디자인 트렌드에 대한 체계적 연구 및 그 실적의 실제적 적용은 분야별로 균형을 이루지 못할 뿐만 아니라 전체적인 내용은 크게 미흡한 것으로 지적되고 있다.

이는 우리의 산업경쟁력이 선진부국에 비해 디자인 분석기법과 적용에 대한 실무 및 상품화를 위한 연구개발의 수준이 미흡한 것으로 평가되고 있으며 이는 결국 국제시장에서의 디자인 선취력과 자생력 측면에서 고전을 면치 못하고 있는 원인이 되기도 한다.

디자인에 창의성과 함께 합리성을 부여하여 시간과 노력, 경제적인 손실을 절감하고, 체계적이며 조직적인 결과를 얻기 위한 디자인 작업을 단계적 전개방법이라 할 때 어떠한 방법으로 결합, 결정짓게 하는가에 대한 가능성과 타당성을 지식과 기술로 습득할 수 있도록 목표로 하여야 한다.

그러므로 디자인의 독창성 구현을 위한 개발지원 체계를 정립하고 미래지향적 산업디자인의 가치창출 기회를 확대함은 물론 궁극적으로는 디자인의 정체성 확립과 제품력 확보에 의한 경쟁력있는 산업디자인의 풋대실현에 있다. 디자인 프로세스 전개(process evaluation procedure)단계에서 조사, 분석의 개념화 적용단계는 프로젝트의 컨셉트 도출이 가장 중요한 과제로 등장하고 있다.

(계속)

이것은 디자인의 성격규정, 실행범위 설정, 요구안 수렴과 같은 기획의 다단계와 컨셉트의 구체화 및 프로젝트의 개념설정인 컨셉트 시뮬레이션(concept simulation)의 입력 단계를 의미한다. 이와 같은 단계는 착상의 합리적 구체화를 위한 전단계로서 해석의 암시(occurrence of a suggested explanation)를 위한 문제점 인식과 발견의 단계를 뜻한다.

그러므로 이 단계에서 이루어지는 연구는 디자인 착상의 결론적 신념을 공식화하게 되는 실질적인 방향을 제공하기 때문에 그동안 많은 방법과 기법적용이 요구되었다. 그러므로 트렌드에 대한 신뢰적 방법 제안과 실증적 뒷받침 등의 조건을 충족시키기 위해서는 다음과 같은 주요 내용들이 함께 연구되어야 한다.

① 징후(Fad)와 트렌드 형성의 정체성 인식
② 트렌드 예측 및 적용방법의 논리적 근거수립 및 체계구현
③ 사용자의 요구대응 신제품 개발을 위한 신규성, 친근성, 독창성의 요인분석
④ 트렌드 지향의 기술 및 디자인 감성융합과 신생활문화 창달
⑤ 트렌드 창출형 시대적 이슈제안제품 개발 진전

디자인에서의 트렌드란 개별적, 일시적 유행과는 그 개념이 다르며 보다 다원적, 다의적인 의미를 지닌다. 이것에는 눈에 보이는 현상보다는 민족성이나 문화 등 비가시적이거나 직접적으로 인식이 되지 않는 요인까지도 포함된다. 그러므로 디자인 하드웨어(hardware)에 대한 가시적, 정량적 연구중심으로 기존의 주요방법 적용에는 범용성, 신뢰성 확보에 한계를 지닌다. 따라서 보다 학제적이며 실무적인 측면에서의 접근을 위한 객관적인 합리성과 보편타당적인 체계를 지닌 다양한 기본요인을 중심으로 재해석하여 이를 효과적으로 디자인에 이용할 수 있는 실제적이며 동시적인 접근방법과 기법이 요구된다.

그동안 디자인 트렌드에 대한 연구는 과거 및 현대의 제품 및 생활연구를 주요범위로 한정하여 이루어졌고 아울러 트렌드 예측 및 평가에서 추상적인 이미지 언어나 조형성을 중심으로 하는 가시적 요인과 정량적 연구중심으로 전개되었다. 따라서 시대를 선도할 수 있는 상품화 영역과 내용구성은 물론 신규 도메인을 창출하는데 기존의 분석, 적용방법으로는 미

(계속)

흡한 면이 지적되므로 구체적인 트렌드 요소를 적용하게 되는 구성화 단계에서의 이미지의 가시화에 대한 보편적 준거와 정성적 분석내용이 요구된다. 또한 트렌드는 실현된 객체의 구체적 표상과 의미뿐만 아니라 정성적 구조로의 전환이 가능한 계량적 가치와 함께 정의된 개념과 관찰된 사실을 중심으로 현상의 객관화를 구조화시켜야 한다.

이를 위한 연구의 구체적인 내용은 트렌드가 지닌 이미지의 분석과정 구축, 영향요인과 연관되어 있는 트렌드의 메시지 확보와 사용자 니즈에 대한 대응 및 기법적용 방법 등 트렌드예측시스템 구축을 위한 구성요인들 간의 상관적 구조와 요인 규명을 대상으로 한다. 아울러 트렌드 연구는 소비자의 가치변화의 연구이고 가치변화는 생활변화를, 생활변화는 시장변화를 유도하며, 변화하는 시장에서는 변해진 제품 속성과 의미를 요구하게 되기 때문에 다음과 같은 연구의 중요성을 갖게 된다.

사례 2

현대도예의 미니멀리즘 경향과 탈환원구조 [7]

도예가들은 아주 오랜 기간 동안 "Less is More"의 원리에 대한 친근성을 가지고 있었다. 그 발생에서부터 도예작품이 우선적으로 사용되기 위한 용기라는 점에서 그것을 꾸미고 윤색하는 데 많은 시간을 들일 수 없었다는 점, 단순한 기술로 만들어 진다는 점에서도 이 원리는 일종의 규범처럼 작동했다. 가장 단순한 형태를 가장 아름답게 만드는 것이 일종의 도예의 미덕이었다고 할 수 있을 것이다.

형태에 있어서 뿐만 아니라, 색채에 있어서도 소성작업에서 오는 도자기 표면의 우연적 형식들은 최소한도로 절제되고 전체 형태와 균형을 이루어야만 했다. 너무 과도하면 질료적인 것이 부각되어 문화적인 미의 규범에 어긋나거나, 너무 절제되면 도자기 작업 고유의 질료적 감수성이 훼손되기 마련이었다. 도예의 본래적 미니멀적 경향은 이렇게 도예제작의 특수한 조건과 환경에서 비롯되었고, 도예가가 제작한 형태, 질료의 성질과 완전히 통제할 수 없는 소성작업 간의 미적균형을 이루려는 시도에서 탄생되었다.

(계속)

공예로서의 도자기가 본격적으로 순수미술의 영역에 들어오기 시작한 것은 2차대전 후 각 영역의 자율성을 확보하려는 모더니즘의 영향이 도예계에도 어떤 자각을 주면서부터이다. 일례로 1950~1960년대의 회화에서의 추상표현주의적 경향은 1960년대 도예의 방향을 추상표현주의적 경향에 영향을 주었고, 이후 미니멀리즘이나 포스트미니멀리즘, 포스트모더니즘의 경향들도 도예계에서 같은 맥락으로 작동하였다. 특히 현대도예의 미니멀리즘 경향은 1970년대에 본격적으로 등장했고, 1980년대와 1990년대에는 제작의 환경에서 비롯된 미니멀적 경향이 아닌 하나의 의식적 원리로서 미니멀리즘적 원리를 도예에 적용하려는 경향이 존재해왔다.

하나의 의식적 운동으로서 미니멀리즘은 1960년대 미국에서 대두되고 이 부류의 작가들은 사물의 실체성에 대한 관심을 표명하였고, 이를 실현하기 위해 작품에서 작가의 주관적인 표현성을 배제하는 한편, 형식의 단순화, 제작과정의 최소화를 통한 본질적인 조형적 요소로의 환원을 시도하였다. 이러한 특징은 조형적으로 가장 단순한 모듈과 모듈의 산술적이고 반복적인 구성 방식, 그리고 주관의 제스추어를 배제한 산업적인 모노크롬의 색채 등의 특성을 지닌다.

한편, 그러한 단순한 형태와 색채, 구성방식 등은 역설적으로 관객을 작품의 사물성, 혹은 실체성과 관계하게 하고, 작품을 둘러싼 실제적 공간적 맥락이라는 것이 작품을 성립시키는 중요한 요소로 등장한다.

이러한 특징들은 현대도예에서 거의 동일한 방식으로 수용되거나 핵심적 특징들 중 일부가 수용되기도 한다. 그러나 포스트모더니즘의 특성을 띤 후기미니멀리즘적 도예의 경향은 미니멀한 특성을 보이면서도 다른 한편 탈근대주의의 특성을 그 근저에 두는 양상을 보여준다. 즉 외견상 미니멀리즘적인 것으로 보이나, 그 이면에는 다양한 배경과 정신이 자리 매김한 것으로 이것들을 미니멀리즘으로 분류할 때 근본적으로 공유되는 구성틀이 있고, 그 구성틀 안에서 어떤 구체적인 차이들이 구해진 것이다.

본래 미니멀리즘 경향의 형식적 특성은 크게는 세 가지 점에서 나타난다. 형식적 구성의 최소단위로서 모듈(module)들을 사용한다는 것, 장식이나 패턴, 주관적 제스추어를 배제하기 위한 모노크롬적 색채, 그리고 형태의 구성원리로서 기하학적이며 동어반복적(tautological)인 구조이다.

(계속)

모듈들은 우선 기초 모듈들이 반복되거나 몇 가지 모듈들이 구조적으로 조립되고 선형적인 연속의 관계를 이룬다. 그러나 이들에게서 특별히 구성이라고 부를만한 것, 즉 전통의 미학적 관점에서 부분들의 역동적 구성관계는 거의 나타나지 않았고, 오히려 비관계적(non-relational) 측면이 부각되기도 한다.

이들은 모듈을 통해 그들이 생각한 가장 단순하고 가장 근원적인 구조, 즉 근원적 구조(primary structure)를 지향하였고, 이것은 다분히 환원(還元)적인 성격을 지니며 가장 핵심적인 구조적 특성은 사실상 동어반복에 있는데, 그들은 물질로서의 실체(substance)로 간주되는 것 외에 다른 모든 것을 제거함으로써 예술작품이 예술가의 심리적 상태나 의도, 혹은 다른 대상을 암시하는 것을 막고자 한 것이다. 그들은 이렇게 하기 위해 사물을 순수하게 기하학적인 형태와 구조, 그리고 동어반복의 방식으로 환원하고자 하였다.

다시 말해서 서구적 의미의 미니멀리즘에서 프라이머리 스트럭처는 가장 근원적이고 단순한 요소로서의 동어반복적인 모듈 스트럭처를 이용하며, 동시에 이 모듈들의 기본적 결합원리를 의미한 것이다.

이들의 방법에 따르면 모든 세계의 사물들이나 구조는 이 모듈들과 그것들의 결합원리에 의해 분석 가능한 것이 된다. 모든 전체는 몇 개의 부분들과 부분들의 특정 결합방식에 의해 분해될 수 있는 것이다. 이것은 다시 말해 부분과 전체를 어떻게 규정하느냐의 문제와 맞닿아 있다고 할 수 있다.

문제는 후기의 미니멀리즘적 도예라고 부르는 작업의 경향들이 본래적 의미의 프라이머리 스트럭처, 즉 환원적이고 동어반복적인 구조를 그 근저에 두고 있지 않다. 비록 여러 나라나 문화권에서 미니멀한 경향의 도예작업들이 나타났지만, 이 작업들은 외견상 몇몇 미니멀한 특성들 때문에 미니멀 도예로 분류되지만, 그 작업들을 형성하는 문화적 개인적 토대가 다르기 때문에 근본적인 구조에 있어서는 차이를 보인다. 특히 동일하게 미니멀리즘을 받아들이더라도 미니멀리즘에 대한 이해나 해석이 문화권마다 다르며 작가 개인에 의해서도 달라질 수 있다.

(계속)

왜냐하면, 미니멀리즘을 받아들일 때 그 문화권마다 이미 미니멀한 경향이나 원천이 존재했기 때문에 그것도 가능한 것이고, 또한 앞서 존재한 그 토대가 바로 미니멀리즘을 각각의 문화권이나 시대에 따라 다르게 나타나게 하기 때문이다. 예컨대, 미니멀한 작업으로 보이는 연구자의 경우에도 동어반복적이고 환원적 구조가 구성의 근본원리는 아니다. 특히 도예에서는 색채의 모노크롬에서 미니멀한 작업을 규정하는 경향이 있는데, 이것은 모듈과 그 모듈의 결합방식에 대한 근본적인 해석이 규정될 때, 더 유의미할 것 이다.

미니멀리즘이라고 했을 때, 정의상 최소주의를 표방하기 때문에 색채나 형태, 형식이나 구조 등에서 환원적 특성을 띠지 않을 수 없다. 그러나 포스트모더니즘 시대의 미니멀리즘 도예는 동어 반복적이며 기하학적인 완결성을 보이는 것이 아니라, 포스트모더니즘의 특성을 반영하여 비결정성의 특성을 보이는 예들이 많다. 서구의 경우 후기의 미니멀리즘 경향의 도예에서 탈근대주의의 특성이 발견되고 있어서 환원적 구조를 벗어나는 경향이 있지만, 동양권의 경우 탈환원적 구조가 서구와는 조금 다른 방식으로 특색이 나타난다.

1960년대의 미니멀리즘의 경향이후 나타난 미니멀리즘의 경향들은 본래적 의미의 미니멀리즘을 계승하기도 하고, 또 그것을 벗어나기도 한다. 문제는 이러한 공통점과 차이점을 어떻게 구체적으로 논할 수 있느냐에 있다.

탈환원적 구조는 여러 상이한 방식으로 나타날 수 있지만 그럼에도 그 작업들이 미니멀리즘으로 분류되는 한 미니멀리즘이나 미니멀 양식으로 불릴 수 있는 공통의 특성을 가지고 있다. 다시 말해 탈환원적 구조를 보이는 미니멀리즘 경향의 작업들은 한편으로는 미니멀한 요소들을 가지고 있으면서도 전체의 구조적인 측면에서는 환원적이지 않은 특성을 보이는 경우가 많다.

따라서 본 연구는 현대 도예에서 미니멀리즘적 경향의 작업들에서 탈환원적 구조가 어떠한 절차와 특성으로 나타나는지를 고찰하는데 목적이 있다. 연구자의 작업도 바로 이러한 경우에 해당하는 데, 탈환원성을 연구하는 것은 곧 연구자의 작업을 다른 작업들과 차별적으로 이해하기 위함이기도 하다.

(계속)

이러한 목적을 위해 우선은 미니멀리즘의 기본적인 특성을 재해석할 필요가 있다. 조각에서의 미니멀리즘을 일차적으로 환원적 구조를 가진 것으로 보고, 여기서 영향을 받은 작업들은 환원적인 특성을 그대로 유지하거나 혹은 탈환원적 특성을 보인다. 그리하여 미니멀리즘의 환원적 특성을 먼저 명확히 규정하면, 그에 따라 탈환원적인 작업들도 차별화가 가능해진다. 따라서 먼저 프라이머리 스트럭처를 미니멀리즘의 기본원리로 고찰하고, 형식적, 내용적 차별성과 공통성을 진단하였다. 이를 위해 프라이머리 스트럭처를 형식적인 면과 내용적인 면에서 차별적으로 규정하였다.

형식면에서는 가장 단순한 분할과 형태를 산출하는 그리드적인 원리와 모듈을 그것의 규정원리로 제시하였고, 색채부분에서는 단순 색채와 그 색채의 조성에 대해서 언급하였다. 그리드, 색채, 모듈을 어떻게 운용하고 조직화 시키느냐가 형식적인 면에서 서구적인 것과 연구자의 작업에서 나타나는 구조의 차이를 분명하게 드러내 줄 것으로 간주한 것이다.

목적과 문제의식, 방법은 이상에서 논의하였고, 다음과 같은 절차를 통해서 본론을 전개하였다.

I장은 (사례 6)의 목차에서와 같이 예비적 성격의 장으로서 현대도예와 미술에서 미니멀리즘의 경향을 사적으로 정리하되 서구와 동양이라는 큰 틀로 나누어 살펴보았다. 본 연구가 후기 미니멀리즘 경향의 도예에서 탈환원의 양상을 비교검토하려는 데 목적이 있기 때문에 우선 I장에서 동양과 서양의 문화권에서 미니멀리즘을 받아들이는 방식에 차이가 있음을 살펴본 것이다.

이러한 시도는 이후 연구자의 작품의 보편성과 특이성을 드러내는데 중요한 시사점이 될 것으로 보인다. 사적으로 미니멀리즘 불리는 미술사조는 1960년대 미국을 중심으로 조각의 영역에서 일어났고, 이후 유럽과 동양권에도 영향을 주어 현재에도 미니멀리즘이라고 불릴만한 작업들이 발표되고 있다.

최초에 조각과 회화에서 미니멀리즘을 태동하게 했던 예술사적 배경과 각 문화권과 시대가 미니멀리즘을 받아들이는 방식은 비록 형식적으로는

(계속)

유사할지 모르나 조형성에 대한 근본적 차이가 내재하고 있다. 우선 서구권과 동양권으로 나누어 미니멀리즘 경향의 특성을 몇몇 작가를 들어 살펴보았고, 동양권 중에서도 일본과 한국을 따로 분류하여 좀 더 구체적으로 차별화하였다.

II장에서는 개념들의 예비적 정의와 방법론을 구체적으로 제시하고 연구의 타당성과 문제의식을 도출하기 위해 기존에 미니멀리즘 도예에 관한 연구들이 어떻게 진행되어 왔는지 탐구하고, 그것을 토대로 문제의식을 도출하였다. 그리고 상이한 미니멀리즘 경향의 양식들 중에서 프라이머리 스트럭처에 있어 기본요소가 어떻게 공통적이고 차별화되는지 비교·검토하는 한편, 연구자의 작업에서 프라이머리 스트럭처의 탈환원적 구조가 어떠한 접근에 의해 형상화되는지 보이고자 한다.

따라서 미니멀리즘의 기본 3요소를 그리드, 모듈, 모노크롬의 세 개념으로 설정, 이것을 예비적인 차원에서 규정한 후, 이 세 요소들을 중심으로 문화권이나 작가마다 어떻게 이 세 요소가 차이를 보이는지 고찰하였다. 즉 본연구는 일종의 비교연구로서 기본 3요소 간에는 어떠한 문화권적 차별성이 존재하느냐를 다룸으로써 공통된 미니멀 양식 간의 차별성을 고찰하는 데 있다. 특히 이 3요소의 비교연구는 궁극적으로 논제인 탈환원구조의 원리에 대한 규명이고 구체적인 방법론으로 모듈의 구성원리에 대한 재해석이 된다.

그리드는 모듈의 구성원리에 일종의 기저체계로서 작동하는 것이고, 색채의 경우 형태보다 형식적인 측면에서 다소간 덜 우위에 있다고 보기 때문에, 중요한 것은 형태의 구성원리를 어떻게 차별화해서 보여줄 수 있느냐에 달려 있다. 더군다나, 형태, 즉 모듈의 결합방식은 직관적으로 파악하기 힘든 측면이 있으나 그리드와 색채는 우선 직관적인 수준에서도 비교검토가 가능하다. 시각적으로 분별하는 공간분절의 결합 방식과 그 원리를 체계적이고 일관된 수학적 방법을 통해 보여주고 있다는 김복영의 시각언어 이론을 원용하여, 모듈의 구성방식의 체계를 비교·검증하였다.

III장에서는 형식논리학적 구조를 논의하기 위해 칼 안드레(Carl Andre)와 존 메이슨(John Mason)을 들어 이 둘의 공통점과 차이점을 정립하였

(계속)

다. 칼 안드레는 조각 영역에서 대표적인 미니멀리스트로서 서구의 미니멀리즘의 프라이머리 스트럭처를 대변하는 작가로서 그는 미니멀리즘 연구에 있어 일종의 표준이 되는 대상으로서 비교 검토하여 본래 미니멀리즘이라고 불리는 양식과의 공통과 차별을 논하였다.

존 메이슨은 도예가로서 1970년대 미니멀리즘의 영향을 깊게 받아 들였던 미니멀리즘 경향의 선구자 격인 인물이다. 그의 1970년대 말 내화벽돌 작업들을 살펴보면 형식적으로 미니멀리즘의 구성원리에 깊이 경도되었고, 기하학적 원리와 모듈 운용의 측면에서도 미니멀리즘을 극단적으로 밀어붙인 것으로 평가받는다. 그가 비록 초기에는 추상표현주의적 양식으로 작업하기는 했으나, 내화벽돌작업 이전에도 이미 그리드와 모듈적인 형식을 대중에게 발표하였다.

특히 1980년대 이후 도예 본연의 작업으로 돌아가면서도 도판(slab)을 모듈로 삼아 작업하는 방식은 그대로 남겼다. 따라서 메이슨은 조각의 영역과는 다르게 도예의 영역에서 미니멀리즘과 현대의 포스트모더니즘적인 경향도 수용한 대표적인 작가로 평가된다. 즉 미니멀리즘이 현대도예에 어떻게 변용되는지를 잘 보여주기 때문에 비교연구의 표본작가로 선택되었다. IV장은 이론검증에 해당되는 규범사유를 증명할 장이다. 우선 검증면에서는 III장에서 제시한 두 표본작가와 연구자의 작품을 그리드, 모노크롬, 모듈 및 모듈의 결합방식의 측면에서 비교 검토함으로써 프라이머리 스트럭처의 차별성과 공통성을 적시하였다.

특히 3절에서 모듈구조의 분석을 따로 둔 것은 위에서 말한 것처럼 형식적인 측면에서 구조의 차별화를 논하기가 용이하고, 또 그 형태와 구조의 관점이 프라이머리 스트럭처라는 구조적인 관점에 가장 잘 부합되기 때문이기도 하다. 이후 이 검증을 토대로 연구자의 작업의 근원이 어디에 있는 것인지, 즉 앞선 두 작가와의 차별성이 어디에서 유래하는지 기술하였다. 이러한 접근을 통해 연구자의 작업이 비록 양식적인 공통성에도 불구하고, 구체적인 구성의 방식이나 원리, 색채, 정신성 등에서 차이가 있다는 사실을 확인하였다.

연구자는 검증면에서 발견된 차이가 연구자의 작업의 근저에 있는 문화적 토양의 차이에서 온다는 것을 언급하고 그 문화적 토양을 전일주의의

(계속)

맥락에서 해석하였다. 전일주의는 김복영이 한국 미술의 근원적인 작동기제를 설명하면서 논한 개념으로 기존의 한국미술의 특질이라고 불린 자연주의 역시 그 근저에는 전일주의(全一主義)가 작동하고 있다는 것과 자연주의도 한국적 자연주의이기 위해서는 전일주의가 그 바탕에 있어서 그 자연주의를 그처럼 견인해야한다는 것에 기인한 것이다.

서구의 경우 미니멀리즘의 근저에는 일종의 환원주의(reductionism)가 작동하지만, 연구자의 작업에는 일종의 한국적 전일주의가 작동한다. 이 둘은 모두 부분과 전체를 다루는 방식의 차이를 극명하게 보여주는 것으로, 근본적 발생의 논의점이 된다.

즉 연구자의 미니멀리즘적인 원리는 서구적 환원이 아니라 전일이며, 형식은 부분들의 단순 연합이나 결합이 아닌, 이미 전체성을 머금고 함의하고 있는 부분인 것이다. 그래서 이러한 탈환원적 구조는 요소적 형태들의 결합이 아니라, 전체와 떼어질 수 없는 부분을 만들고자, 즉 하나의 전체인 부분을 만들고자 제안한 것에 의미를 갖는다.

연구자의 주된 작품 'Earthen' 의 영어 의미는 '흙으로 된' 또는 '지구화(토양화)하다' 로 해석할 수 있다. 작품 주제를 'Earthen' 이라고 한 것은 자연으로부터의 잉태를 내포하는 조형 메시지로서의 외연을 나타낸 것이다. 입체물이 평면화를 통하여 즉 모든 것이 나눠지기 전의 상태로의 회귀, 즉 자연 그 자체, 모든 것이 하나의 전체이자, 전체가 부분인 상태로의 회귀를 나타낸 것이다.

결국 그것은 곧 전일적 상태로의 회귀의지이며, 연구자의 작품은 주객의 이분법적 사유가 나타나기 전의 지구와 내가, 모든 것을 머금은 토양으로서의 대지와 개개의 물질과 생명이 하나였던 이상향을 지향하는 작업인 것이다.

논리확립에 대한 이러한 과정을 통해 연구의 표상이 서구의 미니멀리즘적 도예와 그 변형적 관계와 유의적 관계를 맺으면서도 그 근본원리와 형식적 구조틀에서는 명쾌한 차이가 있음을 도출한 것이 된다.

2-3 연구목적 및 범위 / 명확화

연구 목적은 일반화시킬 수 있는 지식생산에 해당되는 내용으로 객관적으로 접근 가능한 것이어야 한다. 연구의 제한조건과 기준, 방향이 명확하고 중요성, 파급효과, 기대효과와 추후연구를 위한 제언들의 발전으로 그 내용이 구체화되어야 한다. 그리고 연관성이 있는 요소의 반복적 탐색이나 프로그램 확장, 플랫폼의 구현화와 같은 연구의 전체적인 맥락(context)에 대한 실체적, 가시적, 형이하학적인 목표와 기대효과를 설정하여야 한다.

check point

연구목적 및 범위의 체크포인트

① 디자인 요소가 지니게 될 연구의 범위(카테고리)가 구체적으로 제시되었는가

[예] 운송기기, 철도차량, 트램 등 철도차량은 그 범위가 매우 광범위하므로 주제에서 제시된 '철도차량 개발~' 에서의 분석범위를 축약 또는 범위에 따른 방법이 구체적으로 제시되어야 함.

② 연구의 핵심인 디자인 요소란, 분석, 디자인의 조건성, 조형성, 구성인자등을 명확하게 제시하고 있는가 (디자인 요소의 개념과 특성은 다양한 컨텐츠를 지니고 있음)

[예] 요소 – 선, 형상, 색채, 공간, 재질 등 포함
조건성 – 위치, 방향, 크기 등
조형성 – 기능성, 구조성, 기술성, 표시성 등)

③ 사례분석, 조형성 분석, 비교분석 등 주요 연구방법은 함목적적인가

④ 논문의 전개는 객관적 해석과 논술형으로 전개가 아닌 주관적 해설로 전개되고 있지 않은가

⑤ 서론부에 연구목적, 범위, 방법, 절차 등이 축약되어 있는가

⑥ 제안된 기법에 세가지 유형별 구분과 ~~의 기법 활용 ①, ②, ③ 에 대한 연계성이 설명되었는가

(계속)

⑦ ~~와 ~에서 요구되는 ~~프로그램에 대한 한정성이 제시되었는가
[예] 영역대상, 소재, 평가, 교육목표 등에 대한 구분 제시
⑧ 논문작성의 기본적 체계와 제 형식을 인식하고 있는가
⑨ 연구가 지니는 타당성과 논리성에 의한 범용적 실용성이 내재되어있는가
⑩ 서술은 규범과 방법의 논법을 포함하여 논리적 의속(依屬)을 지니고 있는가
⑪ ~~ 요소에 대한 방향 제시, 지침 제시, 표현내용 분석 등의 구체적인 목표가 제시되고 있는가

사례 1

비양식성과 비정통성으로서의 민화가 지닌 현상학적 해석 [8]

사례1의 연구에서는 대중예술로서의 민화의 정체성 정립, 민화의 유형별 구성 속성과 모티브의 상징성 규명하는 것이다. 즉 민화가 지닌 예술적 가치와 미적인 것을 형성시키는 조형형식, 보편적 가치발견 및 조형표상으로서의 형이상학적 내포성과 형이하학적인 외연성을 해명하는 목적을 지닌다.

조상의 얼과 민족의 체취를 풍겨주는 민족적인 얼굴이 담겨진 전통의 고유한 양식을 현대의 창조적인 작업에 소화 반영시키려는 노력은 옛 전통문화를 보존, 계승하려는 의지와 함께 매우 소중하고 의미있는 일이다. 대중의 생활예술인 전통민화의 가치를 재발견, 새로운 미적의미로 재인식하여 봄으로써 전통미의 계승과 발전에 이바지 할 수 있으며, 이것의 보존과 지속은 민족의 주체의식 확립과 민족아(我)의 긍지를 갖는 데 있어서도 중요한 문제가 아닐 수 없다.

예술사적으로 볼 때 과거 우리의 문화역사처럼 찬란하고 독창적인 예도 드물었다. 우리 민족의 생활예술에 대한 애착과 자부심과 자존적 감정은 민족의 천성을 살려 문화를 정립 승화시키는 창조력을 발휘하였다.

(계속)

한국적 문화예술, 민족문화 중에서 가장 대중적이고 서민적일 수 있는 장식화로서의 민화작품이 지닌 조형 표현형식의 내용미학과 형식미학을 재해석하였고 생활인의 창의력에 의하여 만들어진 조형예술 작품을 분석하고 그 가치와, 기능, 상징 및 표현양식과 규범을 밝혀 민족의 정체성을 새로운 예술 문화창조에 결집시키는 일은 중요하다.

예술문화는 정신활동이 외계에 표상되는 역사적 산물로서 민족혼과 민족정신을 승계하며 전통을 이어받는 데 있어 중심적 매개의 역할을 한다. 따라서 생활인이 자기나라의 예술을 얼마만큼이나 알고, 사랑하며, 아끼고 잘 지속시키느냐 하는 문제는 커다란 과제가 아닐 수 없다.

그러므로 선행적 민화작품을 보존해 가면서 그것을 승화, 발전시켜 재현하며 응용, 확산시키고 진작시켜야 하는 당위성을 갖는다. 이는 곧 조형적 특징과 예술성을 살려 전통양식에의 침투와 개발에 이바지 할 수 있고, 국적있는 문화창조 전반에 대한 인식을 바로하여 우리의 민속예술과 생활 문화를 이해하는 좌표설정과 방향제시의 의미를 지니기 때문이다.

사례 2

형이상학적 조형성으로서의 찻주전자(teapot)의 조형이념과 형식 [9]

사례2의 연구는 찻주전자(teapot)가 지니고 있는 형이상학적(metaphysical) 조형성에 나타난 물질적 표현성과 구조로서의 형식과 시각요소로서의 상징을 대상으로 상호관계의 변화에 따른 기능과 역할에 대한 해석을 통해 형태를 이루는 것과 재료의 설정 및 기법 개발을 통한 선행적, 창조적 조형표현 활동을 이해하여 찻주전자가 지닌 조형 표현의 가능성과 조형 원리를 발견하는 능력을 배양하는데 기본 목표를 두고 있다.

연구의 범위는 12세기부터 21세기에 이르는 동, 서양의 문헌자료 71점을 중심으로 찻주전자의 발전과정에서의 형식화 표현내용을 분석 평가하고 이에 따른 시대별, 유형별, 문양별로 나타난 조형이념과 형식을 연구의 범위로 한정하였다.

사례 3

산업디자인 트렌드예측시스템(DTTS) 구축을 위한 영향요인의 위계구조 [10]

문화적, 경제적, 사회적 제 경향의 영향 및 소비자 의식과 다양한 가치의 변화는 제품과 시장의 끊임없는 변동 및 제품 라이프 사이클의 단기화, 차별화, 개성화와 함께 트렌드 변화의 가능성과 타당성을 지식과 기술로 습득하게 되는 주요한 원인이 된다. 그러므로 논리적인 접근과 방법에 의한 산업디자인 트렌드 예측과 적용을 위한 위계구조 연구를 통하여 DTTS의 개발지원 체제를 확립하고 전략적 방법 실현의 일환으로 계획되고 실행될 수 있는 시스템을 구축하는 것은 중요한 의미를 지닌다.

연구의 목적은 트렌드가 지닌 다의적 개념과 특성을 재조망하고 산업디자인 제품에 대한 변화를 예측하고 리드하는데 있으므로 이는 곧 트렌드가 지닌 정체성을 재확립과 함께 미래지향적 이미지 확보 및 가치증대를 이룩하기 위한 새로운 가능성을 모색하는 역할을 담당한다. 이와 같이 트렌드는 디자인의 요인 변화와 함께 형성되므로 합리적인 분석에 의한 트렌드 예측과 적용을 위한 지원체계의 확립은 새로운 시장창출과 잠재적 수요범위를 상승적으로 확대시키는 특성으로 이루어진다.

디자인개발의 중요성은 계획의 과정에 합리성을 부여하고, 개념은 범용적이어야 하므로 산업디자인에서는 디자인을 어떻게 구체화 할 것인가에 대한 전략은 시대상응적이며 체계적인 속성을 지녀야 한다. 아울러 경쟁력을 확보할 수 있는 디자인이란 생활구조에서의 적합성을 지녀야함으로 제품 컨셉트에서 소비 및 제품 트렌드를 미감 창출에 의한 정체성으로 재확인할 수 있어야 한다.

아울러 트렌드 예측과 같은 산업디자인의 정체성 구현과 확립에 대한 연구는 범용적 접근과 신뢰성 있는 근거를 기초로 발전되어야 하므로, 이에 따른 소비자 의식, 급변하는 시장 구조, 기술, 소재개발과 응용 등의 요인 구축과 위계구조 분석과 같은 체계연구는 산업디자인 영역확대와 역할증대에 힘입어 산업디자인에서의 핵심역량으로 자리매김하면서 그 필요성이 확산되고 있다.

(계속)

따라서 본 연구의 중요성은 트렌드 형성의 영향요인과 구성 및 구현화 과정 전반에 대한 트렌드의 정체성에 대한 실증적 파악과 함께 트렌드가 지니고 있는 가시적 실체 즉 실현된 객체와 구체적인 표상을 위한 현상의 객관화와 함께 트렌드가 지니는 개념으로서의 현상의 일반화를 정의된 개념과 관찰된 사실로서 규명하게 되는 학문적 역할과 의미를 함께 지니게 된다.

디자인 발전과정에서 제품 트렌드를 파악하거나 방향을 설정하게 되는 R&D 개발, 기술혁신과 같은 문제는 타 연구에 비해 소극적이며 부분적인 양상을 지녀왔다. 일반적으로 적용되는 3C (생산자[company], 경쟁사[competition], 소비자[customer]) 중심의 전개는 디자인 전반에 대한 조사결과의 분석력과 제품 컨셉트 측면으로 다루어 졌으므로 트렌드에 직접적으로 연관되는 요인에 대한 명확한 진단이 미흡하고 신제품 개발내용에 적용시키기 위한 항목이 도출되지 못하였다.

예를 들어 통계분석법은 현재의 제품을 기준으로 하기 때문에 미래적 신조형 창출에 한계를 지니며, 형상적 조형중심의 제품에 대한 분석의 이미지스케일(image scaling)법은 다변량 분석법이 지닌 단점이 있다.

디자인 평가에서의 가시적 요인과 정량적 연구중심은 결과적으로 디자인 생산성과 하드워크에 대한 접근이 중점을 이루게 되므로 디자인 제품에서의 미적가치나 선호도와 같은 감성평가는 구체적인 요소를 적용할 수 있는 구성화단계의 심화연구에서 고객취향 및 감성이미지 등의 가치 확보와 응용 확산이 가능해 진다. 즉 신조형 창안을 위한 디자인기법의 개발확대는 제품 트렌드에 대한 예측과 분석방법을 강화시키고 시대적 이슈 상품화에 대한 구현성 기술 기반지원 체계를 유도하게 된다.

따라서 트렌드 구현장면이 직접적으로 반영되는 타운 와칭(town-watching)과 같은 변화내용에 대한 실제적, 동의적 상황진단 및 확인과 함께 변화에 의한 교차적 비교판별이 용이한 인지영역(acceptable zone)에 의한 분석은 기존의 방법에 비하여 상황진단 및 구조포착이 용이하고 패드와 제품 트렌드 형용성의 조형요소(formative elements) 이해에 대한 논리성을 확보하게 된다.

(계속)

그러므로 연구의 방향은 트렌드 언어를 중심으로 영향요인을 실제적인 조형요인으로 재인식하여 산업디자인에 대한 트렌드 가치 및 구현성 기술의 기반을 조성시키는 데 있다.

① 산업디자인 트렌드 예측을 위한 지원시스템 구축과 인터페이스 개발
② 디자인 트렌드 예측과 검증을 위한 체계적, 실제적 적용기법과 도구 개발
③ 트렌드 가치, 디자인 형상 구현성 기술연구 활성화
④ 신조형 창출과 선호조형 트렌드 파악을 위한 웹 기반 인터페이스 연구
⑤ 트렌드가 지닌 이념적, 정동적, 미적 평가기술 확보

트렌드가 지니고 있는 정체성과 함께 산업디자인 전체를 바라보는 이론적 측면에서의 시각적 요구는 미래 산업디자인 연구의 방향을 개괄할 수 있는 체계 수립에 실제적인 역할을 담당하게 된다. 따라서 트렌드의 역할 변화와 예측시스템 구축에 대한 방향은 영역에 관계없이 매우 광범위하며 디자인 사용자의 행동양식과 가치 및 기술, 생활, 사회, 산업의 변화와 소비자 각 개인의 취향은 물론 생활태도, 구매습관의 변화 등과 밀접한 관련을 지니고 있다. 이것은 디자인산업 전반에 대한 새로운 패러다임의 변화를 이해하고 미래지향적인 시대적 위상을 간접적으로 표현하는 역할을 추구하는 것과 같다.

그러므로 포괄적이며 거시적인 컨셉트로 산업디자인 분야의 잠재적 징후인 패드와 트렌드 요인들을 반영시키고 선행적으로 이루어진 연구 및 조사분석의 내용들을 가능한 한 수용하였다.

이는 다양한 시각과 접근방법에 의한 연구결과를 상호상관적(correlating)인 관점에서 이해하고 접목시키기 위함이다. 본 연구의 기본 내용은 트렌드의 가치 및 개념의 형성 과정을 이해하고 트렌드의 정체성 구현과 이론적 구조가 될 수 있는 요인간의 속성 및 조건해석을 통해 변화구조의 정량적, 정성적 관계를 논리적으로 제시하는 것이다.

(계속)

구체적인 연구의 내용 및 범위는 다음과 같다.

① 트렌드 개념 형성과정과 정체성에 대한 진단 및 영역 간 인터페이스의 이해
② 트렌드 요인이 지니고 있는 요인 간의 속성 및 조건해석을 통해 변화구조의 정성적 관계분석
③ 트렌드 언어형성 및 이미지 영향요인을 개념적, 실체적인 위계구조로 체계구현
④ 감성이미지 연관 감성 언어에 의한 트렌드 가치 및 구현성 기술과 정보공유를 위한 웹(web) 인터페이스 검색기반 체계지원

이를 위해 선행 연구사례에 의한 트렌드가 지닌 정체성을 이해하는 방법 적용과 함께 산업디자인의 개념을 재해석하고 디자인 요구내용을 진단한다. 또한 디자인 환경과 기술구조 및 제품과 가치의 인터페이스를 중심으로 하는 구조포착을 인지영역에 의한 기법으로 검증하고 각 영향요인 간의 상관관계와 구조를 객관적으로 해석하였다.

트렌드 메시지와 이미지 언어 분석의 보편적 준거를 마련하기 위한 연구방법은 디자인 실무현장에서 통상적으로 활용되고 있는 의미차별화미분법(SD)과 다차원 척도분석법을 활용하였다.

키 메시지와 색채 키 워드에서는 타운 와칭(1997년~2004년/런던, 파리, 밀라노)에서 촬영되고 관찰된 자료 분석방법을 채택하였다. 또한 요인간 연계구조 사례분석에 적용한 방법은 알렉산더(Alexander)가 제안한 연결패턴을 한 눈에 알아볼 수 있는 부호체계의 무행위 연결 또는 연결사슬형 다이어그램(random connection diagram)이다.

그리고 트렌드 형성요인 간의 관계설정과 포지셔닝 지각도 활용에 의한 인지영역변화 비교판별과 영향요인의 이론적 구조체계 구성은 그래프 이론으로서의 비언어적인 인터페이스 도구인 다이어그램 기법을 이용하였다. 이것은 구조적 측면에 대한 직관적인 이해를 가능케 하고 체계이론을 포괄하는 특성을 지닐 뿐만 아니라 상호관계분석에 효율적인 방법이기 때문이다.

(계속)

본 연구는 산업디자인 예측시스템 기반구축에 필요한 위계구조를 제시하는 것으로 이에는 상황적 트렌드 변화와 산업디자인 패러다임 변화요인에 따라 수시로 입출력되는 새로운 트렌드 디자인 용어들이 체계적으로 입력될 수 있는 시스템으로 구성되어 있다. 정책적, 조형적, 기술적 측면에서의 연구 성과에 대한 활용방안은 다음과 같다.

1. 정책적 측면

① 트렌드예측 전략체제 구축과 인터페이스 개발에 의한 디자인 선진화 작업, 연구의 활성화
② 산업디자인의 고부가가치성 유지를 위한 트렌드 DB(Data Base)로 운용
③ 신제품 개발을 위한(planning & design innovation) 적극적인 지원전략 수립
④ 제품 디자인과 문화적 요소융합의 연구 플랫폼 구축
⑤ 지역 산업디자인의 활성화로 산업디자인의 경쟁력 극대화
⑥ 디자인 관련 기술기반의 활성화
⑦ 트렌드 구성요소의 체계적 파악으로 디자인 연구방법과 시장에서의 선취력 확보, 고부가 가치성 확보
⑧ 산업디자인 예측에 의한 전략지원 시스템 확보 및 공유

2. 조형적 측면

① 트렌드 형용성의 조형요소 파악기술
② 트렌드 컨셉트를 디자인 전개의 종합적인 구조로 반영
③ 트렌드의 상황과 장면(scene)의 조형성 진단
④ 디자인 소프트 워크(soft work) 전개에 필요한 트렌드의 가치 및 정성적 효용성 반영

3. 기술적 측면

① 트렌드 예측을 논리적인 방식으로 구조화, 주관적 신념을 객관적 실체로 조형화시킬 수 있는 기술력 확보
② 트렌드 동향을 사전에 예측·활용하여 디자인 국제경쟁력과 기술력 증대

(계속)

③ 시장에서의 제품 신규성과 신기술성으로 디자인의 자생력과 경쟁력을 확립
④ 사용자 가치 측정에 대한 문화적 배경연구와 상품기획의 전기를 마련, 대외 경쟁력에서 디자인 우위성 확보
⑤ 시간적, 정보적, 형태적 니즈 파악과 기술력 구축

4. 기 타
① 구축된 DTTS를 활용한 컨텐츠 및 신산업, 신 시장, 신기술 개척과 연구 기술 활성화 증진
② 산업디자인 조사, 분석, 진단, 유통 등에 필요한 상황적, 교차적 평가 및 데이터베이스 운영 및 소프트웨어 개발에 기여
③ 현대적 기술개발과 감성응용으로 신가치의 디자인 창안
④ 미래지향적 산업디자인 패러다임 재구축
⑤ 한국적 조형의 폿대 실현, 국적있는 디자인 창안

본 연구는 산업디자인 분야에서의 트렌드가 지니고 있는 정체성 확립과 산업디자인 지표 진단과 함께 평가를 위한 활용에서도 유용한 기반기술 기초 자료가 된다. 따라서 본 연구의 최종적인 전략적 목표는 트렌드 인식 제고와 디자인 위상증진에 따른 시장점유 확대에 있다.

사례 4

The Improvement of Usability for Train Toilet Design [11]

• Introduction

Recent important issues in vehicle design are human centered design approach, which is a philosophy of user-oriented design(UOD)1) and ergonomic design, which considers the characteristics, potential demands andpsychological satisfaction of various passengers. Therefore, demand for the enhancement of utility must be reflected together with humanism, which emphasizes comfort than function, as well as physical convenience.

(계속)

In addition, with the rapid progress of culture society and because of the importance of technology, value and culture, design came to be dealt with in association with productivity and competitiveness and, in railway industry as well, neoplasticism and sensibility are required in train design. That is, the application of sensibility engineering and the harmonious adaptation of design are emerging as a new design concept different from existing methods. Train design is an area of system application that provides functions and roles necessary for transportation in consideration of necessities and conditions for passengers' travel scene with the optimal value factors.

Accordingly, the implementation of user-oriented concept in planning & design will provide a turning point for the development of the railway industry and contribute the enhancement of the economical standing of the industry through high quality tourism culture. This will promote the advancement of the future railway industry and trans-portation means, and bring new added values for the realization of new design paradigm.

User-oriented design is a concept that gives the top priority to the relation with users, by giving safety, usability, aesthetic feeling and amenity. This concept is consistent not only with the basic concept of univer sal design and ergonomic design but also with new identity fit for plurali stic culture and the age of sensibility.

Furthermore, it is required to change the train toilet from existing technoware centered space to humanware centered and designcentered pleasant and convenient space.

2-4 방법 및 절차 / 합리화

연구방법은 학문분야에 따라 차이는 있겠으나, 문헌 연구와 현장답사 또는 발굴 계획 등을 구체적으로 기술하거나, 자료수집방법, 실험방법 등을 분명하게 설명해야 한다. 특히 자연과학분야에서 특수한 장치를 제작하여 실험을 한다거나 특이한 방법을 사용할 경우에는 그 방법을 사실적으로 설명하고 사용된 실험자료에 대한 설명과 용어의 정의를 분명히 밝히고, 그 외에도 실험조건이나 조사대상 등 실험결과에 영향을 미칠 만한 특기사항을 밝혀야 한다. 필요에 따라서 인문사회과학분야의 연구에서는 연구방법을 서론에 포함시켜 서술하는 경우도 있다.

check point

연구방법 및 절차의 체크포인트

1. 서론 부분에서 연구범위와 연구절차에 대한 제시는?
2. 본문에 사용된 용어는 전체적으로 추측형, 서술형이 아닌 단답형, 논술형으로 구성되고 있는가
3. 연구의 목적에서 제시된 3개 대상별(양식 구분, 문화흐름의 유추 등)에 대한 핵심내용을 발견할 수 있는가
4. 서언에서는 연구배경, 주요성, 필요성, 기대효용에 대하여 제시되고 있는가
5. 연구방법을 작품구상과 작품의 표현으로 대체하는 논리적 근거는?
6. 결과 및 고찰의 내용은 연구 사례가 아닌가 (핵심사항의 추가로 제시 사유는?)
7. 연구작품 계획 및 제작 프로세스에서의 재료 선정 부분에 대한 사유가 제시되고있는가

   [예] 재료의 선택과 사용, 가공, 가공방법, 특성 등
8. 연구작품 계획 및 제작 프로세스에서의 형태에 대한 조형성 해석을 구체적으로 제시하고 있는가

   [예] 형태감, 시각적 균형, 구조와 형식, 미감성 등

(계속)

9. 형상화된 이미지에 대한 구체적 내용이 제시된 작품을 통해 이해될 수 있도록 작품 배경, 작품 제작의도, 작품의 표상이 작품계획에서 표현이 되고 있는가

[예 1] 상징성 재현과 신비 이미지 관계설정 언급 등

[예 2] 제시된 작품에 나타난 생명체의 운동 및 움직임의 기운 등에 대한 표현성과 형상성과의 관계 등

10. 연구의 배경이 명확하게 제시되고 있는가

[예] ~~의 구성이 실제적인 부분으로 구분되고 있는가 ~~의 실내외 구성부분에 대한 구체적인 세부영역으로 구분 등)

11. ~~에서의 개념 중 신체적, 생리적, 지적, 감성적(심리적) 인터페이스의 접근과 설명은 합리적인가

[예] *신체적 인터페이스 연구내용–공간성, 이동성, 조작성, 파지성, 위치성 등*생리적 인터페이스 연구내용– 효용성, 능률성 등의 사용편의성과 안정성(촉각, 표면, 반사, 표시, 크기등 포함)*지적 인터페이스 연구내용–시각정보 내용과 인지성*감성적 인터페이스 연구내용·크기, 색채, 방향, 이미지 등의 조형성)

12. 감성적 인터페이스 측면에서의 감성측정 연구 내용에는 크기, 색채, 방향, 위치 등과 같은 조형요소와 조형성에 대한 항목이 포함되어 있으므로 연구의 범위 또는 제한 요소를 언급하였는가

13. 서론의 마지막 부분, ~~영향에서의 '영향' 에 대한 구체적 언급 필요

[예] 검증에서의 사용성에 대한 가시적 요소와 비가시적 요소 구분 및 위계구조, 연구 발견점으로 제시한 정량적 측정치에 대한 정성적 해석 및 진단 문제는?

14. 논문의 범용적, 기본적 체계구성을 위한 연구목적, 방법, 절차 및 논의 과정과 검증부분이 제시되고 있는가

15. 디자인 주요특징에 대한 제시를 발견할 수 있는가 (예 : 조형, 기술, 정보의 내용인 형상과 색채, 세부 디자인 상징, 표식 등)

16. 디자인 이미지에서 숫자로 표기한 부분은 그림~와 그림~~의 디자인 개발방안과 어떤 관계가 있는지? (반영된 디자인의 주요특징과 조건은?)

(계속)

17. 설정된 조형, 기술, 정보의 컨셉트 배경에 대한 설정 근거를 제시(디자인과의 구체적인 연계성)하고 있는가
18. 서론부에서는 구체적인 연구절차를 반영하였는가
    [예] 논제인 '~~협력교육에 관한 연구~~'를 'action learning 기반 ~~디자인 프로그램 개발'로 수정)
19. 교육프로그램, 교과목 연관 프로젝트, 멘토링 프로그램 개발(프로그램 모형제시)에 차별적 의미를 표현하였는가
20. 선행연구의 제시와 연구 논제와의 관계가 명확하게 기술되어 있는가
21. 검증하고자 하는 가정, 가설이 적용되는 이론으로부터 어떻게 유도되었는가에 대한 관계나 근거를 제시하고 있는가
22. 실증적인 사실에 중점을 두어 학술적 당위성과 함께 과학적 논리성을 확보할 수 있는 연구인가
23. 전문분야의 질적고도화와 심화는 신지식의 비전이 정착하는 발전을 견인할 수 있는가에 대한 해명은?

사례 1

비양식성과 비정통성으로서의 민화가 지닌 현상학적 해석 [12]

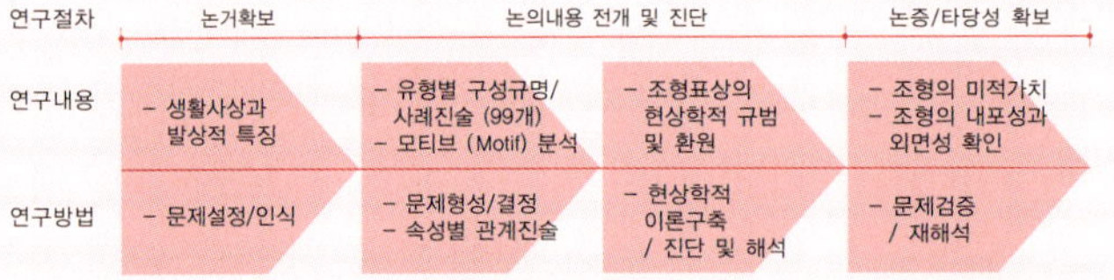

연구절차 및 방법 전개

연구를 위한 접근방법은 조선조시대의 작품을 중심으로 논제가 지닌 개념적, 실체적 문제점을 형식화하고 표본으로서의 자료분석과 객관성 유지를 위한 선행 연구 문헌조사의 범위는 9권을 대상으로 하였다. 추출 된 내용을 11개의 유형별(산수도(풍속도), 화훼도, 화금도, 화조도, 화군도, 상서도(길상도), 어해도, 문자도, 서가도(책가도), 장식도, 상여도)로 구분하고 대표적 사례 99개의 추출된 작품을 중심으로 비교·분석·진단했다.

사례 2

찻주전자(teapot)의 조형이념과 형식 [12]

연구의 절차는 1단계로 장면(scene definition)을 이해하며, 2단계에서는 조형성의 관계설정을 위해 유형별, 문양별로 탐색(exploration)하여 구조와 체계에 나타난 특성을 조사 분석하였다. 3단계에서는 조형성으로서의 구성요소와 시각요소간의 상호관계를 재해석하였다.

연구방법에서는 찻주전자가 지닌 조형 표현은 물질적 재료를 사용하여 사물 형태를 표현함으로써 예술미로 성립되며 시각, 촉각을 대상으로 하는 객체로서 이것에는 이념이 감각적으로 나타나 있어야 하며 주제가 지니는 독특한 형상적 형태(gestalt)를 갖고 있다는 것을 확인한다.

다음으로 찻주전자가 지니고 있는 조형 형식과 이념을 합리적으로 분석하고 형상이 지니고 있는 유형과 문양의 보편적 내용을 통해 실체적 조형 형식을 구조로 파악한다.

이를 위한 연구의 접근방법은 다음과 같다.

1. 문헌연구(study literature): 문헌에 나타난 선행적 구현사례(law data image cuts 71점)을 분석 진단하여 논거에 대한 범용성을 확보함

2. 시뮬레이션(simulating and categorizing): 조형형식의 비교, 판별에 의한 조형구조를 해명하고 개연성에 대한 논리적 규범을 추출함

3. 형태환에 의한 분석 및 평가 : 구체적 조형표상으로서의 찻주전자가 지니고 있는 형태적특성의 재해석

2-5 근거고찰, 가설설정, 예측 및 추상 / 유추화

가설은 어떤 현상을 설명하는 명제로서 정립, 입증되지 않은 믿음이나 주장을 의미하며 이론체계를 연역하기 위하여 설정한 가정이다. 이는 이론 연구의 도구로서 둘 혹은 그 이상의 변인간의 관계에 대한 추측, 진술, 증거의 논리적 귀결이며, 변수와 변수 간의 관계에 대한 잠정적 진술로서 논리적으로 검증되는 명제를 의미한다. 이때 주제에 대한 인식적 행위는 암시적이거나 명시적인 선행지식에 기초를 두게 되므로 결과적으로는 어떤 인식적 능력을 전제로 하여야 한다.

가설설정은 예견되는 연구결과의 검증기준을 설정하며 정확하고 구체적으로 기술하여야 하므로 관찰, 해설, 판단의 객관성을 유지하며 사실과의 관계나 예언을 검증하고 독립변인과 종속변인을 분석한 후에 착수하고 변인간의 관련성을 기술하여야 한다. 가설에서 모집단에 대한 분포함수의 형이 명확하고, 그 모수만이 미지일 때 그 모집단으로부터 표본의 통계량이 모수를 포함하는 일정한 범위에 있다고 하는 복합가설을 귀무가설(null hypothesis)이라고 한다.

또한 가설은 가설에 관계되는 관련자료를 제시한 후에 2차로 분석의 결과를 제시한 것이며 이때 중요순으로 가설을 목록화하고 결과를 제시하여야 한다. 검증관련 가설의 경우 통계분석을 제시하여야 하고 연구설계를 함축한 구체적인 측정도구를 염두해 두고 조작적으로 정의된 변인들 간의 관계가 포함시켜야 하므로 변인들간의 관계는 보다 특성적이거나 구체적으로 제시하여야 한다. 가설의 유형에는 일반적으로 연구가 직접 검증가능하거나 쉽게 유추가 가능한 귀무가설과 연구가설(research hypothesis)이 있다.

디자인 민족지학(ethnography), 문화기술적연구(ethnographic research, ethno-methodology) 연구에 대하여 이도영(2005)은 가설의 설정에 대하여 "문화적으로 결집된 집단 구성원들과 깊숙이 관련된 사건, 상황의 과정적 기술행위로서 일반적 관찰과 참여관찰에 의한 행위자 행태에 얽힌 변수들 간의 인간관계, 상호관계 규명보다 그 행위 자체에 담긴 의미와 방식에 대하여 집중적으로 탐구를 추구하는 방법이다."라고 정의하였다.

이 방법은 1단계로 형태의 규칙성 탐색과 의미를 분석하고 규율(rule) 및 규범(norm)을 설정하고 2단계는 이에 대한 의미를 부여(labeling)한 다음, 3단계로 이론을 구축(theory building)하며 검증을 위한 가정, 가설 및 추측, 설정의 단계를 제시하였다. 이러한 가설의 단계는 일상적인 삶 속에서 발생되는 행태탐색(behavior as practices), 즉 형태로서 행동을 이해하고 상황을 가정하는 행동 프로토타입을 의미하며 과정적 형태관찰(observing process)에 의해 전개되는 순환고리를 갖는다라고 기술하였다.

이장미(2015)는 이것에 대하여 크리스토퍼 아일랜드(Christopher Ireland), 제니퍼비쇼키 오그래디의 세부기법에 대한 선행연구를 소개하였다. 크리스토퍼 아일랜드(2003)는 디자인 리서치를 위한 효과적인 정성적 조사방법론으로 크게 포커스그룹 인터뷰, 에스노그래피, 참여방법을 그의 저서 "Design Research"에서 언급하였다.

제니퍼비쇼키 오그래디는 디자이너를 위한 리서치 매뉴얼에서 에스노그래피의 방법으로 참여적 리서치인 수동적, 참여 관찰, 셰도잉, 디지털비디오 에스토그래피, 사진, 에스노그래피(셀프다이어리, 스틸, 비디오카메라, 사진서베이, 다이어리 스터디, 시각적 에스노그래피, 스노우볼링 샘플링, 인뎁스(indepth) 인터뷰, Show & Tell 인터뷰, 전문가 인터뷰)를 제시하며 3가지 방법의 삼각검증은 발견과 조망에 대한 타당성과 신뢰성을 확보할 수 있다고 언급하였다.[14]

한편 창의성 연구에 기반을 둔 창의성에 대한 개발은 1950년대 미국에서 창의성에 대한 연구를 시작하게 된 직접적인 동기였다. 길포드는 초기 창의성 테스트를 내놓았는데, 거의 테스트와 밀접히 연결되어 있던 또 다른 움직임이 집단 창의력 고양 운동인 '브레인스토밍' (brainstorming)이었다.

1980년대는 심리학의 발전과 포스트모더니즘 사조의 영향을 바탕으로 창의성의 개념의 변화가 나타낸 시기이다. 즉 한 개인의 사고력이나 심리, 인성으로만이 아니라 개인을 둘러싼 사회적 환경에 의해 촉진되거나 구속되는, 사회문화적 환경과의 영향관계 속에서 발전되는 것으로 창의성을 이해하기 시작했다고 볼 수 있다. 이러한 1980년대 이후 연구된 창의성 개념은 기존의 천재 중심, 개인 중심이 주장하는 인지 중심의 창의성 개념에서 벗어나 환경과의 상호작용으로 이해된다.

"어떤 과학·기술자나 예술가의 작업이 창의적이다"라는 표현을 사용하고 있지만 창의성을 둘러싼 논쟁과 이견 중 많은 부분이 "창의성이란 무엇인가"라는 정의(definition)와 관련이 되어 있다. 아직도 모든 연구자들이 동의하는 창의성의 정의는 존재하지 않는다. 왜냐하면 창의성은 형이상학적, 형이하학적인 내용의 콘텐츠가 함께 내재하고 있기 때문이다. 그러나 일반적으로 창의성에 대한 구절에서 이 의미를, "새로움(origination, novel)과 중요함(meaningful, significant, valuable), 창조적 재능"이라는 뜻에 동의하고 있다.[15]

① 모든 감각과 심지어 초감각적인 것까지도 포함하는 개념
② 규범성이라는 가치적 요소
③ 인지의 재개념화를 통해 체화된 인지(embodied creativity)
④ 개인 또는 조직이나 사회가 환경과의 긴밀한 상호작용을 통해 독창적이고 유용한 아이디어나 결과를 산출하는 인지적, 정의적, 환경적 속성[16]
⑤ 관찰이나 측정이 가능하지 않은 관념적 개념이자, 상황이나 맥락에 따라 달라지는 구성적 개념[17]

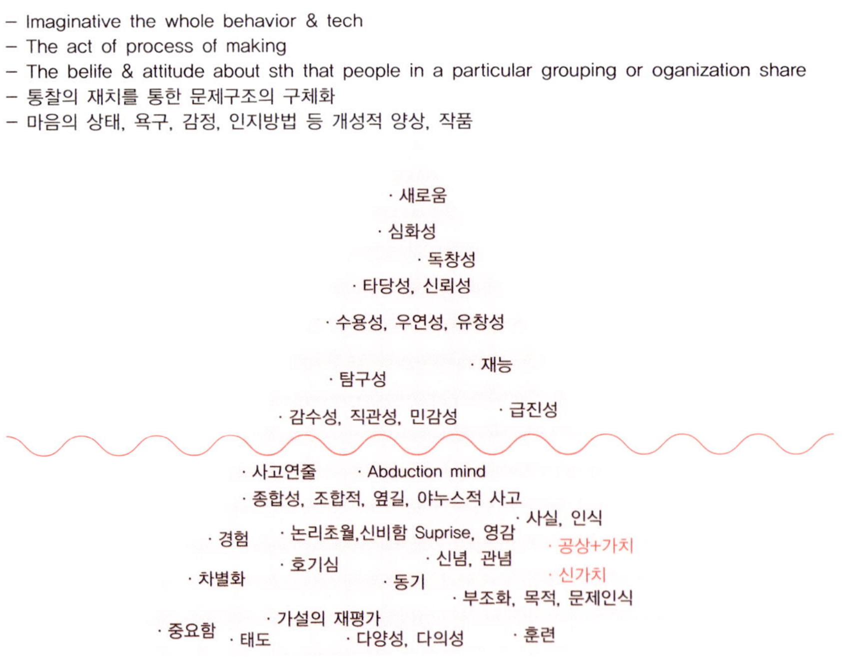

그림 2-1 창조의 가치구조도

최근에는 창의성을, 급격하고 영감과 무의식이 지배하는 과정에서 완만하고 지속적이며 의식적인 과정으로 재인식하고 있다. 과학평론가 셔머(Michael Shermer)는 이러한 재인식에 근거해서 우리 개개인의 창의성을 높일 수 있는 방법을 6가지로 제시하고 있다. [18]

① 자신의 분야에서 풀어야 할 중요한 문제에 대해 민감해지고 그 이외의 덜 중요하거나 해결할 수 없는 문제들은 무시하라.
② 그 주제에 대해 가능한 많은 지식으로 스스로를 교육시켜라. 숙련이 요구된다면 연습, 연습에 연습을 거듭하라.
③ 자신의 분야의 지식과 전문가를 존경하라. 그렇지만 어떤 사람이나 주장에 도전하고 이의를 제기하는 데 주저하지 말라.
④ 오래된 문제를 새로운 방식으로 해결할 방법을 찾아라. 다른 사람이 아직 하지 못한 것을 찾아봐라. 조롱을 겁내지 말고, 비판자에게 귀를 기울이지만 압도당하지 말라.
⑤ 자신의 생각을 같은 분야의 다른 사람과 얘기하라. 고립된 지성은 죽는다.
⑥ 많은 아이디어를 내놓고 그 중에 가장 잘 살아남을 듯 싶은 것을 선택하라.

심리학자인 칙젠미할리(Csikszentmihalyi)는 창의성을 고양하는 방법을 개인, 집안, 전문 분야로 나누어서 제시했다. 그는 어릴 적에 창의성에 도움이 되는 환경을 만들어 주는 것이 중요하다는 점을 지적하면서, 아이로 하여금 혼자 있는 환경과 협동하는 환경 모두를 경험하게 하는 것을 강조한다. 혼자 있지 못하는 아이는 아이디어를 부화하는 데 필요한 시간을 가지지 못한다는 것이다.

그는 젠더(gender) 역할에 대해서 약간의 유연성을 두는 것과, 어린 나이에 관심이 있는 분야를 빨리 접하게 하는 것도 중요하다고 강조한다. 그렇지만 훨씬 더 중요한 것은 나중에 특정 분야에 정말 깊이 몰입하는 것임은 두말할 필요가 없다. 칙젠미할리는 또 집단이 훈련, 기대, 리소스(resource), 인정, 희망, 기회 보상을 제공해야 하며, 여기서 보상은 금전적·사회적 인식, 명예를 포함하는 것임을 지적하고 있다. 마지막으로 그는 정보에의 접근이 쉬운 환경을 만들어 주고, 새로움을 인식하는 것이 쉽고 그 기준이 분명하고 공유되는 문화를 만들어 주는 것이 전문 분야의 중요한 역할이라고 강조한다. [19]

창의적인 사람들은 자신의 전문 분야에서 필요한 지식은 무론 선임 연구자들이 쌓은 업적에 대해 충분히 숙지하고 있을 뿐만 아니라, 이를 넘어서려는 의식적 노력을 통해서 새로운 지식과 문화를 만들어 내는 사람들이다.

"생각의 탄생"의 저자인 로버트 루트번스타인 미시간주립대 교수가 "세상을 바꾸는 7가지 전략"을 소개했다. 그는 창의적인 사람이 되기 위한 7가지 방법으로→상상하라→질문하라→의심하라→절제하라→훈련하라→매치하라→행동하라고 주문했다. 손해용과 이소아는 창의성 연구의 전문가인 미시건대학교 로버트 루트번스타인 교수의 견해대로 "창의성이란 '유용한 서프라이즈(effective surprise)'이며 누구나 훈련을 통해 기를 수 있다"라고 하였다.

두 가지 아이디어를 남다른 방식으로 결합해 '우와!' 하고 놀랄만한 뭔가를 만들어 내는 능력이 바로 창의성이다. 상상에 그치지 않고 실천으로 옮기는 게 핵심이다. 그는 "혁신가란 창의성을 대중이 쓸 수 있게 시장화하고 실용화하는 사람"이라며 애플의 스티브 잡스를 예로 들었다. 잡스는 제록스가 '포인팅 도구'라며 발명한 300달러짜리 기업용 마우스를 15달러 이하의 소비재로 만들어 개인용 컴퓨터인 맥킨토시를 만들어 냈다. 남들은 생각하지 못한 마우스의 유용성을 간파해 낸 것이다.

루트번스타인 교수는 "창의성을 기르는 방법은 여러 분야를 익히고 경험하는 것"이라며 "다양한 지식과 경험이 종합적 사고와 남다른 상상으로 이어진다"고 했다. 특히 "취미이건 특기이건 자기가 좋아하는 걸 깨닫고 파고들고 생각하는 시간을 갖는 게 중요하다"고 말했다. 그는 소프트웨어 경쟁력을 높이려는 한국 IT기업들을 향해 "소프트웨어는 시를 쓰는 것과 같아서 하드웨어와 달리 수백개의 답이 있을 수 있다는 걸 인식해야 한다"고 했다. 또한 "기업이 혁신을 원한다면 직원들을 바쁜 일정에 묶는 대신 일주일에 하루라도 비전과 미래에 대해 생각할 수 있는 시간을 줘야 한다"고 말했다. 이어 "시행착오를 허용하고 때론 무책임한 창의성, 상사가 싫어하는 위험한 생각도 막지 않는 용기가 필요하다"고 강조했다. [20]

산업디자인은 논리적 개념과 실용적 경험을 표현한 상징이며 도구로써 창조적인 사고의 표현이고 이에 따른. 창조성은 흔히 새롭고 독특한 것을 창출해내는 능력이다. 이것은 수용된 가설을 거부하고 경계를 허물며, 새로운 것을 발명하며 제한을 밀어내는 양식으로 재활과 변화, 자기이해와 성장의 도구이다. 디자이너는 일상생활과 주변 환경 속에서 이미지를 통해 즐거움을 창출해내고 제품이 지닌 요인의 가치를 향상시키기 위해 다양한 이미지와 컨텐츠를 이용하는 창조적인 활동을 한다.

인간의 기본요구로서 미를 표현하는 창조적 행위인 디자인은 순수한 창작적 욕구로부터 시작되며 인간 정신의 체험을 필요로 한다. 이것은 감각과 정신이 함께 작용하는 기능적인 체험으로서 내면적 과정을 기초로 한 외형적인 이미지를 만들어내는 일로 주관적 이미지에 객관적 상징을 부여하는 비감성적인 대상의 표현이다.

따라서 디자인에 전달되는 가치는 단지 시각적 형태로 구현되는 트렌드만이 아니고 그 트렌드가 내포하고 있는 가치성, 창조성, 정성적인 사상이나 감정 등이 상징적으로 표현된 내용을 이해하기 위한 것이다. 디자인이 지니는 미는 경제적 활동으로 표현되는 실용미로서 이것은 디자이너의 창조력과 예술적 상상력 및 기술적 능력을 발휘한 결과물에서 찾을 수 있다.

디자인에서의 정신적인 내용은 디자이너가 무엇을 어떻게 표현하고자 했는가 하는 심적 과정의 전달로서 그것을 위한 구성능력 및 외양의 형식과 기술적 접목에 의한 결과이므로 디자인에서의 미감성에 대한 이해는 중요한 의미를 갖는다. 그러므로 제품 속의 표현성을 이해하기 위해서는 사용자가 디자이너의 창작 체험으로 되돌아가 보는 추(推) 체험이 필요하다.

작품의 미적 가치를 수용할 사용자에 의해서 디자이너는 그 대상 속으로 불러들여지는 것이므로 결국 이해는 창조를 추체험하게 하는 것과 같다. 이러한 가치는 가치주체(the subject of valuation)와 가치객체(the object of valuation)가 있다. 가치객체는 가치주체에 의해 소유됨으로써 가치가 있게 되고 또한 가치주체는 가치객체를 소유함으로써 가치가 있게 되는 주체와 객체 간의 상호관계에서 생긴다.[22]

트렌드에는 디자인이 지닌 이상과 현상에서 갖가지 감정이 제시되어 있어야 하고 감성적, 시각적, 촉각적으로 지각할 수 있도록 하여야 한다. 이것에는 심리적, 사회적 현상으로서 일종의 비유와 언어로는 표현할 수 없는 것을 명확히 의미를 짓는 비논변적인 상징, 즉 의식의 논리로서 형식, 합목적성, 기술, 정신적 내용 등의 창작과 표현의 예술성과 디자인 특성을 함께 지닌다.

디자인에서 아름다움을 느낄 수 있다는 것은 새로운 조형성에 대한 미적 인상뿐만 아니라 창작의 특이성이나 고유의 이미지 및 실험적 아이디어의 반영 등 전문적 기예와 기술이 미감적으로 표현되고 있음을 뜻한다. 따라서 디자인에서의 표현기술이란 의식적으로 아름다움을 창조하려는 인간의 감정이나 의지를 나타내는 기술이며 이것이 지니고 있는 조형적, 시각적, 공간적 내용이 트렌드로 표출되는 것을 뜻한다.

아름다움은 감각적으로 표현되는 것이므로 경험과 과학적인 인과법칙으로는 논의하기는 어렵다. 그렇지만 아름다움은 감각이나 정신에 쾌감을 주는 것이므로 그러한 것을 계획하고 창출해내어 어떻게 표상할 것인가 고민하는 것이 디자이너의 역할이다. 결국 창작이건, 발견이건, 재구성이건 디자이너의 표현을 통해 나타난 디자인의 이미지는 곧 트렌드의 한 단면이고 관심과 표적이며 직관으로 구성되어 있기 때문에 이는 디자이너 자신의 모습과 같은 것이다.

디자인이란 이상적이거나 형식적인 면에서의 형태, 형식 및 구조와 기법과 밀접한 결합에 의해 실제로 존재하는 것이므로 관조(meditation)와 표현(expression)으로 구성된다. 그러므로 조형성은 "하나의 전체적인 것 속에서 동형성(同形性)"이라는 프랭클(P.Frankl)의 주장과 같이 대상의 부분적 특성 그 자체가 아니라 그 특성에 나타난 전체성을 의미한다. [23]

한편 디자인이란 문화적, 사회적인 객체이면서 동시에 정신적 가치를 지닌다. 때문에 감상이나 평가는 자연과학에서처럼 논리적인 객관성을 지니기보다는 시대, 환경, 민족, 대상, 관점에 따른 상대성을 지닌다. 인간의 미감도 시대에 따라 변화하므로 어떤 시대도 절대적인 타당성을 주장할 수 있는 절대적인 트렌드란 존재하지 않게 된다. 디자인을 보며 상품성을 수용할 때는 단지 개념적 이해가 아닌 실용적 측면과 함께 디자이너의 표현을 공감하고 그것을 즐기는 감상내용이 전개되어 있어야 한다.

상품력으로서의 가치란 이와 같은 경험 행위 후에 내리는 결론적 판단만이 아니고 행위 그 자체 속에도 있으며 결론적 판단도 경험적 행위가 없으면 성립되지 않기 때문이다. 따라서 디자인이 전달하는 가치는 단지 판단의 형태로 정리되는 내용만이 아니고 그 내용이 전개되었던 경험적 행위도 포함되는 경험 전달이라고 할 수 있는데 특히 가치성, 창조성, 정성적 사상이나 감성 등이 트렌드로 나타난 경우에는 이러한 내용 파악이 용이하지 않다.

디자인 정체성은 디자이너의 실제적이거나 가상적인 인식의 내면적 과정을 기초로 하여 각 요소간의 관계에 의하여 어떤 외면적인 이미지를 만들어 내는 것으로 표현된다. 이것은 디자이너의 의지와 제품속성 및 기업의 경영이념이 표출된 것으로 디자인에서는 긴장과 완화, 균형과 불균형, 기능의 일관성, 변화가 연속된 통일성으로 구성된다. 즉 이미지와 조형을 이루고 있는 요인간 상호관계의 유기적인 조건구성과 함께 의미, 기능, 상징과 같은 요인들이 현상으로 나타난다. 즉 좋은 디자인이란 본물성으로서의 정체성이 지니고 있는 상품적 가치와 기술적 내용이 어떠한 방법으로 결합되어 이루어졌는가 하는 문제가 중요하다.

디자인 창작행위는 디자이너가 대상으로 제시하는 디자이너의 내계, 즉 마음속에 있는 것을 외화(外化)하려는 것이다. 이때 대상을 묘사하는 원리적 작용은 재현(representation)이라 하며 내적인 것을 외화하는 원리적 작용을 표출(expression)이라고 할 때 이 양자를 총괄해서 디자이너가 디자인 속에서 어떤 의미와 내용으로 객관화하는 의지의 결과가 트렌드이다. 표출은 내재되어 있는 심상을 밖으로 내보내는 것으로 전달과 배출의 의미가 있다. 이에 반해 재현은 이미 존재하고 있는 것을 디자인 속에서 제시하는 것으로 내면적이고 정신적인 이상화의 의미가 포함되며 모방의 사상으로도 발전한다.

디자인의 전달내용이란 기능, 창조성에 따라서 사용하는 사람을 만족시켜야 되므로 경험을 표출해서 전달하려는 것과는 구별된다. 조형성으로서의 트렌드 형성요인으로 구성되는 상품성이란 정체성을 뜻하며, 기능성이란 필요성, 재료성과 함께 구조와 표시를 나타내기도 한다. 즉 이것이 성립되기 위해서는 재현이나 형성의 계기가 중요하며 이들의 계기는 종합적, 다원적인 것으로 이는 유기적인 구성요인들에 의해 결합되어진다.

설득력 있고 인상적인 전제조건을 갖춘 디자인이란 산업생산방식에 의한 산업제품 생산을 대상으로 하는 디자인으로서 기계공업에 의한 산업을 위한 계획을 뜻한다. 인간의 생활은 생산과 소비, 그리고 재생산과의 환경에 의해서 성립되고 있는데, 산업디자인은 바로 이 '생활'에 관하여 계획하는 작업이며 산업디자이너의 손을 거쳐 만들어진 제품은 가정, 생산, 학습, 오락, 건강, 의료 등 인간의 생활 전반에 널리 침투되어 활동을 받들어 주고 있는 것이다. 다시 말해서 디자인은 인간생활의 장면을 파악하고 그것을 지지하는 물(物)의 형상을 구하고 형태로 나타내어 산업에 사명을 주는 일이라고 말할 수 있다.

그러므로 산업디자인이란 대상의 외형적 품질뿐만 아니라 제품의 구조적·기능적·미적 속성과 함께 이용자의 취향, 관심, 의견 등을 생산이념과 결합시켜 주어야 하고, 설득력(information power)과 인상력(affective power)을 훌륭하게 보여주어야 하는 전제적 조건을 지니게 된다. 오늘날의 디자인이 미래사회에서 가장 기대되는 전문분야로서 역할과 책무를 다하기 위해서는 인간생활의 질적 향상과 더불어 인간과 자연과의 보상적 균형을 어떻게 유지시킬 수 있느냐에 그 성패가 좌우된다.

왜냐하면 디자인이란 인간의 생활향상을 위해서 산업생산이나 시각전달 생활환경을 한층 쾌적하게 만들려는 조형활동이고 이는 사회에 책임을 지는 표현이며 새로운 문명질서나 정신풍토를 형성해 가는 사명을 띠고 있기 때문이다. 이와 같은 디자인은 근래에 이르러 생활환경을 개선하는 최선의 방법으로, 생활의 유효성을 향상시키는 목적으로, 인간가치의 향상성(enhancement)을 이룩할 수 있는 수단으로 그 책임과 역할이 한층 두드러지고 있는 실정에 있다.

생활환경의 변화는 생활 시스템의 변화와 생활 이미지의 변화, 소비태도의 변화, 의식구조의 변화 및 가치관의 변화를 초래하여 생활의 창의성과 생활의 질적 충실과 함께 새로운 소비 형태의 시너지를 상승시키고 생활면에서 첨단기술의 생활응용과 함께 크린에너지와 멀티스페이스를 지향하게 되었다.

라이프 소프트의 변화는 새로운 풍요로움을 추구하면서 디자인에 친근성, 조작간소화, 편리성 증진 및 건강미용 관련기구의 시장개척의 가능성, 인테리어 가정기구 등의 확산을 위한 촉매역할을 한층 더 강화시켰으며 디자이너에게 있어서도 새로운 패러다임의 라이프 신(life scene) 연구의 중요성을 일깨워 주기에 이르렀다.

라이프 신의 연구란 곧 소비자의 잠재욕구의 파악이고 생활의 제장면, 생활양식, 행동양식, 가치관의 변화 및 디자인의 새로운 흐름과 방향포착에 대한 연구인 것이고 따라서 이것은 디자인의 전략수립과 함께 고객과의 커뮤니케이션(communication)을 어떻게 고양시킬 것이냐에 대한 연구가 된다.

감성이 소비자와 물건 사이에 새로운 관계를 유지시켜 주면서 이제 소비자는 감성에 어울리는 생활장면을 만족시켜 줄 수 있는 상품진화를 추구하게 되었다. 이는 성숙한 사회가 야기한 현상으로 물건 소비에서 신 소비로의 전환을 의미하며 물리적 욕구에서 심리적 욕구로의 변화를 나타낸 것이다. 또한 정보가치를 통해 이미지화되는 생활 장면을 소비하게 되는데 이를 상품의 기호화 진전이라고 할 수 있다.

타인이 모방할 수 없는 신기술과 선개척 상품도 중요하지만 상품 자체에 가치성과 화제성이 없이는 히트상품이 될 수 없다.

새로운 장면의 요구탐색에 의한 제품은, 예를 들어 퍼지이론 세탁기, 로봇 청소기, 날개없는 선풍기, 조리순서를 안내해 주는 사물 인터넷에서부터 기능성 화장품, 심해수 음료, 여행 우주선, 대체에너지 등 수없이 우리 곁에 등장하고 있는 실정이다. 소비자 의식의 변화는 생활을 자기의 가치관을 표현하는 무대로 생각하기 시작하였고, 경쾌하고 화려하며 신선한 감성의 모습을 의식에 반영하기에 이르렀다. 감각에 의한 자유시간을 어떻게 활용할 것인가에 관심을 갖고 안전하고 현명하며 즐겁게 그리고 따스하고 살아있는 진품의 브랜드 아키텍처를 추구하기에 이르렀다.

1. 고품격의 라이프 스타일을 제안

이제 소비의 중심은 물건에서 서비스로 옮겨가고 있으며 그 서비스도 이제는 A/S(After Service)에서 B/S(Before Service)로 B/S에서 D/S(Delight Service)로 옮겨졌다. 또한 소비자는 기업에 대한 발언력이 더욱 확대되었고 스마트 디바이스를 통해 상품지식이 더욱 증대되어 이제 그들 자신의 논(論)을 갖고 제품의 구조, 외관, 재료, 부품, 안전도, 품질관리, 사용조건성능, 편리성, 유지관리의 용이성, 인간공학적 배려, 서비스, 기능의 시각화, 내구성, 원가 등을 꼼꼼히 챙길 것이다. 더욱이 자원의 효과적 이용과 공해방지 기여도 및 환경과의 조화 등과 함께 문화적 기여도와 생활에의 영향까지를 검토하면서 제품을 구입할 것이다.

이제 산업디자인 제품은 상품소유의 목적성(have)에서 물적 효용의 도구성(do)으로, 다시 심리적 효용의 의미성(be)으로의 전이를 앞당겨 갈 것이고 합리성 지향에서 정서성 지향으로, 양에서 질로, 다품에서 다종 변량으로, 우리들의 제품에서 나의 제품으로 변화되어 갈 것이다. 이에 따라 디자인도 OEM에서 ODM(Original Design Manufacturing)으로, 음성에서 화상으로, 저가에서 고가로, 진화에서 혁신으로의 이행이 신속히 뒤따르고 있다. 대량생산 우위에서 품질 우위로, 또한 기술 우위와 서비스 우위의 전략에서 고객만족과 기쁨, 고객감동으로 이어질 수 있는 글로벌적인 기획과 전략이 어느 때보다도 절실히 요구되고 있는 시점에 서 있다.

디자인 혁명시대는 21세기를 근미래로 맞이하면서 감성과 새로운 가치의 시대예고는 물론이거니와 다원적 창조시대를 맞이하게 되는 산업디자인의 경향들은 연관

상품의 고부가가치화, 의미화, 차별화, 화제화, 인본인주체(人本人主體)상품화를 이루어 제품이용자에게 국적있는 고품격의 라이프 스타일을 제안할 수 있어야 한다. 아울러 디자인 개발은 물(物)에서 쾌(快)로, 물질에서 마음으로, 수동적인 소비에서부터 주체적인 생활로 이행되며 새로운 환경공간으로 확대되고 있다.

산업디자인에 있어서 그 기능에 대한 본질은 제품의 목적과 이상이 합치한 형이상학적 제조건과 조화를 일체화시키는 것이 기본적 사고이며 필요조건이다. 이제 우리도 제품의 차별성과 고유성으로 냉혹한 경제전쟁에서의 경쟁우위를 선점, 유지하고, 계층적·구조적 디자인 실제의 요건들을 정리하고 디자인 개념의 연관법칙과 구성계획으로서의 원리를 합리적 방법으로 유도하여 디자인 요건들을 재인식하여야 한다.

따라서 산업디자인은 신생활문화 창달에 크게 기여할 새로운 이념과 디자인 활용의 혁신으로 새롭게 인식되어야 할 것이다. 또한 인본주의적 디자인 콘셉트(concept) 전략 체계를 활성화시키며 인주체의 제품 고유형태로 디자인을 개발하고 문화가 체화된 국적있는 한국형 고유브랜드로 세계 곳곳에 코리아이즘의 횃대를 현현(顯現)시켜야 할 것이다.

미래시장에서 가장 기본적으로 이해되고 있는 디자인 고품격화 시도는 디자인 독창성의 창조기회 증가와 함께 디자인에 있어서의 포트폴리오적 기획과 전략 실천에 있다. 따라서 기업은 그들의 이미지를 혁신할 수 있는 하이터치 감성체화디자인 개발품을 창안하여 글로벌시장에서의 경쟁력 선점에 그 목표를 두어야 한다. 이를 위해 제품설계미학 적용의 신개념을 확립하고 소비자시점의 '감성상품 개발' 에 의한 신시장 확대에 적극적이며 주체적인 전략을 수립하여 수입 완전자유 확대에 따른 시장에서의 자생력과 경쟁력 초극화를 위한 목표를 달성하여야 한다.

한편 고객이 최대한 만족할 수 있는 제품을 디자인한다 함은 평균적 고객에게 충분한 최상급 제품이 아니라 최상급(world top) 브랜드를 목표로 개발하는 것을 의미한다. 이를 위해서는 소비자의 잠재욕구와 미래시장을 주의 깊게 연구하여야 할 것이다. 고객우위, 고객만족의 전략에서 고객감동으로의 전략수정이 필요할 것이고 선행 디자인(precedence design), 가치 디자인(valueware design) 창출에 열정을 베풀어야 할 것이다.

미래학자 토플러(A. Toffler)의 지적처럼' 소비자의 급격한 변화, 제품과 기업에 대한 인기의 끊임없는 변용–라이프 사이클의 단기화' 등이 일반화될 것이고 생활과학에 근거한 국적있는 자주개발 상품만이 시장개척(market innovation)에서 살아남을 수 있다.

디자인은 인간이 창조한 모든 기법을 적용하여 형상을 꾸미는 것이다. 이것은 다면적 재료를 사용하여 사물을 유형적으로 나타낸 것으로 구체적 표현에 의하여 만들어지는 형태이고, 허버트 리드(H. Read)의 말처럼 형태를 만들어 내려는 의지이며, 하나의 창조이고 예술의 존재이유 그 자체이며, 결과로 나타난 경험과 상징의 표상이다. 디자인의 결과물은 이미지에 대응하는 객체가 디자인 조형활동에 구체적으로 형상화되어진 결과로 객체와 정신의 결합체로서 탄생된다.

이러한 행위는 디자이너 스스로 직접 디자인 방법과 부딪혀 체험하는 가운데 그것이 갖고 있는 특성을 알고 그 표현 가능성을 체득함으로서 창조적 능력과 태도가 배양된다. 따라서 이를 위해서 논리적·분석적·경험적 전개과정을 통하여 객체를 인식하고 그것을 종합적인 것으로 해석하여 새로운 디자인 세계를 창조하여야 하며, 형상을 위한 새로운 발상의 전개를 요구하게 된다.[24]

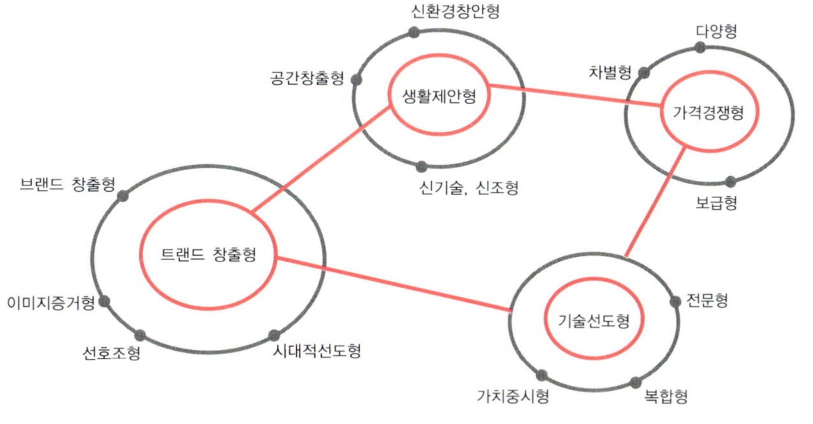

그림 2–2 산업디자인에서의 트렌드 창출형 디자인 위상 변화

창조성이란 창의적인 기억, 문제에 대한 감수성뿐만 아니라 이미지로 생각하는 능력과 함께 아이디어를 즐기며 분석하고 합성하는 능력을 포함하는 융통성이며 독창성과 감수성을 의미한다.[25]

이것은 디자인으로서의 새로운 가치와 만듦의 힘을 뜻하며 디자인 목적을 만족시킬 수 있는 독특한 트렌드가 있어야 하고 재료, 기능, 형태를 위한 새로운 예측방법과 구현기법의 구조와 형식 및 개선과 시도를 내포하는 다의적, 다원적 특성을 지닌다. 따라서 산업디자인 예측을 위한 전략시스템(DTTS)은 **그림 2-2**처럼 영역별로 특성있는 다양한 구조를 지니고 있다. 그러나 각각의 디자인은 다음과 같은 과정에 의해 트렌드가 구체화된다.

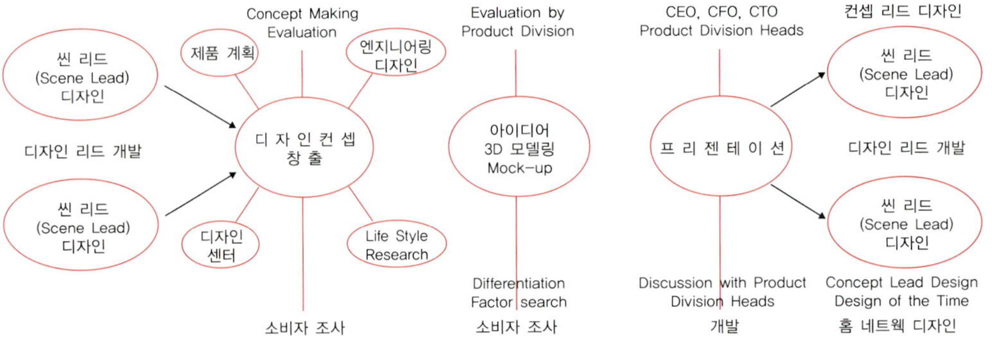

그림 2-3 L사의 제품(DCR) 디자인 프로세스[26]

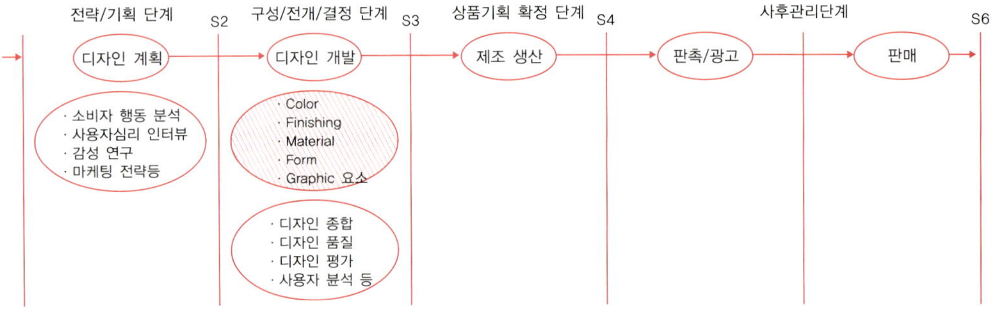

그림 2-4 디자인 프로세스에서의 트렌드 연관 관계[1]

(가시적 요소 비가시적 요소)

특히 혁신형 디자인 실현을 위한 대표적인 디자인 프로세스 사례는 **그림 2-3, 4, 5**가 있으나 공통적으로 디자인기획 및 조사와 같은 디자인 개발의 개념화단계에서 이루어지고 있다. **그림 2-5**는 덴마크의 디자인센터에서 제시하고 있는 프로세스로 트렌드와 정체성에 대한 이해를 디자인 초기단계에서 중시하고 있다. 아울러 엔지니어링 프로토타입 전개과정 후에도 기획된 콘셉트가 반영되었는지 확인하는 단계를 갖고 있다. 이는 디자인 전개과정에서 주제인식과 미감성에 대한 가치성 확보에 기여하게 되며 이에 따른 중요 속성과 연관 용인들이 지속적으로 조형화 요소의 결정요인으로 결정되고 재해석됨을 의미한다.

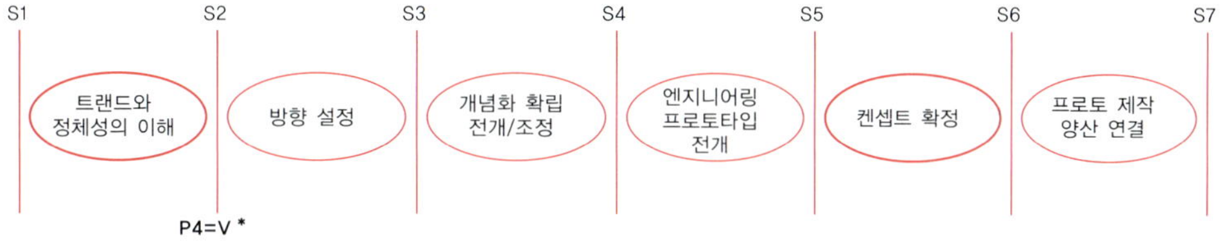

그림 2-5 DDC에서의 디자인 프로세스[2)]

트렌드가 지니고 있는 이미지는 발상 및 사고의 단계에서뿐만 아니라 이것의 전달을 위한 가능성이 있는 아이디어의 목표설정이 구조화단계 구체화되어지고 그러한 심상적 이미지로 재생되고 연상될 수 있도록 가시적 전달(perceived apparent)을 위한 발견된 아이디어의 선택까지의 과정 또한 중요하다. 왜냐하면 조형구성요소의 종합은 시각적 내용의 트렌드 연관 영향요인들이 중요 속성으로 시공간적, 시지각적으로 디자인 결과물에 상품력을 부여하여야 하는 문제는 미감적, 감성적, 소구력(sales appeal) 증진의 측면에서도 반영되어야 할 부분이다.

디자인 트렌드 구축을 위한 디자인 프로세스의 기본 전개과정은 다음과 같다.

(1) 개념화 과정

디자인 개념화 과정에서의 개념적 조형성이란 정의되거나 관찰된 사실과 정량적 구조 또는 비계량적 제가치를 뜻한다. 이는 일반적으로 비가시적 특징을 갖고 있으며 추상적 내용인 현상, 관념, 지각적 심상을 그 내용으로 하고 있다. 즉 계획을 위한 목표, 용도, 문제의 이해, 요소분석이 이루어지는 단계이다. 일반적으로 디자인의 문제해결 과정에서 문제 자체에 대한 이해가 없이는 해결안에 접근하기 어려운 속성이 있다.

이는 디자인 대상에 대하여 그것을 둘러싸고 있는 변수 간의 관계들이 복잡하다는 것을 뜻하기도 하며 조형적 조건, 제약에 대하여 구체적으로 설명해 줄 수 있는 트렌드의 메인스트림(main stream)과 구성적 요인 발견과 같은 것이다.

즉 이러한 과정에서는 개념에 대한 이해, 통일, 범위의 이론적, 가설적, 보편적인 선택의 제요건을 준비되어야 한다.

이 단계에서는 그림 2-6에서처럼 트렌드에 영향을 주는 기술, 생활환경, 시장, 제품 이미지에 나타나 있는 형이상학적, 형이하학적 요인들은 트렌드를 형성시켜 주는 후보요인들이다. 이러한 요인들은 시대적, 상황적, 가변적인 제반 배경(소재, 구조와 같은 기술사조, 소비나 가치, 의식, 태도와 같은 행태 및 요구 변화 등)과 함께 서로 간에 어떻게 관련 맺느냐에 따라 분리, 중첩, 교차, 수용, 통합, 접근, 공제, 합치와 같은 요인간 구성과정을 거치면서(Zone 3) 소멸, 재생산, 변화되어 다양한 유기적 요인으로 거듭 포개어서 생성된다(Zone 2).

이 과정은 [Zone 3]의 경우처럼 비정형의 영향요인으로 구성된다. [Zone 1]은 영향요인의 집적으로 재구성된 단계로 영향요인에의 중심적인 메시지가 가시적인 조형으로 표출되는 패턴화 단계, 즉 필요조건이 이미지로 변화되는 과정을 나타낸다.

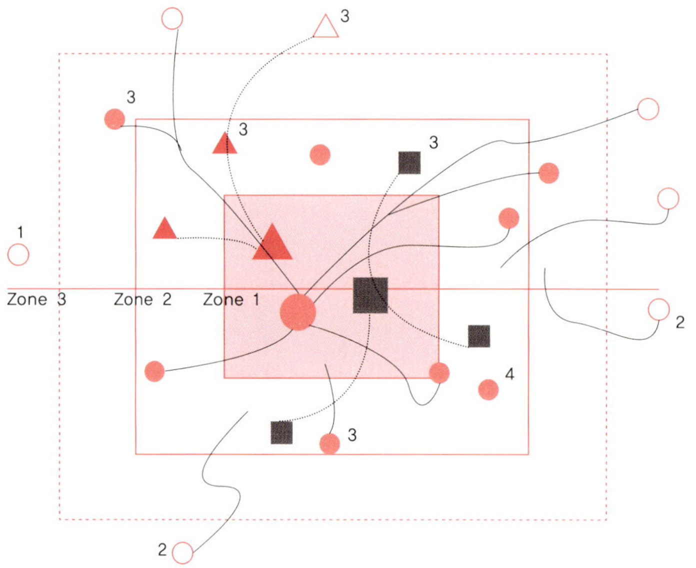

■ 환경 ▲ 사람 ● 제품

■ 통찰능력 : 시대사조/이슈, 미래환경/사회, 생활/문화, 시장/유통, 기술
● 통합능력 : 고객요구/취향, 라이프스타일 씬(Scene), 가치/의식, 관심/의견, 태도, 행동
▲ 조형능력 : 형태, 컬러, 노래/재질, 표면처리/효과

그림 2-6 트렌드 영향요인의 개념화과정 유입

가시적인 트렌드 조형성의 영향요인들에 대한 디자인 전개과정을 요약하면 다음과 같다.

check point

※ 개념적 조형성의 내용

- 미감적, 형식적, 표상적, 장식적, 감성적 표현력을 지니며 고유한 정체성 표현
- 창의적, 실험적, 발상적 트렌드 활동으로서의 접근과 태도
- 조형문화로서의 미의식과 사상
- 독창적, 개성적 창작활동의 진작과 표현의지

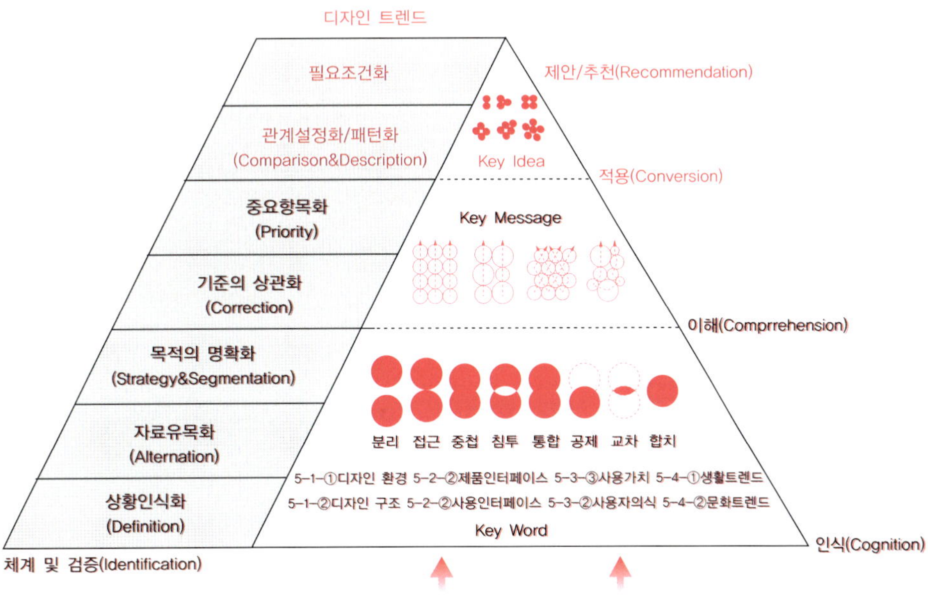

그림 2-7 위계구조에 의한 DTTS 개념구축도

(2) 구조화 과정

구조화(constitution) 과정은 개념화 단계에서의 제 요건을 새로운 구비요건으로 전환시켜주는 매개변수의 구조단계로서 제한점(must be), 목표(should be), 방향(ought be)을 결정시키는 중요한 단계이다. 왜냐하면 개념화 과정에서는 문제 연관 영향요인들의 속성과 관계가 중요한가, 적절한가, 선택 가능성이 있는가에 대한 이미지 연관 주제어로서의 표현된 구조적 조형성의 개념들을 가설적, 모방적, 선회적, 독립적인 변수로 변화시켜주고 통일성과 보편성을 갖고 충분히 표현될 수 있는지를 재해석하여야하기 때문이다.

check point

※ 구조적 조형성의 내용

- 조형 전개과정에서의 조형 구성요인의 재해석
- 트렌드의 변환 시도와 새로운 표현형식의 기법 응용
- 영향요소 반영과 시각적 내용의 상호관계(배열, 조직, 형태, 질감, 구조 변화 등)
- 징후가 될 수 있는 새롭고 실험적인 이미지 전달과 아이디어 제안
- 트렌드 분석내용에 대한 시뮬레이션
- 형상에 대한 영향요인간의 중요 항목으로서의 미적 구성

(3) 형상화 과정

형상화 과정에는 구성화 단계에서 수렴된 아이디어의 트렌드 영향요인들이 시각적으로 구체화된다. 이에는 심미성, 기능성, 조형성, 상징성과 같은 의미와 실재적 재료를 사용하여 형식적 요소와 양식으로서의 내용들이 구체적으로 실현되어 진다. 즉 실현된 객체이며, 현상의 객관화이며, 조형물의 가시화로 합구조적 현실적 형상을 위한 과정이다.

check point

※ 형상적 조형성의 내용

- 감성적 인상과 새로운 메가트렌드 접목, 매력적 외양
- 조형 형상에 필요한 균형감, 중량감, 통일감, 대비감
- 조형적 형상 특성(집중, 변화, 깊이, 연속, 구심 등)
- 디자인에 나타난 생명력, 긴장감, 시각적 동세, 역동성 등
- 표현으로서의 이념, 정신 및 시각적, 정서적 효과
- 선행디자인으로서의 표출성, 기술성, 기능성, 재료성, 구조성 등

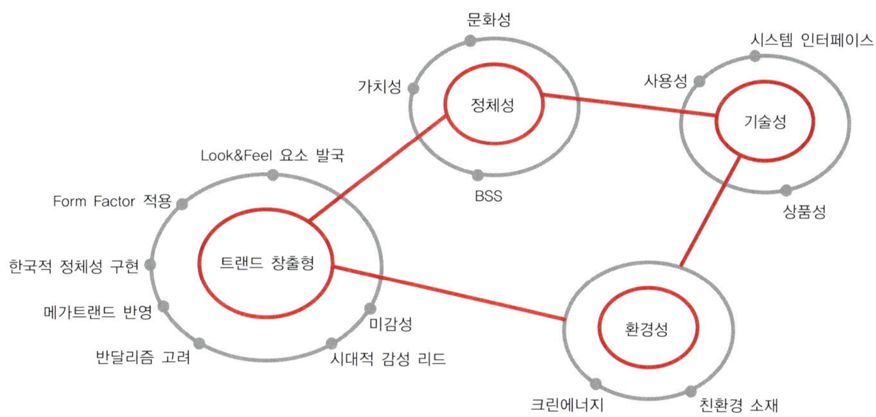

그림 2-8 형상화 과정에서의 트렌드 구현을 위한 영향요소 구성

이상의 조형화 과정은 표현하고자 하는 시각적 내용을 실제적으로 연계시켜주는 것으로 이러한 3단계별 조형화 전개과정은 기존의 2단계에 의한 구분 즉 개념화와 실체화라고 하는 이원론적 구분에 비해 3단계에 의한 구분은 조형화의 속성 중 가장 중요한 정성적인 문제해결과 그것을 구체화하기 위한 조형성에 대한 적합성 제안과 함께 트렌드 적용과 같은 실증적 뒷받침을 현실적인 근거를 제시할 수 있는 장점을 지닌다.

이원론적 구분에서는 개념 특성이 추상적이며 비가시적이기 때문에 바로 형상화 시키기에는 한계에 부딪치게 된다. 그러나 개념의 주관적 해석과 경험론적 편견은 구조화라고 하는 새로운 조형의 연계적 단계에서 개념화에서 다루어진 계획의 내용과 시각화에서 다루어질 형태적 속성들이 함께 조정될 수 있다.

디자인에서 트렌드란 기술성, 표시성을 나타내는 시각적 행위나 상징과 같은 정신적 의미를 내포하며 기능성, 구조성, 생산합리성, 재료성과 같은 실용적 필요를 함께 지닌다. 조형성으로서의 표현성이란 기술성을 뜻하며 기능성, 필요성, 재료성과 함께 구조, 표시, 상징을 나타내기도 한다.

이것은 트렌드를 이루고 있는 성질과 속성이며 요소적으로는 색채, 질감, 형태를 구성하며 점, 선, 면, 입체와 같은 공간 한정성을 이루고 있고 길이, 방향, 개수, 크기 등의 조건성을 갖고 있다. 결국 **그림 2-9**와 같은 위계구조의 DTTS 구현단계는 형이상학적, 형이하학적 요인으로 이루어지는 개념을 지니고 있다.

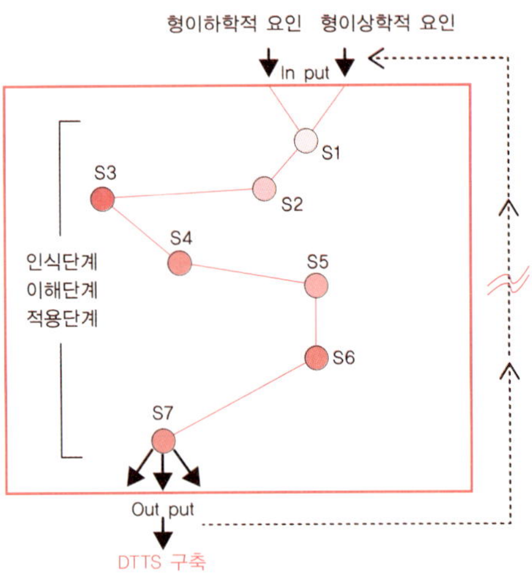

S1. 각 조건의 공간점유 위치 S2. 이미지 연관 키워드 평가/요인발견 S3. 추출된 요인을 실제항목으로 Categorizing
S4. 시각요소의 변경 S5. Ideal Point의 시각인자 S6. 시각적, 공간적 특성 S7. Product Identity 영향요소 추출

그림 2-9 영향요인의 형성과정 개념상관도

check point

형이상학적 요인 : 실현된 객체 / 구체적표현 / 현상의 객관화 / 가시적 / 정성적구조 / 계량적 가치(수치, 기회, 속성)

형이하학적 요인 : 정의된 개념 / 관찰된사실 / 추상적표현 / 비가시적 / 비계량적가치

1. 각 조건의 공간점유 위치
2. 이미지 연관 키워드 평가/요인발견
3. 추출된 요인을 실제항목으로 Categorizing
4. 시각요소의 변경
5. Ideal Point의 시각인자
6. 시각적, 공간적 특성
7. Product Identity 영향요소 추출

즉, 서로 결속되는 동안 이들이 구성하는 전체성과 관계를 유지하는 부분들로 분리될 수 있는 실제인 것이다. 아울러 구조는 인위적인 것과 동위어로서, 자연적인 것이 반대되는 속성을 변형하는 행위를 뜻하며 과학성이 조건들을 충족시키는 프로그램화된 기호론적 활동을 지시한다. 또한 유추는 구성(구조)을 해명하는 데에서 출발점으로 작용하는 동시에 그 선들 사이에서 능력이 있는 것처럼 보이는 은유적인 동위 원소의 전개로서 작용한다.

그림 2-10에서처럼 DTTS에서의 시스템은 일정한 트렌드의 개념을 규정하는 것을 가능하게 해주며 상호 의존적인 전체요소들을 비교할 수 있도록 한다. 이것에 의해 디자인 시드에 대한 다양한 개념을 조직화하거나 구성할 수 있으며, 사상으로부터 중요하거나 때로 암시적인 것을 디자인한다. 또한 각 구조의 명칭을 구성하는 교차점인 디자인 단계는 요인이 지니고 있는 변화과정과 관계의 정보망이 되기 때문에 이와 같이 실행구축을 위한 구조를 규정하는 관계의 위계를 계층적(hierarchical) 구조라고 하는 의미를 지닌다.

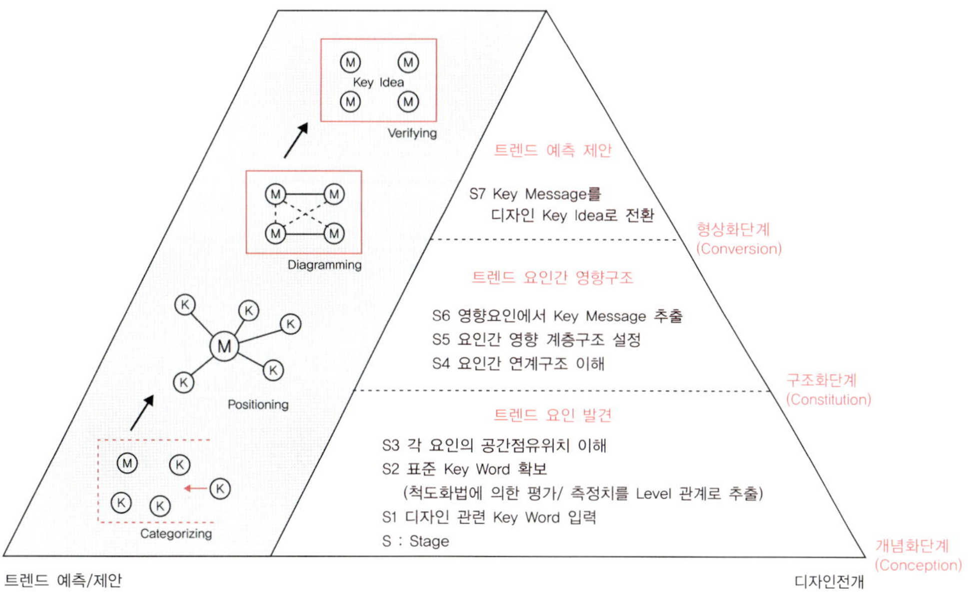

그림 2-10 위계구조에 의한 DTTS 트렌드 구축과정

그림 2-11의 위계구조에 의한 트렌드 실행구축도는 이상에서 논의된 3단계별 디자인 전개과정에서의 트렌드 영향요인의 구조 형성관계를 위계별로 종합화한 다이어그램이다. 이와 같은 위계구조의 논리성은 트렌드 연구 계획의 과정은 합리성을 부여하고, 트렌드 영향요인의 객관성을 규명하는 역할을 담당하게 된다.

이러한 시도는 미래적 경향에 맞는 디자인을 어떻게 구체화할 것인가에 대한 전략과 운영의 기반이 될 수 있어야 한다.

아울러 디자인 행위는 인간 생활구조 전반에서 적합성을 지녀야 하므로 디자인 컨셉트에서는 소비 및 중요 트렌드를 미감 창출에 의한 정체성으로 확인할 수 있어야 한다.

따라서 미래적 현상으로서의 트렌드 예측은 곧 소비자 가치의 변화를 연구하는 것이고 이러한 가치변화는 생활 변화를, 생활변화는 시장변화를 유도한다.

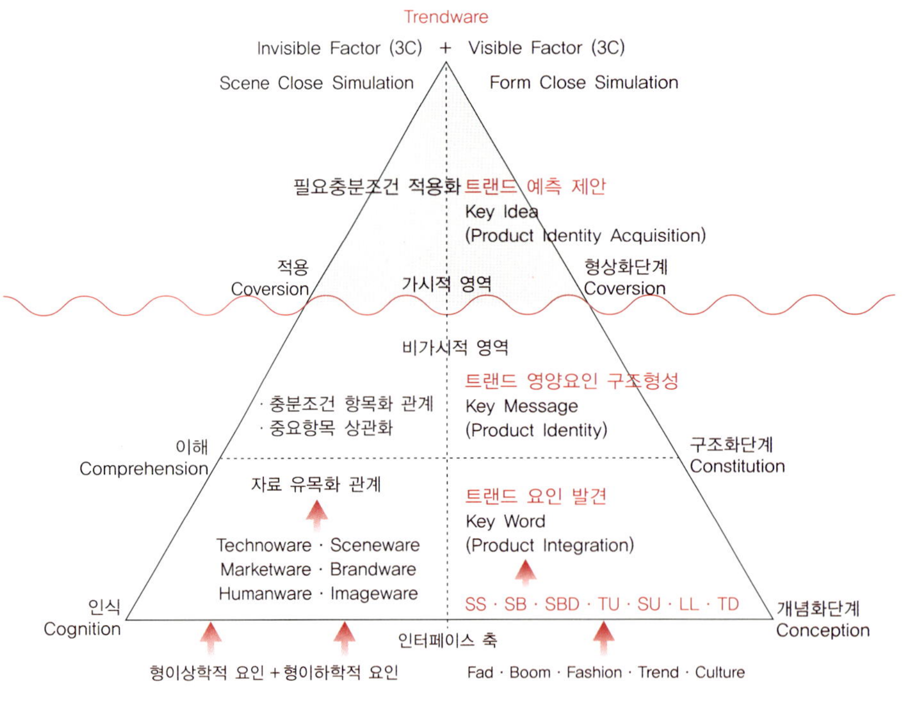

그림 2-11 위계구조에 의한 DTTS 트렌드 실행구축도

급변하는 시장을 위한 디자인은 그 속성과 의미를 표출하여야 하므로 향후 다음과 같은 트렌드 연관 연구들이 지속되어야 한다.

① 미래 지향적 선호조형 트렌드 연구 분석 및 응용범위 확산
② 신(新) 생활문화와 디자인 기술의 융합에 대한 트렌드의 정체성 심화
③ 미래 고객의 선호의식, 행태 예측을 위한 트렌드의 학제적 의미 재해석
④ 기호 소비와 디자인 취향에 대한 트렌드 정체성 재확인과 인터페이스 구현

트렌드 요인처럼 일반성을 보편성으로 확인하기 위해서는 디자인 인지에 있어서의 존재(being) 즉 실재(entity)에 기인되는 결정체로서의 함의(정신작용에 있어서의 존재)에 대한 이해가 필요하다. 또한 트렌드로 표현되는 키워드, 키메시지는 단지 트렌드가 되기 위한 개념의 상징 즉 기표이며 단어의 의미 표상적 실체가 된다.

그러므로 트렌드에 대한 인식을 요인 간의 영향 내용으로 도입하고 정리하기 위한 추구는 동위원소 즉 계통적 관계에 기초한 의미론적 범주를 지니며 이러한 범주를 구성하고 있는 것들은 이것에 이질적인 것으로부터의 본질적 자질을 구별하는 것으로 비유될 수 있다. 따라서 트렌드에 대한 위계구조의 특성은 엄격한 의미에서 분석을 종합적으로 해석하는 유추(analogy)에 대한 설명을 정립하기 위함이다.

그러므로 이것은 각각의 분리적인 둘 또는 그 이상의 단어들을 결합하는 관계이며 추정에 대한 절차이다. 따라서 이러한 결합에 나타나는 의미에 의해 추론(reasoning by analogy)이 가능해진다. 영향요인을 각각이 지니고 있는 함축적 인식과 실제를 사이에 주관적 견해에 관점에 따라 다의적, 다원적으로 해석과 유추를 달리할 수 있다.[27]

Bibliographic Reference

[1] [9] [13] 김연화, “찻주전자의 조형이념과 형식”, 한국디자인트렌드학회 (ISSN 1229-9081, Vol.29), 2010.

[2] [4] [6] [10] [27] 한석우, “산업디자인 트렌드 예측시스템(DTTS) 구축을 위한 영향요인의 위계구조”, 박사학위 논문 국민대학교 테크노디자인전문대학원, 2005, pp.86-87, pp.132-142.

[3] [5] [7] 김연화, “현대 도예의 미니멀리즘 경향과 탈환원구조”, 박사학위 논문연구 계획서, 홍익대학교 대학원, 2008.

[4] [11] Han Seok-woo, Jim Mi-ja, “The Improvement of Usability for Train Toilet Design”, (ISSN 1226-8046), 2006.

[5] [8] [12] 김연화, “비양식성과 비정통성으로서의 민화가 지닌 현상학적 해석”, (ISSN 2005-1409, Vol.18), 2014.

[14] 이장미, “혈압계 디자인 아키타입 개발을 위한 리서치”, 홍익대학교 대학원 박사학위논문, 2015.

[15] [18] 홍성욱, “과학은 얼마나”, 서울대학교출판문화원, 2014, p.220.

[16] 강병직, “문화예술교육 심포지엄-창의성지수와 문화역량 지수, 개발과 전망” 연구보고서 2011, p.81.

[17] 신세례, “사회적 창의성 신장을 위한 디자인 통합교육 프로그램 개발”, 서울과학기술대학교 NID융합기술대학원 박사학위논문, 2013, pp.34-36.

[19] 김경훈, 한석우 외 3인, “과학기술문화(STC) 융합교육시스템”, 서울과학기술대학교 NID융합기술대학원 BK21플러스 사업단, 2015, pp.28-42, pp.81-82.

[20] 김경훈, 한석우 외 3인, “과학전시문화콘텐츠(SECC)”, 서울과학기술대학교 NID융합기술대학원 BK21플러스 사업단, 2015, pp.20-28, pp.78-93.

[22] Samuel Alexander, “Space, Time and Deity”. London, Macmilan & Co. : 백기수, 『예술학』, 서울대학교 출판사, 1993, p.189.

[23] 한석우, "플로랄 캔들이 지닌 조형성과 화예디자인에서의 형태 속성", 한국화예학회논문집 제5집, 2001. p.14.

[24] 한석우, “조형연습", 서울과학기술대학교. 1986. p.29.

[25] 한석우, “Creative Creativity”, Seoul Tech Scince Internet 교육프로그램, 1999.

[26] 김철호, "Core Competence Study of the In-house Design Management", Chiba University 박사학위논문, 2002, p.118.

Endnote

1) 전략/기획 단계 : Market Segment 분석 · User needs 분석 Seeds 분석 · 소비자 심리 파악 · 경쟁사 분석 · 인터뷰 등. 구성/전개/결정 단계 : Image Mapping · Image 분석 · 기능전 · 안전성, 기능성, 행동분석 · 상관분석 · Concept Sketch 등.
2) P4 : Psychology(심리학), Physiology(생리학), Physics(물리학), Profit(소득). ID Process, DDC : Danish Design Center, 2003.
3) Greimas Courtes 원저, 천기석 · 김두한 역, "기호학 용어사전", 민성사, 1988, p.7.

Word Expound

- 귀무가설(null hypothesis) : 모집단에 대한 분포함수의 형이 명확하고 그 모수만이 미지일때에 이 모집단으로부터 표본의 통계량이 모수를 포함하는 일정한 범위에 있다고 하는 가설
- 귀납(induction) : 추리 및 사고방식의 하나로써 개개의 구체적 사실로부터 일반적인 명제 및 법칙을 유도해 내는 일. 즉, 특수로부터 보편을 끌어내는 일
- 감정이입(empathy) : 관조대상의 감각적 현상에서 표출된 내용을 직접 감정적으로 파악할 때, 유비적(類比的)인 감정을 내부로부터 대상에 투사하여, 대상에 속하는 것으로 체험하는 심적 활동
- 개념(conception) : 공통적, 일반적 성질을 추출한 표상으로 외연과 내포로 이루어진 구체적인 것으로부터 일반화에 의해서 형성된 추상적 생각
- 개념미술(conceptual art) : 미니멀 아트 이후 근본개념, 본성을 탐구하며 언어에 의한 미술의 근본소재, 사진, 도표에 의한 도큐멘테이션 등, 종래의 예술가적 의식을 버리고 완성된 작품 그 자체보다는 제작의 아이디어에 의한 반 미술적 제작 태도
- 관찰의유형 : 자연적(incidental)관찰, 전기적(biliographical)관찰, 행동요약(behavior summaries), 시간표준(time sampling technique), 장면선택(situational sampling techinique), 참가적 관찰, 실험적 관찰

- **양식(style)** : 인간의 정신적 창조활동을 감각적, 대상적으로 형식을 부여하는 기술개념, 가치개념으로 사용. 역사적 양식, 장르 양식, 기본양식 등의 세 가지 의미형태로 구분
- **오브제(object)** : 물건, 물체, 객체, 대상 등의 의미를 지닌 프랑스어로서 초현실주의의 전용(轉用), 독특한 표현 개념을 부여한 구체적인 예술의 방법
- **모노크롬(monochrome)** : 단색화. 다색화(polychrome)에 대해서 한 색만을 써서 그린 것으로 그 명도, 강도를 바꾸어 색채를 다듬은 그림
- **모더니즘(modernism)** : 근대주의, 현대주의양식으로 사실주의, 낭만주의, 상징주의 경향의 사조
- **모티브(motif)** : 동기, 표현의 의도가 있는 테마나 소재로서 추상적 개념의 단순한 조형성
- **미니멀 아트(minimal art)** : 도날드 저드, 칼 안드레, 로버트 모리스, 댄 플래빈, 솔 르윗 등 1960년대 후반 미국의 젊은 작가를 중심의 조형수단으로 표현된 예술 사조임.
- **미감(esthetic)** : 쾌적한 제 관계의 감득, 즉 감관적 지각(sense−perception)에서 형식상제 관계의 통일이나 조화인식
- **미의식(esthetic consciousness)** : 미적 태도에 있어서의 의식과정을 가리키며, 철학적관점에서는 미적 가치에 관한 직접적 체험을 의미
- **표출(expression)** : 감정을 방출하고 고양함으로써 심적상태를 타인에게 전달하는 목적의 실현
- **비실험성 연구** : 독립 변인이 이미 발생했거나 변인의 고유한 속성으로 인해 독립변인의 통제가 불가능하기 때문에 변인간의 관계성을 직접적인 체계 없이 독립변인과 종속변인의 공변성으로부터 추론하는 연구
- **방법의 역할** : 규칙, 법칙, 명제에 적용, 전제와 결과의 명확화, 현상관계 설명, 인식, 개념, 가설도출, 측정, 모형, 이론구성, 설명, 예측, 결과 제시 등 연구체계의 전체
- **규범(norm)** : 본보기, 모범, 규모, 사유, 의지 및 감정 등이 일정한 이상이나 목적을 이루기 위하여 마땅히 따라야 할 법칙과 원리. 논리학은 규범과학에 속하며 미래적 가능성은 규범적 예측수집으로 가능하다. 규범미학이란 미적판단의 논리학(windelband)이고 코헨(Cohen)의 미의식의 내용은 가치판단에 규범성을 인정하는 것과 미적 규범은 신적법칙성에 있다는 입장이 포함되고 있음

- **산업디자인** : 기업의 가치를 창출하는 원천이며 활동, 경영자원으로 논리적 개념과 실용적 경험을 표현한 상징이고 도구로써 창조적인 사고의 표현 창출능력이며 재활, 변화, 소비자이해와 성장의 도구
- **유니버셜 디자인** : 베리어후리(barierfree) 디자인, 트랜스보더(transboarder)인, 지속가능한(supportive) 디자인, 안전지향성(safety oriented) 디자인, 보편적(without exception) 디자인, 접근가능한(accessed) 디자인
- **정체성**(identity) : 사회과학적 의미로는 존재증명을, 철학체계로는 주체성을, 심리현상으로는 동일성의 활동과 방법의 총체임
- **구조적인 사고** : 자료로부터 해석을 추론하며 연구문제를 분명하고 완전하게 진술하는 사고
- **조사연구** : 사회학적 변인이나 심리학적 변인의 상대적 영향력, 분포 및 상호관계성을 밝혀내기 위하여 모집단에서 추출한 표본을 선정, 연구하는 것
- **표본조사**(sample survey) : 모집단에서 추출된 표본이 지닌 변인 사이의 상호영향력, 분포, 관계성, 사실(facts)적 신념, 의견, 태도, 동기, 행동 등에 초점을 둔 조사
- **조사연구방법 설계요구사항** : 목적의 명확화, 표본 추출과 표집 계획표 사용, 모집단의 선정기준, 범위 설정, 표집의 타당도, 신뢰도 검토, 구체적 항목과 문항 서술, 컴퓨터 분석을 위한 문항의 코드화, 문제의 상세성과 명확도, 응답 내용의 다이아그래밍, 결과해석의 신뢰성, 공명성 유지 등

Chapter 3

논문의 본론(Main Discourse) 논의하기

Chapter 3

논문의 본론(Main Discourse) 논의하기

3-1 연구문제 진단 및 해석 / 추론화

본론은 논문의 중핵이 되는 부분이므로 명확하고 설득력 있는 논거에 의하여 연구자의 발견, 견해, 분석, 주장 또는 반론, 비평 등을 논증 및 논술하여야 한다. 따라서 논술의 논리적 정합성은 본론의 생명이 된다. 본론에서는 자신이 주장하는 바가 타당함을 입증해야 한다. 서론에서 제시된 목적이나 범위 내에서 연구계획에 맞추어 논의를 전개해야 한다. 자기 의견의 제시는 말할 것도 없고, 반대 의견을 제시하고 그에 대한 비판도 해야 한다. 이때 논거의 제시와 추론의 과정이 얼마나 합리적이고 타당한가가 중요하다.

논거의 제시는 자신의 주장하는 명제의 타당성을 입증할 수 있는 지름길이다. 따라서 명제나 문제점에 초점을 맞추어서 체계적으로 논거를 배열하는 일이다. 자료의 분석은 명제나 문제점을 해명하는 데 제공된다. 아울러 제시된 자료는 그 내용과 가치를 객관적으로 분석하여 제시하고, 기존의 논의에서 문제가 된 것이라면 문제가 된 것이 무엇인지를 밝혀서 그 논문의 독창적이고 창의적인 면을 분명히 해 둘 필요가 있다. 논의의 과정에서 주의할 점은 어떤 경우에도 문제를 하나하나 해명하면서 소결론을 정리해 두어 비약이 일어나지 않도록 하는 일이다.

본론에서는 비교적 연구자의 주관적인 해석이 허용된다. 논의의 근본적인 취지는, 자기의 연구결과에 대한 일반적인 해석, 뜻밖에 발견된 예외 사실의 설명, 다른 연구 결과와 대조, 비교하는 과정으로서 결론 도출의 전단계가 된다. 논의에서 연구자는 이해관계를 떠나 논지의 공정성을 기해야 한다.

논의는 논문의 핵심이 되는 부분으로, 문헌의 분석결과나 실험결과를 바탕으로 연구자가 분석한 실험결과를 이론적 근거에 의하여 해석 및 합리화하고, 다른 연구자의 결과와 비교·검토하여 자기의 주관과 이론, 학설을 분명히 밝히고 비판하여 토론을 도출하는 부분이다. 실험 결과에 대한 타당성과 일반성 및 실험수행 중 특기사항을 설명하고, 결과에 대하여 이론적 근거를 바탕으로 합리적인 해석을 가하고, 특히 특이한 결과에는 이해할 수 있는 논리를 설명해야 한다.

경우에 따라서는 예상했던 결과와 정반대 또는 큰 차이를 보이는 실험결과가 나타날 때도 있을 것이고, 때로는 어느 특정한 처리에서 특이하게 높거나 낮은 자료를 발견할 수도 있을 것이다. 이러한 경우에도 합리적인 이론적 근거와 인용문헌을 토대로 다른 연구자의 이론을 적용하여 설명하며 추측에 의하여 추상적인 자기주장을 내세워 억지로 합리화하려는 태도는 바람직하지 못하다.

아울러 실험결과로부터 연구의 목적을 규명하는 데 충분한 설명이 되는지, 또는 설정한 가설에 대한 충분한 근거를 제시하는지를 분명히 검토하여 새로운 학설을 도출하는 부분이다. 이때 객관적인 입장에서 자료를 여러 각도로 분석하고, 검토, 해석하여 독자의 공감을 얻을 수 있을 정도로 공정해야 할 것이다.

그러므로 이 부분에서는 기존의 이론이나 학설, 해석방법 또는 분석방법 등과 비교할 때 새로운 이론과 학설, 해석 또는 분석방법이나 문제 또는 가설에 대한 접근방법의 새로운 면을 피력해야 한다. 고찰부분에서 충분한 토론이나 비교·검토의 새로운 면을 제시하지 못하는 논문은 논문으로서의 가치를 상실하게 되고, 결과만 기록하게 되면 학술논문이나 학위논문의 경우 독창성이나 윤리성의 측면에서 문제가 야기될 수 있다.

논술의 설득력을 배가시키기 위해 각주는 정확하게 기재하여야 하되, 논술내용과 직접적으로 연관되지 않는 주변적인 내용은 각주에서 가급적 배제하는 것이 바람직하다. 또한 표(table)나 그림표(diagramming)는 창의적인 디자인이 요구된다.

결과부분은 고찰부분과 함께 논문의 본론의 핵심에 해당하는 부분이다. 통상적으로 논문의 본론 부분은 서론에서 제기한 문제에 대한 해답을 제공하기 위하여 증거를 들고 논리적으로 설명을 가하는 것을 목적으로 한다. 논리적인 설명을 위주로하는 이론적 연구에서는 본론이 논리적 순서에 따라 여러 장으로 구성되는 경우가 많으며, 자연과학분야의 경우는 결과부분과 고찰부분을 함께 묶어 '결과 및 고찰' 을 한 개의 항으로 구성하는 경우도 있다. 결과는 문헌조사, 현지답사, 면담조사 또는 실험에 의한 자료를 연구목적에 따라 정리·요약하여 고찰이나 토론의 기초로 제시하는 부분이다. 자료를 어떻게 정리하고 요약하느냐에 따라 논리적인 설명과 많은 정보를 도출할 수 있다. 순수이론적인 학문분야에서는 명제나 가설의 증명결과가 연구결과이므로 결과자체가 결론이 된다.

실험결과의 기재는 사실에 충실해야 하며 사실을 왜곡하거나 과장하거나, 얻은 결과 중 예상이 적중한 부분만 택하고 어긋난 부분은 삭제해서는 안 된다. 예기치 않았던 예외나 설명하기 곤란한 결과라도 중요하다고 생각되는 것은 남을 위해서도 꼭 기술하여야 하며 만일 이러한 결과에 대해서 저자가 잘못 결론을 내렸다고 해도 그 실험결과는 장래의 새로운 발전에 도움이 되어야 한다.

3-2 선행연구 탐색, 문제의 현상 및 예측 / 유목화

연구자가 일차적으로 조사할 수 있는 대상은 국공립 연관 연구기관이나 전공영역별 학술진흥단체 및 학협회의 연구자료를 탐색할 수 있다. [1]

1. 연구자료 수집 및 해석

(1) 국가전자도서관 (http://www.dlibrary.go.kr/)

국가전자도서관에서는 6개 참여기관(국립중앙도서관, 국회도서관, 법원도서관, 한국과학기술원 전자도서관, 한국과학기술정보연구원, 한국교육학술정보원)의 36종의 다양한 데이터베이스의 목록정보와 원문정보를 통합검색 할 수 있도록 하고 있다. 따라서 개별도서관을 직접 방문하지 않고서도 한 곳에서 주요도서관의 서지정보와 원문정보를 직접 확인할 수 있는 장점이 있다.

일반 이용자들은 저작권에 저촉되지 않는 원문을 무료로 열람, 출력할 수 있고, 저작권이 있는 원문은 가까운 공공도서관의 디지털자료실에서 열람할 수 있다. 통합검색서비스는 메타검색, Z39.50검색, 검색엔진검색을 통합하여 검색하는 서비스로 키워드검색과 상세검색메뉴를 통해 검색 서비스를 제공하고 있다.

(2) 국립중앙도서관 (http://www.nl.go.kr/)

국립중앙도서관은 500만여 책에 달하는 방대한 자료를 소장하고 있는 우리나라의 국가대표도서관으로, 20세 이상이면 국민 누구나 이용할 수 있다. 출판사로부터 직접 납본을 받는 도서관으로서, 국내단행본의 검색과 이용에 특히 도움이 될 것이다. 국립중앙도서관의 온라인서비스에서는 국립중앙도서관이 소장하고 있는 주요자료 중 저작권법에 저촉되지 않는 자료를 선정하여 디지털화한 원문데이터베이스를 무상으로 이용할 수 있다.

대표적인 것으로는 관보(1894년부터 1910년까지 발행된 구 한국 관보 및 조선총독부 관보), 문화체육관광부 및 소속기관발간자료, 신문귀중본(1945년 이전에 발행된 신문), 한국고서(국립중앙도서관에 소장된 고서 귀중본 및 희귀서), 한국고전백선(동아일보 선정 "우리를 감동시킨 한국고전백선" 중 78종의 원문), 한국관련 외국자료(1945년 이전에 해외 각국에서 발행한 한국관련 자료), 한국관련자료(1945년 이전에 일본어로 발행된 한국관련 자료), 학위논문, 단행본(국립중앙도서관 소장 자료 중 1945년 이후 발행된 학술적·정보적 가치가 있는 자료를 선별적으로 구축한 원문) 등이 있다.

(3) 국회도서관 (http://www.nanet.go.kr/)

국회도서관은 원래 국회의원 및 관계직원에게 국회의 입법 활동과 국정심의에 필요한 각종 정보를 수집·정리·분석하여 제공하는 의회도서관으로서의 기본적인 기능을 수행하기 위한 도서관이다. 그러나 대학생 이상의 일반국민들도 이용이 가능하다. 소장 장서는 주로 인문·사회과학분야의 자료로 구성되어 있으며, 미국의회에서 발행되는 청문회자료, 상임위원회자료 및 회의록 등을 포함한 주요국의 의회자료와 각국의 헌법·법령집 그리고 정부간행물도 소장하고 있다.

또한 국제기구 기탁도서관으로서 UN 및 UN전문기구와 WHO 등에서 간행한 각종 자료도 수집·정리하여 제공하고 있다. 특히 정기간행물기사 색인과 한국박사 및 석사학위 논문 총 목록 등 주요서지도 작성하여 제공하고 있으며, 인문사회과학분야의 영역에 강점을 가지고 있다.

한편 국회도서관의 전자도서관을 통해서 석박사학위논문, 단행본목록, 국내학술잡지(기사, 권호), 외국학술잡지(기사색인), 국내외학술잡지 및 신문(목록), 세미나자료, 고서, 비도서 자료목록, 정부간행물, 정부제출 자료목록, 입법부발간자료·

현안분석, 입법부발간자료·법제예산실자료, 국회사, 국회경과보고서, 국정감사결과시정 및 처리사항, 국회의장발언자료, 국회공보, 번역법령자료, 구한말법령자료·구한말조약휘찬, 구한말법령자료·한말근대 및 통감부법령, 해외소재한국관련자료 등을 검색할 수 있으며, 이 가운데 일부는 원문도 입수할 수 있다.

(4) 한국교육학술정보원의 학술연구정보서비스 (http://www.riss4u.net/)

한국교육학술정보원(KERIS)은 "21세기 지식기반국가를 이끌어가기 위한 창조적 인재 양성 및 교육개혁 지원, 지식기반사회의 핵심인 학술연구역량증대를 위한 국가적 고급 지식정보공유서비스체제 구축, 교육행정의 효율성과 투명성 제고를 위한 전자교육행정 서비스체제 구축 지원, 누구나, 언제, 어디서나 원하는 교육을 받을 수 있는 사이버교육 및 평생학습체제 구현 지원" 등의 비전을 가지고 운영되는 교육부 산하의 정부기관이다.

이 기관의 주요사업의 하나인 학술연구정보사업에서는 국내소장학술정보는 물론 해외학술정보를 효율적으로 활용하기 위한 각종 사업을 추진하고 있다. 그 결과의 하나인 "학술연구정보서비스"에서는 단행본과 학술지는 물론 학술지수록논문, 학위논문 등의 국내대학소장자료의 통합검색과 어울러 주제분야별 주요해외데이터베이스(OCLC, CSA, ACM 등), 해외석박사학위논문(DDOD), 해외원문신청서비스, 강의계획서 및 강의록 등 해외학술정보검색서비스를 제공하고 있다.

특히 국내학술지와 학위논문의 일부는 원문을 직접 이용할 수 있어 아주 편리하다. 또한 해외석박사학위논문과 해외학술지수록논문의 경우도 서지사항에 대한 검색이 가능할 뿐만 아니라 이 서비스를 통해 저렴한 비용으로 원문을 입수할 수 있다.

(5) 한국과학기술정보연구원의 과학기술종합정보시스템 (http://www.1.kisti.re.kr/~siis), (http://society.kisti.re.kr)

한국과학기술정보연구원(KISTI)은 "국가과학기술혁신체계(National Science & Technology Innovation System) 구축과 표준정보시스템의 개발 및 보급을 추진, 정보인프라활용의 시너지 효과를 극대화하여 세계 수준의 연구개발 환경을 제공" 하기 위해 설립된 기관으로, 과학기술 지식정보 인프라의 중심센터, 첨단연구개발을 위한 슈퍼컴퓨팅 지원, 표준화 추진, 정보시스템 연구개발 및 보급, 지식정보 전용망인 초고속연구망 구축 및 고도화서비스, 과학기술지식정보 종합 데이터베이스 구축 및 서비스 등을 주요사업으로 하고 있다.

이러한 사업의 하나로 구축된 과학기술종합정보시스템(SIIS)은 한국전산원이 전담하여 국가지식자원 Database-지식정보 연계활용체제 구축사업의 일환으로, KISTI에서 주관하여 국내 각급의 과학정보기술 이용자가 국내외 과학기술정보를 신속하게 활용할 수 있는 서비스체제를 위하여 구축되었다.

이 시스템에는 (1)기초기술 및 공공기술, 산업기술 분야 등을 포함한 국가연구개발보고서 데이터베이스, (2)Conference Proceeding과 해외학술지, 해외기술보고서를 포함한 해외학술정보 데이터베이스 (3)인체영상정보와 유전자정보, 신약개발정보를 포함한 첨단과학정보 데이터베이스, (4)과학사전과 보고서, 과학교양자료, 기상영상자료, 과학실험, 식물자료를 포함한 과학교육정보 데이터베이스 (5)과학기술용어와 과학표준표제, 참고문헌표제를 포함한 과학지식사전 데이터베이스 등이 포함되어 있다.

(6) 한국과학재단의 전문연구정보센터DB통합검색서비스 (KORIMINER) (http://kosefnic.kosef.re.kr/qserver/)

KORIMINER(Korea Research Information Miner)란 한국과학재단의 특성화사업의 일환으로 설립된 21개 전문연구정보센터의 데이터베이스 및 과학단체의 연구보고서를 통합적으로 검색할 수 있는 시스템이다.

전문연구정보센터는 연구정보의 최대 생산 및 이용자인 대학 주체의 정보공동활용 체제를 구축하여 운구수행 및 연구투자의 효율성을 제고하고자 과학재단의 지원으로 설립되었다. 현재 전국 다수 대학별로 정보센터가 설치되어 과학기술분야별로 연구기획, 수행 및 관리에 필요한 전문연구정보를 수집하여 가공하고 DB를 구축하여 서비스하고 있다.

이와 같은 전문연구정보센터의 목적은 특정과학기술분야의 전문연구정보를 수집·가공하여 데이터베이스를 구축하고 해당분야에 가장 적합한 유통체계를 갖추어서 관련 연구자, 종사자들을 비롯한 과학기술계에 대한 연구정보를 지속적으로 제공하기 위한 것이다.

따라서 이 통합검색시스템을 통하여 과학분야의 주요 자료들을 망라하여 검색할 수 있게 된다. 이 통합검색시스템을 통해 검색할 수 있는 데이터는 서지 및 초록이며 원문데이터베이스는 각 해당센터에 접속하여 검색할 수 있다. 아울러 이 시스템을 이용할 경우 검색사이트를 일일이 찾아다니는 수고와 시간을 줄일 수 있을 뿐만 아니라, 동일한 검색결과를 제거하여 주제별, 사이트별로 Clustering하여 볼 수 있게 된다.

(7) 한국과학기술원의 국가과학기술전자도서관 (NDSL) (http://ndsl.or.kr/)

국가과학기술전자도서관(NDSL : National Digital Science Library)은 교육과학기술부의 "과학기술정보유통체제 구축과 과학기술전자도서관 구축사업{의 일환으로 한국과학기술원(KAIST)을 중심으로 구축되었다. 이 시스템에서는 해외학술저널의 One-Stop 서비스, 전자정보의 국가적 라이선스 기반 구축, 국내 보유 해외학술저널의 공동활용 극대화, 개인연구자에게 특화된 서비스 제공 등을 목표로 서비스를 실시하고 있다.

NDSL은 기본적으로 해외학술저널정보 포탈서비스로서, 논문검색부터 초록보기, 논문열람 및 원문입수까지 One-Click으로 이용할 수 있도록 하고 있으며, 국내 200여 개 도서관 및 정보센터에 소장된 해외저널 논문을 통합검색 할 수 있도록 하고 있다. NDSL의 주요 컨텐츠는 해외학술저널정보지 IEEE/IEE, Elsevier Science, Springer, Academic Press 등 12개 출판사의 3,500여 종의 전자저널의 논문으로 PDF, HTML로 이용할 수 있고, 과학기술분야 25,000여 종의 학술저널에 실린 2천만 건의 논문정보를 무료로 검색하여 이용할 수 있다. 아울러 원문복사의 경우도 복사비와 배송료만을 지불하고 저렴하게 이용할 수 있다.

(8) 학술지공동활용협의회 (KORSA) (http://www.korsa.or.kr/)

학술지공동활용협의회(KORSA : Korea Resource Sharing Alliance)는 국내에 수입되는 방대한 양의 외국학술지를 인터넷으로 공동활용하기 위하여, 2000년 1월 광주과학기술원(J-KAIST)을 중심으로 전국 90여 개 대학도서관 및 기관단체가 참여하여 결성된 국외학술지 공동활용을 위한 협의체이다.

이 협의회에서는 국외학술지 6,000여 종 및 EBSCO CTOC 수록 학술지 목차 10,000여 종을 공동으로 이용할 수 있도록 서비스를 제공하고 있다. 이 시스템을 통해 각 회원기관의 국외학술지 소장목록검색 및 개별적 등록에 의한 최신자료의

E-mail 목차서비스를 제공받을 수 있다. 또한 웹기반 서비스로 사용자등록 후 도서관담당자에게 신분확인절차만 받으면 직접 웹상에서 편리하게 원문복사서비스를 신청할 수 있다.

(9) 한국언론재단의 종합뉴스데이터베이스 (KINDS) (http://www.kinds.or.kr/)

한국언론재단에서 제공하는 KINDS(Korea Integrated News Database System)는 국내일간지 10종(조선, 동아, 중앙, 경향, 국민, 대한매일, 문화, 세계, 한겨레, 한국일보)의 종합검색, 경제일간지 6종(매일경제, 서울경제, 내외경제, 파이낸셜뉴스, 머니투데이, 한국경제), 영자신문 3종(KOREA TIMES, KOREA HERALD, JOONGANILBO ENGLISH EDITION), 시사 저널을 포함한 시사잡지 13종, 전문지, 지방일간지 등에 대한 기사통합검색 및 해당기사의 전문으로 연결시켜 주며, TV 뉴스검색 등을지원하는 뉴스관련 종합데이터 베이스이다.

그 밖에도 KINDS에서는 언론인명정보, 언론기관정보, 미디어통계, 언론일지, 독립신문, 대한매일신보 등의 언론자료에 관한 정보를 제공하고 있으며, 경제 용어, 시사 용어, 매스컴 용어, 정보통신 용어, 법률 용어 등의 용어사전도 제공하고 있다.

(10) LG 상남도서관 (http://www.lg.or.kr)

LG상남도서관은 재단법인 LG연암문화재단이 우리나라 기술과 학문의 발전에 이바지하고자 설립 운영하는 과학기술분야의 전문도서관으로, 구자경 LG 명예회장이 기증한 사저를 기반으로 설립된 디지털 도서관이다.

이 도서관에서는 국내에서 구하기 힘든 해외 과학기술 관련정보를 집중적으로 수집해서 서비스하고 있다. 회원제로 운영되고 있으며, 전국대학의 이공계 교수 및 대학원생/대학생, 그리고 정부 출연 연구소와 기업 연구소의 연구원 등을 주이용자로 하고 있다.

학술연구정보로는 과학기술분야의 학술저널과 학술회의자료집(proceedings), 학술비디오, 학술회의 개최예정 정보, 인터넷 리소스정보, 강의자료, 연구비지원정보, 정보공유활동을 통한 기증논문 등을 서비스하고 있으며, 연구활동 지원을 위한 도구로서 사전 및 용어집, 번역 서비스, 화상회의 서비스 솔루션, 맞춤 정보 서비스, 소프트웨어 다운로드 서비스를 제공하고, 온라인 DB 검색교육자료도 제공하고 있다. 특히 1995년분부터 소장하고 있는 학술저널의 경우는 학술정보정문기관인 ISI(Institute for Science Information)가 매년 발표하는 JCR(Journal Citation Reports)에 수록된 과학기술 각 분야 저널을 인용률 순위에 근거하여 상위에 랭크 된 핵심저널을 선정하고 있는데, 매년 이용률을 조사하여 갱신한다고 한다.

참고문헌과 자료를 조사할 때, 논문작성에 관계된다고 생각되는 자료는 가능한 한 모두 정리해 두는 것이 좋다. 연구를 위해 조사한 참고문헌들 가운데 필요한 것들은 컴퓨터에 입력해 두어 필요할 때 찾아볼 수 있도록 한다. 예전에는 참고문헌 카드를 만들어서 보관해 두었으나 이제는 카드보다는 대부분 컴퓨터를 이용한다. 참고문헌을 정리할 때는 아래의 서지 사항들을 적어 두어야 한다.

① **단행본의 경우** : 저자명, 서명, 발행처, 발행지, 발행연도, 청구번호(도서관 소장인 경우)
② **학술대회 발표논문집** : 논문 발표자, 논문 제목, 논문집 이름, 엮은이, 쪽수, 발행처, 발행지, 발행연도
③ **연구논문이나 서평** : 저자명, 논문제목, 학술지명, 발행연도, 권, 호, 쪽수
④ **학술대회 발표 초록** : 발표자명, 논문제목, 학술대회 이름 ,초록 번호, 초록 페이지(초록집이 발간된 경우), 학술대회 장소, 발표연도
⑤ **학위논문** : 저자명, 논문제목, 학위종류, 학위수여기관, 소재지명, 발행연도
⑥ **특허** : 특허권자 이름, 특허 제목, 특허 번호 및 출원 국가명, 특허 허가연도
⑦ **연구보고서** : 보고자, 보고서 제목, 보고 연도, 보고서 번호
⑧ **전자문헌** : 전자주소, 접속일자, 프로젝트나 데이터베이스의 제목·편집자명, 갱신일자, 후원업체나 기관, 사이트를 만든 사람 이름(개인 홈페이지의 경우)
⑨ **CD-ROM** : 저자명, 제목, 매체명, CD의 총 개수(전집류 CD-ROM의 경우), 판매처, 출판일자
⑩ **텔레비전이나 라디오 프로그램** : 프로그램명, 제작자명, 방송사명, 방송일자
⑪ **녹음테이프나 비디오테이프, 필름** : 제목, 제작자명, 발행처명, 제작일자
⑫ **그림, 사진** : 작품명, 작가명, 소재기관명, 소장도시, 촬영일자(사진의 경우)

조사(설문지나 면접 또는 관찰)나 실험을 실시하여 얻어지는 자료는 그 정리가 조직적으로 잘 되어야 한다. 흔히 설문지나 면접 및 관찰항목을 욕심 있는 대로 많이 만들어 그 처리를 감당 못하여 쩔쩔매는 경우가 많다.

자료정리의 기술은 다음과 같다. 이것은 문헌정리의 경우에도 적용된다.

• 얻어진 자료는 우선 연구 내용에서 설계된 영역별로 분류하여 표를 만든다.
• 이들 표와 표의 관련성을 검토하여 몇 개의 표들이 한 개의 표나 도표, 도형(diagram)으로 될 수 없는가를 검토해야 한다.
• 표나 도표의 중요성을 결정하여 연구의 핵심이 되는 자료만 본문에 넣고 보충적인 자료는 부록에 넣도록 조작한다.
• 이렇게 정리된 자료를 체계적으로 배치한다.

(11) 자료의 해설과 해석

연구의 문헌이 정리되고 자료가 표나 도표로 정리되었다고 해서 연구결과의 분석이 다 되었다고 생각하는 사람이 많다. 문헌과 자료가 정리되었으나 그것이 갖는 의미가 무엇인가를 연구자가 확실히 모르면 연구논문을 작성할 수 없고, 작성된다 하여도 믿을 많나 연구로서의 가치를 잃고 만다. 이러한 의미에서 연구논문을 시작 전에 문헌과 선행 자료에 대한 프로파일(profile) 해설과 해석을 철저히 해 둘 필요가 있다.

1) 자료의 해설

자료의 해설(explanation)은 자료의 내용에 관한 사실적 설명을 말한다. 사실 전문가와 비전문가의 차이는 자료해설과 해석능력의 차이에서 평가될 수 있다. 전문가일수록 자료해설 및 해석의 폭과 깊이가 있으며, 비전문가는 자료를 보고도 그 내용을 파악하지 못한다.

자료해설을 하는 데 필요한 유의점을 들면 다음과 같다.

① 자료의 전체적 의미를 파악하고 그 다음에 항목별 변인요소의 해설을 한다.
② 자료가 제시하는 사항만을 밝히고 자료를 구실로 자기의 추측이나 주장을 합리화하는 과장된 해설을 피해야 한다.
③ 가설의 검증과 직접 관계가 있는 자료라면 그 자료가 가설을 긍정하고 있느냐, 또는 부정하고 있느냐를 정확하게 밝히도록 해설해야 한다.
④ 다른 자료와 관련성이 있는 자료라면 그 관련성은 사실대로 설명하여야 한다.

2) 자료의 해석

자료의 해석(interpretation)을 연구목적에 비추어 본 참뜻의 함축성을 밝히는 것이다. 따라서 자료의 해석은 자료의 해설에서 밝혀진 사실을 토대로 하여 그 자료가 연구목적에 비추어 갖는 타당성을 강조하고 또 연구의 결론을 도출시킬 수 있는 합리성을 찾아내는 것이다.

자료의 해석은 각 자료(표나 도표)마다 할 필요가 없고 몇 개의 자료를 묶어서 하는 것이 보통이다. 따라서 자료를 해석하는데 중요한 것은 각 자료들이 갖는 의미의 관련도를 파악하고 이것을 종합하여 다시 이 자료들을 연구목적에 투사시켜 그 참된 의미를 찾는 일이다.

check point

자료해석의 체크포인트

- 자료의 근거는 보편적이며 객관성을 띄고 있는가
- 수집된 자료는 정확성과 신뢰성을 갖고 있는가
- 자료는 연구논문과 직접적인 관계를 지니고 있는가
- 자료해석은 자료해설을 근거로 하여 행해졌는가
- 자료가 갖는 의미의 함축성은 이끌어내야 하나 자기주장이나 목적을 합리화시키기 위한 과잉해석은 없는가
- 하나의 해석을 할 때 각 자료의 특징적 의미를 전략적으로 반영하고 있는가
- 자료해석이 결론도출을 암시하거나 아전인수 격인 주관적 해석은 없는가
- 선행 연구의 결과와 비교하여 연구와의 결과(발견)의 합치점 또는 차이점이 생기게 된 근본적인 원인을 설명하고 있는가
- 논증과정에서의 자료모집의 객관성(objectivity), 결과해석의 공평성(impartiality)을 지니고 있는가
- 자료분석의 응답 및 관찰자료의 측정수준은 명목(nominal), 서열(ordinal), 등간(interval), 비율(ratio)로 구분하고 있는가
- 판별을 위한 자료가 갖는 의미의 함축성에서 주장이나 목적을 합리화시키기 위한 과잉적, 편협적 해석은 없는가

(계속)

- 유의미한 메시지와 비개성적인 보편성의 차원을 갖고 있는가
- 새로운 이론으로서의 독창성을 갖추고 있으며 논문의 체계가 논리적으로 판별, 검증하고 적용시킬 수 있는가
- 학술적 질적 함양을 위한 창의적 아키텍처를 구축, 형성시키고 있는가
- 분석을 위한 근거자료는 형식에 맞추어 출처를 정확하게 제시하였는가
- 사고과정과 유측의 과정이 현실적으로 검증되고 재현시킬 수 있는가
- 형이상학적 연구에서 실제의 본성을 이해하고 판단에 채용되는 기준이 설정되어 있는가
- 형이상학적 연구에서 시간과 공간의 본성 및 발생의 원인이 규명되고 있는가
- 문제성격의 본성과 범위의 탐구에서 지식을 소유했다는 주장의 진실성을 판단하는 기준을 분석하였는가
- 작품의 가치가 지닌 미의 본성과 함께 미와 추를 판단하는 것에 사용되는 비판적 기준을 검토하였는가
- 논문은 투고 규칙을 준수하고 윤리성을 구비하고 있는가
- 모집단(study population)과 표본집단의 대상과 영역 및 내용에 대한 세부사항이 기술되고 있는가
- 연구문제의 재해석을 위해 개념 및 변수에 대한 조직적 정의를 내리고 있는가
- 작품 주제에 대한 발상과 해석, 포현재료의 활용 및 시공간적특성, 개념의 표상성 등 작품계획 및 제작과정의 형상화에 대한 조형성을 비판적으로 논의하고 있는가(형태감, 시각적 균형, 구조와 형식미, 미감창출 등)
- 형상화 된 이미지에 대한 작품성(esprit)을 제시된 작품을 통해 이해될 수 있도록 작품의 배경, 제작 의도, 계획에서의 표현이 논리적인가
- 제시된 표나 그림의 경우 논문 투고 요령에 의해 자료의 출처가 정확하게 표기되었는가
- 사용 된 전문용어의 경우 연관 분야에서 실무적, 범용적으로 유지되고 있는가(국문의 경우 상징적, 의미론적 구분이 존재함)
- 국·영문 용어의 경우 국문(영문)을 원칙으로 하나 필요시 국문명 또는 영문명으로 구분하여 일괄성을 유지하였는가

(12) 양적 연구와 질적 연구

양적 연구(quantitative research)와 질적 연구(qualitative research)는 자료 처리방식에 따른 연구방법의 구분이다. 측량이나 측정이 가능한 방법론을 사용하면 양적 연구에 해당하며, 그렇지 않을 경우에는 질적 연구로 본다. 즉, 질적 연구는 참여관찰이나 심층면접 및 문헌자료 분석 등을 통해 여러 변인들을 상호보완적으로 분석하는 총체적 연구이다. 양적 연구가 계량 가능한 실험이나 조사 및 관찰에 따라 이루어지는 객관적이고 엄정한 절차를 갖춘 반면, 질적 연구는 다양성을 추구하므로 연구자의 주관이 개입할 가능성이 크고 정해진 절차가 존재하지 않는다. 일반적으로 양적 연구의 절차는 가설 설정, 실험적 결과를 추론하기 위하여 실제상황이나 유사상황의 설정, 실험적 자료의 수집, 자료 분석과 이를 통해 가설의 진위를 판단하는 것으로 이루어진다. 반면 질적 연구는 분과학문의 다양한 성격에 따라 주관적 접근이 가능하다.

양적 연구가 인간의 실재를 형성하는 특성과 본질이 존재한다고 가정하는 반면, 질적 연구는 객관적 실재로 일반화할 수 있는 인간의 속성과 본성은 없다고 가정한다. 따라서 양적 연구에서는 관련 변인들에 대한 연구를 통한 단편적인 연구가 가능한, 질적 연구에서는 총체적인 연구의 필요성을 강조한다. 또한 양적 연구에서는 엄정한 인과관계를 통해 사회현상을 설명하지만, 원인과 결과의 명확한 구분이 어려운 경우에 적용하는 질적 연구에서는 여러 변인들을 상호보완적으로 분석한다. 따라서 질적 연구에서는 관찰 방식을 사용하더라도 직접 참여하여 심도 있는 관찰을 하고 면접일 경우에는 심층 면접을 수행한다.

(13) 표본조사에 의한 자료수집

우리나라의 경제사회지표를 작성하거나 농산물 생산량이나 국민 1인당 쌀 소비량, 국민의 의식변동추이 등을 조사하고 연구하기 위해서는, 모집단에서 공정성 있는 표본을 추출하여 필요한 자료를 조사해야 할 것이다. 이때 소기의 목적을 달성하기 위해서는, 연구대상이 되는 항목이나 변수들의 정의를 명확히 해야 한다. 아울러 모집단과 조사항목의 성질을 파악하여 적합한 표본추출방법, 즉 표본계획을 세움으로써, 모집단에 대한 추론의 정확성과 효율성을 높이도록 해야할 것이다. 일반적으로 많이 이용되는 표본추출방법은 단순확률추출법(simple random sampling)과 층화추출법(stratified sampling), 다단계추출법(multistage sampling), 계통추출법(systematic sampling), 이중추출법(double sampling) 등의 방법이 있다. 표본추출방법은 연구대상이 되는 특성이나 모집단의 분포성질에 따라 결정해야 한다.

표본조사에 의해 자료를 수집할 때, 특히 면담조사를 실시할 경우에는 조사요원에 대한 교육과 용어정의, 조사방법, 조사항목 등에 대해 충분히 연구하고 검토하여 예비설문지나 조사표를 작성해야 한다. 아울러 본 조사를 실시하기에 앞서 예비표본(pilot sample)을 추출하여 이 예비설문지나 조사표를 가지고 현장에서 조사하고, 이를 바탕으로 미비한 점을 보완하여 설문지와 조사표를 수정 보완한 다음 본 조사에 임해야 한다.

2. 조형, 조형성의 실체 인지

(1) 조형 표상으로서의 내포성과 외연성

인류는 여러 가지 형을 예술적으로 창조하고 나아가 생활을 위하여 형을 만들어 온 긴 역사를 거쳐 오늘날의 문화와 문명을 이룩해 왔다. 사적으로 19세기 인상파로부터 시작되는 '유기적 조형표현' 을 자연주의에서 발아된 서정성을 내포하게 되었고, 입체파의 기하학적 추상세계의 전개는 다신교적 요소가 가미된 '무기적 조형표현' 으로 발전되기 시작하였다. 인간은 행위로서 물(object)을 '형태 짓는' 일속에서 그 행위의 전제로서 여러 가지 조형 연구 방법을 시행해 보았다. 형을 발견하는 방법, 실험하는 방법, 사고방법 등을 생각해 내고 적응해야 할 것인가 하는 것까지도 고려하면서, 다양한 형태조형이 역사 속에서 인간과 형이 상호관련을 맺으면서 조형세계를 창조해온 것이다. 조형활동은 형태로서 그 결과를 획득하기 이전에 수많은 사고매개를 통하여 이루어지며 이것은 또한 새로운 만듦의 세계를 개척하는 실험이기도 하다.

조형이란, 여러 가지 것을 사용하여 어느 관념에서 형체를 만들어 내는 것을 뜻하며 일반적인 의미는 Abilden, Form Giving, Molding, Modeling, Confermation, Carving & Handisculpture 등의 뜻을 지닌다. 조형이라는 용어는 전달하는 개념상 매우 다양하지만 '창조물의 기가 되는 가시적 표시' 임에는 틀림없다. 조형자극과 조형정보는 감각과 미의식이라고 하는 객관적 조형요소의 기반 위에서 회화, 조소, 건축, 공예, 디자인 등의 전문적 조형분야로 표출되며 전자는 Expression에 후자는 Communication & Production과 같은 활동으로 형상화되고 있는 것이다.

조형에서의 형이란 형(shape)과 형태(form)를 의미하는 게슈탈트(gestalt) 즉 사용되는 사물의 추상적인 형을 뜻하는 대상 자체를 가르친다. 유기적이며 복합적 체계로서 분석되어져야 하는 이 문제는 유전공학, 회화, 수학, 기하학, 건축학, 철학, 구조학, 물리, 생물학, 광학 등의 인접학문 영역으로 관련되며 종교적 의미와 상징과 같은 다차원의 세계와 결정학과도 관계된다. 이러한 조형작업의 기초를 이루고 있는 요소로서는 실제 눈에 보이는 것이 아니라 있는 것처럼 느껴지는 개념요소, The Final Appearancy, Visual Language와 구성 전반의 시각요소에 내적인 상호관계를 좌우하는 상관요소가 있다. 또한 조형작업은 꾸준한 조형감각의 훈련 및 시각언어의 경험과 조형이 지니는 입체적 조직과 논리의 발견에서 만이 가능하며 학(學)으로서 개념과 그것의 우기적, 복합적인 체계, 성질, 시각적 특성, 구성인자와 요소의 상호관계 및 연계, 공간효과 등이 이해와 표현력을 통해 가시적으로 구현되어질 수 있는 것이다.

조형작품은 이미지에 대응하는 Object, Product에 의하여 조형활동에 구체적으로 형상화되어 그 결과로 생물과 정신의 결합체로서 탄생된다. 그러기 위해서는 논리적, 분석적 프로세스를 통하여 물을 인식하고, 종합적인 것으로 해석하여 새로운 조형세계를 창출하여야 한다. '물(Object)과 정신의 종합체', '만듦의 세계를 개척하는 실험', '형태(꼴)의 짜맞춤' 을 수많은 사고매개와 물(object)로서 객체화하는 태도와 접근의 결과로서 만이 얻을 수 있다. 또한 이것은 '형태짓는 일' 의 체험으로서 만이 가능하게 된다. 조형하려는 의지(intention), 목표(purpose) 그것은 곧 예술이며 디자인이 된다.

김연화(2010)는 실체에 형식과 의미를 부여하려는 창조의 욕구에서부터 시작되는 조형 개념의 전개는 직관과 자연의 이상화 작업이 형식적으로 통일과 조화를 인식하는 감각적 지각 활동에서부터 쾌적한 조형요소 관계를 갖도록 미감을 충족시켜주는 데서 이루어진다. 이것에는 실체를 만드는 기술을 응용, 인간 생활의 쓰임을 위한 가공품에서부터 어떠한 것을 만들고자하는 영원한 탐색, 즉 잘 만드는 재주에서부터 기교, 양식, 정서, 사상적 내용에 이르기 까지 모든 국면을 총괄하게 되며, 궁극적으로는 문화의 형상으로, 시대를 나타내는 유기적 조형성을 기본 방법으로 한 공간적 매체를 통해 이루어진다. 조형표현은 환경적인 시대풍토와 종교, 표현태도와 양식 및 수법, 표현 재료, 작가의 조형의지 등에 따라서 다양하게 표출되며 이러한 문제들은 표현대상의 주체와 조형의 영역에 따라서도 제 내용과 형식을 달리하여 오고 있는 것이다.

기능적 예술로서의 생활조형 활동으로서의 공예이든 광의의 공예이든 조형예술의 장르속에서 디자인적 조형(실용조형)이니 예술적 조형이니 하는 단어들이 구사되어 왔으나 오늘날 메이저 아트(major art)나 마이너 아트(minor art, lesser art)라는 식의 구분은 이미 없어진지 오래되어 이론상으로는 하나의 양식, 즉 주관적 측면과 객관적 측면을 포괄적으로 제시하는 활동으로 전개되고 있다. 조형예술에 대한 발전과정은 재료를 다루는 인간기술의 발달 및 환경에 대한 필요의 충족이 근저가 된다. 실용을 목적으로 하든 생활을 목적으로 구현되어지든 소위 일방적인 의미의 조형이란 생활환경에 의한, 생활환경에 따른, 생활환경을 위한 형과 형태 짓는 일 속에서 존재하게 되는 것이다.

인간은 여러 가지 형을 예술적으로 창조하고 나아가서 생활을 위하여 형을 만들어 온 긴 역사를 거쳐 오늘날의 식(食) 문화와 문명을 이룩해 왔다. 20C초 경험철학에 의거한 심리학자 듀이(J.Dewey)는 "모든 인간은 창조적인 기능을 소유하고 있다"라고 하였는데 예술적 표현활동이라는 것을 조형제작 활동의 주체가 되는 인간이 예술표현의지를 가지고 그 의지를 '물(物)'로써 객체화하는 과정을 통하여 재료와 가공에 걸친 기법에 의하여 표현하려는 활동이라고 생각한다. 조형예술은 물리적 재료를 사용하여 사물을 유형적으로 표현함으로써 성립되며 시각을 대상으로 하는 행위로서 그것에는 이념이 감각적으로 나타나 있어야 하며 독특한 현상적 형태를 갖추고 있어야 한다.

조형 표현이란 인간이 지닌 최초의 정신적인 기본 활동이고 감각적인 형상의 창조이며 카오스(chaos) 로부터의 이탈이다. 이것에는 이념으로서의 형과 같은 감정표현에서 성공하여야 할 뿐만 아니라, 그것은 전달하는 물로서의 형에 성공해야 하는 당위를 지니며, 그러한 결과물은 특수한 것이고 지역적인 것이며 동시에 개성적이기 때문에 한편으로는 보편적인 것이 된다. 자연미는 완전성(effantavle perfection)과 자발성(spontaneity) 에 의해 이루어지나 찻주전자와 같은 가공적 인공미는 의식적인 노력의 결과에서 얻어지는 조형성과 시각성, 공간성을 함께 지니게 된다. 그러므로 조형대상은 물리적, 심적, 시간적, 환경적 공간으로서 매스(mass)에 대한 상대적 표현으로 성립된다. 구체적 경험에서 얻어진 요소의 결합으로 이루어진 연합체계로서의 조형표현이란 결국 개별성과 실용성, 자아와 비자아를 메워줄 수 있는 시도로서 영원성과 인간성, 재료의 합리적 가공성, 재치와 기지가 깃들어 있어야 한다. 그러므로 곧 실용가치로서의 찻주전자가 존재하게 되는 것이며 조형성으로 인

간 생활문화 속에 깊게 침투될 수 있는 인간 감각활동의 열매로서 거듭 태어나게 된다는 의미를 지닌다.[2]

※ 조형이념과 형식의 상호 연계성 – 현대인의 일상생활 속에서 존재하는 다양한 차 문화는 차와 연관되어 있는 식문화의 특성을 인위적이 거나 의도적이 아닌 자연 발생적으로 나타내는 것 중 가장 인간적인 존재의 가치성을 지니고 있다. 의미론적 문화의 정체성 중에는 활동, 관습과 함께 전통적 방식의 풍속과 같은 고유의 생활양식을 갖고 있기 때문에 음료 생활 전반과 연계성을 갖고 있다. 그러므로 조형이념과 형식의 연계성으로 구성되는 차 문화와 사용도구들은 일상생활과 문화형식의 기본요소들이 상호 작용 하며 나타나게 된다. 즉 차 문화는 인간의 존재를 융합시키는 범용적 수단이며 보편적 행동을 표출하는 의사소통의 언어가 될 뿐만 아니라 삶의 가치를 경험하고 발견시켜 주는 상징과 수단이며 태도로서 범용적인 형식이 이루어지게 된다. 따라서 차와 함께 우선적으로 연계되는 도구에는 동서양의 기후적, 지역적 특성과 생활 장면이 시대별, 계층별, 목적별, 생활 문화적 상황에 따라 서로 다른 조형적 특성으로 존재하고 있다.

조형성에 대한 평가의 경우 조형성이란 기술성과 표시성을 나타내는 시각적 행위나 상징과 같은 정신적 의미를 내포하며 기능성, 구조성, 생산합리성, 재료성과 같은 실용적 필요를 함께 지닌다. 조형성으로서의 표현성이란 기술성을 뜻하며 기능성, 필요성, 재료성과 함께 구조, 표시, 상징을 나타내기도 한다. 조형을 이루고 있는 성질과 속성이며 요소적으로는 색채, 질감, 형태를 구성하며 점, 선, 면, 입체와 같은 공간 한정성을 이루고 있고 길이, 방향, 개수, 크기 등의 조건성을 갖고 있다. 그 밖에 기술성에 대한 평가는 신기술 개발 수준, 독창성, 응용확산성, 혁신성, 대내외 인접성이 있다.

① 기능성 : 기본기능 만족도, 완성도, 사용편리성, 보호, 보존성
② 시장성 : 구매요소, 매출실적, 시장성장 기대효과, 경쟁력, 상품가치성, 판매유통과의 적합도, 운동성
③ 지속가능성 : 친환경성, 재활용성(에너지, 재료, 유지관리성), 자원절약성, 내구성, 보관성
④ 혁신성 : 기술의 신뢰성확보, 기능, 재료, 모형류의 신규성, 독창성
⑤ 인간 친화성 : 사용 편리성, 감성적 도구력

⑥ 미적 조화성/심미성 : 기술, 기능, 사용, 환경요소와 조형요소의 조화성, 선호조형 반영
⑦ 품질의 향상성 : 생산성, 경제성, 시장성이 증대되어 구체적으로 나타나야 함
⑧ 가치의 사회성 : 시대정신, 문화성, 환경성, 윤리성, 선호요소 발견

표현성, 형상성은 시각에 의해 포착된 표현대상의 본질적 특징 발견, 개념요소의 가시적 표현과 특성 적용, 시각요소들에 대한 가변적 상황이 있다. 또한 객관적 실체에 나타난 디자인적 착상과 의미 전달과 함께 형상 발상 전개 내용의 체계적 접근성과 실체화 속에 나타난 작가의 요구에 부합되는 상징성이 있어야 한다. 디자이너 또는 작가의 표현의지와 조형 표현 양식의 이해되어야 하고, 형태 구조, 재료의 성질 이해와 전개되며 형태의 시각적 특성을 상호관계로 연계한 내용 및 기술이 내재되고, 구조적 구성요인의 특성과 유기적, 기능적 관계가 정립되어야 한다. 아울러 재료합리성에는 재료의 본질적 특성 이해, 구도적, 구조적 분석과 형태와 재료 사이의 영향과 관계연출 및 재료의 속성강도와 성질, 질감 파악, 재료에 의한 시각적 운동감 및 질서감이 있다. 재료의 조화적 배치, 방향, 분할, 이해, 교화 등 조형과 공간의 관계에 대한 지각의 발전이 내재되어 있어야 한다.

작품을 평가할 때 예술성을 수용하는 것은 단지 개념적 이해가 아닌 예술체험의 공유로서 디자이너의 표현을 공감하고 그것의 가치를 객관화시키는 것을 뜻한다. 가치란 이와 같은 평가 행위 후에 내리는 결론적 판단만이 아니고 행위 그 자체 속에도 있으므로 결론적 판단도 결국 평가라고 하는 행위가 없으면 성립되지 않는다. 따라서 작품이 전달하는 가치는 단지 판단의 형태로 정리되는 내용만이 아니고 그 내용이 전개되었던 체험적 행위도 포함되는 체험 전달이라고 할 수 있으므로 특히 가치성, 창조성, 정성적인 사상이나 감정 등이 상징적으로 표현된 경우에는 이를 위한 합리적인 평가의 기준 설정이 더욱 필요하게 된다.

디자인이 지니는 미는 그것이 생성되는 과정에 따라 자연미와 예술활동으로 표현되는 예술미로 구분할 수 있다. 자연미는 사실적인 묘사로서 인물화나 풍경화와 같은 예술의 여러 영역에서 중요한 위치를 차지하며, 예술미는 자연미에 작가의 창조력과 예술적 상상력 및 기술적 능력을 발휘한 표현에서 찾을 수 있다. 미적 가치를 표현하는 디자인 작품은 순수한 창작적 욕구로부터 시작되며 인간정신의 체험을 필요로 한다. 작품은 이상과 현상에서 갖가지 감정을 제시하며 감성적·시각적·촉각적으로 지각할 수 있도록 한다. 이것의 체험은 수용적 태도를 기본으로 하는

심리적·사회적 현상으로서 일종의 비유이며 언어로는 표현할 수 없는 것을 명확히 정의하는 비논변적 상징, 즉 의식의 논리로서 형식, 합목적성, 기술, 정신적 내용 등의 창작과 표현의 예술성과 디자인 특성을 함께 지닌다.

예술성에서 중요한 정신적인 내용은 작가가 무엇을 어떻게 표현하고자 했는가 하는 심적 과정의 전달로서 그것을 위한 구성능력 및 외양의 형식과 기교적 능력에 의한 표현이므로 화예디자인에서의 미감성에 대한 평가는 중요한 의미를 갖는다.

그러므로 작품 속의 표현성을 이해하기 위해서는 평가자가 디자이너의 창작 체험으로 되돌아가 보는 추체험이 필요하다. 즉 작품의 미적 가치를 수용할 감상자 및 평가자에 의해서 디자이너는 그 작품 속으로 불러들여지는 것이므로 결국 평가는 창조를 추체험하게 하는 것이다.

"예술적 창작에서 활동은 했지만 무의식 상태로 남은 것 또는 작품의 자연스러운 발생과 성장을 방해하지 않기 위하여 무의식 상태로 남을 수밖에 없었던 것을 의식화하지 않고는 예술작품을 재창조하는 추창조(追創造)의 과정은 있을 수 밖에 없다."라고 제드마이어(H. Jedmayr)가 말하였듯이 작품을 평가할 때에는 디자이너의 의도적인 표현은 물론 그의 개성이나 그가 속한 사회적 성격을 포함하는 무의도적 조형 표현을 감지할 때 비로소 예술의 진정한 가치를 알 수 있게 된다. 디자인의 창작에는 다양한 감정에 의한 디자이너의 실제적이거나 가상적인 인식의 내면적 과정을 기초로 하여 각 구성요소 간의 관계에 의하여 어떤 외연적인 이미지를 만들어 내는 것이 표현되어 있다.

작품은 인간감정의 표현 형식이며 이를 조형화한 것으로 형태와 색채, 긴장과 리듬, 명암의 대조와 윤곽의 강약, 정지와 운동의 구성요소들과 인자들은 이러한 관념들을 전달할 수 있는 상징체제를 이루게 된다. 작품에 내재된 관념은 여러 가지 감정이나 정서의 주관적 경험이 어떻게 생성되고 소멸되는가에 대해 종합으로 경험하고, 생각해 내고, 상상하고, 고찰하는 등 상징으로 표현되어 인간의 내적 생명에 개성을 부여할 수 있게 된다. 즉 작품 속에는 디자이너가 사용한 재료와 더불어 형상과 내용이 동시에 이루어지며 내용과 형식은 항상 상호작용을 하고 조건짓는 개념으로 존재하며 결부된다. 그러므로 형식은 훌륭하나 이념이 뚜렷하지 않다든가, 의도는 좋은데 구성이 좋지 않았다는 평가가 성립된다.

작품에 대한 평가는 이러한 형식과 내용이 미적 가치로서 얼마나 적합하게 이루어졌는가 하는 문제에 대한 평가를 뜻한다. 디자인표현의 조형 활동이란 실용을 목적으로 하는 조형요소들을 구성하는 것으로 재료로서의 물체와 인간과의 관계에서 제안된 일련의 계획 또는 그 결과물을 의미한다.

즉 디자인은 필요에 의한 모든 조건인 목적, 재료, 표현, 수단, 효과 등의 구성요인을 해결하여야 하며 실용적, 합리적, 과학적, 논리적 사고에 근거하는 객관적 체계에 의한 실체를 말한다. 이때 각각의 주제나 발상의 원점에 따라서 그 발전방법이 다르지만 각 부분은 전체조건에 대한 검토 및 분석과 평가를 요구한다.

허버트 리드(Herbert Read)는, 예술은 인간이 지닌 원초적이며 가장 진솔하고 적절한 표현의 훌륭한 형식을 감상하는 것이고, 리듬과 조화를 지각하는 것이며, 사물들을 모양 좋고 효과 있게 만드는 것으로, 이는 선천적이고 정상적인 인간의 제특성이라고 하였다. 예술은 직관적 인식에 속하는 것으로 우리의 감각에 주어진 재료를 일정한 관계에서 파악함으로써 지각하게 되는 가운데 그러한 감각적 지각을 통하여 대상의 내적인 것을 파악하는 정신적 활동이다.

예술은 감정의 객관적인 표현으로 보편성에 기인하지만 한편으로는 감성, 이성과 같은 개성의 산물로서 사실상 예술가 자신이나 감상자에 있어서는 주관적인 속성을 지니기도한다. 모든 예술작품에는 가시적인 작품의 외형이나 기술적인 장인성 이외에도 비가시적인 작품이 지닌 고유한 진리나 표현성이 존재한다. 이러한 두 가지 질서의 개념 중 비가시적인 것의 가시화에는 창조적 배경인 개인적·사회적·종교적, 문화적 요인 등이 다원적으로 작용한다.

예를 들어, 종교적 주제의 작품은 그 의미를 결합시킴으로써 이해하고 평가될 수 있는 것과 같이 예술은 다양한 시각적 이미지를 통하여 비가시적인 더 큰 의미를 표현할 수 있다. 이는 단순한 언어적 표현만이 아닌 이미지 표현에 의한 또 다른 차원의 독립된 의미체계의 다원적인 표현이 가능함을 뜻한다.

이러한 예술적 표현을 평가하기 위해서는 순수한 예술성을 위한 조형계획과 표현에 중점을 두어 평가하여야 한다. 즉 주관적인 내면세계의 기법과 예술성(esprit)을 이루는 언어적, 도구적, 표상적 이미지와 함께 디자이너의 의지 및 미감적 개인성과 실험적 정신을 함께 평가하여야 한다.

예술미는 시간이나 공간에 따라서 그 가치가 변하지 않는다. 왜냐하면 발상의 주제와 재료의 사용, 그리고 구성에 있어서 예술성과 작품성을 지니기 때문이다.

반면에 디자인의 전략요소에는 시장현황, 소비자의 생활변화, 기술변화, 새로운 트렌드 적용 등이 필연적으로 요구된다. 즉 항상 새로운 시장 확대와 가치 제공을 목표로 소비자의 관심을 충족시켜야 하기 때문에 합리성 효용성을 향한 새로운 재료 이용과 발상, 새로운 구성과 기법이 필요하다. 이는 디자인의 속성이 환경, 시장, 생활, 소비자 기호, 가격 변화와 밀접한 연계성을 갖고 있기 때문이다.

예술작품에서는 가치와 미적 표현이 매우 중요한 것처럼 디자인의 경우에서는 미적인 외관뿐만 아니라 작품의 상품성이 중요한 전제조건이 된다. 또한 조화로운 구성, 공간과 시간, 목적과 의도, 가격도 함께 만족시켜야 하는 당위성을 지닌다. 예술품은 작가의 의도에 따라 표현방법과 규모가 선택적인데 반해 디자인의 경우에는 영역이나 부분의 특성에 따라서 정해진 규격에 제한을 받는다. 이러한 표준규격은 합리적인 기준을 근거로 하며 호환성과 경제성, 유통성을 목적으로 한다.

개념과 목적에 대한 조형요소들이 형식적, 의미론적, 추상적 속성으로 결합된 통어적 관계의 통합체(syntagm)의 의미를 지닌다. 그러므로 작가의 감성이 통일적 직관의 형태로 산출된 외연(denotation)과 내포(connotation)는 형식 법칙을 가진 민화에 나타난 개념의 조건이 반영된 묘사로서, 이는 내적 표상이 지각되는 형태를 갖는다.

즉 이러한 개념의 의미는 조건을 충족시키는 것의 전체에서 이루어지는 집합의 조건이며, 포괄적 대상들을 표시하거나 다의적 다원적인 속성들을 전이시킨 외연이 된다. 민화가 지니고 있는 미적존재가치 발견은 이것이 생활인과 자연환경의 구조적 조화를 광범위하게 반영하는 데 있다. 즉 예술은 무엇인가를 존재하게 하거나 존재하게 하게 되는 방식에 대한 내용도 함께 포함된다.

형이상학적, 형이하학적 조형표상에 대한 내용은 수용적 태도를 기본으로 하는 신앙적, 문화적, 의미론적 현상으로 일종의 비유이며 언어로는 표현할 수 없는 것을 명확히 의미짓는 비논변적 상징, 즉 기술과 정신적 내용 등의 창작과 표현, 주제 및 형식을 갖게 된다.

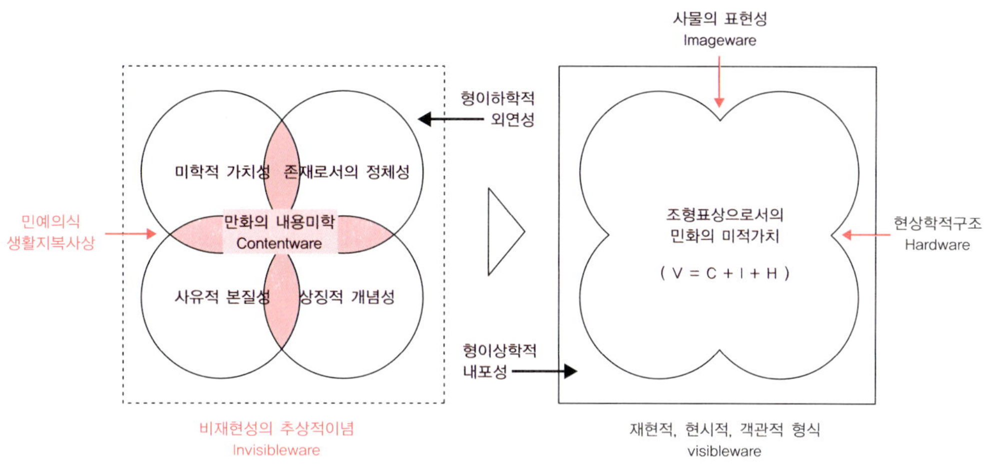

V(Valueware) = C(Cultureware) + I(Imageware) + H(Humanware)

그림 3-1 내용미학과 형식미학 간의 통섭적 관계

결국 조형표상이란 여러 가지 조형요소를 사용하여 형체를 새롭게 만드는 것을 뜻하는 차별적인 질서이며 조형표상은 개념의 이해와 의미의 해석에 관한 심리적 절차와 행위에 의해 이루어진 표현의 결과이며 구성이고 형상작업을 의미한다. 창조적 조형표상을 형성하는 민속학적 접근으로서의 민화는 새로운 회화양식에 대한 가능성의 탐구이므로 구성과 구조가 지닌 직유(simile), 은유(metaphor) 환유(metonymy)적 관계로 어떻게 결합되고 있는가에 대한 존재의 접근은 중요한 의미를 갖는다. 따라서 조형표상은 그 대상에 대하여 전체를 구성하는 각 부분의 질서를 형성함으로서 통일, 통합되어지는 체계와 관계되는 대상의 물체가 지닌 이념적, 실체적 본질에 대한 현상학적 지각대상에 특성을 이해하여야 한다.

그림 3-1은 민화가 지닌 내용미학과 형식미학간의 통섭적인 관계를 설정한 것으로 비재현성의 추상적 이념인 민화의 미학적 가치성과 존재로서의 정체성, 사유적 본질성, 상징적 개념성과 같은 형이상학적 내포성과 사물의 표현성 및 작품의 현상학적 구조인 재현적이며 현시적, 객관적 형식인 형이하학적 외연성간의 관계를 나타낸 것이다. 따라서 민예의식과 생활의 지복사상은 비가시적인 개념적 구성요소로서 인지(comprehension), 인식(cognition) 지각(conception)에 대한 내용 미학으로 서의 내포성(connotation)을 지니며 모티브, 형상(figure), 장식 등과 같은 양식적 구성 요소는 형식미학으로서의 외연성(denotation)의 상관적 미적 관계로 존재한다.[1]

check point

조형성의 실체 인지의 체크포인트

① 확보된 사실과 조형실체는 문제해결에 어떤 도움이 되는가
② 논리의 규범이 되는 사유, 형식, 법칙 등 현상에 대한 체계적 관점을 제시하고 있는가
③ 조형의 속성, 변인 간의 관계성이 명확하게 제시되고 있는가
④ 구현된 작품의 미학적 내용의 타당도와 표집의 적절성을 발견할 수 있는가
⑤ 형식논리학적인 조형성의 의미, 구조, 개념인식, 관계, 조건, 전제, 규칙 등을 논하였는가
⑥ 조형형식요건과 체계구조의 근거는?
⑦ 도출된 내용으로 실천할 수 있어야 (실행관리)한다는 사유는?
⑧ 발견적 견해를 도출한(주장할 수 있는가에 대한) 타당한 사유를 제시하였는가
⑨ 관객의 작품감상 반응에 대한 구체적 설명과 평가를 체계적으로 조사하였는가
⑩ 디자인 알고리즘(algorithm)의 분석적 과정에서 평가의 가치결정을 위한 능력이 있는가
⑪ 디자인 가치의 평정모델을 위한 평가력이 확보되었는가
⑫ 개념의 형상화 경로추적과 가공은 조형성을 기반으로 하는가
⑬ 대안의 판단평가에 대한 정량적 연구의 기술은?
⑭ 개념적 이미지와 가시적 조형화간의 인터페이스(interface) 평가력은?
⑮ 연구자의 주장이 왜 타당한가를 입증하고 있는가
⑯ 연구에 활용된 방법은 연구결과의 논리적 타당성을 획득할 수 있는가
⑰ 논거의 제시와 추론의 과정은 합리성을 지니고 있는가
⑱ 자료분석은 주제와 문제점을 해명하는데에 충분한가
⑲ 조형성에 대하여 형이상하학적 구체적 내용(형태감, 기술적 표출성, 구조와 형식, 시각적 균형, 상징적 의미성 등) 제시는?
⑳ 연구를 통해 발견 된 독창적, 핵심적 내용을 축약, 기술하고 있는가

3. 문화, 문화콘텐츠 디자인

지식기반사회가 진전되면서 '문화'는 가치 창출의 새로운 힘으로 인식되고 있다. 흔히 21세기를 '문화의 세기'라고 일컫는 것도 현대사회에서 '문화'의 중요성을 나타내기 위한 것이라고 할 수 있다. 영국의 토니블레어 정부는 1997년에 들어선 이래 'Creative Britain'을 표방하고 '문화'와 '창의성'이 사회경제적 가치를 창출하는 핵심요소라는 점을 지속적으로 강조하고 있다. 이것은 '창의성'과 '문화'가 국가경제 및 사회발전에 미치는 영향이 매우 커지고 있다는 인식에 바탕을 둔 것이다.[2] 우리나라 문화정책의 전개과정을 살펴보면, '문화'는 언제나 국가발전의 중요한 요소로 인식되어 왔다.

1960년대와 1970년대의 근대화과정이나 1997년의 경제위기에서도 '문화'는 국가발전의 동력으로 고려되어 왔다. 1990년대 중반까지 문화정책은 주로 '문화'의 사용가치(use value)를 바탕으로 이루어진 반면에 1990년대 후반부터는 '문화'의 사용가치 뿐 아니라 교환가치(exchange value)를 바탕으로 이루어지고 있다.

최근에는 '문화'는 고부가가치를 창출하는 핵심요소로 그 중요성이 더욱 부각되고 있으며, 미래사회의 성장동력으로 인식되고 있다.[3] 문화의 개념은 사용되는 목적에 따라 다양하게 정의되고 있다.[3)] Throsby (2001)는 문화재(cultural goods)의 특성으로, ① 창작과정에서 창의성이 있다 ② 지적 재산권의 형태를 구현하고 있다 ③ 상징적 의미를 전달하고 있다 ④ 경제적 가치뿐만 아니라 문화적 가치를 동시에 지니고 있다는 것을 지적하고 있다. Williams는 문화의 개념을 생활양식(a whole way of life), 지적 및 심미적 활동(intellectual and artistic activity), 상징 체계(a signifying system)로 이해하였다. 문화의 특성을 고려한 문화의 개념은 다음과 같이 구분할 수 있다.

첫째는 문화를 생활양식으로 이해하는 시각이다. 이러한 문화개념은 광의의 개념으로 문화인류학과 사회학에서 흔히 활용되는 용어이다. 이러한 광의의 개념에는 사회나 집단에서 공유되는 태도, 가치관, 관습, 제도 등이 모두 포함된다. 19세기 인류학자인 테일러(Tylor)는 '사회의 구성원으로서 인간이 획득한 지식, 신념, 예술, 도덕, 법, 관습 그리고 다른 능력 및 습관'을 문화라고 규정하고 있다.

1982년에 Mexico City에서 열린 「세계문화정책회의 World Conference on Cultural Policies (Declaration of Mondiacult)」에서는 문화를 "사회와 사회집단

을 특징짓는 뚜렷한 정신적, 물질적, 지적, 정서적 특성의 총체"로 정의함으로써 광의의 개념으로 사용하고 있다.(그림 3–2)

- 학습된 것 (지적, 기술적, 구체적) / 전승된 (사회적) / 발생되 것 (인식적) / 반응된 것 (집합적)
- The customs& belief, attitude, art, wayof life & social organization
- An integrated whole or system
- Always changing
- 자연 및 다른 동물들과 구별 되는 영역 / 차이
- 현실적 거주지역 속에 존재

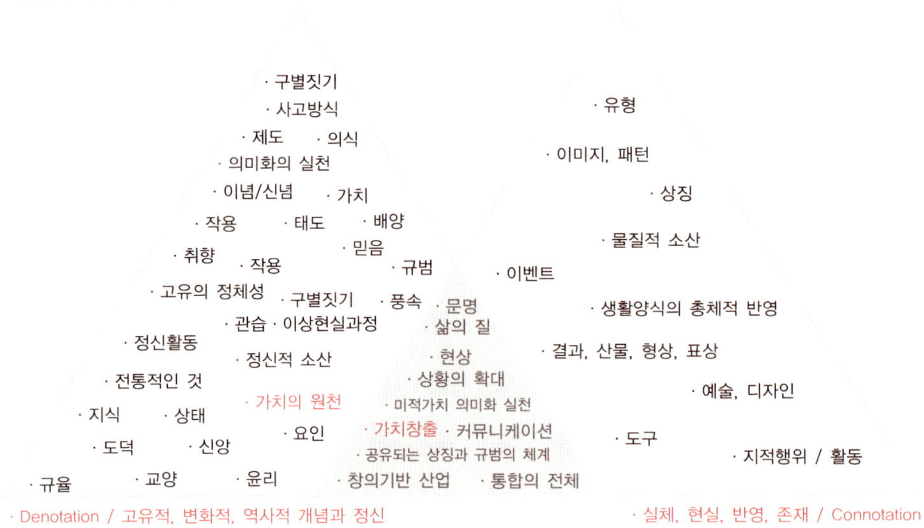

그림 3–2 문화의 개념과 실체

사회학자 – 사회는 그릇, 문화는 그릇의 내용 즉 사회를 만들어가는 요인
역사학자 – 역사적으로 만들어낸 물질적, 정신적 소산 (삶의 방식 : 가치관)
농경학자 – 경작, 재배, 배양 산물
경제학자 – 경쟁력, 부가가치의 원천 개발, 제작, 생산, 소비, 서비스 산업
인류학자 –지식, 신앙, 예술, 도덕, 법률, 관습, 능력, 습관의 총체
철학자 – 자유를 실현하는 수단, 결과
예술가 – 창의성기반 창작

이러한 생활양식으로서의 문화는 문화정책의 궁극적인 대상이자 목적이라고 할 수 있다. 소위 문화정책의 중요한 이념인 문화 복지(cultural welfare), 문화권(cultural right), 생활문화 등이 이러한 문화의 범주에 포함된다. 둘째는 문화를 지적, 정신적, 예술적 산물로 이해하는 시각이다. 이것은 문화의 개념을 창의성을 바탕으로 만들어진 문화산물(cultural products)로 본 것이다.

전통문화유산, 예술, 문화콘텐츠(cultural contents) 등이 모두 이러한 문화의 범주에 포함된다. 2001년 영국의 「문화미디어스포츠부(Department of Culture, Media and Sports」는 창작산업을 "개인의 창의성과 기술 및 재능에 바탕을 둔 산업으로 지적재산의 생산과 개발을 통해 부와 직업을 창출할 수 있는 잠재력을 가진 산업"으로 정의하고 있는데, 이러한 창작산업 역시 문화산물의 대표적인 사례라고 할 수 있다.

창작산업에는 광고, 건축, 예술과 고대예술시장, 공예, 디자인, 패션, 영화와 비디오, 쌍방향 여가소프트웨어, 음악, 공연예술, 출판, 소프트웨어와 컴퓨터서비스, 텔레비전과 라디오 등이 모두 포함된다. 문화가 경제적 부가가치를 창출할 수 있는 것은 문화가 지적, 정신적, 예술적 산물이기 때문이다.

저작권 산업(copyright industry)이나 라이센싱 산업(licensing industry)은 지적재산을 바탕으로 수익을 창출하기 때문이다. 디지털시대에는 원소스멀티유즈(one source multi use), 디지털 컨버전스(digital convergence)를 통하여 문화산물의 가치사슬(value chain)이 다양하게 나타나고 있다. 셋째는, 상징체계로서의 문화(culture as a signifying system) 개념이다. 문화는 상징적 의미를 창출하고, 이를 공유하는 과정과 밀접하게 연관되어 있다.

인간은 동물과 달리 상징을 활용함으로써 대상, 관계, 관념에 대해 가치와 의미를 부여한다. 그리고 상징적 의미를 매개로 상호작용과 의사소통이 이루어진다. 예술작품이나 문화콘텐트는 모두 생활세계를 상징적 의미로 재해석해 낸 것이라고 할 수 있다. 따라서 문화산물에는 문화적 정체성과 의미가 담겨있는 생활세계의 한 표상이라고 할 수 있다.

유네스코 세계문화발전 보고서에서는 "창조성에는 자아 표현이나 탐구를 유도할 수 있는 환경이 마련되어야 한다. 새로운 과학기술과 문화전통간의 상호교류를 조장할 수 있는 교육훈련과정도 개설되어야 하고, 창조적 시도가 보장되는 전략이 더 개발되어야 할 필요가 있다. 새로 부각되는 예술형태나 실험예술에 대한 지원도 단순한 지원이 아닌 사회연구나, 창의성 그리고 인간발전을 위해 투자하는 것이라는 믿음이 있어야 한다."라고 하였다.

창의적 문화사회에 대해서는 아직 합의된 개념이 정립되어 있지 않지만, 최근에 '문화'가 사회의 중심가치로 창의력과 상상력, 문화적 감성이 사회의 중심가치로 자리 매김한 사회를 일컫는 의미로 종종 사용되고 있다. 창의적 문화사회의 가장 큰 특징은 상상력, 이야기, 창의성, 감성이 고부가가치 창출의 원천으로 작용한다는 점이라고 할 수 있다.

리프킨(Rifkin)(2000)은 현대사회를 소유의 시대가 아닌 접속의 시대(the age of access)라고 진단하고, 이러한 접속의 시대에서는 개인의 체험과 상상력, 창의성, 이미지, 이념 등 지적자본이 중요한 동력이라고 지적하고 있다. 그는 소유의 시대에서 네트워크 시대, 접속의 시대로 사회가 전환되면서, 부(wealth)가 물적 자본이 아니라 인간의 상상력과 창조력에서 창출된다고 진단하고 있다. 이러한 접속의 시대에는 산업생산(industrial production)이 문화생산(cultural production)으로 전환되고 있으며, 문화적 경험(cultural experience)과 문화 자원(cultural resources)이 중요한 가치로 부각되고 있다. 문화생산 시대에서 각광을 받을 사업은 예전처럼 상품과 서비스를 파는 사업이 아니라 다양하고 광범위한 문화적 체험을 파는 사업이 될 것으로 전망된다. 개인의 생활경험, 인생체험, 창의력과 상상력이 부의 원천이 된다는 체험경제(experience economy)가 새로운 경제영역으로 대두되고 있으며, 개인의 지식과 감성이라는 무형자본의 가치가 급부상하고 있다.

(1) 문화, 문화기술, 문화산업 디자인

문화는 인간이 내적으로 완성되어가는 과정이나 규범(nomos, norm)이며 정신의 일반적인 상태나 이념에서부터 민족 고유의 정체성에 이르기까지 그 의미와 영역이 매우 광범위하다. 레이몬드 윌리암즈(R. Williams)의 정의에 의하면 "문화는 정신적, 심미적 개발의 일반적인 과정인 지적인 행위나 활동"이라고 하였으며 이것에는 자율성, 독창성, 다양성, 종합성이 있고 유형적으로는 일정한 도구나 시설을 뜻하지만 개념적으로는 고유적이며 실체적인 속성을 지닌다고 하였다.

문화는 사회를 구성하고 있는 모든 요소의 상호작용에 의해 재창조된다. 즉 문화가 성립되는 과정이 인간의 일상생활에 기인하므로 생활문화 측면에서의 소비는 생활의 만족을 가져온다. 따라서 소비의 욕구를 충족시켜 주는 디자인이란 인간고유의 생활문화 형성과 연관이 깊다. 이와 같이 산업디자인과 문화의 개념은 동질성과 유사성을 함께 갖고 있을 뿐만 아니라 어의적, 개념적인 해석으로 산업디자인은 곧 문화라고 할 수 있으며 구체적인 표현으로는 '문화체화디자인(culture embodied design)' 또는 '문화산업디자인'이 적절하다.[4]

산업과 밀접하게 연관되어있는 문화디자인은 사용자의 만족을 증진시키는 가치적 요인으로서 뿐만 아니라 혁신적인 기술은 산업의 초고속적인 발전을 가져오고 있고 디자인과 문화에 의한 지식 창조활동은 새로운 영향 요인이 되고 있다. 광의적인 개념으로서의 문화산업디자인이란 이와 같이 생활에 필요하거나 도움이 되며 가치 충족과 만족을 추구해 주는 수단이다. 즉 문화산업디자인의 가치는 디자인의 기준이나 척도가 될 수 있는 가치로 표출된다. 따라서 문화는 인간의 감성과 정신적 활동을 나타내는 지식이며 아름다움에 대한 의식이고 가치관을 의미한다. 즉 문화는 인간 활동의 종합적인 결과의 축적이며 인간과 자연환경과의 생활양식을 함께 구성하는 환경적 존재와 모든 가치를 포함한다.

새로운 생활환경과 전환점이 시작된 과거의 정보산업사회 시대에는 물질적 생산력이 부와 경쟁력의 원천이었고 문화산업은 일상적인 삶의 부수적인 존재였다. 그러나 디지털산업의 도래와 패러다임이 변화함에 따라서 **그림 3-3**처럼 문화산업디자인은 생산력과 경쟁력의 기본이 되었고 산업과 국가의 경쟁력을 결정하는데 있어서 물질적 요소들보다 더 중요한 척도가 되고 있다. 생활 속에 살아 움직이는 문화산업디자인이 강조되면서 문화를 산업화하고 상품화하기에 이르렀고 문화 그 자체를 생산요소내지 인프라(사회간접자본) 또는 경제재의 하나로 인식함으로써 새로운 상품이 되었다.

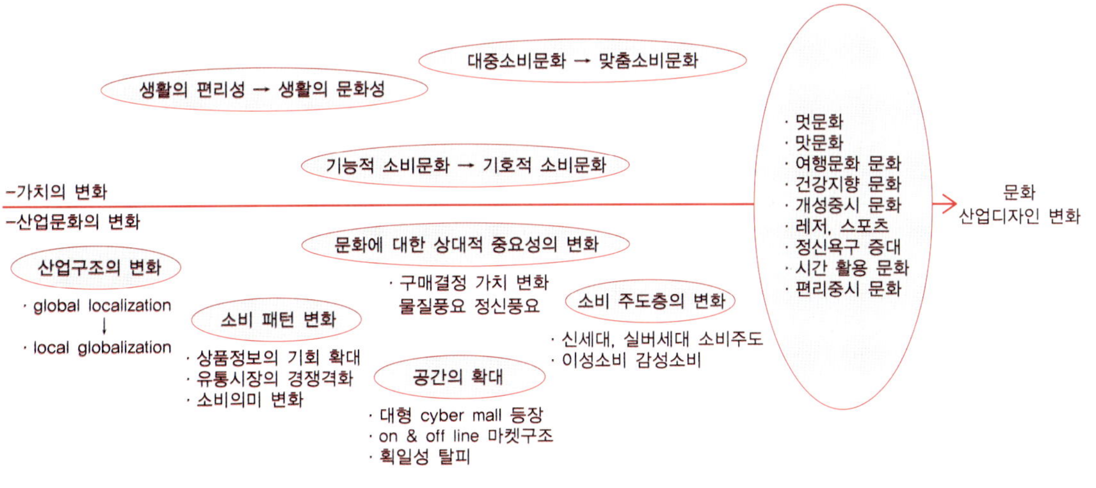

그림 3-3 생활과 문화 트렌드 변화

문화산업디자인은 비경제적 관점에서 경제적 관점으로 바뀌어져야 한다. 이러한 역할은 세계화되고 무한경쟁시대로 진입함과 아울러 자국의 경제난 해소 및 경쟁력 제고를 위한 수단으로 이용하는 새로운 인식에서 시작되어야 한다.

따라서, 고객 라이프스타일 연구를 통한 미래생활 시나리오 구축과 급속히 변화하고 있는 디지털 트렌드 분석을 통해 고객의 새로운 생활문화를 선도해 나가야 한다. 그림 3-4의 문화생활의 soft화, 불확실성의 해소, Character Fashion, 탈도시/자연회귀, 전통지향, 힐링(Healing), 체험, 홈네트워크(digital network) 등의 미래 생활문화 장면은 트렌드 창출을 위해 계속 변화하며 발전해 나간다. 신생활 장면(life scene, life soft, product scene) 창조형 트렌드 개발로 고객의 새로운 생활문화를 선도해 나감을 뜻한다.

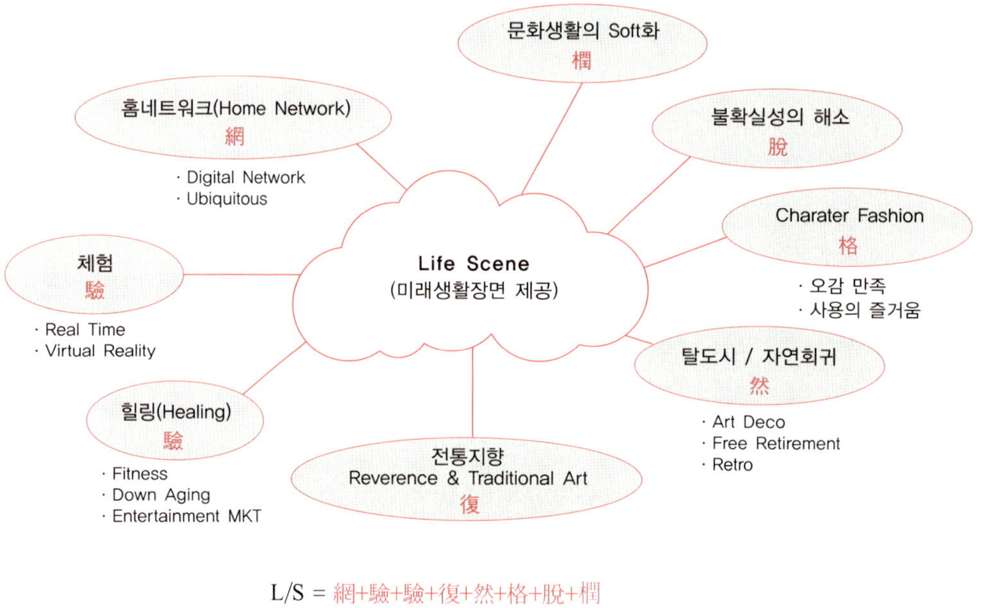

그림 3-4 미래 생활 장면(life scene, life soft)

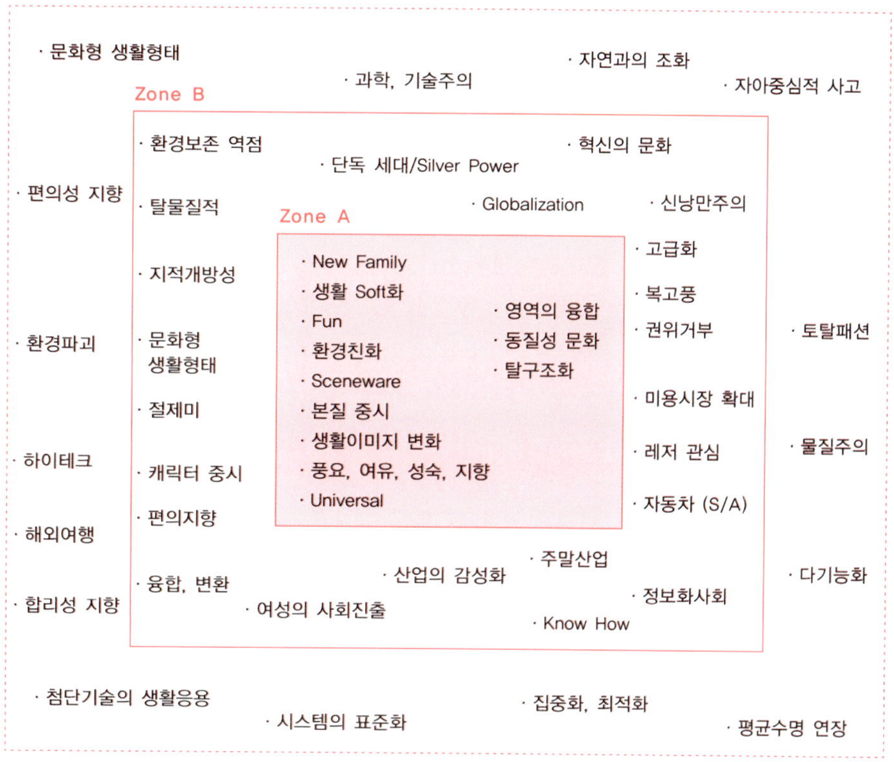

(Zone A 〉 Zone B 〉 Zone C)

그림 3-5 생활문화 트렌드 변화

그림 3-6 생활의 문화성과 건강지향 문화 이미지(image) 사례

key message : 자연 지향, 친환경 지향 / 건강, 바이오 지향 / 감성, 문화 지향 /고급, 명품화 / 미적 공간 추구 / 정신적 성숙 / 탈 구조화된 생활스타일

(2) 문화콘텐츠웨어 (contentsware)

콘텐츠[55]는 단순한 내용물이 아니다. 결론부터 말하자면 콘텐츠는 '테크놀로지를 전제로 하거나 테크놀로지의 결합된 내용물' 이라고 할 수 있다. 원론적으로는 콘텐츠는 미디어를 필요로 한다. 바꾸어 말하면 미디어는 기술의 발현물이다.[5]

'콘텐츠' 는 영어 단어 콘텐트(content)의 복수형이다. 영어사전을 살펴보면 단수형인 content는 추상적인 의미나 성분의 양을 표시하고 복수형은 대개 구체적인 것을 가리킨다고 되어있는데, 보통은 복수형으로 사용되며 내용이나 목차를 가리킨다.

그러나 범용적으로는 '문화콘텐츠기술' 이라고 할 때는 'Culture & Content Technology' 라고 쓴다. 포털사이트 엠파스(Empas)의 백과사전 정의에 의하면 콘텐츠는 '각종 유무선 통신망을 통해 매매 또는 교환되는 디지털화된 정보의 통칭' 이라고 되어 있다. 원래는 서적이나 논문 등의 내용이나 목차를 일컫는 말이었지만 이제는 디지털화된 정보를 통칭하게 되었고 가령 인터넷이나 PC통신을 통해 제공되는 각종 프로그램이나 정보내용물, 비디오테이프, CD 등에 담긴 영화나 음악, 만화, 애니메이션, 게임소프트웨어 등이 모두 포함된다.

문화콘텐츠가 정책적으로 주목받는 것은 문화콘텐츠가 고부가가치 산업이 될 수 있고 미래의 신 성장동력이 될 수 있기 때문이다. 문화콘텐츠진흥원의 서병문 원장은 2004년 5월에 열린 '과학과 영상예술의 창조적 융합 심포지엄' 의 주제발표에서 문화콘텐츠산업을 '문화콘텐츠의 기획, 제작, 유통, 소비 등과 이에 관련된 산업' 이라고 정의했고 그 예로 영화, 게임, 애니메이션, 만화, 캐릭터, 음악/공연, 인터넷/모바일콘텐츠, 방송 등을 들었다.[6]

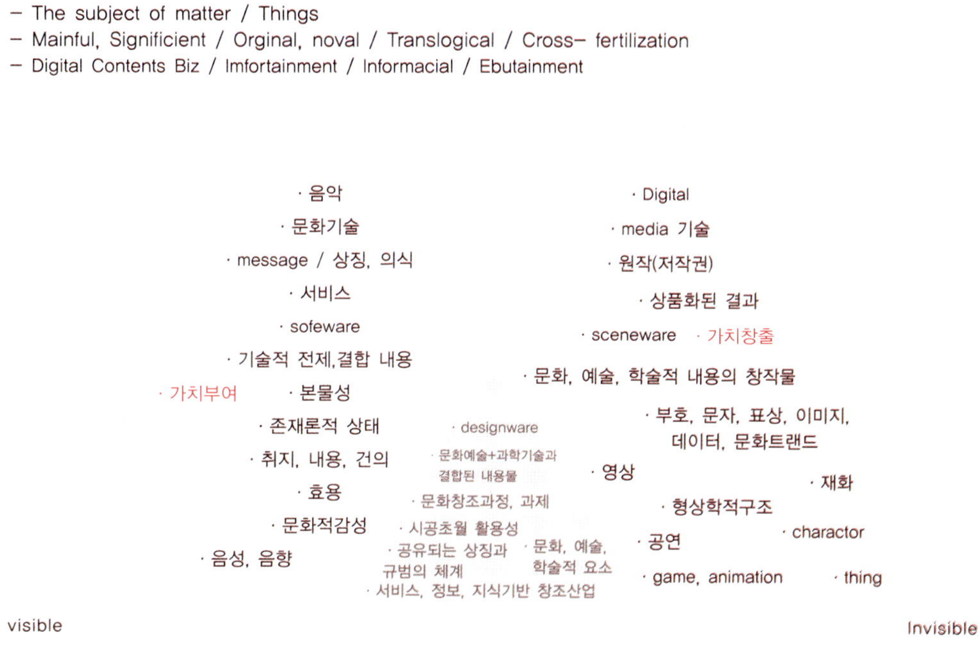

그림 3-7 콘텐츠가 지닌 다의적 개념의 가시적, 비가시적 정의

그러므로 문화콘텐츠란 곧 문화의 원형(original form+archetype) 또는 문화적 요소를 발굴하고 그 속에 담긴 의미와 가치(원형성, 잠재성, 활용성)를 찾아내어 매체(on–off line)에 결합하는 새로운 문화의 창조과정이다. 현재 문화콘텐츠 분야가 새로운 응용학문 분야로 주목받을 수 있는 배경이자 특성은 '다학문의 통합성과 다양한 문화가치의 창출, 그리고 시공을 초월한 활용성' 이라고 정의할 수 있다. 문화는 공유되는 상징과 규범의 체계라는 고전적 의미만으로 더 이상 정의되지 않고, 사람들의 실천(practice)을 통해 끊임없이 생성되며 또는 재확인되거나 변형되거나 때로는 부인되는 것이다. 이러한 문화의 역동성과 가변성이 문화콘텐츠 영역을 통해 포착되고 끊임없이 시험된다.

실제로 문화콘텐츠는 다양한 사회구성들 사이에 문화가 어떻게 서로 다르게 이해되고 그러한 이해가 실천을 통해 복원(restoration)과 재현(represent)되는지가 중요한 과정이 된다. 이 점은 문화콘텐츠가 다양한 문화가치의 창출기반인 동시에 현실적 적용과 구현이라는 활용성을 본질로 하고 있음을 잘 보여준다. 그림 3–7처럼 그런 의미에서 문화콘텐츠는 '실용학문의 허브' 인 동시에 '21세기형 실학' 이라는 실천적 가치를 함의한다.[7]

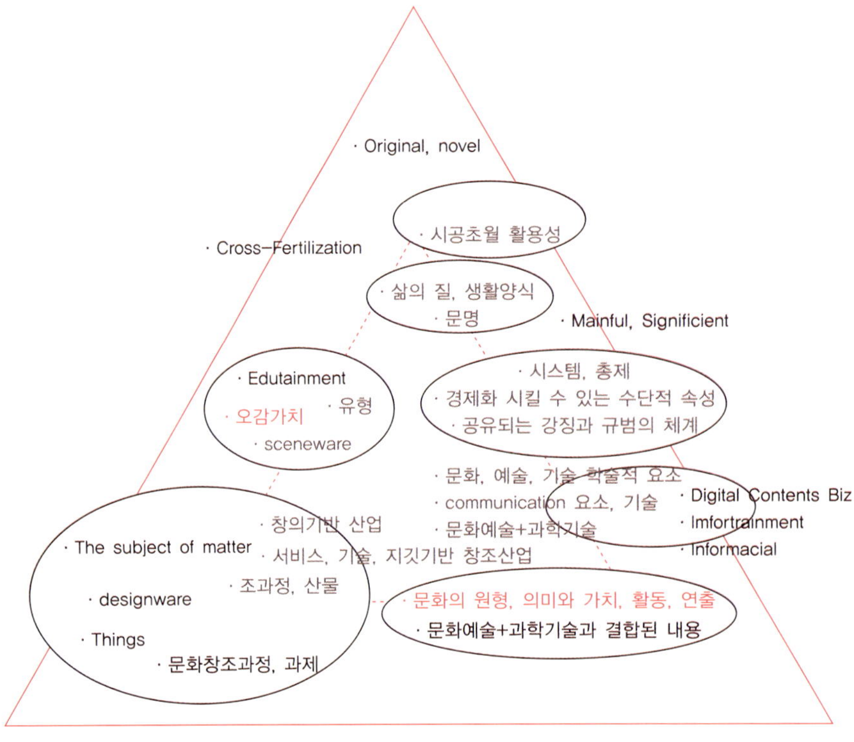

그림 3-8 문화콘텐츠 개념구조도

콘텐츠는 단순히 영어단어 Content나 Contents를 우리말로 옮긴 용어가 아니라는 것이다. 콘텐츠가 미디어나 기술을 전제로 하는 내용물이기는 하지만 그것을 디지털기술에만 국한시킬 필요는 없다. 아날로그 콘텐츠도 가능하고 문화적인 소재를 기획하고 포장하고 상품화시킨 것도 좋은 콘텐츠가 될 수 있다. 콘텐츠란 말이 애초에 산업이나 상품을 전제로 하고 나온 말이라는 것을 염두에 둔다면, 한국적 상황에서의 콘텐츠는 산업이나 상품가치와 연결되어 있음은 분명하다.

이런 점에서 필자는 "콘텐츠란 어떤 소재나 내용에 여러 가지의 문화적 공정을 통해 가치를 부여하거나 가치를 드높인 것"이라고 정의하고 싶다. **그림 3-8**은 물론 가치부여의 공정은 여러 가지 형태가 될 수 있다. 기획이 될 수도 있고 디지털화를 통한 정보 가공이 될 수도 있으며 새로운 아이디어의 결합을 통한 재창조가 될 수도 있다.

문화콘텐츠란 말 이전에는 '디지털콘텐츠'란 말이 상용화되었다. 모든 것이 디지털화의 기반에서 이루어지는 정보사회에서 디지털의 기술적 우월성과 중요성은 말할 것도 없었고, 이와 함께 사람들은 콘텐츠의 가치에 주목하기 시작했던 것이다. 또한 급속도로 발전해온 디지털 테크놀로지에 힘입어 콘텐츠의 디지털화가 이루어지면서 '디지털콘텐츠' 라는 말이 정착되었던 것이다. 그 후 콘텐츠의 외연이 넓어지고 테크놀로지와 문화의 결합이 강조되면서 문화콘텐츠산업이 새로운 유망 트렌드로 부각되었다. 정부도 6개의 첨단미래산업기술, 즉 6T에 문화기술(CT: Culture Technology, 문화콘텐츠기술)을 포함시켰다. 6T란 IT(Information Tech-nology), BT(Bio Technology), NT(Nano Technology), ET(Environment Tech-nology, 환경공학기술), ST(Space Technology, 우주항공기술) 그리고 CT를 말한다. 그리고 디자인 기술 DT(Design Technology)란, 그림 3-9에서처럼 6T가 체화된 융합적 가치와 기술을 의미한다.

(3) 문화콘텐츠산업 성장과 중요성 제고

21세기 지식기반경제에서 콘텐츠산업의 사회경제적 가치가 확대되면서 세계적으로 콘텐츠산업에 대한 관심이 증대되고 있다. 콘텐츠산업은 단순한 경제적 효과 이상을 기대할 수 있는 산업이며, 사회경제구조가 산업경제, 지식경제에서 창의성·상상력·과학기술이 중심이 되는 창조경제 패러다임으로 변화함에 따라 그 중요성이 더욱 부각되고 있다. 콘텐츠산업은 지속가능한 경제성장의 새로운 대안으로, 세계적으로 인구 5천만명 이상이면서 1인당 국민소득 3만불 이상을 달성한 미국·영국·일본·독일·프랑스와 같은 국가들은 모두 콘텐츠산업 강국이기도 하다. 이 같은 바탕에는 영국의 창조산업(creative britain), 미국의 미디어 엔터테인먼트 산업(creative america), 일본의 지적 재산산업(cool japan) 육성 노력과 같은 국가적인 관심과 지원이 기반이 되고 있다.

콘텐츠산업은 매우 다양한 분야를 포괄하며, 국가별로도 산업을 바라보는 관점이 조금씩 다르기 때문에 여러 가지 용어로 정의되고 있다. 영국에서는 창조산업, 미국에서는 정보산업·엔터테인먼트산업·저작권산업, 프랑스에서는 문화산업, 일본에서는 콘텐츠산업 등 다양한 용어가 사용되고 있으며, 포괄 범위 또한 국가별로 다양하기에 산업의 분류체계와 개념이 통일되어 있지 않다. '콘텐츠산업', '문화콘텐츠산업', '문화산업' 등의 용어는 병행하여 사용하고 있으며, 산업의 진흥을 위해 제정된 관련법은 '콘텐츠산업 진흥법' 과 '문화산업진흥 기본법' 의 적용을 받는다. 콘텐츠산업 진흥법에 의하면, 콘텐츠란 '부호·문자·도형·색채·음성·음향·이미지 및 영상 등의 자료 또는 정보' 를 말하며, 콘텐츠산업과 '경제적 부가

가치를 창출하는 콘텐츠 또는 이를 제공하는 서비스의 제작·유통·이용 등과 관련한 산업' 을 말한다.[8]

최근 콘텐츠 시장에서는 '융·복합화', 즉 콜라보레이션(collaboration)이 주목받고 있다. 콜라보레이션은 합작, 공동 작업을 뜻하는 단어로 공동의 목표를 가진 두 기업이 유기적으로 결합해 시너지 효과를 창출해내는 것을 의미한다. 즉, 콜라보레이션을 통한 다른 기업과의 공동작업으로 기존의 익숙했던 제품이 새로운 형태로 재탄생할 수 있다는 장점을 갖는다.

현재 콘텐츠 시장에서는 하나의 콘텐츠를 통해 다양한 서비스를 창출해내는 OSMU(One Source Multi Use)와 더불어 콘텐츠를 기반으로 이종산업 간의 제휴를 통해 콘텐츠를 활용한 다양한 서비스가 출시되고 있다. 특히, 다양한 콘텐츠를 보유하고 있는 미국이나 일본의 콜라보레이션은 기획단계에서부터 서비스 출시까지 유기적인 마케팅이 활발하게 이루어지고 있다. 일본 컨설팅기관 FunaiSoken의 '콜라보레이션의 난이도 및 효과 분석' 에 따르면 동종산업 및 동종플랫폼이 난이도와 효과가 가장 낮은 것으로 나타난다. 반면, 이종산업과 이종플랫폼이 결합할수록 난이도와 효과가 높아지는 것으로 평가되었다. 동종산업·동종플랫폼은 만화와 만화, 게임과 게임 등과 같은 동종산업에서 유사 플랫폼간의 단순 결합을 뜻한다. 동종산업·이종플랫폼은 게임산업 중에서도 모바일게임과 콘솔게임처럼 같은 산업내에서도 플랫폼에 확연한 차이를 보이고 있는 업체 간의 결합을 의미한다.

이종산업·동종플랫폼은 모바일 메신저와 모바일게임과 같이 다른 산업에서 협업이 이루어지나 모바일이라는 동일한 플랫폼을 활용한 경우에 해당되며, 이종산업·이종플랫폼은 애니메이션과 자동차기업의 협업과 같이 산업과 플랫폼이 완전히 다른 경우에 해당된다. 현재 콘텐츠 시장에서는 다양한 형태의 콜라보레이션이 활발하게 이루어지고 있다. 가장 난이도가 낮은 동종산업·동종플랫폼에서부터 반대로 가장 난이도가 높은 이종산업·이종플랫폼까지 다양한 협업이 이루어지고 있다.[9]

(4) 창조성(Creativity), 창조산업(Creative Industry)[10]

창조란, '새로운 가치를 만들어 내는 힘', 창조성이란 기존의 각종 요소를 이용해서, 어떤 기존의 질적 범주를 초월하는 비약적 창출이 되어 특정한 목적을 만족시킬 수 있는 것을 총합, 분해, 재구성 해내는 일이다. Creativity란, 새롭고 독특한 것을 처음으로 만들어 내거나 고안해 내려는 성향 또는 성질을 말한다. (창조성 또는 창의력과 같은 의미로 해석되기도 한다) 디자인에서의 독창성은 동일한 사물이나 아이디어에 다양한 시각으로 접근하며, 동시에 다양한 방법이나 의견을 제시하는 능력이라고 할 수 있다. 따라서 디자인에서의 독창성은 이미 존재하는 여러 가지 해결해야 할 문제 또는 소재로부터 새로운 것을 생각해 내는 힘을 의미한다.

다시 말하면 디자인에 있어서의 독창성은 실용적인 목적을 명확히 설정하고 접근해 가는 창조기술로서, 어떤 사물을 새롭게 처음 만들어 내는 것을 물론, 기존 인공물의 재료나 기능 또는 행태를 개량하고 개선하는 리디자인과 인공물의 이미지를 유행에 맞게 바꾸는 리스타일링까지도 포함한다. 모방과 리디자인안에 창조성이 있는지 없는지의 여부에 대해서는 논란이 거듭되고 있지만 무엇보다도 중요한 것은 독창성이야말로 디자이너 자신의 자질을 인정받는 척도가 된다는 사실이다.

아울러 창조성 인자는 문제의 수용능력, 사고의 유연성, 재구성하는 능력, 완성시키는 능력, 독자성, 사고의 원활성이다. 브랜드 마케팅 및 자금 시장의 확장, 문화와 창조산업에 대한 투자 및 금융, 무형자산을 평가하는 제도 마련, 문화와 창조산업의 전문기관 설립, 국제 전시회 협력 및 시장개발을 지원, 정부와 기업·학교 간의 산학 협력을 통해 문화창조 산업의 인재를 육성하며 다양한 자본 배분, 산업연구 및 개발에 대한 지침, 시장의 순환 및 개발, 인재 양성을 목표로 하고 있다.

세계 경제는 자본과 노동이 중심이던 산업경제 시대를 지나 지식이 가장 중요한 요소로서 기능하는 지식기반경제로 이동하고 있다. 이로 인해 무형자산이 경제성장에 기여하는 역할이 비약적으로 커지면서 무형자산의 창출, 활용, 확산에서 더 효율적인 기업과 국가가 경쟁우위를 선점하고 있다. 대표적인 지식기반의 서비스산업인 콘텐츠산업은 '문화적 요소'와 '기술적 요소'가 결합하여 경제적 부가가치를 만들어내는 산업이다. 이러하 점에서 문화적인 측면과 기술적, 경제적 측면의 본질적인 특성을 함께 가지며, 이런 특성에 기초하여 산업구조가 형성되고 발전이 이루어지고 있다.

콘텐츠산업은 국가의 경제 지표에 후행하는 특성을 가진 산업으로, 해당국가의 국민들의 기본적인 삶의 질이 보장된 이후에 성장하는 특성을 지니고 있다. 그런 이유로 2012년 기준 세계 GDP상위 15개국은 콘텐츠 시장규모 역시 상위권에 속하며, 이들 국가의 세계 콘텐츠산업 시장 점유율은 77%에 달한다. 더불어 중국, 브라질, 인도, 멕시코 등 신흥국가들은 아직 GDP 대비 상대적으로 낮은 비중의 시장

규모를 보이지만, 경제성장률보다 높은 콘텐츠 시장 성장률을 기록하고 있다. 이들 국가는 앞으로도 젊은 세대의 문화상품에 대한 소비지출 증가를 바탕으로 2017년까지 연평균 10%를 상회하는 성장률을 기록할 것으로 예상된다.[11] 본 보고서는 통계청에서 특수산업으로 분류하고 있는 콘텐츠산업통계와 해외 컨설팅기관인 PwC (price waterhouse coopers)의 분류기준을 참고하여 '2013 해외콘텐츠시장 동향조사 보고서'의 분류체계를 출판, 만화, 음악, 게임, 영화, 애니메이션, 방송, 광고, 캐릭터·라이선스, 지식정보 이상 10개 분야와 세부 항목으로 구성하였다.

창조산업 정책을 가장 먼저 구체화했던 국가는 영국으로, 1997년 영국 총리 토니 블레어가 '개인의 창의성을 이용해 지적재산권을 설정하고 활용해 부와 고용을 창출할 수 있는 산업'으로 정의하며 시작되었다. 현재는 중국, 일본, 호주, 독일, 프랑스 등을 포함한 전 세계적으로 가장 큰 영향력을 가진 문화산업 정책으로 평가되고 있다. 특히, 창조산업의 하나로 간주되는 디지털콘텐츠의 출현은 콘텐츠산업의 폭발적인 성장을 가져왔으며 세계적으로 경기가 침체되고 있음에도 불구하고 기존 산업영역과 달리 창조산업은 고속성장을 거듭하면서 포털, 마켓플레이스, 소셜커머스, SNS 등 새로운 신규산업이 창조되었다.

2010년 유럽집행위원회(EC)는 기존의 쇠퇴하는 산업을 대체하기 위하여 문화산업과 창조산업에 대한 새로운 정책방향으로 (1)실험·혁신·기업가 역량을 증진시킬 조력자를 적재에 배치하고 문화·창조산업에 대한 기금조달 및 기술융합 지원, (2)문화·창조산업이 세계적으로 성공할 수 있도록 지역단위 환경개선, (3)문화·창조산업의 확산효과를 통한 창조경제 전환 등 다양한 전략을 제시하였다. 유럽 문화의 다양성을 유지하고 통일성을 모색하여 유럽인들의 문화적 정체성을 형성하기 위한 노력의 일환으로 'Digital Agenda', 'Innovation Union Flagship Initiative', 'Strategy on Intellectual Property'으로 불리는 세 가지 정책을 추진하고 있다.

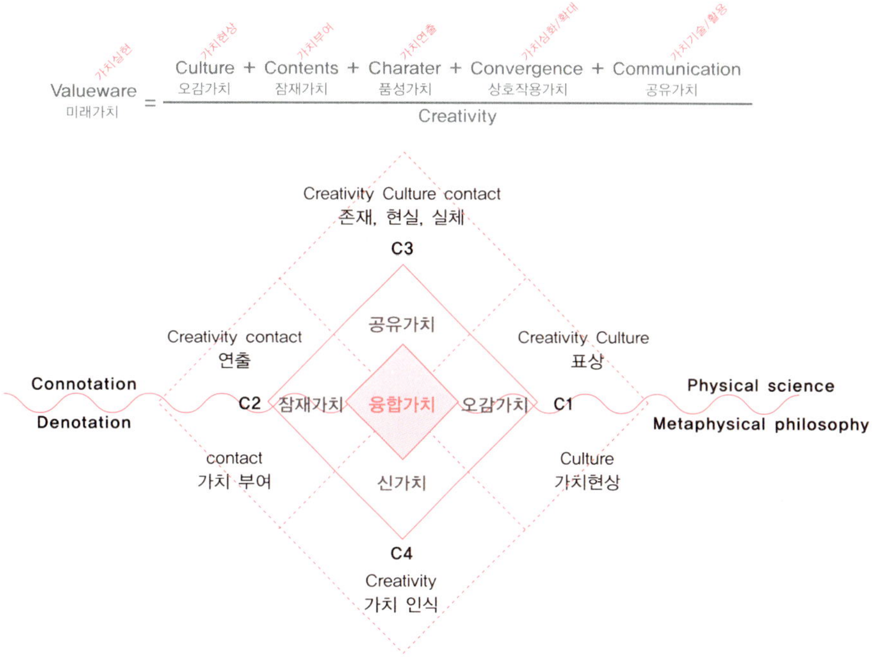

그림 3-9 문화, 콘텐츠 및 창조의 융합가치

① Digital Agenda : 지속가능, 포괄적 성장전략인 'Europe 2020'의 7가지 계획의 첫 플래그십, 초고속 네트워크 확충으로 가계와 기업에 혜택을 줄 수 있는 디지털 단일 시장 조성 계획

② Innovation Union Flagship Initiative : 혁신 및 사회의 구조적 변화 촉진을 위해 문화·창조산업의 역할 강화, 지역·국가·EU단위에서 문화·창조산업 클러스터를 조성하여 초국경적 협력을 통해 많은 상품을 개발하고 일자리를 창출하도록 지원

③ Strategy on Intellectual Property : 문화·창조산업과 관련된 산업의 경쟁력 제고, 새로운 서비스 및 비즈니스 모델을 개발로 창조적성과물 보호 및 관리

영국의 경우 2009년 게임, 미디어, 패션 등의 산업을 창조산업으로 구분하여 영국 경제 발전의 주춧돌로 육성하기 위한 종합지원 프로그램 'Creative Britain (new talents for the new economy)'을 발표하여 정책을 추진해오고 있다.

최근에는 창조산업을 광고, 예술 및 고미술, 컴퓨터 게임, 공예, 디자인, 패션디자인, 음악, 비디오, 공연예술, 출판, 소프트웨어, TV 및 라디오로 분류하고 집중적으로 육성하여 창조산업이 영국 경제의 신성장 동력으로 발전할 수 있도록 강구하고 있다. 영국은 2012년 90억 파운드의 수출을 기록하였으며 GDP에서 차지하는 비중을 7.4%까지 증가시켰다. 향후에도 'Creative Britain' 정책의 중요성을 강조하며 추진할 것으로 예상되어 지속적인 발전이 전망된다.

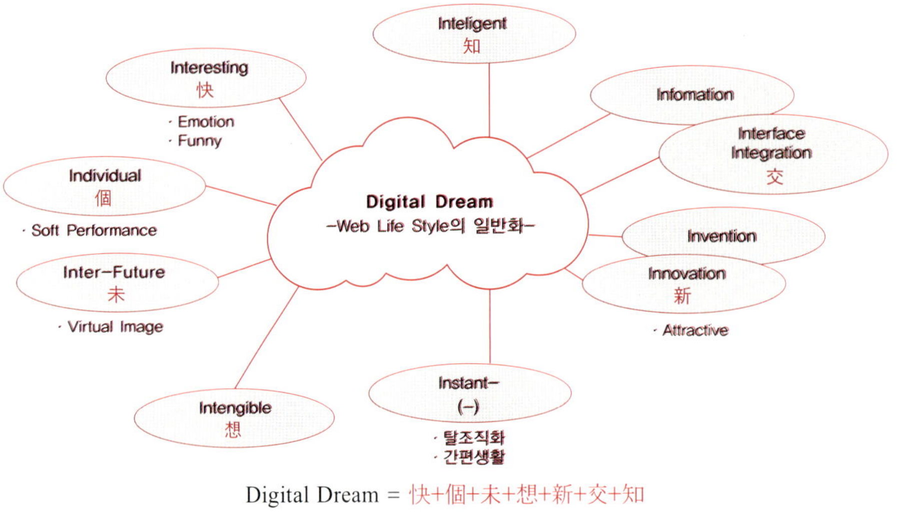

그림 3-10 디자인 기술에 의한 패러다임 변화

엔터테인먼트 관련 제품들은 멀티미디어 복합형 기기로서의 성격을 띠고 있다. 이전의 제품이 모노미디어적인 제품이었다면 멀티미디어적인 성격을 확실히 하고 있다. 소니의 MKIVKI 경우, mp3 플레이어임에도 불구하고 동영상 및 멀티미디어적인 기능과 적극적인 컨텐트 및 고객지원을 하고 있다. 새로텍의 mp3 플레이어는 멀티미디어 활용을 위해 최대 80G 까지 지원하는 외장형 하드, 카드 리더 기능까지 지원한다.[19]

네트워크, 5C(contents, character, culture, convergence, communication)로 구분지어 지는 디지털 시대의 키 메시지는 모든 영역과 문화의 경계성을 붕괴시키고 디자인 패러다임의 변화를 가속화시킨다. 디지털 네트워크에 의한 미디어 융합과 함께 정보선택 기회의 다양성이 구현된다. 그러므로 다원적 문화성으로서의 디지털이 지니고 있는 기술, 이념, 양식, 경향은 미래의 디자인이 핵심 역량을 발휘할 수 있는 배경과 인식으로서의 의미와 당위성을 지니게 된다. 따라서 창의성을 중시하는 디지털 시대의 디자인이 지닌 무한한 잠재력과 창조력은 미래의 경제, 사회, 생활을 포함하는 제 분야를 이끌어 갈 핵심 역량과 신개념의 고부가가치로서 그 중요성이 날로 확대되어갈 것이다. 또한 NT, BT, IT와 함께 그림 3-11과 같은 DT(Design Technology)와 같은 디자인 중심의 패러다임 변화가 디지털 기반환경 변화에 중심축을 이룩하여야 한다.[20]

표 3-1 디지털로 대변되는 정보 및 인터넷산업에 대한 체계

분류주체	산업영역	
유럽의 IMO	정보 콘텐츠(information content) 정보 전달(information delivery) 정보 처리(information processing)	
IEC	정보 콘텐츠(information content): 출판, 영상, 오락 및 게임, 정보서비스 및 DB등 정보 기기(information appliances): 통신 단말기, 컴퓨터, 가전산업 등 정보 전달(information transport): 통신, 방송, Cable-TV의 네트워크 및 서비스	
정보통신부 디지털콘텐트 및 사업영역에 대한 분류 (2001. 12)	제작	디지털 교육, 디지털 경제, 디지털 생활, 디지털 공공, 디지털 연구 학술정보, 디지털 게임, E-Book, 디지털 간행물, 디지털 영상, 디지털 음악, 디지털 성인
	서비스 지원	과금.결제 솔루션, CDN(content delivery network), CMS(content management solution), 보안.DRM(digital rights management), 웹 컨설팅, 웹에이전시
	유통	유온라인 디지털콘텐츠 유통: 신디케이트, 전문포털, 콘텐츠몰, 허브포털, 검색포털, ISP, 오프라인 디지털 콘텐츠 유통(CD-ROM Title, DVD, VCD)

(5) 콘텐츠 및 콘텐츠 산업

콘텐츠는 무형의 경험재화로서 공산품 등 유형 재화와는 달리 소비자에게 '꿈, 모험, 사랑, 감동' 으로 압축되는 정신적, 감성적 가치 및 효용을 지니고 있다. 본원적 속성의 콘텐츠는 영국의 문화미디어스포츠부(DCMS)에서는 문화콘텐츠 산업을 창조산업(creative industry)으로 규정하고 창조산업을 "개인의 창의성(creativity), 기술(skill), 재능(talent)에 기반한 산업으로, 지적 자산의 발전을 통해 부와 고용을 창조할 수 있는 잠재력을 가진 산업" 으로 정의 하고 있다. 또한 미디어 콘텐츠는 방송통신 융합과 정보사회의 고도화 관점에서 볼 때 콘텐츠를 특정 제품이나 서비스의 본원적 속성으로 파악하는 것은 기술적, 시장적 특성을 간과할 우려가 있다.

표 3-2 미디어 및 비-미디어 콘텐츠 산업 예시

OECD(2006)

미디어와 엔터테인먼트 애플리케이션	비-엔터테인먼트 애플리케이션	정부	네트워크 이용자
출판 (서적, 잡지, 만화 등)	산업과 시각디자인	상업적 재이용을 위한 공공부문정보	웹사이트
영화	소프트웨어 디자인과 개발	연구&과학	블로그와 포드캐스팅
애니메이션 (애니메이션 캐릭터와 아바타)	비즈니스와 전문적인 관련 콘텐츠	교육	가상사회
음악	광고	문화 (예 : 디지털 도서관)	디지털 사진과 비디오 파일
방송/디지털라디오 케이블/양방향TV와 다른 양방향 미디어	패션/디자인	건강	아트워크
소프트웨어/컴퓨터와 비디오 게임	건축/전문 서비스		네트워크 이용자
갬블링	훈련과 성인교육		웹사이트
모바일 콘텐츠/텔레마틱 와이어리스 서비스			

디지털융합 환경에 대응하기 위한 콘텐츠의 정의와 관련해서 영국은 이미 2003년 커뮤니케이션법(communication act of 2003)에서 정책영역으로서의 콘텐츠 개념을 규정하고 있으므로 콘텐츠와 전자커뮤니케이션서비스의 분류는 모든 전자적 커뮤니케이션 네트워크, 관련설비 등에 대해서는 단일한 규제프레임워크를 적용하되 콘텐츠서비스, 방송서비스에 대한 규제는 별도로 분리하는 방식을 채택하기 위한 의도라고 할 수 있다. 2003년 커뮤니케이션법에 나타난 콘텐츠 관련정의는 다음과 같다.

콘텐츠 서비스(contents service)란 '전자커뮤니케이션 네트워크를 통해 부호화된 신호를 제공하는 것과 전자커뮤니케이션 네트워크를 통해 전송될 신호의 내용에 대한 편집을 수행하는 것' 을 의미한다.

'콘텐츠' 의 개념은 인간의 의식, 신념의 정신적 산물이자 서로 공유하고자 하는 의미와 경험의 문화적 산물을 의미한다. '디지털 콘텐츠' 란 유무선 전기 통신망에서 사용하기 위해 부호, 문자, 음성, 음향 이미지, 영상 등을 디지털 방식으로 제작, 처리, 유통되는 자료와 정보를 의미하며 '콘텐츠 상품' 은 온·오프라인 유통체계를 통해 배포되는 거의 모든 종류의 메시지를 지칭하며, '콘텐츠 산업' 은 가치사슬 측면에서 볼 때 콘텐츠의 개발·제작·유통·소비 및 이와 관련된 서비스 산업을 총칭한다.

(6) 콘텐트와 문화콘텐츠의 유형

지식기반사회가 진전되면서 '문화' 는 가치 창출의 새로운 힘으로 인식되고 있다. 흔히 21세기를 '문화의 세기' 라고 일컫는 것도 현대사회에서 '문화' 의 중요성을 나타내기 위한 것이라고 할 수 있다. 영국의 경우 '문화' 와 '창의성' 이 사회경제적 가치를 창출하는 핵심요소라는 점을 지속적으로 강조하고 있다. 이것은 '창의성' 과 '문화' 가 국가경제 및 사회발전에 미치는 영향이 매우 커지고 있다는 인식에 바탕을 둔 것이다(Smith, C., 1998, 1–28). 우리나라 문화정책의 전개과정을 살펴보면, '문화' 는 언제나 국가발전의 중요한 요소로 인식되어 왔다.

1960년대와 1970년대의 근대화과정이나 1997년의 경제위기에서도 '문화' 는 국가발전의 동력으로 고려되어 왔다. 1990년대 중반까지 문화정책은 주로 '문화' 의 사용가치(use value)를 바탕으로 이루어진 반면에 1990년대 후반부터는 '문화' 의 사용가치 뿐 아니라 교환가치(exchange value)를 바탕으로 이루어지고 있다.

최근에는 '문화' 는 고부가가치를 창출하는 핵심요소로 그 중요성이 더욱 부각되고 있으며, 미래사회의 성장동력으로 인식되고 있다.

그러면 '문화' 란 과연 무엇인가? 이에 대하여 문화의 개념을 명확하게 정의하기는 쉽지 않다. 왜냐하면, 문화의 개념은 학자에 따라, 그리고 사용되는 목적에 따라 다양하게 정의될 수 있기 때문이다(Brooker, 56−58). Throsby(2001)는 문화재(cul tural goods)의 특성으로, ① 창작과정에서 창의성이 있다 ② 지적 재산권의 형태를 구현하고 있다 ③ 상징적 의미를 전달하고 있다 ④ 경제적 가치뿐만 아니라 문화적 가치를 동시에 지니고 있다는 것을 지적하고 있다. Williams는 문화의 개념을 생활양식(a whole way of life), 지적 및 심미적 활동(intellectual and artistic activity), 상징 체계(a signifying system)로 이해하였다. 이 책에서도 이러한 문화의 특성을 고려하여 크게 문화의 개념을 다음 세 가지로 구분하여 살펴보았다.

첫째는, 문화를 생활양식으로 이해하는 시각이다. 이러한 문화개념은 광의의 개념으로 문화인류학과 사회학에서 흔히 활용되는 용어이다. 이러한 광의의 개념에는 사회나 집단에서 공유되는 태도, 가치관, 관습, 제도 등이 모두 포함된다. 19세기 인류학자인 테일러(Tylor)는 '사회의 구성원으로서 인간이 획득한 지식, 신념, 예술, 도덕, 법, 관습 그리고 다른 능력 및 습관' 을 문화라고 규정하고 있다. 1982년에 Mexico City에서 열린 〈세계문화정책회의 (World Conference on Cultural Policies Declaration of Mondiacult)〉 에서는 문화를 '사회와 사회집단을 특징짓는 뚜렷한 정신적, 물질적, 지적, 정서적 특성의 총체' 로 정의함으로써 광의의 개념으로 사용하고 있다. 이러한 생활양식으로서의 문화는 문화정책의 궁극적인 대상이자 목적이라고 할 수 있다. 소위 문화정책의 중요한 이념인 문화 복지(cultural welfare), 문화권(cultural right), 생활문화 등이 이러한 문화의 범주에 포함된다.

둘째는, 문화를 지적, 정신적, 예술적 산물로 이해하는 시각이다. 이것은 문화의 개념을 창의성을 바탕으로 만들어진 문화산물(cultural products)로 본 것이다. 전통문화유산, 예술, 문화콘텐트 등이 모두 이러한 문화의 범주에 포함된다.

영국의 문화미디어스포츠부(department of culture, media and sports, 2001)는 창작산업을 '개인의 창의성과 기술 및 재능에 바탕을 둔 산업으로 지적재산의 생산과 개발을 통해 부와 직업을 창출할 수 있는 잠재력을 가진 산업' 으로 정의하고 있는데, 이러한 창작산업 역시 문화산물의 대표적인 사례라고 할 수 있다. 창작산업에는 광고, 건축, 예술과 고대예술시장, 공예, 디자인, 패션, 영화와 비디오, 쌍방향 여가소프트웨어, 음악, 공연예술, 출판, 소프트웨어와 컴퓨터서비스, 텔레비전과 라디오 등이 모두 포함된다.

문화가 경제적 부가가치를 창출할 수 있는 것은 기본적으로 문화가 지적, 정신적, 예술적 산물이기 때문이다. 저작권산업(copyright industry)이나 라이센싱산업(licensing industry)은 지적재산을 바탕으로 수익을 창출하기 때문이다. 디지털 시대에는 원소스멀티유즈(one source multi use), 디지털컨버전스(digital convergence)를 통하여 문화산물의 가치사슬(value chain)이 다양하게 나타나고 있다.

셋째는, 상징체계로서의 문화(culture as a signifying system) 개념이다. 문화는 상징적 의미를 창출하고, 이를 공유하는 과정과 밀접하게 연관되어 있다. 인간은 동물과 달리 상징을 활용함으로써 대상, 관계, 관념에 대해 가치와 의미를 부여한다. 그리고 상징적 의미를 매개로 상호작용과 의사소통이 이루어진다. 예술작품이나 문화콘텐트는 모두 생활세계를 상징적 의미로 재해석해 낸 것이라고 할 수 있다. 따라서 문화산물에는 문화적 정체성과 의미가 담겨있는 생활세계의 한 표상이라고 할 수 있다.

창의적 문화사회에 대해서는 아직 합의된 개념이 정립되어 있지 않지만, 최근에 '문화'가 사회의 중심가치로 창의력과 상상력, 문화적 감성이 사회의 중심가치로 자리 매김한 사회를 일컫는 의미로 종종 사용되고 있다. 창의적 문화사회의 가장 큰 특징은 상상력, 이야기, 창의성, 감성이 고부가가치 창출의 원천으로 작용한다는 점이라고 할 수 있다.[17]

최근에 우리나라를 방문한 Scott Ross는 제조업기반 경제에서 지식기반경제를 넘어 콘텐트기반경제(content based economy)로 경제구조가 진화하고 있다고 주장 한 바 있다. 이러한 변화는 기본적으로 경쟁력의 원천이 기술력, 자금력, 인력에서 지식, 감성, 무형자산, 창의력, 상상력으로 급속하게 이해하고 있음을 나타내고 있다. 지식기반사회에서는 지식이 중심가치로 작용하였지만, 문화의 시대에는 창의성과 문화적 감수성이 중요한 가치창출의 원천으로 작용한다.

정보통신기술에 기반을 두고 형성된 네트워크 사회는 양질의 콘텐트를 확보함으로써 성숙해질 것이며, 그 결과 문화콘텐트의 중요성이 더욱 확대될 전망이다. 데이비드 모슈라(1997)도 기술발달이 하드웨어(1970−80년대), 소프트웨어(1980년대), 네트워킹(1990년대)에서 콘텐트(2000년대)로 발전하면서, 중심가치도 산업, 정보, 지식에서 문화로 이행하고 있다고 진단하고 있다.[12]

이와 같이 현대사회에서는 Throsby(2001)가 지적한 바와 같이, 문화자본(cultural capital)의 중요성이 한층 커지고 있다고 볼 수 있다. 문화자본은 경제적 가치(economic value)뿐 아니라 문화적 가치(cultural value)를 동시에 가지고 있다는 점에서 물적자본, 인적자원, 자연자원 등과는 차이가 있다.

표 3-3 문화콘텐츠산업 관련 근거법과 정의[54]

구분	근거법	정의
문화 산업	문화산업진흥기본법 제2조 제1호	문화상품의 개발·제작·생산·유통·소비 등과 이에 관련된 서비스를 행하는 산업으로서 다음 각목의 1에 해당하는 것을 포함 가. 영화와 관련된 산업 나. 음반·비디오물·게임물과 관련된 산업 다. 출판·인쇄물·정기간행물과 관련된 산업 라. 방송영상물과 관련된 산업 마. 문화재와 관련된 산업 바. 예술성·창의성·오락성·여가성·대중성(이하 "문화적 요소" 라 한다)이 체화되어 경제적 부가가치를 창출하는 캐릭터·애니메이션·디자인(산업디자인은 제외한다)·광고·공연·미술품·공예품과 관련된 산업 사. 디지털문화콘텐츠의 수집·가공·개발·제작·생산·저장·검색·유통 등과 이에 관련된 서비스를 행하는 산업 아. 그 밖에 전통의상·식품 등 대통령령으로 정하는 산업
	문화예술진흥법 제2조 제2호	문화예술의 창작물 또는 문화예술용품을 산업의 수단에 의하여 제작·공연·전시·판매를 업으로 영위하는 것
문화 상품	문화산업진흥 기본법 제2조 제2호	문화적 요소가 체화되어 경제적 부가가치를 창출하는 유·무형의 재화 (문화 관련 콘텐츠 및 디지털문화콘텐츠를 포함한다)와 서비스 및 이들의 복합체
문화 예술	문화예술진흥법 제2조 제1호	문학, 미술(응용미술을 포함한다), 음악, 무용, 연극, 영화, 연예, 국악, 사진, 건축, 어문 및 출판
콘텐츠	문화산업진흥 기본법 제2조 제3호	부호·문자·음성·음향 및 영상 등의 자료 또는 정보
디지털 콘텐츠	문화산업진흥 기본법 제2조 제4호	부호·문자·음성·음향 및 영상 등의 자료 또는 정보로서 그 보존 및 이용에 효용을 높일 수 있도록 디지털 형태로 제작 또는 처리한 것
	온라인디지털콘텐츠 산업발전법 제2조 제1호	부호·문자·음성·음향·이미지 또는 영상 등으로 표현된 자료 또는 정보로서 그 보존 및 이용에 있어서 효용을 높일 수 있도록 전자적 형태로 제작 또는 처리된 것

(계속)

구분	근거법	정의
디지털 문화 콘텐츠	문화산업진흥 기본법 제2조 제5호	문화적 요소가 체화되어 경제적 부가가치를 창출하는 디지털콘텐츠
멀티 미디어 콘텐츠	문화산업진흥 기본법 제2조 제6호	부호 · 문자 · 음성 · 음향 및 영상 등과 관련된 미디어를 유기적으로 복합시켜 새로운 표현 및 저장기능을 갖게 한 콘텐츠
온라인 디지털 콘텐츠	온라인디지털콘텐츠 산업발전법 제2조 제2호	정보통신망이용촉진및정보보호등에관한법률 제2조제1항제1호의 규정에 의한 정보통신망(이하 "정보통신망" 이라 한다)에서 사용되는 디지털콘텐츠
온라인 디지털 콘텐츠 산업	온라인디지털콘텐츠 산업발전법 제2조 제3호	온라인디지털콘텐츠를 수집 · 가공 · 제작 · 저장 · 검색 · 송신 등과 이와 관련된 서비스를 행하는 산업
지식 산업	산업입지 및 개발에 관한 법률 제2조	컴퓨터소프트웨어개발업 · 연구개발업 · 엔지니어링서비스업 등 전문분야에서의 지식을 기반으로 하여 창의적 정신활동에 의하여 고부가가치의 지식서비스를 창출하는데 기여할 수 있는 산업

check point

문화콘텐츠 산업의 주요 체크포인트

① 새로운 가치를 만들어 내는 이론의 당위성은 있는가

② 각종 요소를 이용해서, 어떤 기존의 질적 범주를 초월하는 비약적 창출이 되어 특정한 목적을 만족시킬 수 있는 것이 총합, 분해, 재구성되어있는가

③ 새롭고 독특한 것을 처음으로 만들어 내거나 고안해 내려는 성향 또는 성질이 있는가 (창조성 또는 창의력과 같은 의미로 해석되는가)

④ 디자인에서의 독창성은 동일한 사물이나 아이디어에 다양한 시각으로 접근하며, 동시에 다양한 방법이나 의견을 제시하고 있는가

⑤ 이미 존재하는 여러 가지 해결해야 할 문제 또는 소재로부터 새로운 것을 생각해 내는 힘을 의미하는가

⑥ 실용적인 목적을 명확히 설정하고 접근해 가는 창조기술로서, 어떤 사물을 새롭게 처음 만들어 내는 것은 물론 기존 인공물의 재료나 기능 또는 형태를 개량하고 개선하는가

⑦ 리디자인(redesign)과 인공물의 이미지를 유행에 맞게 바꾸는 리싱크(rethink), 리스타일링(restyling)까지도 포함하는가

⑧ 모방과 리디자인(redesign)안에 창조성이 있는지 없는지의 여부의 논란에 대한 독창성과의 관계 규명이 논리적으로 타당한가

문화적인 요소는 창의적 아이디어와 기술 및 연출력을 바탕으로 콘텐트로 전환된다.[18] 문화적 요소에는 생활양식, 상상력, 스토리, 문화유산, 문화예술, 관습 등 다양한 요소들이 포함되며, 이를 바탕으로 만들어진 콘텐트 역시 다양하다고 할 수 있다. 콘텐트문화(content culture)는 콘텐트 창작, 유통, 소비와 관련된 주체들의 가치관과 태도 및 행태를 의미한다. 일반적으로 게임문화, 만화문화, 영상문화, 캐릭터문화, 저작권문화 등이 콘텐트문화의 하위범주에 포함된다고 할 수 있다.[19] 콘텐트문화는 콘텐트제작자, 유통업자, 소비자 모두의 상호작용을 통하여 형성된다. 이러한 콘텐트 문화는 콘텐트산업의 기반을 구성하는 중요한 요소라고 할 수 있다.

디지털기술이 발전하고, 문화시장이 커지면서 문화적 요소들은 창의성과 문화적 감수성을 바탕으로 새로운 문화상품(cultural commodity), 문화콘텐트(culture content)로 전환된다. 이러한 전환과정에서 활용되는 기술이 소위 문화콘텐트기술(culture technology)이라고 할 수 있다.[4] 상상력, 스토리, 창의성, 감성은 이러한 기술적 뒷받침을 통해 애니메이션, 음반, 영화, 게임, 책, 캐릭터 등 문화상품으로 전환된다. 이러한 문화콘텐트산업은 21세기 디지털경제를 선도할 핵심 산업으로 부상되고 있다. Price Water House Coopers(2001) 자료에 따르면, 2001년에서 2005년까지 세계 엔터테인먼트와 미디어 산업은 연평균 7.2%로 지속 성장할 것으로 전망하고 있다. 디지털기술의 발전과 네트워크 기반을 통해 이러한 문화콘텐트의 유통이 촉진됨에 따라 문화콘텐트의 부가가치 창출효과는 더욱 확대될 전망이다. 이러한 문화콘텐트산업의 가장 큰 특징 중의 하나는 원소스멀티유즈라고 하는 가치사슬구조에 있다.

콘텐츠산업의 대표적인 사례로 꼽고 있는 영국 BBC에서 제작한 '텔레토비'와 일본 닌텐도의 '포켓몬스터'의 경우가 이를 잘 얘기해 주고 있지 않는가.[32] 인형극 텔레토비는 어린이들을 사로잡으면서 어린이 프로그램으로는 시청률 10%까지 올려놓은 기적을 이룩한 반면 포켓몬스터는 국내 캐릭터시장을 휩쓸고 있기 때문이다. 콘텐츠 개념이 적용된 문화 상품은 수명이 반영구적일 뿐 아니라 크게 고용효과도 가져다줌은 물론이다. 통신과 미디어의 발달로 하루가 다르게 세계의 문화는 점점 동질화(homogenization)로 전이되지만 다른 한편으로는 전 세계 모든 지역의 문화가 서로 소통되고 영향을 주고받는 혼융화(hybridization) 과정도 목격된다.[33]

4. 과학기술, 인간감성공학

디자인에서의 인간공학 적용은 논리적 분석력과 합리적 사고 사이에 존재하는 당위성을 해결하고 인간과 자연환경의 균형을 유지할 수 있는 조정자(organizer)로서 매우 중요한 몫을 담당한다. 인간의 능력을 생각하고 이를 인간적 입장에서 해석 활용하여 디자인 환경의 조건을 인간에 적합하도록 조정하기 위한 응용과학이다. 여기서 다루게 되는 문제는 인간과 생활공간 및 환경에 대한 조건과 충족 설계 및 사용 시의 문제, 반응 동작 및 특성과 4E로 구분되는 기기의 능률성(efficiency), 사용의 편익성(easy), 가치의 향상성(enhancement), 생활의 유효성(effectiveness) 등을 포함한다.[23]

디자인은 인간과 사회의 물리적이고 정신적인 욕구에 대한 구체적인 환경적용의 과정이다. 디자인과 인간공학의 올바른 인식과 함께 생활과의 만남에서 발생하게 되는 문제 해결에 주관적 잘못됨을 메꾸어 주어야 한다. 인간공학은 디자인에 있어서 조형을 결정하게 하는 인자 중 가장 객관적이고 지적인 요소로서 존재한다. 왜냐하면 디자인 속에서의 감각·인식·지각·성능과 인자들은 사용 인간기능의 확대 및 안전, 능률의 극대화에 있어서는 필연적이기 때문이다.

인간공학과 디자인의 목표는 다 같이 인간을 위한 인간에 맞는 물질문명을 이룩하는 데 있다. '사용하기는 불편하지만 디자인만은 아주 멋지다.' 라는 말은 결과적으로 Style의 인식에서 벗어나지 못함을 스스로 자인하는 뜻이며, 인간에 맞는 인간을 위한 문명의 창조라고 하는 21세기의 새로운 흐름은 인간위주의 과학적·합리적 사고를 필요로 하기 때문이다.

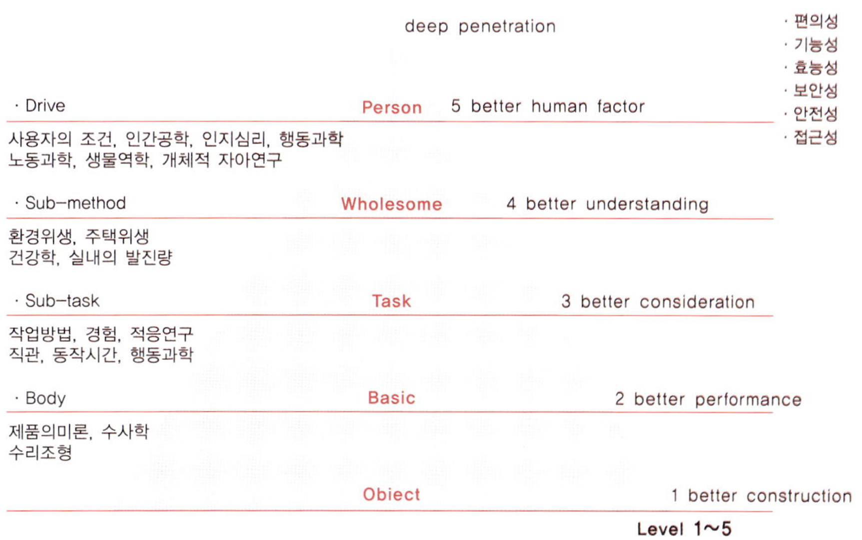

그림 3-11 인간 중심 디자인 개념 위계구조

역사적 배경으로 볼 때 19세기 중반 이전의 디자인에 대한 범주는 일반적으로 장식, 외장, 미안(美顔)의 영역에 속해 있었지만 19세기 후반에 즈음하여 그것은 생활의 장(field)이라고 하는 근대적 감각 속에 실용과 미적가치 창안이라고 하는 새롭고 독창적인 의미로서 표출되기 시작하였다. 쾌적한 환경창출, 생활수준 향상, 생활과학의 발달은 우리에게 인간(human)과 도구, 기계(device, machine)의 부조화를 개선해야 하는 의무와 책임을 안겨 주게 되었다.

이러한 문제는 디자인이 인간 중심의 풍토 위에서 분석되고 적용되어야 한다는 목적과 일치한다. 디자인의 존재 이유와 목적에의 충실은 디자인 속에 인간공학적 사고방법, 연구방법, 접근태도가 얼마나 충실하였느냐 하는 문제이다. 이 점이 디자인과 인간공학의 필연성이며 당위성이 된다.

수단으로서의 인간공학이란 디자인에도 직감이나 경험이 아닌 객관적 파악, 정서보다는 논리, 감각보다는 과학적 기초와 그 법칙성이 도입되어야 한다는 것이다. 과거의 자동차는 빨리 달릴 수 있고 저렴하며, 선택적 사용층에 국한된 의자(Seat)의 운반체에 불과하였으나 오늘날의 자동차는 차내 공간이 쾌적하여야 하며, 피로의 감소, 조작에 착오가 없는 편리한 설계, 안전하고 안락한 인간과 가장 가까운 생활공간으로서의 필수품으로 그 영역이 대중화되고 있다.

인간인자의 고려와 디자인의 문제는 매우 밀접한 관계를 이루고 있기 때문에 만일 인간인자들이 과학적으로 조직되어 있지 않다면 디자이너들은 반드시 인간요소를 과학적으로 응용할 수 있는 방법을 모색해야 한다. 오늘날 인간공학은 모든 디자인 작업에 가장 근본적인 요소로 존재하고 있으며 디자이너가 이용하는 여러 가지 자료 중에서 가장 필수적인 것으로 대두되고 있다. 인간공학은 본질적으로 다양한 분야로 이루어지고 있으며 인간의 여러 가지 조건들에 대한 폭넓은 이해와 지식을 바탕으로 성립된다.

산업디자이너들과 환경디자이너들은 인간의 문화와 모든 활동에 대한 것을 포함하여 인간에 대한 연구를 새롭게 취급하는 이 분야를 완전히 이해할 때만 그들의 능력을 충분히 발휘할 수 있어야 한다. 디자이너에 의해 구체화된 제품들은 사용자에게 여러 가지 의미를 주게 된다. 즉 디자인된 제품은 반드시 디자이너의 의도가 충분히 전달되어야 할 뿐만 아니라 상징적 의미를 함축하고 있어야 한다.

이와 같은 요소들은 단순히 외관만을 취급한다는 차원을 훨씬 넘어서는 것이다. 또한 제품은 인간의 심리적(감성적)인 환경을 고려하여 구성되어야하며, 인간의 기본적인 필요충분조건을 충족시켜 주어야 할 뿐만 아니라 제품을 통하여 사용자가 자신의 존재를 인식하고 디자인에 의해 이루어져 이 세계에 조화될 수 있도록 유도하여야 한다.

더 나아가서 제품은 설명할 수 없고 예측할 수 없으며 정확하게 규명되지 않는 인간이 창조한 세계에 대한 인간의 심리적인 우려를 극복할 수 있는 가장 중요한 수단으로서 존재할 수 있도록 디자인되어야 한다. 디자인에 있어서 조형은 단순한 형태의 즐거움이나 생각에 의한 것이 아니라 그 아름다움이, 기기가 갖는 메커니즘이나 재질, 생산성 등과의 유기적 상호관계에서 독자적인 형태로서 표현되어야 할 것이다. 이와 같이 현대의 제품은 복잡한 요인에서 생겨나고 있으나 오늘날의 경향은 사람들이 사용하는 기물에서 보다 '친근감'을 찾는다. 따라서 오늘의 디자이너는 인간측에 가까운, 보다 감성공학화된 생활환경을 추구하기 위하여 부단히 노력해야 할 것이다.

인간공학은 안전하고 효율적이며 사람들에 의해 만족스런 사용을 하도록 의도된 디자인과 시스템의 설계, 평가, 운용, 보수유지에 대한 인간의 행동과 특성에 관한 원칙을 적용하는 것이고 디자인은 인간이나 생활에 관련된 여러 가지 요인을 감안하고 제품의 기능을 추구하는 창조분야라고 할 수 있다.

보다 인간을 중시한 제품디자인과 기능 제공으로 생활이 편리하며 사용 능률을 향상시켜 창조적 단계로서의 발전과 인간다움의 가치추구가 가능한 환경을 설계하려는 종합 과학이다. 일반적으로, 감성공학 디자인 적용 방안은 이미지 형상화 요인에 필요한 동질성을 확인하고 핵심이 되는 요소의 중심이 되는 메시지를 검증하고, 그것을 형상으로 구현하여야 한다. 즉 인공물 형태는 인간의 주관에 순응하면서도 객관성을 추구하고 있는데, 이는 우리가 추구하는 '인간화, 즉 넓은 의미의 인간공학화'를 의미하며, 여기에 진정한 의미의 디자인 본물성, 위상(authority)이 존재하는 것이다.

인간공학이란 말은 Human Engineering and Ergonomics의 뜻이다. 인간공학은 본래 산업심리학의 한 분야로서 작업환경 중에서 사회환경면을 연구하는 것이 인간관계론이고 물질환경면을 연구하는 것이 인간공학이다. 이 인간공학 중에서 공기·온도, 음향 등의 작업환경이나 설비, 기계, 공구, 작업대, 노동시간 등의 작업조건과 노동과의 관계에 대한 연구도 포함된다.

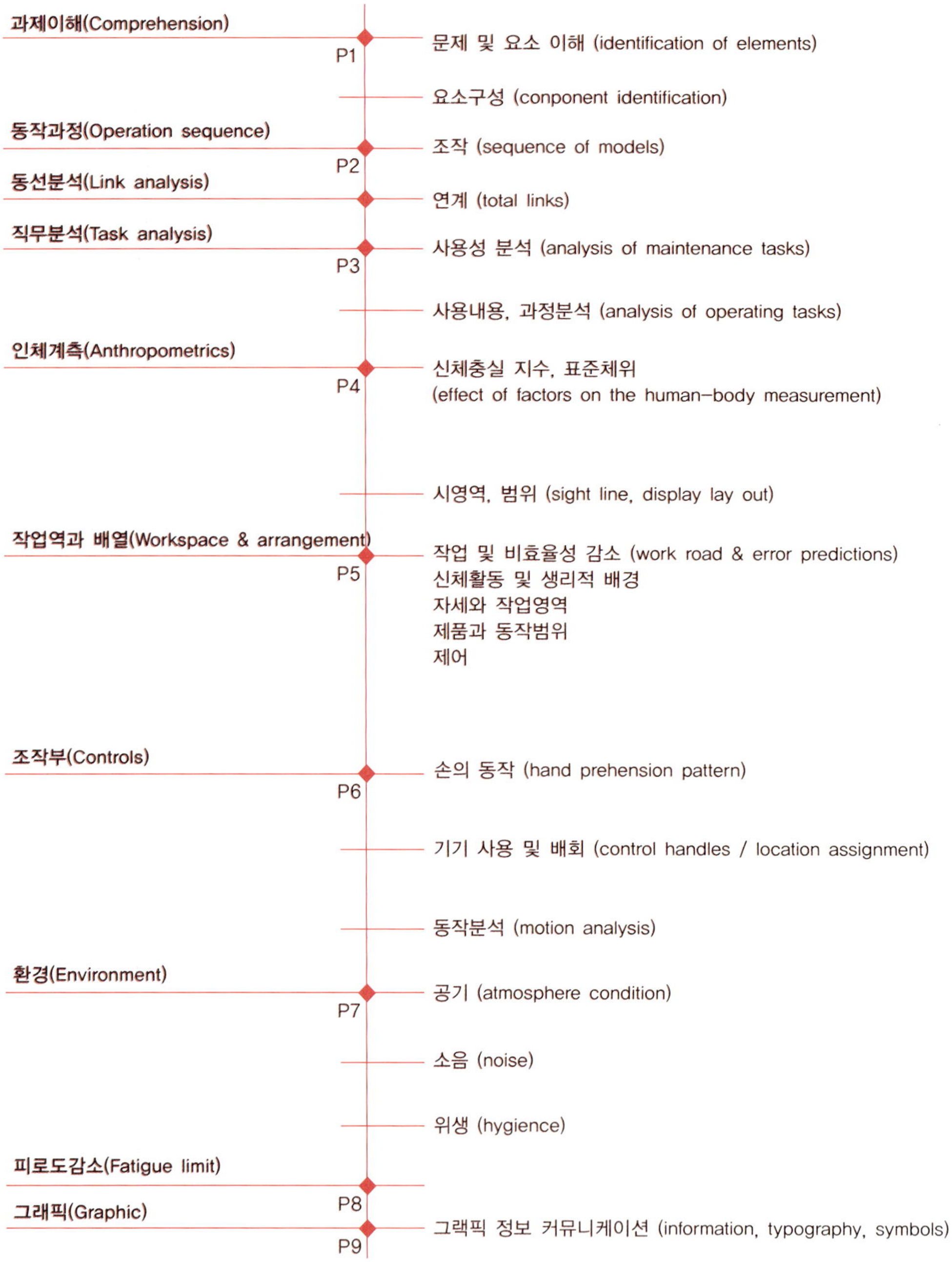

그림 3-12 인간요인분석 시나리오 전개과정별 관계 (P1~9 Phase)

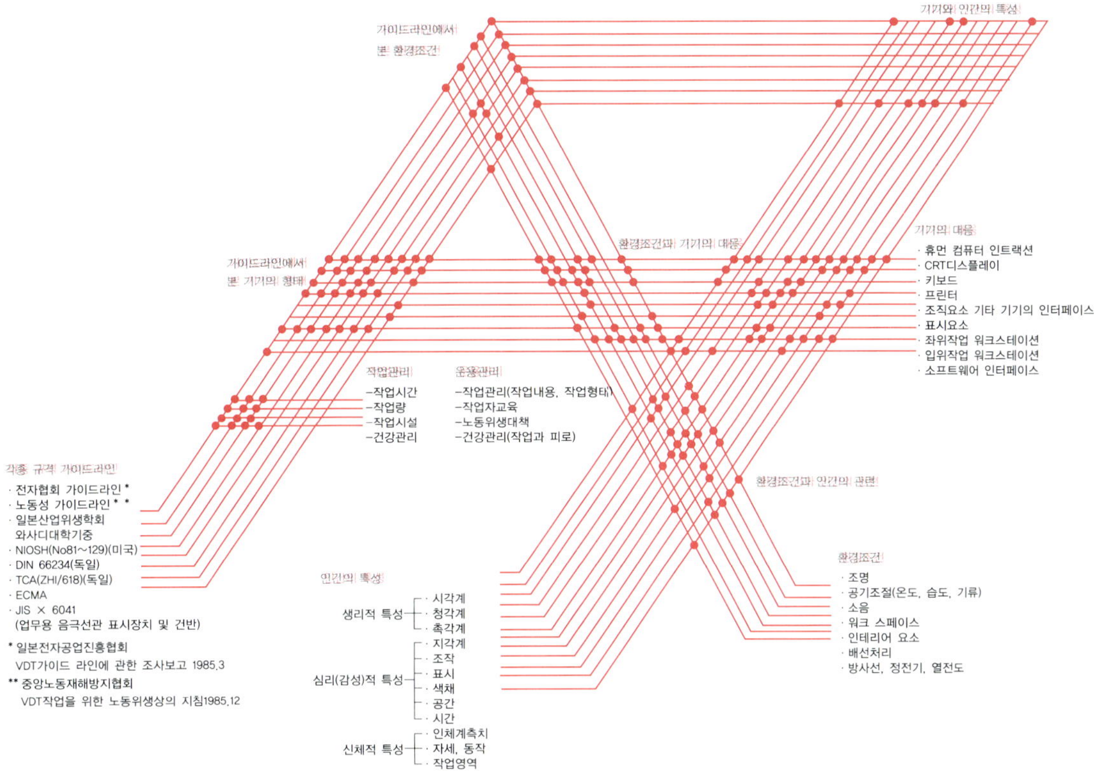

그림 3-13 디자인개발 인간특성 가이드라인 사례

인간공학이란 노동의 적정화를 연구하는 과학이다. 인간이 작업을 할 때, 인간으로서 가장 자연스러운 작업장법이 어떤 것인가를 연구한다. 자세히 말하면, 인간의 합리적 노동방법을 연구하고 노동에 적당한 작업환경, 기계, 기구의 설계를 위한 기초적인 연구를 하는 것이다. 인간요인 엔지니어링(human factors engineering), 인간 엔지니어링(human engineering)은 인간공학의 뜻으로 작업환경 중에서 물질환경면을 연구하는 산업심리학의 한 분야로서 출발되어 왔다.

미국에서는 Human Engineering 외에 'Ergonomics', 'Engineering Psychology', 'Applied Experimental Psychology' 라고도 한다.[24]

표 3-4 MMI(Man Machine Interface) 검토항목/모니터

	화면	하드웨어	환경
생리적 인터페이스 • 시인성(visibility) • 중량 • 크기	• 표시품질 • 문자표시의 크기 • 화소 밀도 • 아이콘(icon)의 크기	• 조작물의 형상, 무게 (핸드세트 등) • 본체의 무게 • 인쇄품질	• 글레어(glare) • 소음
형태적 인터페이스 • 듣기가 용이함 • 입력 용이성 • 보기쉬움	• 표시위치 • 아이콘의 추적성 (tracking)	• 키, 스위치의 조작성 • 플로피를 꺼내기 • 버튼을 누르기 쉬움 • 터치 디스플레이 위치	• 설치장소
	• 복수의 디바이스 병렬조작성	• 선택조작성	
지적 인터페이스 • 알기 쉬움 • 도움이 된다	• 의미성 – 아이콘의 의미성 – 표시색의 의미 • 지적 이미지 – 오브젝트(object) 지향 – 글라스 박스화의 정도	• 기호성 – 형태으로서의 기호 – 조작부위의 기호	• 공간의 메시지성
	• 각 장면(scene)의 이용순서 (시나리오 검토)		
감성적 인터페이스 • 즐겁다 • 좋음 • 기쁨	• 참신한 화면(색채, 재질) • 오리지낼리티화 • 친밀감이 솟는 디자인 • 전체의 감성적 인상	• 참신한 하드웨어 디자인 • 색다른 하드웨어 디자인 • 자극적인 하드웨어 디자인	• 환경과의 코디네이트 • 가슴이 설레는 환경 디자인 • 변화하는 환경 디자인

(7) 인간공학의 연구분석 방법

에르고노믹스(ergonomics)는 인간과 기계와의 유기적 합리화를 꾀하는 것이기 때문에 당연히 인간과 기계의 양면에서 이 양자가 검토되어야 한다. 분리되어 둘 사이에 아무런 연결도 없는 상태에서는 인간공학적 연구가 이루어질 수 없으므로 유의해야 한다. 구체적인 방법에 있어서 그 대표적인 것을 들면 다음과 같다.

① 직접적 관찰법

- 조작자의 의견, 면접 또는 제안에 의한 방법
- 시간 동작 연구(time motion study)에 의한 방법
- 레이아웃(layout : flow-diagram, multiple process analysis, link analysis)에 의한 방법

② 제품분석(merchandised analysis method)에 의한 방법 : 현재 일반적으로 사용되고 있는 기기 가운데 사용하기 좋은 것을 선택하여 이것의 모양, 치수, 기구, 소재 등에 대해서 그 조작성과의 관계를 분석하여 보다 적절한 인자(Facton)를 발견해 가는 방법이다. 말할 필요도 없지만 조작성이란 사용자의 생체 기능(living body functionism)에 관계되는 특성의 종합적 관찰을 의미한다.

③ 소비자 조사(consumer researching method)에 의한 방법 : 직접 기물을 사용하는 사람의 의견을 설문 형식으로 수집하여 이것을 종합적으로 판단하는 방법이다. 반드시 사용자로만 한정하지 않은, 제작자, 판매자 등을 대상으로 한 시장조사(marketing research) 방법이어도 좋다.

④ 라이프스타일(life style) 분석법 : 이 방법은 life style이 구매활동에 어떠한 관계가 있는가를 분석 파악하는 방법으로서 소비자의 기호, 선호에 대한 의식구조 및 이미지 파악에 도움이 된다.

- 행동 라이프 스타일 분석법 (behavioral life style method)
- A·I·O(Activities·Interest·Opinion) 분석법
- 태도영역 분석법(shpere of attitudes method)

⑤ 반응조사(reaction and interaction method)에 의한 방법 : 이것은 기기를 실제로 사용하고 있는 인간의 적합, 적응, 순응, 피로상태를 형태, 생리, 운동, 심리 등의 관점에서 관찰, 측정하는 방법으로 특히 심신 반응의 정량(quantity), 정성(quality) 분석을 통해 판정된 자료를 얻으려고 하는 것이다.

⑥ 제품의 파손도 조사에 의한 방법 : 폐기된 상품을 모아 그 원인이나 과정을 추측 또는 관찰, 측정함으로써 개량점을 알려고 하는 방법이다. 결국 마이너스적인 측면에서의 점검이며 가능하면 소비자 조사에 의한 방법과 더불어 수행하면 효과적이다. 단지 이 경우 소비자 조사에 의한 방법에서의 검토항목표(checklist)를 기호화(coding)할 필요는 없다.

⑦ 그밖에 서블릭(therbligs)법에 의한 방법 : 조작분석, 동작시간 분석(MODAPS: modular arrangement of predetermined time standards), 사용빈도 분석, 피로도 분석, 숙련도와 시간의 분석 등에 의한 방법이 있다. 위와 같은 방법은 인간과 기계의 관에 있어 인간측의 조건을 형성하는 인자를 수

집하는 것이기 때문에 사용자의 개성별, 연령별, 성별, 인종별, 의욕도, 순응도 동의 항목을 고려할 필요가 있다. 인간공학은 종합적 과학이기 때문에 여러 가지 분야와의 협력으로 성립되어 있는데 그 대표적인 것은 디자인·기계디자인, 프로덕트 디자인, 시각 디자인을 비롯하여 구조, 계통, 제어 공학, 노동 과학, 작업관리, 적성, 인류학, 생체학 등이며 이들 각 방면의 지식이 없으면 연구가 곤란하다. 그러나 이들의 광범한 지식을 한 사람이 다 갖출 수는 없기 때문에 이 가운데 어느 한 분야에서 다른 분야를 고려하면서 추구해야 한다.

⑧ **순간조작분석법** : 완전히 임무를 수행하기 위해 필요한 조작자와 기계사이의 정보를 시시각각으로 하는 교환을 분석하는 것이 이 순간조작분석이다. 특히 조작자에 들어가는 지각적인 정보(input)와 조작자에 나오는 동작(output)이 구별될 필요가 있다.

⑨ **지각-동작정보분석법** : 이것은 기계와 조작자간에 교환되는 필요한 정보를 측정하는 것이다. 전항에서도 설명한 바와 같이 조작자에 들어가는 필요한 지각적 input과, 조작자로부터 나오는 동작적 output이 있다. 그리고 정보 이론에 따라 정보 단위가 정해지고 정보의 흐름의 수량적 관계가 분명해진다.

⑩ **연속컨트롤 부담 분석법** : 조작자가 행하는 연속컨트롤 작업(예를 들면 항공기의 자세를 컨트롤하는 작업)의 분석은 새로운 Forced-Sampling Computer Technique에 의해 분석된다. Display가 여러 가지의 비례로 중단되어 일정한 시간 간격으로 자세의 정보가 얻어지도록 하고 컨트롤에 필요한 최소의 시인시간이 정해져 조정자가 컨트롤을 위해 어느 정도의 부담이 걸리는가를 추정하는 것이다.

⑪ **전작업부담분석법** : 임무중에 받는 전 작업부담은 연속 컨트롤의 부담과 인간-기계 사이의 정보교환에서 알 수가 있다. 보통 이것은 단위 시간당의 작업부담율(%)로 표시된다. 이것에 의해 작업자의 능력에 대해 어느 정도로 과대부담인가 또는 과소 부담인가라는 시간간격이 분명하게 된다.

⑫ **사용빈도분석법** : 각 기계가 사용되는 시간을 순간작업 분석에서 얻을 수가 있다. 이것은 시계열로서 볼 필요도 있으나 이것에 의해 각 기계의 사용빈도가 분명하게 된다.

표 3-5 인간공학 시스템 분석 목표와 항목

알고자하는 목표	심신반응을 보는 항목
1. 육체적인 작업량의 크기	A. 소비열량 B. 에네르기 대사율 C. 일정시간 동안의 맥박수 D. 호흡량 E. 산소 소비량
2. 정신적 불안정	정신전류반사
3. 근육활동의 유무	근전도(EMG:Electromyography)
4. 혈관압박 · 충혈 · 부종	A. 그 부위 주위의 변화 B. 피부의 파장별 광반사 C. 용적맥파
5. 시선의 움직임	A. 안구운동의 기록 서블릭(therbligs) B. 안근전도 C. 아이카메라(eye camera)
6. 신체 · 손 · 발의 움직임	A. 메모 모션 카메라(memo motion camera) B. 크로노 싸이클 그래프(chrono cycle graph) C. 서블릭(therbligs) 기록
7. 긴장도	A. 프릿카(flicher) 치 B. 맥박수 C. 뇌파 D. 긴장계수 E. 레만의 긴장도
8. 시간적 요소	A. 디지털 카운터(digital counter) 측정 B. 스톱워치(stop watch) 측정 C. 기록지로부터 산정 D. 타이머(timer) 측정
9. 환경조건(고온)	A. 발한량 B. 떨림 C. 눈동자의 크기 D. 시력 · 맥박수 · 호흡수 E. 청력 F. 맥박 · 후리카 치 · 뇌파 G. 맥박 · 혈액 산소 포화도 H. 혈압 · 자율신경 기능 I. 파장별 감도 분포 곡선 · 뇌파
10. 힘의 강약	A. 조직력 B. 신체의 움직임 C. 근전도

check point

인간공학적 요소(ergonomics & human factors), 인간, 제품 인터페이스 (UPI : User Product Interface) 평가에 대한 체크포인트

① 형태적 인터페이스

- 치수의 적합도는?
- 힘, 방향성(예 : handset의 파지성, 위치성)의 적절성은?
- 위치성(예 : 구동 부분)은 움직임의 방향에 적합한가
- 아이콘(icon)의 추적성, 숫자 배열의 순서(sequence)는 용이한가
- 제품의 운반은 용이한가

② 생리적 인터페이스

- Handset 파지에서 착지감을 주는가
- 시인성은?
  - 문자표기 및 크기는?
  - icon의 크기는?
  - 인쇄품질(해상도 포함)은?
  - 반사/눈부심(glare)은?
  - 착시(parallex)는?
- LCD의 Grouping은?
  - 읽기 쉬움(legibility)의 정도는?
  - 확인 용이(definition)의 정도는?
  - 적응성(adaptavility)의 정도는?
  - 가시성(fields of view)의 정도는?
- 버튼은 연관된 필요조건을 유지하고 있는가
- 제품의 무게는 적절한가

③ 지적 인터페이스

- 자동응답 Process(인지, 사용구성요소) 이용성은?
- Key Pad의 Lay-out은 활동 내용을 파악하는가
  - 표시위치의 정확성은?
  - Icon Tracking은 용이한가
  - 키 조작성은(누르기 쉬움과 작지감)?
  - LCD의 위치는 좋은 시각영역에 놓여있는가

(계속)

check point

- 장면(scene), 이용순서 및 이용 습관에 적합한가
- 제품에 사용된 약어의 이해도는?
- 제품이 주는 공간에서의 메시지(message)성은?

④ 감성적 인터페이스

- 제품의 색채와 재질은 독창적으로 구성되고 있는가
- 감성적 소구점을 찾을 수 있는 이미지(image)가 발견되고 있는가
  - 문화성으로의 정서감의 정도는?
  - 친근성으로의 정서감의 정도는?
  - 창조성으로의 정서감의 정도는?
  - 현대성으로의 정서감의 정도는?
  - 국제성으로의 정서감의 정도는?
- 환경과의 조화(coordinate) 정도는?
- 제품은 즐거움(amenity)을 주고 있는가

⑬ 기계의 상호관련성의 분석법 : 하나의 기계에 다른 기계로 눈을 옮기는 양과 빈도가 순간 조작분석 또는 필름으로 조작자의 눈을 촬여하므로써 기계를 유별화하고 기계를 배치하는데 있어서 필요한 자료가 얻어진다.

⑭ 정신 물리적 방법
- 공간에 있어서의 이방성
- 측정계열에 의한 오차
- 시간오차

⑮ 인간 기계 관계의 측정법(articulation testing methods) : 또 하나의 연구 방법으로 검토항목표를 만들고 이것에 의해서 양자의 관계를 검토하고 그 자료·성적을 평가하는 방법이다.

⑯ 검토항목표(checklist)에 의한 방법 : 국제인간공학회(International Ergo nomics Association)가 만든 〈인간공학 시스템 분석을 위한 체크리스트(ergonomics system analysis checklist)〉에서는 다음과 같이 분류하고 있다.
- 작업공간(work space) : 신체적 요구(physical demands), 정신적요구(mental demands)(시각계, 청각계, 다른 감각계 다이얼과 계기

- 작업방법(work method) : 신체적 요구, 정신적 요구, 정보의 흐름(flow of information)
- 환경 부담(environmental load)
- 작업의 조직(organization of the work)
- 기능적 부담과 종합적 부담(functional and intergral load)
- 시스템의 출력(system output)
- 평가

(8) 소비자 니즈(needs) 분석 및 제품 속성

권타(L.R. Guinta)와 프레이즐러(N.C. Praizler)는 그들의 저서[12]에서 소비자 요구의 단계를 크게 네가지로 나누었는데, 디자이너 또는 클라이언트가 잘 파악하기 어렵고, 그럼에도 감성디자인을 통한 성공적 디자인(successful design)의 요소가 되는 것은 대개 다음의 무언의 요구와 기대외적 요구에 집중되어 있다고 볼 수 있다. 무언의 요구(unspoken)는 제품이나 서비스 성격에 대해 고객이 언급하지 않거나 할 수 없는 부분으로, 이 부분이 디자이너 및 업계에서 찾아내야 할 요구이며 이를 위해 시장조사, 목표집단 설정, 고객 인터뷰, 브레인스토밍 등 가능한한 모든 자원을 활용하여 파악해야 할 부분이 된다.

기대외적 요구의 경우는 소비자들로부터 직접적으로 파악하기보다는 예측에 의한 제품개발 후 평가단계에서 드러나는, 즉 소비자가 표현할 수도 문제인식을 스스로 할 수도 없는 내용이므로 실제적으로 일어나는 현상을 파악하는 조사는 언급되는 요구와 무언의 요구 두 가지로 대부분 좁혀진다는 것을 알 수 있다. 그러나 생산이나 마케팅, 디자인 부문에서 주로 관심을 가지는 경우는 언급, 비언급 요구와 함께 기대외적 요구를 포함하게 되는데, 언급되는 요구의 경우 주로 무엇(what)에 관한 요소 즉, 인지적인 제품속성이나 중요속성에 대한 정보, 불만사항 등이 포함되며, 비언급 요구 중에서도 특히 실체를 잘 파악하지 못하고 있는 경우와 기대외적 요구의 경우 주로 어떤(how)에 관한 요소–기술, 기능 등의 구현방식이나 외형디자인에 대한 요소 및 인간적 요소–에 대한 요구이거나 특별히 차별화된 무엇, 즉 새로운 필요했었던 기술 그 자체 또는 기능 등을 의미하기도 한다.

소비자들이 진정 원하는 상품에 대해 고찰할 때, 일반적으로 소비자들 스스로 언급할 수 있기보다는 일단 제품이 제시된 이후에야 새로운 속성에 대한 평가가 내려지는 부분 등에 대하여 위의 니즈분류는 특히 언급이 어려운 부분에서도 소비자가 자신이 원하는 내용이 정확히 무엇인지 잘 알지 못하는 니즈와 기대이상의 니즈가 충족될 때 더 큰 감성만족을 얻을 수 있음을 추론해볼 수 있다. 따라서 이 부분을 통해 볼 때, 감성디자인·감성이미지란 소비자가 실체를 잘 파악하지 못하거나 기대이상의 니즈가 구현된 제품을 볼 때 느끼게 되는 감흥이라고도 정의할 수 있다.

(9) 감성측정과 요소기술

미즈노는 그의 제품품질론에서 품질의 구성요소를 품질특성이라 하고 일반적 요인으로서 다음과 같은 6가지 요인 – 성상인자, 성능인자, 결점인자, 감각인자, 기호인자, 시장적성인자[13) –으로 나누었다. 6개 인자 가운데 일반적으로 감각인자와 기호인자를 감성인자로 보기 쉬우나, 성능인자 역시 시장적성인자와 함께 작용하여 감성적 만족을 야기할 수 있다.

크로포드[14)는 제품은 단지 속성다발체일 뿐이므로 모든 제품은 그 속성들을 체계적으로 기술함으로서 그 제품을 나타낼 수 있다고 보았으며, 또 이런 속성들을 변화시킴으로서 새로운 제품을 얻을 수 있다고 보았다. 이점은 특히 감성공학적 접근의 근본 가설과도 일맥상통하는 부분인데, 크로포드가 제시하는 제품의 기본속성은 특성–기능–효용으로 구성되어 있다. 개별 제품마다의 고유기능이 효용으로 드러나며, 기능이 수행되는데는 제품마다의 특성이 기여하게 되므로, 최종적으로 얻게 되는 효용 역시 개별제품 고유의 특성에 근거하게 된다.

소비자가 최종적으로 얻게 되는 효용은 제품의 특성과 기능에 의거하며, 중요제품속성이란 이러한 제품의 특성과 기능에 의한 효용 가운데 중요결정 속성이 되는 것을 의미한다. 더블린[15)은 제품이 가져야만 하는 특성으로 34가지를 추출하여 상호연관성에 의해 14개의 하위그룹으로 정리하고 이를 다시 인간공학적 요소, 기술적 요소, 시스템적 요소, 심볼로서의 요소, 형태적 요소로 정리하였다.

지금까지 언급한 내용들을 살펴보면, 크게 유형별 분류와 구조적 분류라는 관점에서 살펴본 이론으로 나눌 수 있다. 미즈노의 품질론이나 더블린의 일반특성모혀으이 경우는 개별대상으로 속성들을 분류하였으나, 이에 반하여 크로포드는 원하는 기능을 제품의 특성을 통해 이루며 이를 통해 효용가치를 추구한다는, 제품소비의 구조를 가장 기본적인 정의에 충실히 부합되도록 분류하고 있다. 이에 따라

지금까지 리뷰한 문헌의 내용을 종합하여 디자인활동에 의한 제품속성의 부문별 성격을 정리해 보면, 소비자가 제품에서 느끼는 감성이란 바로 이 제품마다의 고유한 성격이 어떤(how) 상태인지 또는 어떻게 구현되었는지에 초점이 맞춰지게 된다. 즉, 미즈노의 품질론이나 더블린의 일반특성모형에서 언급된 제품의 구성요소들이, 크로포드가 언급한 제품고유의 기능을 수행하면서 소비자에게 주는 효용 구조 내에서 의미를 지니게 되므로, 소비자가 제품에 원하는 감성이미지란 제품에 원하는 효용을 구체적으로 추상화한 것이 되고, 제품고유의 기능이나 특성은 그러한 효용을 야기하는 요소가 된다. 따라서, 감성이미지의 내용적 카테고리를 찾기 위해서는 제품에 대한 세부 속성(제품요소)에 대하여 파악하고, 그와 아울러 제품의 기능이 소비자에게 주는 효용을 연결지어 접근해야 한다는 점을 알 수 있다.

(10) 소비자 감성이미지의 카테고리 설정

심볼, 파라미터(parameter), 이미지, 패턴이라는 정보형태의 카테고리(category)에 대하여, 김명석[16]은 페이저를 대상으로 감성공학 전문가에 의해 추출된 감성·감각 이미지어를 분석의 목적에 따라 다음과 같이 크게 다섯가지의 내용상 카테고리로 분류하고, 선정기준을 제시하였다.

① 소비자가 대상제품에 대해 지니고 있는 의미구조의 파악에 사용될 감성어휘(형용사 형태)

- 제품에 대해 연상되거나 관련되는 이미지
- 가시적인 제품요소에 대한 감각적 이미지
- 개별 소비자 그룹의 디자인 취향 및 스타일에 관한 이미지
- 기능구현과 관련된 이미지
- 소비자 가치 및 요구(needs) 관련 이미지

② 감성이미지 평가를 위한 위미지 형용사 선정 지침

- 연상 이미지 : 바라는 이미지, 선호에 영향을 주는 긍정적 이미지의 여부 (즉, 중요결정 속성만 선정)
- 가시적 제품요소에 대한 감각적 이미지 : 단순신념 제외, 중요결정 속성만 선정
- 디자인 취향 및 스타일에 관한 이미지의 경우 (단순신념인지 중요결정 속성인지의 여부, 소비자 계층별 취향의 누락 경우 주의)

- 기능구현과 관련된 이미지 : 중요속성 인지의 여부, 기능구현에 의한 가치어휘 (예 : 편리하다, 단순하다)
- 소비자 가치 및 요구 관련 이미지 : 바라는 가치, 주요 요구의 누락 주의

예를 들어 감성어휘 중에서 프레스티지(prestige)의 경우 이것은 위신, 위세의 뜻을 지닌 용어로서 원래 환상·착각·마술의 트릭·사기 등의 뜻으로 쓰였다. 또한 개인, 집단, 계급, 제도, 직업 등 그 능력이나 업적 등에 의하여 남에게 미치는 영향이나 효과, 심리적 위압감과 존경, 칭송 등 자신감과 자기확인의 원천을 의미하기도 한다. 이것은 실질적 또는 심리적, 상징적 가치의 요구와 연출에 의해서 조작되거나 사회적 행동과 경제적 이익 추구가 동기가 되기도 한다. 타인과 격차를 두거나 개인에게 격차를 두는 것도 프레스티지와 연관이 된다.

사회는 각기 다른 지위체계(status system) 속에서 프레스티지가 의미하는 주장과 요구를 조직화하기도 한다. 개인이 가지고 있는 자존심과 수준은 사회적 지위체계에 의해서 정해진다. 직업의 사회적 위치의 순위결정법' 에 관한 연구는 사회계급과 사회계층에 대한 접근이다. 이것은 직업일람표에 의한 순위도에 따라 직업이 가지고 있는 프레스티지나 사회적 지위를 측정하는 것으로 계급·문화·사회·민족 등에 따른 비교 연구이다.

위에서 설정된 사항들은 비록 감성이미지의 내용상 카테고리에 대해 각 항목을 명시화하기는 하였으나, 실제 적용의 문제로 들어가면 모든 대상 제품에 대해 기계적으로 적절한 형용사를 추출해낼 수 있는 것은 아니므로, 분석의 목적에 따라 카테고리 내에서의 선정기준이 달라져야 한다는 점을 시사해 준다고 볼 수 있다.

이상에서, 이 연구에서 진행할 내용이 '제품 트렌드' 에 대한 '소비자의 평가' 가 분석 목적이 된다는 것을 감안할 때 평가요소로서 가중치를 두어야 할 이미지 형용사들은 트렌드 수용에 있다고 볼 수 있다. 조사·분석의 목적에 따른 감성어휘의 선별 기준을 정리해보면 아래와 같다.

- 소비자의 선택에 있어서 중요 결정 속성인가
- 소비자나 디자이너가 지향하는 감성어휘가 누락되지는 않았는가
- 감성만족에 있어서 하한선이 되는 감성어휘는 누락되지 않았는가
- 낱낱의 개별제품에 대해 평가 가능한가

- 평가 및 분석의 목적이 충분히 반영되었는가
- 선정된 제품에 따라 적절한 평가 및 분석이 계획되었는가

인간이 제품에 대하여 가지고 있는 욕구로서의 이미지나 느낌(capacity for sensation or feeling)을 물리적인 디자인 요소로 해석하여 이를 제품의 디자인에 반영시키는 기술이라고 정의하고 있다. 이러한 개념 때문에 감성공학을 산업디자인의 한 분야로 보는 시각이 강하다.

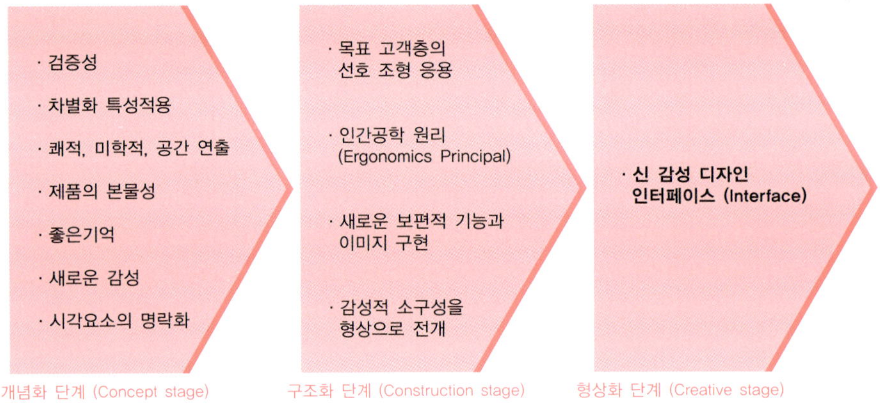

그림 3-14 디자인 전개를 위한 감성공학 적용 과정

감성이란, 물체 또는 환경에 대한 감각 또는 자극으로 두뇌에서 느끼는 복합감정을 뜻한다. 쾌적과학으로도 불리는 감성공학의 응용은 생활의 쾌적성(amenity), 인간존중의 문화창출(culture creation), 제품의 설계미학(beauty)을 추구하면서 인간이 가지고 있는 소망으로서뿐만 아니라 감성을 구체적인 제품설계로 실현해 내려는 접근방법을 취한다. 즉 인간의 감성을 측정하고 과학적으로 분석하여 이를 산업디자인 제품설계나 환경설계에 응용하여 보다 편리하고 안락하며 안전하게 하고 더 나아가서 인간의 삶을 즐겁게 하고자 하는 기술의 적용을 뜻하고 있다.

이러한 제품개발에 있어서의 활용은 소비자의 잠재욕구를 반영에서부터 콘텐츠 개발과 패키지에 이르기까지 제품과 관련되는 소비자의 생활문화를 연구하고 신체적·생리적·심리적·지적 특성과 각종 디자인 구성요소에 대한 인간감성을 파악하여 개발하고자 하는 데 그 특성이 있다. 다시 말해 쾌적화를 위한 필요조건수준, 안락수준, '즐겁다' 라고 하는 요소기술 파악과 적용을 위한 것이다.

〈쾌적과학〉의 저자 나가마치(Nagamachi) 는 이러한 감성공학을 산업디자인의 한 분야로 보면서'인간이 제품에 대하여 가지고 있는 욕구로서의 이미지나 느낌을 물리적인 디자인 요소로 해석하여 이를 제품의 디자인에 반영시키는 기술' 이라고 정리하였다.

인간특유의 성질인 지(知), 정(情), 의(意)에 즐거움(樂)을 중시한 예술의 과학화를 위한 시도인 것이다. '산들바람 재현 선풍기' , '나의 습관에 맞는 세탁기' , '스스로 먼지를 찾아내 청소하는 로봇' , '시청 각도에 따라서 모니터가 움직이며 시청자의 기분에 따라 소리와 화면의 색이 자동조절되는 TV' 등 국내외에 소개된 창안기술 제품들이 감성공학 응용제품들이다. 일본의 경우 통산성 산하 제품연구소에서 시행되고 있는 인간생활과학기술 연구영역에서는 감성공학과 관련된 여러 요소기술을 체계화하고 있다. 체계의 구체적 내용에는 제품설계에 활용할 수 있는 인간특성을 파악하는 기술과 인간 특성에 알맞도록 인터페이스(interface)를 구현하기 위한 구현기술 및 인간에 대한 적합성을 판단하고 새로운 감성을 창출하기 위한 응용기술 등을 들 수 있다.

위와 같은 감성공학의 연구체계는 스마트 제품설계에 반영하기 위한 것이고, 광범위한 분야에서의 개발적용, 즉 각종 지능형 개전제품, 환경제어 시스템, 건강관리 시스템, 유니버설 디자인 등에 응용이 가능할 것이다. 한편 이를 위하여는 인간공학, 생리학, 인지공학, 퍼지시스템, 뉴럴네트워크 분야의 학제적 연구가 필요하다. 이제 감성설계 도입으로 제품 차별화, 개성화를 달성한 ICT 정보시스템 개발과 퍼지(fuggy), 뉴로(neuro), Sensor Fusion Technology를 이용한 쾌적 공조시스템과 종합방재시스템의 개발로 이상적인 주거환경을 앞당기게 된다.

아울러 인간의 감성 Data Base 구축을 통한 제품 컨셉트 개발 및 감성의 객관화로 관련 제품의 고급화 및 신가가치의 창출이 확산될 것이고 산업디자인과 과학, 기술, 예술, 인문학의 융합적 발전이 가속화 될 전망이다. 국내의 한국표준과학 연구원에서 연구된 '인간감성파악 및 측정기술개발' 도 이 분야의 본격적인 연구를 위한 시도로서 새로운 제품에 대한 소비자 반응조사 기술로 활용 가능할 것이다. 결국 감성공학이란 인간이 가지고 있는 본원적인 감성을 구체적인 결과물로 구현해 내는 공학적인 접근방법으로서, 인간의 감성을 측정하고 과학적으로 분석하여 이를 제품 설계나 환경설계에 응용하여 보다 편리하고 안락하며 안전하게 하고 더 나아가 인간의 삶을 쾌적하게 하고자 하는 과학이다.

2000년대 이르러 급속도로 발전하고 있는 디지털로 대변되는 인터넷 산업과 유비쿼터스 컴퓨팅 환경 변화는 디자인 산업구조의 새로운 패러다임을 맞이하게 되었다. 이와 같은 변화는 현재에 이르러 더욱 가속화되고 디지털 정보의 효용성과 유효성이 증대되고 있다.

이러한 디지털 정보들이 사용자에게 원활히 인터페이스 되도록 감성기술 응용 사례들이 다양하게 실현되고 있으며 이러한 분야는 향후 확대되고 있다. 환경의 변화나 외부자극의 감지기로서 인간은 예민하며, 여러 가지가 혼합된 자극 중에서 필요한 정보를 선택적 또는 종합적으로 감지할 수 있는 기능을 가지고 있다. 특히 강도가 낮은 자극에 대하여 예민하며, 자극의 강도에 대한 sensitivity가 감지 가능한 자극영역 전 구간에 걸쳐 일정하지 않은(non-linear) 특성을 가지고 있다.

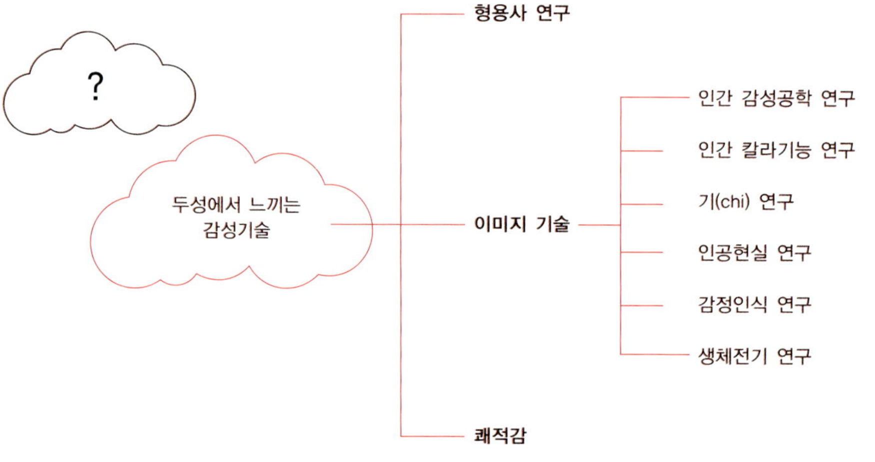

그림 3-15 감성공학 응용 이미지기술 내용

이와 함께 인체의 감각기관은 쉽게 피로하여지며 외부의 자극에 장시간 노출되어 있으면 Sensitivity가 낮아지는 경향이 있다. 따라서 외부자극에 대한 인간의 느낌을 분석하거나, 외부 환경 변화에 따르는 시스템 조정 등을 연구하기 위해서는 인간 감각기관의 특성을 반영할 수 있는 센서의 개발이 선행되어야 할 것이다. 감각기관을 통하여 외부로부터 받아들인 감지에는 시각 감지(visual sensing), 청각 감지 (auditory sensing), 촉각감지(tactile sensing), 운동지각 감지(kinesthetic sensing)가 있으며, 특히 시각적 감지에는 명암, 색채, 거리, 방향, 크기, 운동, 형태지각이 있다. 아울러 시각 이미지 전달과 획득 및 시각적 신호감지도 이에 해당된다.

정보처리에는 채널처리(channel operation), 기억(memory), 의사 결정(decision making) 등이 있고 일차적 감각에 해당되는 정보가 그대로 느낌이나 감성으로 변환되지는 않는다.

두뇌라는 정보처리기관에서 감지된 외부자극과 학습에 의하여 기억되어 있는 내용 등이 종합처리 되기 때문이다. 연령에 따른 스타일, 색의 선호도, 제품이나 패션의 유행변화는 이러한 관점에서 이해될 수 있다. 인간감성의 변화성(dynamics)을 정확하게 분석하기 위해서는 정밀한 센서와 감지된 자극들을 처리할 수 있는 분석기법과 함께 Software, Database 구축 등의 개발이 필요하고 퍼지(fuzzy)이론 등이 연구되어야 한다. 제품이나 주변 환경에 대하여 감각기관으로부터 받아들이는 각종 정보자극과 개인의 판단을 통하여 갖게 되는 복합감정으로서의 감성을 측정, 분석, 개발하는 과정 연구를 위해 인간, 감성공학 엑스퍼트 시스템이 있다. 또한 각 형용사가 어느 인자 축에 속하는가를 분류분석하는 의미분별차별화방법(simentic differential factor analysis)은 형용사가 지니는 각 조건의 공간 점유 위치를 파악하는 것이다.

이는 디자인 연구에 필요로 하는 인자가 지니고 있는 단어의 요인을 해석함으로써 미래의 디자인에 필요한 감성장면과 연관하여 평가를 실시하기 위함이다. 아울러, 디자인 창안에 필요한 실제적 메시지(key message)를 추출하고 설정하는데, 이는 새로운 디자인의 특성(face life)을 연상하기 위한 것이다. 이어서 각 요소들을 세부항목으로 카테고리화 시킴으로써 제품 디자인 적용요인을 Key Idea로 전개시킨다.

표 3-6에 예시로 나타난 접근방법은 감성공학 시스템에 의한 계층 관련과 사용자 특성요인을 분석하고 조작성, 직무, 동정을 해석 및 진단하는 과정을 나타낸 것이다. 또한 필요에 따라 정량적인 통계분석과 정성적인 사용자 분석을 함께 실시하기도 한다. 감성이란 물체 또는 환경에 대한 감각과 정보자극으로 '인간이 제품에 (capacity for sensation or feeling) 대하여 가지고 있는 욕구로서의 이미지나 느낌을 물리적인 디자인 요소로 해석하여 이를 제품의 디자인에 반영시키는 기술' 이라고 정의하고 있다. 나가마치 교수의 이러한 정의는 감성공학을 산업디자인의 한 분야로 보는 시각이 강하다.

감성공학은 인간감성의 측정/평가된 감성을 이용한 공학적 활용연구, 즉 제품개발의 두 가지로 크게 분류할 수 있다. 인간감성의 측정/평가는 주관적 지표(subjective indicate)와 객관적 지표(objective indicate)를 함께 이용하는 것이 바람직할 것이며, 이를 위하여 심리학적 또는 행동과학적 조사와 함께 생리학적 측정에 대한 연구가 요구된다. 왜냐하면 소비자의 제품에 대한 이미지나 느낌을 디자인 요소로 형상화시키는 과정이기 때문이다.

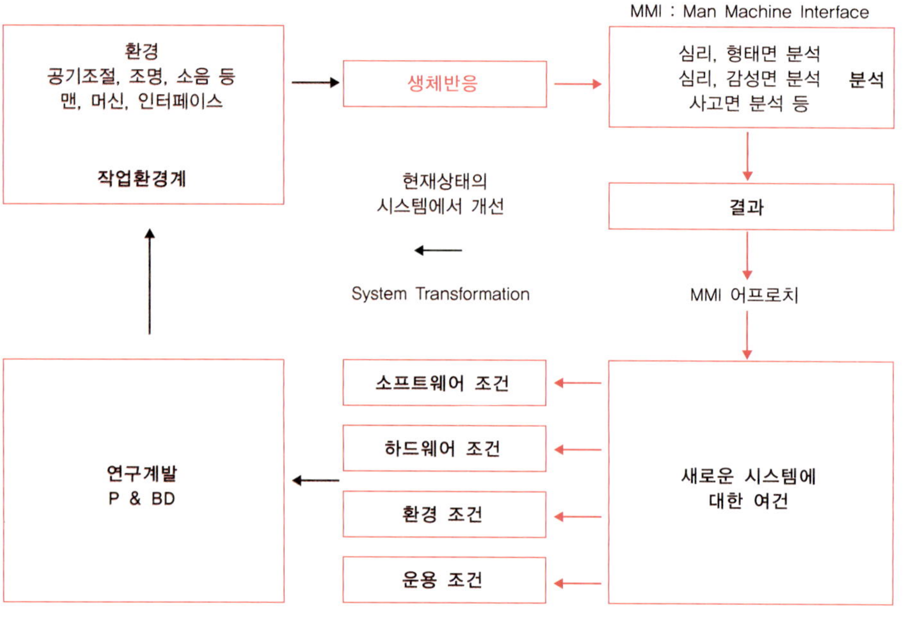

그림 3-16 인간-제품 인터페이스(man-machine interface) 시스템 체계

감성공학 기술개발과 연구에는 인간생활 공학연구기술, 모의 환경제시기술, 감성디자인 창안기술, 센서 및 감성처리기술, 마이크로 가공기술, 인공현실 연구기술, 스마트 홈 구축개발 기술, 인간공학 적용기술 등 광범위하고 학제적인 연구진행이 필요하다. 미래를 보다 풍요롭고 쾌적하게 꾸며 나아갈 수 있는 인간존중의 기술문화 접목이 근 미래에 다가오는 Design Renaissance의 정착기를 맞이할 수 있어야 하겠다.

표 3-6 인간공학 분석 체크리스트(checklist)

Issues, Objectives	Diagnostics Collect, Analysis & Organize	Strategy-Critereia	Action (Follow-up Decisions)
		INPUT	
• 감성공학 시스템에 의한 계층 관련도 분석	• 감성어휘 D/B • 평가실시 • 의미공간 파악 • P/M 구축	• 사용자 요구 품질 파악 • 의미 공간 위치선정 • 소비자행동 변화 예측 • 소구성 추출 • 제품 개발 Manual 구축	• Human-Interface Theory (총계분석, 정성 분석, 유행 분석) • Questioning
		Stage 1.	
• UPI 인터페이스에 의한 사용자 특성요인 분석	• 생리적 인터페이스 • 형태적 인터페이스 • 지적 인터페이스 • 감성적 인터페이스	• User & Tachnoware 조건 • 환경조건(Life Snthesizing Level) • 운용조건(Aminity, Beauty, Culture)	• UPI 검토사항-Recording
		Stage 2.	
• 작업력과 배치 (workspace & arrangement)	• Motion Pathway • Operation Behavior-Flow 분석	• Work Load & Error Predictions • 신체활동 및 생리적 배경 • 자세와 작업영역 • 제품과 동작범위 • 제어	• Observing 법 • MODAPS(Modular Arrangement of Predetermined Time Standards)
		Stage 3.	
• 인체측정 (anthropometrics)	• Physical & Function • Standing Adult & Female Mannequin • Workspace & Layout	• Direction of Motion • Data Reduction Effect of Factors on the Human-body measurement 신체 충실 지수, 표준체위 Sight Line(display lay out)	• Computing
		Stage 4.	
• 사용자 심리적 변수와 욕구 및 가치 (선호의식, 개성, 사이 개념)	• 제품 Scene/의미적 가치 • 감성 Image/ Performance • Trend Tracking	• 소비자 감각 의식의 해석, 활용 • 소비자 Need와 Data 적용 • Differential Advantage 추출(신규성, 친규성, 독창성)	• Positioning Map • Diagramming

(계속)

Issues, Objectives	Diagnostics Collect, Analysis & Organize	Strategy-Critereia	Action (Follow-up Decisions)
Stage 5.			
• Controls • 조작성 평가실시 • 직무분석, 동작 분석 활용실시 • 제품의 Display 및 Coding 방법 활용 실시	• Tactual Output & Control • Behavior & Function Relationship • Task & Syquence Analysis • Information & Control Requirement	• Sequence of Models • Hand Prehension Pattern • Control Handles/ Location Assignment • Information, Typography, Symbols • 가치의 향상성 (Enhancement) • 사용의 편의성(Easy), 능률성(Effectiveness)	• Protocol 관련 II • Module & Simulation • Verifying • Relating
OUTPUT			
• Portfolio 제작	• Project Manual & Portfolio	• Presentation Show & Communicaton • New Planning & Cycle	• Documenting

디자인의 개발과정은 소비자 Needs와 기술 Seeds와의 연계 및 타당성 분석, 평가 및 진단, 최적의 해(解) 도출, 제품생산, 소비자 반응조사 등으로 전개된다. 감성공학 응용디자인은 제품개발의 전 과정 중 제품생산과정을 제외한 모든 과정에 직접 활용할 수 있으며 넓은 의미로는 생산성 향상을 위한 작업환경설계에도 관련이 있다.

특히 소비자의 생활문화와 정체성을 연구하고, 신체 특성과 요인들에 대한 인간 감성을 파악하여, 사용자의 조건에 적합하여 편리하고 효율적으로 사용할 수 있고 사용 시 느낌까지도 만족시킬 수 있는 제품을 개발하는 것이다.

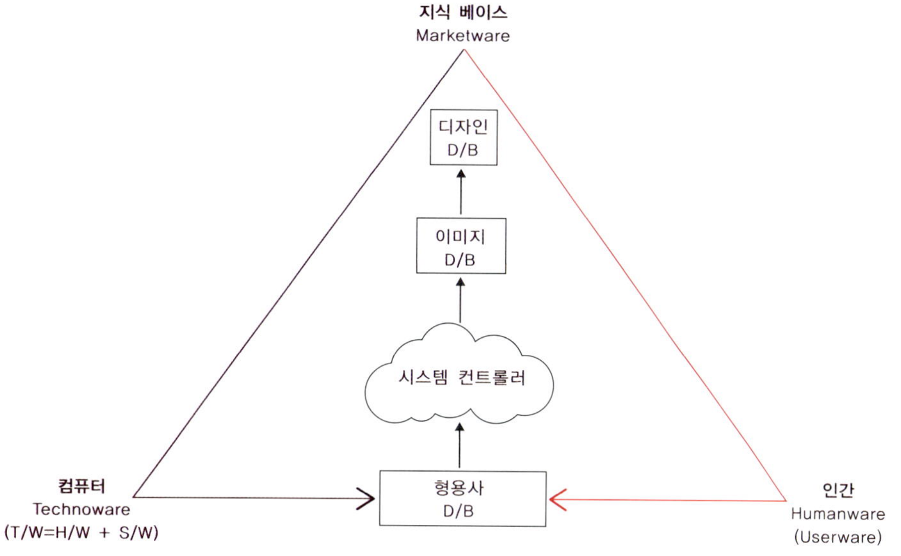

그림 3-17 컴퓨터 인간 인터페이스 상관체계

일반적으로 감성공학에서는 심리학적인 척도(psychological measure)를 이용하여 제품에 대한 감성요인들을 분석하고 이 결과를 이용, 특정제품에 대한 디자인 요소들을 찾는 방법을 적용하고 있다.

감성요인의 측정과 분석에 보다 객관적인 생리학적 척도(physiological measure)들을 이용할 수 있으면 디자인 요소 결정에 신뢰도 있는 자료를 제공할 수 있을 것이다. 외부의 자극에 대하여 인체는 생리학적 또는 심리학적으로 복잡한 반응을 하며, 이 반응결과는 미세하지만 신경계와 호르몬계 등을 자극하여 신체전반에 걸쳐 변화를 일으킨다. 불안함 또는 초조함 등은 자율신경계(교감신경계)를 자극하여 심장의 박동을 빠르게 하며, 주요 근동맥을 수축시키고, 소화액의 분비를 감소시킨다.

대뇌의 활동이 활발하거나 시각정보가 많이 입력될 때 두뇌로부터 기록된 뇌파(EEG : Electroemphalogram)에는 Beta파가 많이 나타나며, 대뇌의 활동이 낮을 때에는 뇌파 중의 Alpha파의 비중이 높아진다. 인체의 신체 또는 대뇌의 상태에 따라 변화되는 이러한 생리현상을, 인체에 가해지는 외부자극을 정확하게 조정하여 정밀하게 측정하게 되면 인체감각기관에 의하여 지각되어 특정한 느낌을 발생시키는 감성요인의 연구에 효과적으로 사용될 수 있다. 일반적인 감성 이미지의 추출 과정(Phase 1~Phase 6)은 다음과 같다.

P1 : 제품관련 형용사 추출, 정리(매력감, 고급감, 친밀감, 사용감, 모던감)
P2 : S.D Factor Analysis(각 형용사가 어느 인자축에 속하는가 분류)
P3 : Multivariate Analysis(각 조건의 공간 점유 위치)
P4 : Scene 연관, 각 형용사에 대한 평가(형용사 개개인에 대해 그것을 설명해 주는 요인 발견)
P5 : 실제 디자인 요소 추출 / 설정(신조형 face life 연상)
P6 : 각 요소를 세부항목으로 카테고리화(신 조형 제품 디자인 요소와 결정)

또한 인간감성의 측정과 평가된 감성을 이용한 공학적 활용연구 [표 3-11]에는 주관적 지표(subjective indicates)와 객관적 지표(objective indicates)를 함께 활용하는 것이 바람직하다. 이를 위하여 심리학적 또는 행동과학적 조사와 함께 생리학적 측정에 대한 연구가 요구된다.

구체적으로 1단계에서는 제품 사용자 인터페이스(MMI or UPI : Man Machine Interface, User Product Interface)를 위한 사용자 특성 요인을 분석하며, 2단계는 작업력과 배치를 위한 MODAPS(Modular Arrengement of Predetermind Time Standards) 분석을 실시한다. 3단계는 인체측정 데이터를 기준으로 하여 신체의 충실지수와 표준체계에 대한 자료를 입력 및 해석(data reduction effect of factors on the human body measurement)한다. 4단계는 소비자 감각의식의 해석 및 활용에 대한 심리적 변수, 욕구 및 가치 등을 점위도(positioning map)로 파악하여 다이어그램(diagram)으로 전개한다. 마지막 5단계에서는 구체적인 조작성과 제품 그래픽 표현까지 포함하는 디자인 연구를 위한 가치의 향상성, 사용의 편의성 등을 프로토콜(protocol)을 통하여 우선순위와 중요도를 결정하고 최종적인 구조와 콘텐츠를 확인, 실증하는 단계를 갖는다.

인간공학, 감성공학적 제품개발, 연관 분야 연구를 위한 전문가 유형은 다음과 같다.

① 인간공학자 : 인체기능/동작 분석, 인체공학적 제품개발/평가 인간정보처리 기능분석
② 산업디자이너 : 감성적 디자인 상품화 P&D(Planning & Design)
③ 의공학자 : 제품(의공학)개발, 인체와 제품 사이의 관계(interaction)

④ 심리학자/정신과 전문의 : 인간감성의 측정, 분석, 검증

⑤ 정형외과/재활의학과 전문의 : 제품관련 인체특성 조사 연구 및 제품개발/활용

⑥ 해부학/생리학자 : 인체구조, 기능의 분석을 통한 기초자료 Law Data, Under Data 제공

⑦ 제품관련 Engineer : 제품의 구조/기능 설계 및 제작

표 3-7 인간생활과학기술의 연구영역 및 도출과제(일본 통산성)

	생체	인간	생활, 환경
계측 및 평가	• 생체 리듬의 계측 및 평가 • 인구의 조밀 및 폭주 계측 • 신경활동의 전기생리적 계측 • 고등감각의 생리적 계측 • 생체－전자파 상호작용 평가 • 자율조절기능의 비침투계측 • 생체의 형상 및 물성계측 기술 • 분자인식에 의한 생체물질 계측 • 바이오 센서	• 고등감각의 심리적 계측(복합감, 안락감, 불쾌감) • 피로의 계측, 평가 • 의사결정특성의 계측(Fuzzy decision making) • 인체계측과 체형측정 • 작업부담 계측 • 장애자의 동작훈련 평가	• 인간–제품 시스템 평가방법 • 재료 및 성형 표현의 인간적 친화성 평가 • 인간–환경 시스템 평가방법 • 쾌적한 시각환경 평가방법 • 고령자를 위한 제품, 환경 평가 • 생활환경의 물리적 계측(광, 음, 습도, 온도, 진동, 저주파소음) • 생활환경의 화학적 계측
생체 기능 해석 및 모형화	• 생체의 제어 메카니즘의 해명감각발생의 메카니즘, 신경회로 모델링, 뇌순환계의 조절기구,운동제어의 신경기구 • 생체관련 전기화학반응	• 시각제어 모형 • 입체시의 모형 • 후, 미각의 감각기구 • 사고과정의 인지모형 • 지식모형	• 거주환경의 인간공학 • 단체행동 특성의 모형화 • 환경요인 변화에 따른 수명예측 • 신소재대환경성의 열화/요인분석 • 유물질 분리 메카니즘
응용 기술	• 생체의 센싱기능모형능동형 피부감각센서, 냄새감지센서, 뉴럴 네트워크를 이용한 학습인식 시스템 • 분자인식 가능 물질 • 자극대응 기능소재 • 바이오닉 디자인생체적합설계생체조직모델설계 • 생체적합재료생물분해성재료인공장기용 재료 • 생화학 반응전지	• 휴먼 인터페이스의 최적설계정보기기 시스템, 의료기기 • 체형인식 시스템 • 센서 퓨징 • 정보표시 전달기술 • 고령자, 장애자 대응기술 보호장구, 고령자용, 소프트인터페이스 • 설계 사고지원 시스템 • 인간–재료 인터페이스 기술	• 생활의 토탈 밸런스 기술 • 생활관련 소재의 최적설계 • 내환경성 재료 • 쾌적환경 설계생활환경적합잴, 다양한 요구대응 주택용품 • 생활환경 지원 시스템 긴급시 대응 시스템, 극한환경하의 생활지원 • 감각공해 감시 시스템 • 생활 센싱 소자

일본의 통산성산하에 있는 공업기술원(제품연구소가 주관)에서 시행하고 있는 인간생활과학기술의 연구영역을 살펴보면 표 3-11과 같다. 여러 분야에서 많은 기술들이 포함되어 있음을 알 수 있다. 감성공학과 관련된 요소기술을 구체적으로 그 체계를 세워보면 다음과 같다.

① 제품설계에 활용할 수 있는 인간특성을 파악하는 기반기술
② 인간특성에 알맞도록 인터페이스를 구현하기 위한 구현기술
③ 인간에 대한 적합성을 판단하고 새로운 감성을 창출하기 위한 응용기술

첫째, 기반기술에는 인간공학, 생리학, 심리학에 기반을 둔 생체기술, 인간감각계측기술, 생체제어기술 등이 포함되어 있다.

둘째, 구현기술에는 센서 및 센싱기술, 액튜에이터 기술, 센서퓨젼 기술, 마이크로 머시닝 기술, 퍼지 뉴럴 네트워크 기술, 산업 디자인 기술 등이 속하고 있다.

셋째, 응용기술에는 사용성 평가기술, 인공현실감(virtual reality)기술 등이 내포되고 있다. 이러한 감성공학의 요소기술을 중심으로 그 연구체계를 구성한 것이 그림 3-19에 나타나 있다.[25]

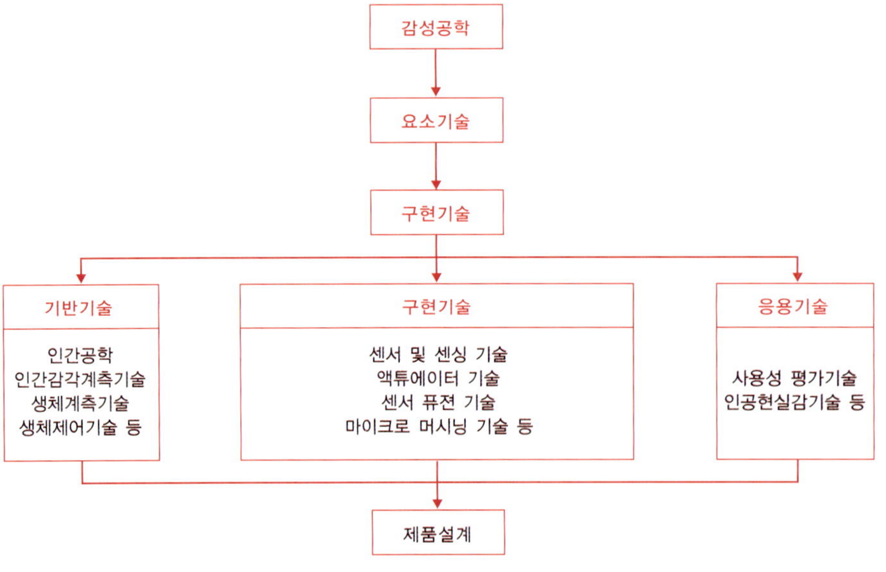

그림 3-18 제품설계 감성공학의 연구체계

3-3 조사, 분석, 실험, 원인 및 해명 / 관계설정화

설문지법(questionnaire)에서의 설문이란 정보를 얻기 위해 구성된 질문들로 클라이언트의 활동, 태도, 성격, 요구에 대한 정밀자료를 서면응답을 필요로 하는 일련의 질문서로 집중인터뷰(focused interview)의 기반을 형성하고 있다.[42] 법의 절차를 통해서 프로그래머는 선호, 가치 느낌같은 태도의 정보를 수집하고 가급적 정밀하게 측정하는 일이 가능하며, 사실자료를 실증하는 일이 가능해진다. 설문지는 집단, 태도, 활동, 공간이용, 성격, 선호문제 등 필요한 자료를 얻는데 목표를 둔다. 설문지법은 면접법보다는 객관적이나 다수의 경험과 주관적 이해에 바탕을 두어야하므로 여타방식으로 구한 자료와 비교검증할 필요가 있다.

일반적으로 설문지법을 시행할 때는 표준화 된 설문지를 작성하여, 응답자들의 응답을 일관성 있게 비교가능하게 하여야 한다. 프로그래머는 개별적인 생각, 의견을 검토하기보다는 비교가능하고, 다양성 있는 자료를 집단에서 구한다. 질문지로 구할 수 있는 자료의 종류는 사실자료와 의견자료, 두 가지가 있다. 프로그래밍의 목적면에서는 연령, 성, 종교, 수입, 주택의 종류와 가격, 교육, 직업 같은 인구통계 내지 센서스 자료가 포함되는 사실자료가 주된 정보관심이 되며, 신념, 느낌, 가치관 기준, 견해 등이 포함되는 주관적 자료의 대부분은 특정 프로젝트에 이용된다.

설문지법의 구성은 도입부로 시작된다. 이것에는 응답자에 대한 협력요청, 조사자나 조사기관의 소개, 조사의 취지설명과 개인적인 응답항목에 대한 비밀보장을 확신시켜 줌으로써 조사의 응답률을 높이고, 응답을 보다 쉽게 얻어내는 부분이다. 이 부분에서 개별자료는 각 설문지를 구분하기 위한 개별번호, 기호화(coding)와 추후의 확인조사를 위한 응답자의 이름이나 주소 또는 조사를 실시한 조사요원의 이름과 조사일시를 기록하는 부분이다. 자유응답형의 형식으로 구성된 예비질문단계를 거쳐 본 질문단계로 구성된다. 끝으로 인적사항자료 단계는 「인구통계학적 변수」들을 조사하는 부분으로 응답자군별의 분류(clustering)를 위한 단계이며 경우에 따라서는 설문의 도입부에서 다루어지기도 한다.

가상적인 응답자군을 대상으로 사전조사를 실시(설문소요시간, 난이도, 전문용어 이해정도 파악 등 신뢰도를 저해할 문제점은 다시 feed-back 해서 수정)하고 본설문을 실시한다. 설문지 앞에 연구자가 누구이고 목표가 무엇인지, 그리고 절대비밀임을 밝히고 감사의 글을 쓴다. 연구자의 연락처를 쓰고, 응답자의 프라이버시 보호를 위해 "이 설문 내용은 통계법 제33조 및 제34조에 따라 연구를 위한 통계 이외의 목적에는 사용되지 않을 것이며, 비밀을 보장함을 밝혀 드립니다"라는 구절을 삽입하는 것이 중요하다.

check point

설문지구성의 체크포인트

① 문항의 구체성과 범위(range), 심도(depth)를 고려하였는가
② 설문지에는 설문의 목적, 설문의 이용한도, 설문의 보안 등과 함께 연구자의 소속, 직위, 연락처 등이 정확하게 명기되어 있는가
③ 계량적 판별을 위하여 모든 문항별 명칭은 영문 이니셜로 코딩(coding)하여 구분시켰는가
④ 설문지법에 의한 사례의 경우 설문의 형식은 구조화 된 설문지인지 비구조화 된 설문지인지를 구분하였는가
⑤ 질문의 배열은 논리적이고 체계적이며 생략되거나 비약되는 것이 없는가
⑥ 개방형(자유답변형) 질문은 간단하고 친절하며 흥미로우나 자극적이지 않은가
⑦ 민감한 질문은 처음이나 끝에 두지 않았는가
⑧ 인구통계학적 연관문항들은 개인적문제로 답변하기 어렵지 않은가
⑨ 직업 분류, 소득 분류 등 각종 설문은 연구의 필요성과 부합되는 목적을 지니는가(문항이 많지 않은가)
⑩ 쉽고 명료한 학술적인 전문용어를 사용하였는가
⑪ 다지선다형에 있어서는 가능한 응답을 모두 제시하였는가
⑫ 응답항목들간의 내용은 중복이 안 되는가
⑬ 하나의 항목으로 두 가지 내용을 반복해서 질문하지 않았는가
⑭ 연구자 임의로 응답자들에 대한 작성을 요구하는 내용이 없는가
⑮ 제시 된 문항별 내용들은 응답자가 기본적으로 이해하는 수준인가
⑯ 응답자들에게 설문의 목적에 직접적이지 않은 응답을 요구하지 않았는가
⑰ 유도형의 문항과 유사한 질문은 없는가
⑱ 문항의 내용에 따라 표기방법, 위치, 개수 등 보기와 예시에서 안내하였는가
⑲ 응답자에 관한 인적사항은 뒤에 넣었는가
⑳ 질문항목간의 유의미적 관계를 고려하였는가

표 3-8 영문 설문지 구성 사례(한·일 디자인 공동연구)

Survey of the Industrial Design Competitiveness of
Korean Products in Overseas Markets(50)

Executive Organization	The Ministry of Trade Industry & Energy
Directive Organization	KIDP
Survey Organization	Lee' s PR &Research Ltd.
	SEOULTECH / IP

Classified Number				

1. This survey has been directed and made by **KIDP(Korea Institute of Industrial Design Promotion)**, a subsidiary of **the Ministry of Trade, Industry and Energy of Korean Government.**

2. This survey aims **to investigate and analyze the current status of the industrial design competitiveness of Korean products.** It is hoped that its findings will serve as a useful reference for the strengthening of Industrial design competitiveness and government policy initiatives toward this end.

3. All replies to this survey **will be kept strictly confidential and not used for any purpose other than research** as provided for under Article 8 and Article 9 of the Data Protection Law.

4. Thanks to all respondents who complied to the questionnaires and cooperation rendered, if any questions or inquiries, please do not hesitate to contact. (Contact address below)

Managing Organization : Research Team, KIDP
☎ 82-2-708-2091 Fax : 82-2-708-2161 E-Mail : Son@Kidp.or.kr
Survey Organization : IPI(Institute for Product Innovation)
(Seoul National University of Science & Technology) Professor : Suk-woo, Han
☎ 82-2-970-9369 Fax : 82-2-261-2211 E-Mail : swhan@seoultech.ac.kr

〈Respondent Details〉

Country			Name of Company			
Address						
Respondent	Department		Main Work		Position	
	Name		Telephone			
	FAX		E-Mail			

Comparison of Design Importance, Value and Preference Image, Fashionable Color

Following question is for Product concept of main articles of imports replied above.

Which Industry is related to the largest imports of your company?
① Electricity & Electronics ② Machinery & Transportation equipments
③ Textiles ④ Footwear & Toys ⑤ The Leather & Fur

(in the concrete Ex: motor vehicles, refrigerators, plastic toys etc.)

* Please check the number that indicates the **Korean imports' Product Concept's** degree of importance of the product's competitive success in the overseas markets.

– Degree of Importance for Deciding Importation –

	very important 1	2	3	4	5	6	very unimportant 7
C1. Products Identity	□	□	□	□	□	□	□
C2. Sensibility	□	□	□	□	□	□	□
C3. Aesthetic integrity	□	□	□	□	□	□	□
C4. Price	□	□	□	□	□	□	□
C5. Performance	□	□	□	□	□	□	□
C6. Value	□	□	□	□	□	□	□
C7. Technology	□	□	□	□	□	□	□
C8. Fashion / Trend	□	□	□	□	□	□	□
C9. Brand Identity	□	□	□	□	□	□	□
C10. Service	□	□	□	□	□	□	□
C11. Finishing touch	□	□	□	□	□	□	□
C12. Reliability	□	□	□	□	□	□	□
C13. Environment friendly Design	□	□	□	□	□	□	□
C14. Space / Scene Harmony	□	□	□	□	□	□	□
C15. Barrier-Free / Universal Design	□	□	□	□	□	□	□

Questions about **Korean products' Performance (Usefulness)**

– Degree of Importance for Deciding Importation –

	very important 1	2	3	4	5	6	very unimportant 7
P1. Durability	☐	☐	☐	☐	☐	☐	☐
P2. Working well	☐	☐	☐	☐	☐	☐	☐
P3. Usability	☐	☐	☐	☐	☐	☐	☐
P4. Easiness of Maintenance and Amendment	☐	☐	☐	☐	☐	☐	☐
P5. Exchangeable	☐	☐	☐	☐	☐	☐	☐
P6. Uniformity	☐	☐	☐	☐	☐	☐	☐
P7. Easiness of Control & Operating	☐	☐	☐	☐	☐	☐	☐
P8. Easiness of understanding	☐	☐	☐	☐	☐	☐	☐
P9. Stable structure	☐	☐	☐	☐	☐	☐	☐

Questions about **Korean Products' Aesthetic integrity**

– Degree of Importance for Deciding Importation –

	very important 1	2	3	4	5	6	very unimportant 7
St1. Harmony of shape	☐	☐	☐	☐	☐	☐	☐
St2. Creative Form	☐	☐	☐	☐	☐	☐	☐
St3. Image up / Freshing up	☐	☐	☐	☐	☐	☐	☐
St4. Color scheme	☐	☐	☐	☐	☐	☐	☐
St5. Fashionable trend	☐	☐	☐	☐	☐	☐	☐
P6. Uniformity	☐	☐	☐	☐	☐	☐	☐
St7. Proper materials	☐	☐	☐	☐	☐	☐	☐
St8. Finishing touch	☐	☐	☐	☐	☐	☐	☐
St9. Amenity / Sensibility	☐	☐	☐	☐	☐	☐	☐

Questions about **Korean products' Competitiveness**

– Degree of Importance for Deciding Importation –

	very important 1	2	3	4	5	6	very unimportant 7
Ec1. Retail Price	☐	☐	☐	☐	☐	☐	☐
Ec2. Efficient After-Sales Service (A/S)	☐	☐	☐	☐	☐	☐	☐
Ec3. Exchangeability of Component	☐	☐	☐	☐	☐	☐	☐
Ec4. Marketability	☐	☐	☐	☐	☐	☐	☐
Ec5. Profitability	☐	☐	☐	☐	☐	☐	☐
Ec6. Brand Naming	☐	☐	☐	☐	☐	☐	☐
Ec7. Trend Tracking	☐	☐	☐	☐	☐	☐	☐

Questions about **Korean products' Environmental factors**

	very important 1	2	3	4	5	6	very unimportant 7
En1. Reuse / Refill	☐	☐	☐	☐	☐	☐	☐
En2. Usability of Recycled Materials	☐	☐	☐	☐	☐	☐	☐
En3. Environment Friendly	☐	☐	☐	☐	☐	☐	☐
En4. Package Materials	☐	☐	☐	☐	☐	☐	☐

Questions about **Korean products' Ergonomics & Human factors**

	very important 1	2	3	4	5	6	very unimportant 7
Eh1. Convenience	☐	☐	☐	☐	☐	☐	☐
Eh2. Reliability	☐	☐	☐	☐	☐	☐	☐
Eh3. Usability	☐	☐	☐	☐	☐	☐	☐
Eh4. Safety	☐	☐	☐	☐	☐	☐	☐
Eh5. Amenity & Sensibility	☐	☐	☐	☐	☐	☐	☐
Eh6. Location / Definition / Tracking	☐	☐	☐	☐	☐	☐	☐
Eh7. Efficiency	☐	☐	☐	☐	☐	☐	☐
Eh8. Custom	☐	☐	☐	☐	☐	☐	☐
Eh9. Vision	☐	☐	☐	☐	☐	☐	☐

Questions about **Current Local Fashionable Trend of color**

Ex.	to a high degree	in some degree	a little	normal	a little	in some degree	to a high degree
	☐	☐	☐	☐	☐	☐	☐

* Please check the item that best describes your opinion

– Fashionable Trend of Color –

	to a high degree	in some degree	a little	normal	a little	in some degree	to a high degree	
	1	2	3	4	5	6	7	
1. Clear	☐	☐	☐	☐	☐	☐	☐	Opaque
2. Brilliant	☐	☐	☐	☐	☐	☐	☐	Dim
3. Vivid	☐	☐	☐	☐	☐	☐	☐	Dull
4. Cool	☐	☐	☐	☐	☐	☐	☐	Warm
5. Bright	☐	☐	☐	☐	☐	☐	☐	Dark
6. Shallow	☐	☐	☐	☐	☐	☐	☐	Deep
7. Achromatic	☐	☐	☐	☐	☐	☐	☐	Chromatic
8. Progressive	☐	☐	☐	☐	☐	☐	☐	Retrogressive
9. Light	☐	☐	☐	☐	☐	☐	☐	Dark
10. Pale	☐	☐	☐	☐	☐	☐	☐	Blackish
11. Mono	☐	☐	☐	☐	☐	☐	☐	Multi
12. Strong	☐	☐	☐	☐	☐	☐	☐	Weak

Questions about **Your Preferable Product Image**

Ex.	to a high degree	in some degree	a little	normal	a little	in some degree	to a high degree
	☐	☐	☐	☐	☐	☐	☐

* Please check the item that best describes your opinion

– Preferable Product Image –

	to a high degree	in some degree	a little	normal	a little	in some degree	to a high degree	
	1	2	3	4	5	6	7	
1. Sharp	☐	☐	☐	☐	☐	☐	☐	Dull /Blunt
2. Modernt	☐	☐	☐	☐	☐	☐	☐	Classical
3. Soft	☐	☐	☐	☐	☐	☐	☐	Hard
4. Rounded	☐	☐	☐	☐	☐	☐	☐	Edged
5. Continental	☐	☐	☐	☐	☐	☐	☐	Insular
6. Rough	☐	☐	☐	☐	☐	☐	☐	Smooth
7. Common	☐	☐	☐	☐	☐	☐	☐	Unique
8. Calm	☐	☐	☐	☐	☐	☐	☐	Windy
9. Tense	☐	☐	☐	☐	☐	☐	☐	Lax
10. Brave / Showy	☐	☐	☐	☐	☐	☐	☐	Casual
11. Shallow	☐	☐	☐	☐	☐	☐	☐	Deep
12. Emotional	☐	☐	☐	☐	☐	☐	☐	Intellectual
13. Practical	☐	☐	☐	☐	☐	☐	☐	Metaphor
14. Young	☐	☐	☐	☐	☐	☐	☐	Old
15. Bright	☐	☐	☐	☐	☐	☐	☐	Opaque
16. Vivid	☐	☐	☐	☐	☐	☐	☐	Turbid

탐구 및 해명의 경우 실험은 이론적주장과 견해의 객관성과 타당성을 확보하기 위한 목적을 지니며 일반적으로 실험계획-처리-반복수(number of replications)결정-확률화(randomization)의 과정을 지니고 있다. 연구하고자 하는 인자들의 단독효과나 상호작용 또는 화학성분들의 반응이나 기계의 성능 등을 비교하거나 처리에 대한 반응변수에 나타나는 효과 등을 연구할 때, 인자나 처리의 모든 조건이 동일하게 통제된 상태에서 수행해야 한다. 따라서 자칫 부주의하게 되면 객관성 있고 불편 타당한 실험결과를 기대하기 어렵다.

그러므로 실험에 착수하기 전에 실험진행계획, 실험진행계획에 맞는 자료의 준비 또는 공급계획, 실험실 상태, 실험기계 및 기구의 점검, 실험보조원의 훈련 상태 등에 대한 세밀한 계획을 세워야 한다. 이와 같은 계획을 통하여 실험도중에 재료의 부족이나 기계 및 기구의 결함 등으로 실험이 중단되거나 실패로 돌아가지 않도록 사전에 충분한 점검을 한 후에 실험에 착수해야 한다. 여기에서는 실험을 수행하는데 필요한 몇 가지 사항들에 대해 살펴보고자 한다.

1. 실험재료

실험에 쓰이는 재료(동물, 식물, 미생물, 화학물질, 화공약품, 금속, 세라믹스, 기계 및 기구, 특수소재 물질, 기타 물질 등)에 대한 규격을 명확하게 기술해야 한다. 실험재료로 동물이나 식물을 이용할 경우에는 학명이나 품종명을 정확하게 기록하고, 생후 일이나 월, 연수, 영양상태 등을 명기해야 할 것이다. 미생물의 경우에는 분양 또는 수집된 장소, 년, 월, 일과 종(species)이나 속(race)명 또는 출처, 근원(source)을 이태릭체로 명시해야 한다. 화학물질이나 화공약품의 경우는 제조원과 제조년월일, 순도 등 실험결과와 관계가 있는 요인들을 기록해야 한다.

만약 금속이나 세라믹스, 폴리머 등 사용소재에 따른 특성을 관찰하는 연구의 경우에는 사용소재의 정확한 물리·화학적 특성 및 기계적 성질 또는 소재의 생산원지 및 규격을 정확하게 표기해야 하고, 시판되는 기계나 기구류는 제조원과 모형, 제작연월일 등을 기록해야 한다. 이러한 기계나 기구류가 시판되는 것이 아니고 실험을 위하여 특별히 제작되었을 경우에는, 그림이나 사진을 첨부하여 제원을 명확하게 제시하는 것이 좋다.

논문에 실린 결과는 재현성이 있어야 하므로 연구자가 쓴 재료나 실험방법 등은 정확하게 기록해야 한다. 만일 실험방법이나 재료에 관한 어떤 사실이 새로운 것이면 자기의 독창성을 주장하기 위해서라도 상세하게 표현할 필요가 있는 것이다. 학위청구논문의 경우는 실험방법, 재료 및 측정기기 등으로 제목을 붙여서 상세히 기술하여야 한다. 기술에 있어서 유의할 점은 다음과 같다.

① 재료와 순도를 명기한다.
② 특수한 기계장치는 그림으로 표시하고 기계의 이름과 출처가 잘 알려져 있지 않을 경우에는 출처도 명기한다.
③ 실험과정, 인용문헌, 생성물의 특성을 명기한다. 또 실험도중에 발생하는 예기치 못한 위험은 강조하여 기록하도록 한다.
④ 측정의 정확도를 명기한다. 또 수학적인 논문에서는 유도된 식과 숫자상으로 나타난 결과를 대조할 수 있도록 수학적인 항목을 자세히 쓴다. 그리고 보통 많이 사용하지 않는 화합물은 구조식과 화학 명을 적어도 한번은 명기하여야 한다.
⑤ 재료 및 장치 : 연구에 쓰인 재료는 직접적인 것과 간접적인 것으로 나눈다.

직접적인 것이란, 시판시약이나 그 밖의 재료를 말하고, 간접적인 것은 합성한 재료, 만든 재료, 또는 채취한 재료 등을 말한다. 시판 재료를 쓸 때는 그 품위와 제조회사 등을 적고, 그것을 정제했을 경우에는 정제방법을 기술하거나 문헌을 소개한다. 간접적인 재료의 경우는 합성한 방법, 만드는 방법, 또는 채취한 방법 등을 적고, 분석한 값을 함께 수록하거나 재료의 규격 등을 그림으로 표현해도 무방하다. 또 재료를 얻기 위해서 쓰인 장치가 독창성이 있는 경우에는 그 장치를 그림으로 넣고 설명을 가한다. 사용된 측정 기기가 이미 시판되는 것이면 그 기기의 제작소와 기기 형을 적어 간단히 나타내고, 특별히 고안한 것이면 그림을 넣고 상세한 설명을 가해야 한다.

2. 실험유형 선택

실험법은 관찰의 한 방법이지만, 관찰을 위한 조건을 어떤 특정한 방법으로 조작 통제한다는 점에서 앞에서 언급한 관찰법과 다르다.

① **단일군법** (single group design) : 한 개의 집단을 대상으로 일정기간을 전후로 나누어 각각 다른 실험요인을 실시하여 비교 검증하는 방법이다.
② **평형법** (counter balancing order design) : 단일군법에서는 실험요인을 A–B의 순서로 제시하지만, 평형법에서는 A–B–B–A의 순서로 제시한다. 이것은

장기간에 걸친 연구이다.

③ 배쌍법 (matched pair design) : 두 집단 이상을 대상으로 할 때 양 집단의 피검자의 질을 동등하게 하는 방법

④ 배군법 (matched group design) : 배쌍법은 개인과 개인을 짝지어 집단을 같게하지만 배군법은 집단내의 개인차에 관계치 않고 양 집단의 통계치, 즉 평균치와 표준편차를 같게 만드는 방법이다.

⑤ 단순무선법 (simple randomized design) : 두 집단을 등화시킬 요인을 결정할 수 없다든지, 관계요인을 측정하거나 발견할 수 없을 때 집단을 등화하기 위한 방법으로 인위적인 조작이 없이 무작위로 나눈다.

⑥ 배군평형법 (matched group counter balancing order design) : 평형법과 배군법을 병용하는 방법이다.

3. 실험계획 수립

논리에 비약이 있거나 편파적이 아니면서 과학적이고 논리적인 결론을 도출하고 모집단에 대한 신빙성 있는 추론을 유도하기 위해서는, 공정하고 객관성 있는 자료를 얻어야 한다. 또한 실험을 하기 위한 재원이나 시간 등 역시 한정되어 있으므로, 최소한의 재료와 노력, 경비로 연구목적을 달성할 수 있도록 실험계획을 세워야 한다. 이를 위해서는, 필요한 경우에는 통계전문가와 협의하여 적합한 실험계획법을 이용하거나 실험목적을 위해 새로운 설계법을 적용하여야 한다.

아울러 결과를 극대화하기 위하여 처리계획을 잘 세우고 적절한 반복수를 결정하고 확률화의 방법을 적용함으로써, 실험의 효율을 높이도록 해야 할 것이다. 또 처리계획을 세울 때 각 처리를 구성하는 인자들과 처리내용에 대해 상세히 기술해야 한다. 실험이 완성되어 자료를 수집한 후에는, 실험계획법에 따른 적합한 자료분석 기법을 적용하고, 여러 가지 방법으로 분석·검토하여 최적의 결론을 도출해야 할 것이다.

4. 실험의 수행방법

실험은 실험계획과 일정에 따라 착수하여 진행될 것이다. 그러나 실험을 수행하기 전이나 수행중이라고 하더라고, 실험결과에 영향을 미칠 것으로 예상되는 사항

은 세밀하게 기록·보존하여 차후에 참고자료로 활용할 수 있도록 해야 한다. 이하에서는 실험과정에서 고려해야 할 사항들에 대해 살펴보고자 한다.

① 야외실험의 경우, 특히 포장에서 농작물이나 어느 식물에 대한 처리 외에 온도나 습도, 바람, 강수량 등의 기상요인과 식물이 자라는 토양의 물리적 성질이나 화학성분과 조성, 토양미생물, 병충해 등 여러 가지 요인들이 실험결과에 미치는 영향이 크고, 경우에 따라서는 올바른 평가를 할 수 없을 때도 많다. 따라서 이들 요인에 대한 자료를 세밀하게 기록해두면, 나중에 결과평가에 도움이 될 수 있다.

② 실내실험에서는 실내온도와 습도의 조건이 실험결과에 영향을 미칠 수 있다. 예를 들면 미생물을 배양하는 실험에서 실내온도와 습도, 미지의 세균의 오염도 등이 미생물의 생장에 영향을 미칠 수 있을 것이다. 왜냐하면 실험온도를 섭씨 20도로 조정했다고 하더라도, 햇빛이 들어오는 남쪽 부위는 북쪽 부위보다 온도가 상당히 높을 것이고, 따라서 남쪽에 위치한 처리에서 미생물이 더 잘 번식할 수 있기 때문이다. 그러므로 실험기간에 실험실의 온도와 습도, 통풍상태 등 실험실의 조건을 기록해두는 것이 좋다. 화학실험의 경우도 천칭이나 분석기기 등 정밀을 요하는 기계·기구는 외부의 영향을 받지 않는 상태에서 사용하여, 실험결과에 외적인 영향이 없도록 세심한 주의를 기울여야 한다.

③ 일반적으로 실험오차를 줄이기 위하여 동일인이 실험을 처음부터 끝까지 수행하는 것이 일반적이다. 그러나 실험이 방대하고 분량이 많아 한 사람으로는 도저히 이를 실시할 수 없을 때에는, 작업분량을 적절하게 분할하여 실시할 수 있을 것이다. 이때는 한 사람이 한 반복(one cycle)이나 한 블록을 완성하도록 하고, 두 사람이나 세 사람이 한 반복이나 한 블록을 협동으로 수행하도록 해서는 안 될 것이다. 특히 실험의 수행에서 본 처리나 주 실험 이외의 모든 관리와 조건은 반드시 균일하게 해야 한다. 왜냐하면 사람들마다 처리를 취급하는 기술이나 요령, 섬세성 등이 다르며, 이러한 것들이 실험결과에 영향을 미칠 수도 있기 때문이다.

④ 실험을 수행할 때 이미 널리 알려져 있는 방법을 이용할 경우에는, 구체적인 설명을 피하고 어떤 방법을 사용했다고 문헌으로 대신하는 것이 좋다. 동일한 연구목적을 위하여 여러 가지 방법을 적용하였기 때문에 방법 하나하나에 대해 설명을 해야 할 경우에는, 소단원으로 나누어 각각을 설명하는 것이 좋다.

예를 들어 동물의 사양법이나 식물이나 미생물의 배양법, 정량법, 분석법, 시료의 조제방법, 특히 독창적으로 개발한 분석방법은 구체적으로 기술해야 한다. 동식물을 재료로 하는 실험에서는 실험도중에 계획에 따라서 처리별로 표본을 추출하여 조사항목을 관찰하게 되는데, 이때는 표본을 추출하는 방법이나 부위, 특성치, 조사방법, 분석방법 등을 상세하게 설명해야 한다.

⑤ 실험일지를 반드시 작성하도록 한다. 실험일지에는 누가, 언제, 무엇을, 어떻게, 왜 실시했는지에 대해 분명하게 기록하고, 아울러 그때그때 관찰된 특기사항을 빠짐없이 적어두도록 한다. 실험은 단기간에 끝날 수도 있지만, 대개는 장기간을 요하는 경우가 많다. 따라서 실험일지를 잘 작성하는 것은 실험을 성공적으로 완수하는 매우 중요한 역할을 하게 되며, 나중에 이루어지게 될 자료해석에도 많은 도움이 된다.

5. 실험결과의 기록과 정리

실험은 계획에 따라 정확하고 수준 높게 수행하고, 실험에서 얻은 결과는 물론 실험과정에서 나타나는 특기할 만한 사항이나 진행과정을 정확하고 체계적으로 상세하게 기록하여, 나중에 결과를 평가할 때 참고할 수 있도록 해야 한다.

실험결과는 조사·측정할 때 일차적으로 실험목적에 부합하는 자료를 세심하고 정확하게 기록하게 될 것이다. 그러나 경우에 따라서는 실험수행 중에 새로운 착상이 생겨, 처음의 목적 외에 추가적으로 더 조사·측정하고 싶은 변수나 특성치가 있을 수 있을 것이다. 그러한 경우에는 본래의 목적을 그르치지 않는 범위 내에서 추가적으로 특성치를 조사함으로써 차후에 이를 활용하거나, 경우에 따라서는 이외의 큰 성과를 얻을 수도 있기 때문에 가능한 한 많은 정보를 수집·보관하는 것이 바람직하다. 또한 실험의 전 과정에서 나타나는 현상은 예의주시하거나 정밀하게 관찰한 결과를 기록하는 것을 잊지 말아야 한다.

문헌상에 나타나는 연구결과를 의식해서 실험성적을 임의로 조작하거나, 특이한 자료가 발생할 때 임의로 없애버리는 등의 일을 해서는 안 된다. 실험결과는 나타난 결과 그대로를 기록하고, 특이하게 나타난 자료는 그대로 활용하고, 그와 같이 나타난 이유를 밝히려고 노력함은 물론, 연속성 있는 연구개발 및 창출을 위한 자료로 활용할 수 있도록 하는 것이 연구자의 올바른 태도이다.

만약 의외의 특이한 현상이 관측되었을 경우에는, 관측 즉시 이를 사진으로 남겨놓고 재점검을 통하여 확인하고 원인을 규명하는 것이 가장 바람직하다. 아울러 실험이 끝난 후 자료정리 단계에서 이상이 발견되었다면, 여러 가지 측면에서 자료를 확인하고 확인이 안 될 경우에는, 그 처리에 대해서만이라도 가능하면 다시 실험을 실시하여 자료의 이상여부를 확인할 필요가 있다.

6. 실험결과 분석

조사된 자료나 실험에서 관측하여 얻은 자료는 연구목적에 부합되는 결론을 도출할 수 있도록 가능한 한 간단하게 정리·요약하여 이를 표로 제시하거나 히스토그램이나 일반그래프 등으로 나타내고, NMR이나 IR, UV 등의 기기분석결과는 기계에서 찍어낸 그래프를 축소하거나 그대로 게재하며(최근에는 특히 주목할 만한 자료를 제외하고는 MNR, IR, UV, 원소분석 등의 데이터를 그래프 대신에 수치화하여 표시함으로써 지면을 줄이려는 경향이 있다), 현미경 관찰이나 단백질 분석에서는 결과를 사진으로 제시함으로써 설명을 더욱 명료하게 할 수 있다. 일반적으로 모집단의 분포모양을 나타내는 경우에는, 도수분포나 히스토그램, 그래프 등을 이용할 수 있다. 또한 모집단에 대한 추론이나 처리를 비교하는 경우에는, 통계적 분석결과와 함께 요약된 통계량을 표로 만들어 제시하는 것이 편리하다.

조사자료에서 문제해결에 도움을 주는 정보를 끌어내기 위해서는 조사자료가 갖는 수많은 특징을 될 수 있는 한 많이, 그리고 정확하게 발견해 내지 않으면 안된다. 그러므로 설문지 조사에서는 조사자료를 정보로 변환하는 과정인 조사자료의 분석(통계적 자료분석)이 중요한 역할을 하게 된다. 조사 자료를 분석하는 과정 중에 중요한 일은 무엇을 위해서 자료분석을 하는가? 라는 조사목적에 따른 문제의식을 항상 가지고 자료분석을 진행하는 일이다. 또한 적절한 분석방법을 적용하는 일 역시 중요하다. 질문에서 자료가 갖는 특징은 집단전체의 특징을 정확하게 파악할 수 있도록 조사자료를 정리하기 위해서 이를 수치로 요약하고, 도표 등으로 나타낸다. 분석기법의 종류는 분류의 기준에 따라 여러 가지 방법으로 나누어질 수 있으나 그 중 대표적이라 할 수 있는 변수의 수, 분석의 성격, 척도의 종류, 집단의 수, 표본의 성격 등에 의해 분석 기법을 분류해 보면 다음과 같다. 변수의 수는 분석기법을 분류하는 가장 기본적인 기준으로 분석상에서 고려되는 변수의 수에 따라 통계기법을 분류한 것이다.

(1) 단일변량통계분석

단일변량통계분석(univariate analysis)은 변수가 한 개인 경우의 분석으로서 z 검정이나 t 검정과 같이 표본으로부터 추출된 하나의 변수에 대한 분석을 말하며 기초통계학의 중심을 이루는 부분이다.

(2) 다변량통계분석

다변량통계분석(multivariate analysis)은 분석에서 고려하는 변수가 두 개 이상인 기법들의 총칭이며, 변수의 수가 두 개인 경우를 이원변량분석(bivariate analysis), 세 개 이상인 경우를 다변량 분석으로 분류하기도 한다. 다변량통계분석은 마케팅 조사에서 이용하는 분석기법의 대부분을 차지한다. 분산분석, 회귀분석, 판별분석, 요인분석, 군집분석 등이 있다.

분석의 성격은 분석을 통해 파악하려고 하는 변수들 상호간의 관계에 따른 분류로서 다음과 같이 대별되어진다.

(3) 종속관계에 관한 분석기법

이는 변수들간에 종속적인 관계가 있는 경우, 변수들을 독립변수와 종속변수로 나누어 독립변수들의 변화가 어떻게 종속변수의 변화에 영향을 미치는가를 분석하는 기법들을 말한다. 분산분석, 회귀분석, 판별분석 등이 대표적인 예이다.

(4) 상호관계에 관한 분석기법

이는 변수들간의 종속관계 예측보다는 변수들 상호간의 관계(interrelation) 파악이 목적인 기법들을 말한다. 즉 종속관계에 관한 분석기법에서는 변수들을 독립변수와 종속변수로 구별하여 분석을 행하는데 반하여, 상호관계에 관한 분석기법은 변수전체를 이용하여 변수들의 상호관계를 파악하거나 변수들을 이용하여 대상집단들을 동질성을 가진 집단으로 분류하려는데 그 목적이 있다. 요인분석, 군집분석 등이 대표적인 예이다.

척도의 종류는, 분석에 이용하는 변수들을 측정한 척도의 종류가 무엇인가에 따라 나타난다. 즉 변수가 명목척도, 서열척도, 등간척도, 비율척도 중 어떠한 척도로 측정되어진 것인가에 따라 이용할 수 있는 분석기법이 달라지기 때문에 이들 척도의 성격을 고려하여 분석기법을 선정하여야 한다. 분석에 이용할 변수의 성격,

즉 척도에 따라 통계분석기법은 모수통계(parametric statistics)분석과 비모수통계(nonparametric statistics)분석으로 대별되어지기도 한다.

모수통계란 변수가 등간척도나 비율척도로 측정된 경우에 적용되어지는 분석이며, 비모수통계분석이란 변수가 명목척도나 서열척도로 측정된 경우에 적용되어지는 기법들을 말한다.

표 3-9 척도별 자료의 분석방법별 사례

척도	비교방법 (숫자부여방법)	평균의의 측정	적용가능분석방법	사례
명목 척도	확인, 분류	최빈값	• 빈도분석 • 비모수통계 교차분석	• 성별분류, 상품유형별분류, 시장세분구역분류, 존재유무
서열 척도	순위비교	중앙값	• 서열상관관계 • 비모수통계	• 상표선호순위, 상품품질등위, 사회계층
등간 척도	간격비교	산술평균	모수통계	• 온도, 광고인지도, 상표선호도, 주가지수
비율 척도	절대적크기 비교	• 기하평균 • 조화평균	모수통계	• 매출액, 구매확률, 무게, 소득, 나이

조사자료를 해석할 때에 반드시 계산해야 좋다고 할 정도의 수치 요약으로서는 양적자료에 대한 평균(mean)의 계산이 있다. 이 방법의 장점은 반드시 결정된 규칙에 따라서 계산하면 자료의 특징을 하나의 수치로서 나타내는 것이 가능하다는 것이다. 자료로부터 계산된 수치를 집단특성치(대표값)라고 한다. 이런 대표값에는 평균(mean), 중앙값(median), 최빈값(mode), 백분위수(percentiles)등이 있다.

양적 자료에 대해서 평균을 계산하는 것으로 자료가 갖고 있는 특징을 전부 보일 수는 없다. 여기에는 자료의 산포도(퍼짐)와 편기라는 특징이 나타나지 않는다. 자료의 산포도를 나타내는 값으로는 분산(variance), 표준편차(standard deviation), 범위(range), 사분위수 범위(interquartile range)등이 있다. 이러한 것들은 모두 양적자료의 수치요약에 관한 것들이고, 질적 자료에 대해서는 각 범주에 속하는 자료의 도수(frequency)를 자료의 전체 수로 나누어서 얻어진 비율이 자료가 갖는 특징을 파악하는데 사용된다.

3-4 속성, 변인, 구조, 비교 및 판별 / 중요항목화

속성(attribute)은 사물의 특징 또는 성질이다. 철학에서는 어떤 사물에 있어서 그것이 없이는 생각할 수 없는 본질을 이루는 성질이다.(이희승, 1982). 아리스토텔레스는 속성과 우유성(accident)을 구별하는데, 우유성은 하나의 대상에 우연적으로 나타나는 비본질적인 성질이다. 데카르트(Descartes)와 스피노자(Spinoza)는 속성을 양태(mode)와 구별된 것으로서, 실체의 본질을 형성하는 성질이라고 하였다. 즉 양태는 양상. 상태로서 사물이나 사상(事象)이 가지고 있는 양식 또는 상태이며, 혹은 규정성에 의해서 존재하는 경우에는 그 상태 또는 규정성을 가리킨다.

따라서 모든 단위들은 공통적인 속성을 공유함으로써 상호 연상적 관계(associative relation)를 가지며, 소속된 항목들은 속성의 유사성을 가진 범주를 형성한다. 속성으로서의 '무엇' 은 곧 어떤 사물에 내적으로 귀속하는 추상적 속성의 범주로서 물리적 속성 범주에 해당되는 외적인 형태역과 대비된다. 그리고 내용은 사물의 체계를 형성하는 '내적인 것' , 즉, 내적인 과정과 성질 그리고 구성 요소 등의 총체가 된다. 본질은 사물에 필연적으로 나타나는 기본적인 성질만을 포함하며, 내용은 내적이고 본질적인 성질까지도 포함하는 요인간의 범주가 지는 총체이다.

반면, 형식은 객관적 실재와 사물 등의 외적 형태, 가시적인 표면의 현상을 의미한다. 형식은 본질적으로 내용에 의해 규정되는 것으로서 내용과 형식은 상호 관련성을 지닌 관계이며, 내용이 없는 공허한 형식이 없는 것과 마찬가지로 형식이나 구조가 없는 내용 또한 없는 것이다(한국철학사상연구회, 1997).

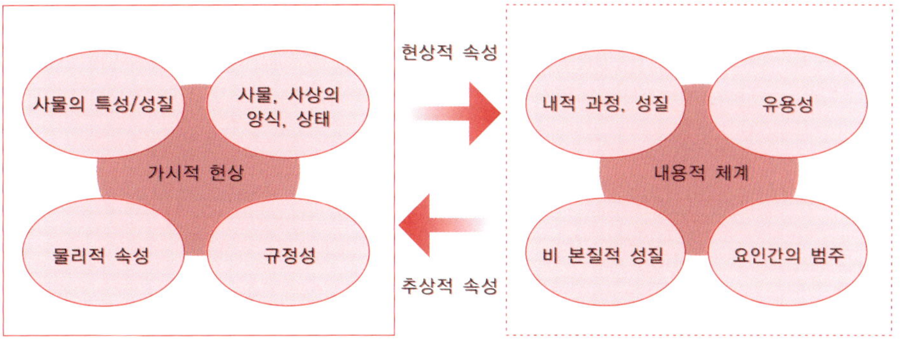

그림 3-19 가시적 현상과 내용적 관계 공유

1. 내포적·외연적 인터페이스 속성구조

다이어그램은 개념의 이해와 의미의 해석에 관한 심리적 절차와 행위에 의해 이루어진 표현의 결과이며 개념과 목적에 대한 조형요소들이 형식적, 의미론적, 추상적 속성으로 결합된 통합체(syntagm)의 의미를 지닌다. 그러므로 작가의 감성이 통일적 직관의 형태로 산출된 외연(denotation)과 내포(connotation)는 통일적인 형식 법칙을 가진 작품에 나타난 개념의 조건이 반영된 묘사로서, 이는 내적 표상이 지각되는 형태를 갖는다.

이러한 개념의 의미는 조건을 충족시키는 것의 전체에서 이루어지는 집합의 조건이며, 포괄하는 대상들을 표시하거나 하나의 개념을 철저하게 하는데 목표를 두는 정의를 에워싸고 있는 상황, 즉 외연이 된다. 아울러 위와 같은 개념이 적용되는 범위란 내포, 함축이 되며 이것은 조형형식, 특성, 종교, 사상 등과 같은 속성으로 외연에 속하는 여러 사물이 공통으로 지니는 필연적 성질의 형식을 뜻한다. 따라서 외연과 내포의 구조는 형식미학과 내용미학으로 구성되는 집합조건과 필연성질의 교차적, 대응적관계로 나타나게 됨을 알 수 있다.

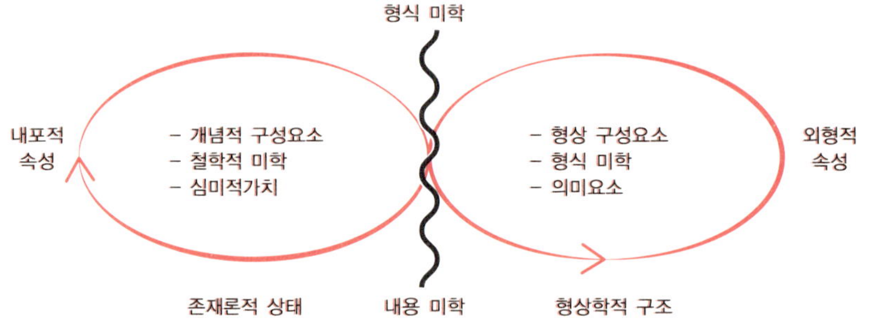

그림 3-20 형식미학과 내용미학 연계사슬

다이어그램에 나타난 플로럴 형식의 표현은 주제, 패턴, 이미지와 같은 시각적, 현상학적 구성요소인 장식미학의 범주에 속한다. 즉, 도자라고 하는 조형성의 조건을 충족시키는 것의 전체에서 이루어지는 집합의 조건에 대한 외적요소이다. 그러므로 이러한 조건의 내용미학에 해당되는 내적요소는 일련의 정신적, 심상적인 요소로서 주제와 연관되는 콘텐츠(contents)로서의 동인(motif)과 상호 조응적인 관계분석에 의한 미적인 의식과 체험의 산물임을 인지하였다.

영향요인에서의 요인간 표본산출과 연계구조에서의 기본이 되는 단위는 기하학에서 다루고 있는 점(dot)의 형상처럼 출발한다. 이러한 점은 모든 도형의 궁극적인 요소인 가장 단순한 도형으로써 위치만 있고 크기가 없는 것처럼 트렌드의 기본요인은 0차원에서 출발된다. 점은 0차원이지만 점이 크게 확대되면 원이 되고 3차원인 구체 또는 성형다면체와 같은 입체가 된다.

모든 평면과 입체는 점에서 출발된다. 이와 같이 요인의 기본단위는 트렌드로 형성되는 근본요소가 되며 구성분자의 의미가 담긴 그리스어 스토이케이아와 같은 것이고 유전자의 화학적 실체로써 고분자의 화합물인 유전자(DNA: Deoxyibonucleic acid) 분자구조와도 같은 역할을 한다.

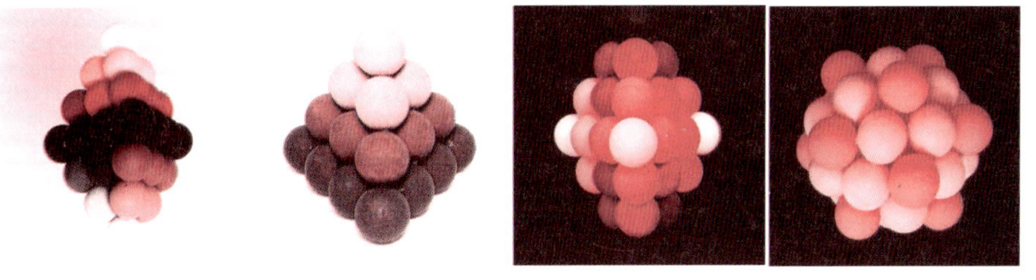

그림 3-21 구(sphere)에 의한 요인의 집적(mounting)사례[43]

트렌드 인식과정에 필요한 요인(기본적 키 워드를 구(sphere)로 표현)은 구성조건과 특성에 의해 자체적인 변화를 갖기도 하며 외부의 조건 및 영향에 따라서 다양한 내용으로 변형되거나 유동적으로 변화되며 이는 마치 비누거품 모양에 비유하면 한 개의 원(구체)과 같은 형식과 단위를 갖는 것과 같다.

그림 3-22는 이상과 같은 단위형의 기본 요인(키 메시지)들이 집적, 적층된 형태로 이처럼 거듭하여 포개어진 상태로 규칙적, 불규칙적, 의도적 또는 우연적으로 상호 영향을 주면서 2D 또는 **그림 3-31**의 3D 형식으로 구성되어짐을 나타낸다. 여기에서 단위요인은 아메바(ameba)처럼 생성, 소멸, 변형되는 요인이다. 선이 굵은 원 은 선이 얇은 원은 보다 직접적으로 영향을 미치는 요인으로 이는 키 메시지가 될 수 있고 경우에 따라서도 중심이 되는 키 워드나 기술, 환경, 소재, 생략, 시장의 변화에 의한 기타 요인으로 구성된다.

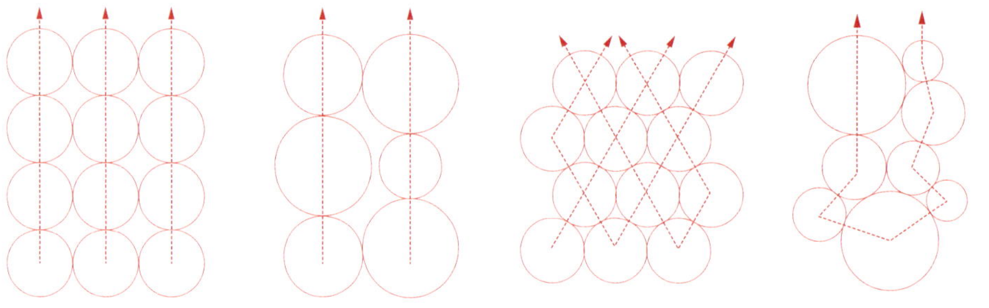

그림 3-22 요인의 집적(2D)

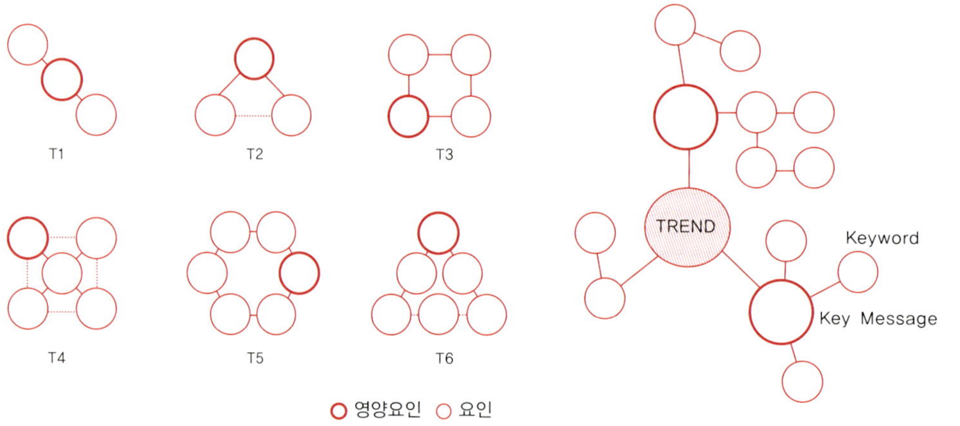

그림 3-23 요인간 연계의 기본모형과 연계구조

그림 3-23의 위계구조 모형을 위한 6개의 기본구조는 평면도형의 다각형과 같은 꼴을 지니고 있지만 이러한 기본단위는 연결사슬로 확대, 변화, 적층, 통합되면 마치 다면체(polyhedron)에 의해서 잘라내어진 3차원 공간 즉, 다면체의 측면을 서로 공유하는 가공체인 다포체(poly-tops)의 형상이 되기도 한다.

그림 3-23의 사례는 그림 3-22와 같은 기하학적 밀집패킹(closet Packing)으로 이루어질 수도 있고, 비기하학적 단위형인 일정한 형상으로 변형될 수도 있다. 이것은 요인간의 영향관계와 상황적 요구에 의해 끊임없이 변화하는 아메바처럼 천차만별의 생김새를 갖게 된다. 이 같은 모양은 눈의 결정체인 눈송이(snowflake)와도 같아서 요인간의 연계도 필요충분조건 및 환경에 따라 다양한 구조를 이루는 것과 같다.

한 개의 원과 같은 단위를 지니는 원은 형성과정과 구조에 따라 구체가 될 수도 있고, 다면체가 될 수도 있기 때문에 2차원에서 다차원으로의 다양한 형상변화가 가능하다. 예를 들어 **그림 6-7**의 정12면체 형의 방산충도 멀리서보면 점 또는 구체 혹은 입체로 인식되는 것과 같다. 즉 트렌드를 형성하는 기본 요인을 점이나 구로 생각할 때 이것에 의해 파생되는 트렌드 형성과정을 구에 의한 집합과 분산의 과정으로 설명한 것이다.

그림 3-24은 헤켈(Haeckel)이 발견한 12면체 모양의 다차원적인 형상의 방산충[19]으로 **그림 3-23**의 트렌드가 지닌 기본요인들은 개개의 단의별로 방상충과 같은 복합적 구조의 형상으로 이루어져 있다. 이것은 또 다른 디자인 트렌드 형상을 위한 영향으로 작용하거나 디자인 전체적 효과에 메시지의 역할을 뜻하는 것이므로 위계구조에서는 창조적 문제해법(synectics)의 역할을 담당하게 된다.

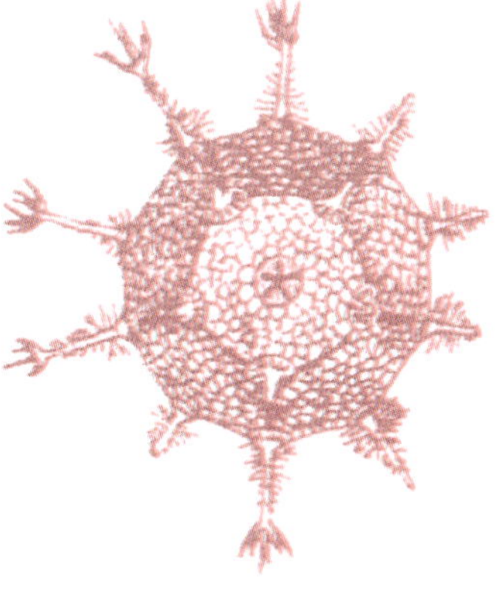

그림 3-24 방산충의 구조

그림 3-25 기본단위에 의한 구조의 다양화 (평범 커버림)

그림 3-26 기본구조형태인 다포체(poly-tops)에 의한 집합, 확장

그림 3-25는 기본요인으로 이루어진 구조가 다양하게 전개된 사례이다. 이와 같은 방법으로 구조는 어떤 요인에 의해 어떻게 영향을 주고받느냐에 의해 새로운 패턴으로 형성되어지며 이러한 형상이 가시적, 비가시적으로 보여 지는 것이 트렌드의 내용이다.

그림 3-26은 구성요인간의 연계구조를 다차원으로 보여주는 그래픽으로 이는 마치 행성을 이루고 있는 수많은 은하계와 같고 무엇이라고 규정할 수 없는 극미요인들이 무한히 흩어지거나 덩어리가 되어 되풀이되어 눈에 보이는 흙, 물, 바람이 되는 물질과도 같은 것이다. 요인간의 연계구조도 이와 같이 끊임없는 변화와 같은 다양한 구조를 지니면서 마치 변덕스러운 기상상황과 같이 인위적으로 해체, 집합, 결합될 수 있기 때문에 창조적 과정이라고 일컬어지는 새로운 디자인의 정체성으로 구현되어진다.

표 3-10 요인의 구조유형과 관계[48)]

구조유형	요인간의 상호관계	구성내용
단수형	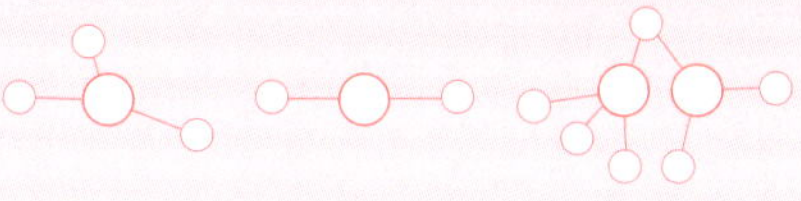	• 간접적인 영향 또는 광의적 내용 및 의미에서 관계
복수형	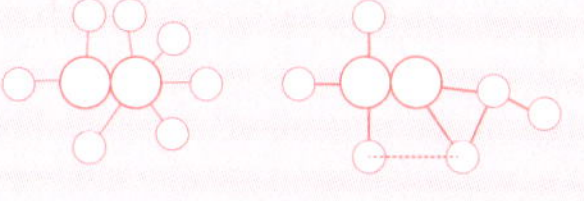	• 유사한 점 또는 비슷한 목표로 가깝게 상호 공존 또는 보류
중첩형	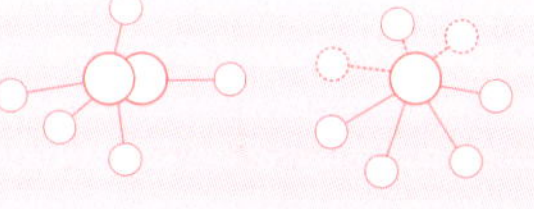	• 거의 유사한 내용과 의미로 중첩되거나 합치 또는 침투되어 있는 관계
포용형	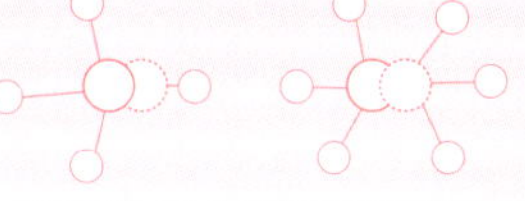	• 공제되거나 어느 한 쪽의 영향으로 인해 흡수되거나 거의 교차된 관계

○ 영향요인(M) ○ 요인(K)

표 3-10는 트렌드 형성에 기본이 되는 요인의 상호관계의 기본유형을 표본적으로 구분한 것으로 여기에서 제시된 요인간의 형상과 관계는 필요충분조건에 따라 또는 제품의 속성과 유형에 따라 또 다른 관계를 새로 형성할 수 있다. 특히 디자이너의 직관이나 경험과 같은 주관적 전문성에 의해 제시된 요인과 영향요인과의 관계는 상호 교차, 중첩, 적층, 포용형의 묶음으로 비정형적인 구조로 전개된다.

그리고 각 요인에 내재된 구성내용은 기술, 환경, 시장 또는 의식 및 태도의 변화에 의해 시계열별, 개인별, 테마별 등의 다양한 속성을 내포한다. 요인간 상호관계를 나타내는 구조 중 중심의 선이 굵은 원은 영향요인(M : 키 메시지)을, 밖으로 뻗어나간 선이 얇은 원은 기본이 되는 요인(K : 키 워드)를 나타낸 것이며 점선의 원은 포용되거나 중첩되어지는 요인을 나타낸다.

3-5 형이상, 하학적 요인 및 구조진단 / 기준상관화

정성적, 정략적 연구에서 필수적으로 이용되는 도형, 도해(diagram)이란 추상적인 이상이 형태적인 대안으로 나오기까지의 제 개념을 포함하며 복잡한 상관관계들을 전달하여 직접적으로 비교, 수용됨을 일목요연하게 나타낼 수 있는 비언어적 인터페이스 도구이다. 특히 이것에는 집중성과 개념이라는 복잡성은 물론 일정한 한정성을 포함하는 상징성을 지니고 있기 때문이다. 바우하우스의 폴클레의 「자연연구방법을 위한 다이어그램」은 디자인에 도입된 최초의 이미지 구현모델이며 North East London Polytechnic의 Keith Albarn는 그의 저서 「Diagram」에서 'The In strument of Thought'란 부제를 달고 있다.

"사고의 매개, 언어의 패턴으로 다이어그램은 이제 우리에게 매우 가까운 개념으로 이해되어야 한다. 왜냐하면 디자이너에게는 조형적 기술적, 구술적인 표현뿐만 아니라 도식적 전달능력도 함께 지니고 있어야하기 때문이다" 라고 기술하였다. 이와 같이 다이어그램은 여러 가지 요인들(양적인 것들을 포함한)관계를 그래픽적으로 표현한 어떤 디자인을 모두 포함하는 특징을 지니고 있다.

시각적 방법 적용의 표현을 사용한 커뮤니케이션은 시인성이 높아짐과 동시에 표정이 풍부해서, 이는 전달하고자 하는 이미지를 보다 명확히 한다는 이점이 있고 도형에 의한 영향요인에 대한 표현 형식은 특히 사상의 구조적 측면에 대한 직접적인 표현과 직관적인 이해를 가능하게 한다. 시각 또한 공간표현의 특성을 살리는 표현수법이 연구되어 왔지만 대화 인터페이스로서 사용될 경우에는 도형처리와 연결되기 때문에 그 기능이 더욱 확대된다.

표 3-11 언어와 그림의 표현특성 비교[16]

언어표현 (key word/key message)	다이어그램 (diagram)
– 추상적이며 복잡한 의미 내용을 표현함 – 특정한 이해의 줄거리(논리)를 표현할 수 있음 – 사상의 기능적 측면 표현, 표상이 어려움 – 개략적인 평가에 불리함	– 사상의 구조적 측면표현, 표상도 가능함 – 체계이론, 추상화과정의 전개가 용이함 – 이해의 줄거리를 판독하는 측에 의존함 – 전체 형태로부터 포괄적인 의미를 직관할 수 있음 – 임의 부분의 개략적인 평가가 용이함

요인 간의 관계설정, 구조진단 등을 규명하기 위해서는 논변적 설명과 개념적 이해보다는 전체적인 포용력을 파악하는 의미를 직관할 수 있어야 하므로 다이어그램 표현도 강점을 지닌다. 직관은 작동하는 가설이 정교화되는 순간을 나타내는 주체가 지닌 인식 능력의 한 구성 요소이다. 그러므로 행위로서 의사소통을 설명하거나 의사소통행위의 정당화를 위한 디자인 의도는 기호의 도움으로 표현되어질 수 있는 어떤 요인간의 정보로 파악되어야 한다. 특히 특별한 속성을 부여하는 위치의 개념인 현상의 출현과 존재의 구획성을 결정하는 순서는 동질성과 상이성을 동시에 설정하는 인지적 행위인 관계이므로 다이어그램과 같은 표상은 이러한 가능을 충족시켜야 한다.

이와 같은 다이어그램은 물리적 공간이나 공간 속에서의 대상이라든가 프로그램 요구 인자들의 활동들, 또는 존재하는 상태의 모형이라고 할 수 있으며, 요소들의 한 집합이고 선택적인 연계성이나 배열을 암시하는 상관관계표가 될 수 있다. 이것에는 필요한 관계성을 보여주는 요구된 공간이 도식적으로 잘 나타내질 수 있으므로 디자인의 전개와 탐구, 의사결정, 분석의 집합 등에 긴요하게 이용되어진다. 다이어그램의 트라이앵글(triangle)이라고 불리는 기본 문법으로서는 영역(zone)과 관계성을 나타내주는 점, 선, 면(plane)과 같은 형태와 중요성을 부여하는 구조, 정보의 전달자로서의 윤곽을 들 수 있는데 이들의 관계는 실제에 있어서는 본질적 성격에 따라 명확하게 구분되어지지 않고 관련성의 선택에 따라 융통성있게 사용되어질 수 있는 장점이 있다.

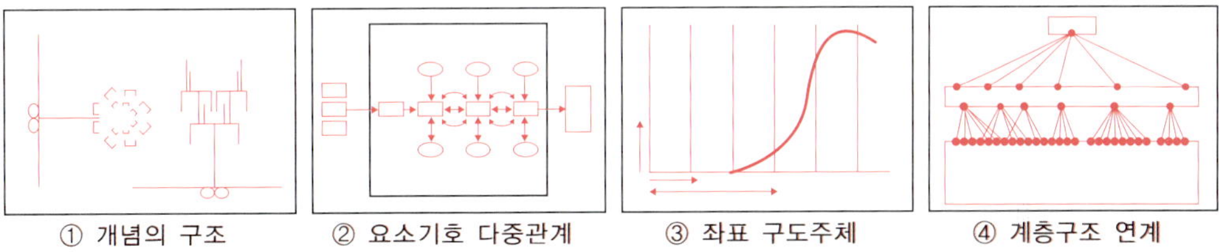

① 개념의 구조　② 요소기호 다중관계　③ 좌표 구도주체　④ 계층구조 연계

그림 3-27 다이어그램의 유형

그림 3-27과 같이 다이어그램의 유형으로는 비교 다이어그램(comparative diagram)과 통계학적 다이어그램(statistical diagram)이 있는데 Geometrical Chart, Pictorial Chart, Cartogram, Stereogram(graph) 등이 이에 속한다. 그 밖에도 조직도(organization diagram), 계통도(flow diagram/flow charts), 도표(table chart/tabulation), Bar Chart(graph), Dimensional Chart, Point Chart가 있고

부분들의 조직이나 체계 및 문제 안에서 관련의 윤곽을 구별시켜 주는 의존(연결사슬형) 다이어그램, 비누거품 모양의 Soupbubble Diagram, 거미줄 모양의 방사 다이어그램(spiders thread diagram), 우선순위 및 요구도를 나타내 주는 격자 상자(grid box)를 이용한 매트릭스(metrics), 크림샌드위치 모양의 파이(pie), 다이어그램 전개상황 및 공정을 평가할 수 있는 퍼트 (PERT Chart : Program Evaluation & Review Technique)가 있고 네트워크(net-work, decision tree), 블록 다이아그램(block diagram), CPM (Critical Path Method) 등이 이용되고 있다.

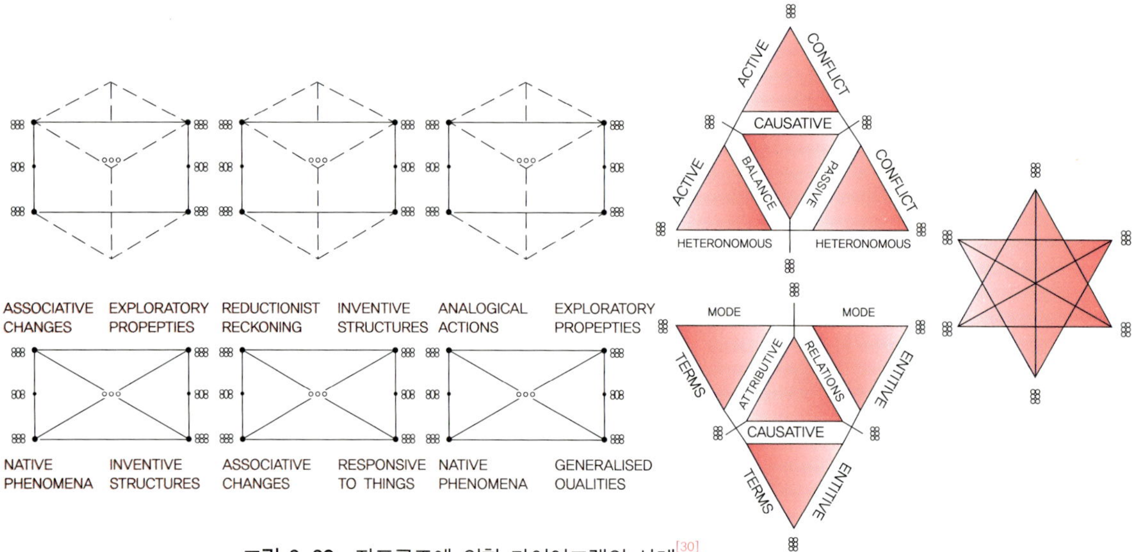

그림 3-28 좌표구조에 의한 다이어그램의 사례[30]

다이어그램은 여러 가지 요인들 (양적인 것들을 포함한)의 관계를 그래픽적으로 표현한 것으로 도표, 도식, 도해적 시각, 전달형식 등으로 번역되며, 추상화 작용의 전개와 탐구와 결정을 위한 한 개나 그 이상의 필수적 요소이고 결정배정에 인자들을 관련시키려 의도된 것을 뜻한다.

Non-verbal Communication, Pictorial, Language라고 일컬어지는 이것은 체계이론, 의사적 소통, 의사결정, Check point, 과정, 구조, 상호관계, 분석, 계산, 정리, 비교, 통계, 계통, 경과, 요구 사항, 우선 순위, 동선 전개와 탐구 등을 나타내고자 할 때 등장된다. 다이어그램은 추상적인 이상이 형태적인 대안으로 나오기까지의 제 개념을 포함하는 복잡한 상관관계들을 직접적으로 일목요연하게 나타낼 수 있는 가독성을 지닌다.

North East London Polytechnic의 케이스 알반(Keith Albarn)교수는 'The Instrument of Though' 란 부제를 달고 있는 그의 저서 「Diagram」에서 사고의 매개, 언어의 패턴으로 규정한 바 있으며, 아리스토텔레스는 "모든 것은 눈에서 시작된다."라고 하여 인간은 그림으로 제시된 정보를 보다 빠르게 인식하고 잘 기억한다고 설명하였다.

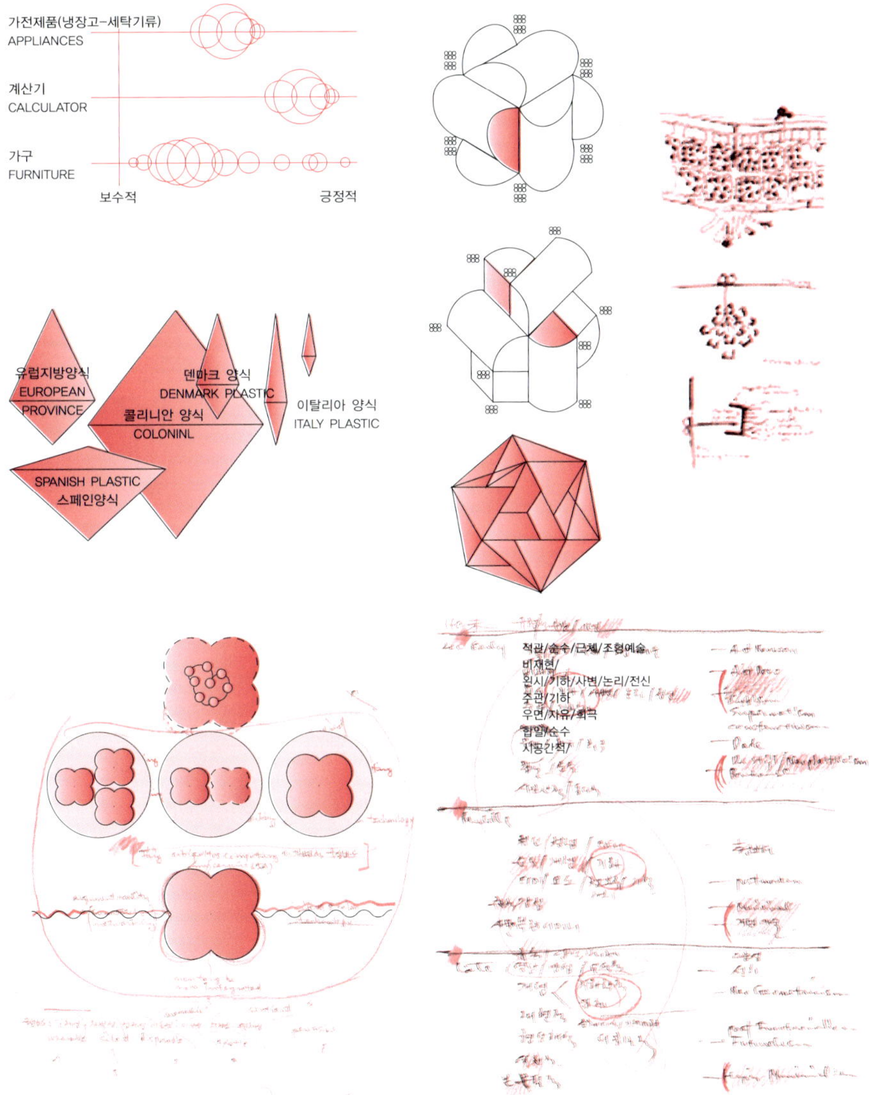

(제품포지션, 가구스타일의 기호도, 자연의 개념(신진대사)을 조형발상에 이용한 스케치, 유비쿼터스 컴퓨팅(ubiqutous computing)의 개념적 구성요소, 근현대예술사조 조형특성에 의한 양식의 패러다임 변화)

그림 3-29 개념계의 구조를 나타내는 다이어그램의 사례

다이어그램은 광의로는 스케치 프리핸드 드로잉(sketch freehand drawing), 데생(dessin), 에스키스(esquissee) 등도 이에 포함되며 맵(maps), 그래프(graph), 차트(charts), 표(table), 도형(figure) 등이 모두 이에 속한다고 할 수 있다. 그러므로 다이어그램은 물리적 공간이나 공간 속에서의 대상이라든가 프로그램 요구 인자들의 활동들, 또는 존재하는 상태의 모형이라고 할 수 있으며, 요소들의 한 집합과 선택적인 연계성이나 배열을 암시하는 상관관계표가 될 수 있다.

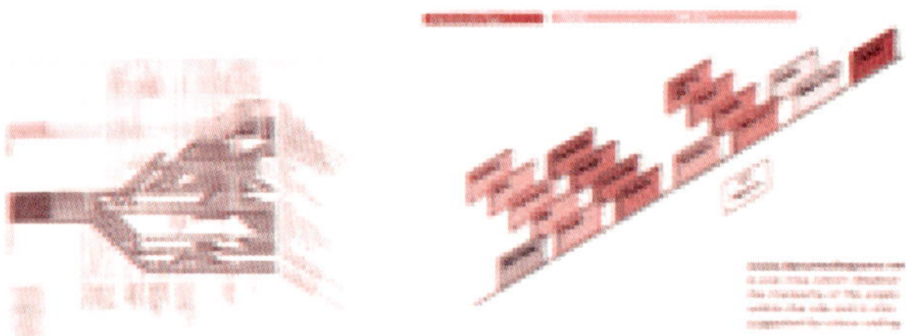

그림 3-30 세라리스(celanese)제품 안내 체계도(좌) 및 사이트 맵(geographical map)(우)

그림 3-31 인구증가 퍼센트 그라프(graphic)(좌) 및 스마트기기에서의 모바일 앱(APP)(우)

다이어그램의 속성구조별 규범으로 속성별 관계성을 보여주는 요구된 공간이 도식적으로 잘 나타내질 수 있으며 전개와 탐구, 의사 결정의 집합 등에 상호 교차적으로 영향을 준다. 다이어그램의 기본 구성형식으로서는 영역(Zone)과 관계성을 나타내 주는 점, 선, 면, 입체와 같은 형태와 중요성을 부여하는 구조와 정보의 전달자로서의 윤곽을 들 수 있는데 이들의 관계는 실제에 있어서는 본질적 성격에 따라 명확하게 구분되어지지 않고 관련성의 상태에 따라 융통성 있게 사용되어 질 수 있다.[56]

다이어그램은 그래픽 커뮤니케이션 수단으로써의 보편성과 다의성을 지니고 있다. 이는 표현하고자하는 대상과 점성적 기준상관의 규범, 체계, 조건을 명확히 통제 또는 재해석하여주는 형식학적인 의미와 체계구조 및 조건을 전제로 하는 당위성이 내재하고 있음을 의미한다. 특히 디자인 개념화 과정과 내용 및 디자인 구조화 단계에서의 구조이론을 다원적으로 응용·확산할 수 있는 범주화된 속성의 응집성을 지니고 있다. 그러므로 다이어그램은 자유롭게 비주얼 인터페이스로서의 집합과 선택적인 연계성이 상관관계를 응용·확산할 수 있고 다양하고 복잡한 관계들을 통섭적인 측면의 포괄적인 의미로 직관할 수 있는 내포적 속성을 지니고 있다.

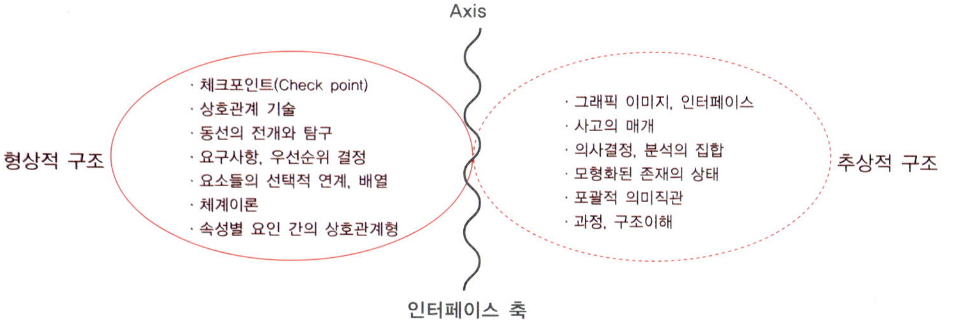

그림 3-32 형상적 구조와 추상적 구조의 속성 규범

형식을 통해 재확인된 논의의 중심은 다이어그램이 지니고 있는 속성별 요인 간에 상호관련성으로서의 요소, 요인과 구조진단을 위한 규범 추출로서 체계구조의 탐색을 통해 발견된 사실을 요약하면, 첫째, 사물의 특성과 성질, 사물과 사상의 양식, 상태 및 물리적 속성은 규정성의 가시적 현상적 속성을 지닌다.

둘째, 내적 과정과 성질, 유용성 및 비본질적 성질, 요인간의 범주와 같은 내용적 체계는 추상적 속성을 지니며 결국 양자의 속성별 요인은 본질적인 규범으로 상호연계성을 지니고 있다.

셋째, 다이어그램이 지닌 외연적·내포적 속성은 개념적 구성요소와 같은 철학적, 미학적, 실용적 가치와 같은 존재론적 상태와 형상을 이룬다. 또한 구성요소는 형식미학과 같은 현상학적 구조에 의한 외형적·내용적 속성으로 연관되고 있음을 규명하였다.

넷째, 요인들의 관계를 그래픽적으로 표현한 다이어그램의 기본유형은 개념의 구조, 요소기호의 다중관계, 좌표구조주체 및 계층구조로 연계되어 있고, 이는 다의적·다원적인 집합조건과 필연성질의 함목적적 관계로 나타내는 속성구조를 재인식 할 수 있다.

포지셔닝 맵은 단순히 대상물(예 : 회사, 제품, 브랜드, 트렌드 등) 위치의 확인에서 멈춘다면 대상에 대한 심층자료와 통찰을 통해 상식적으로 차원을 결정하고 감각적으로 위치를 잡는 것에 반론을 제기할 필요가 없다. 그러나 위치를 정하는 것은 포지셔닝 맵의 가장 기본적인 과정일 뿐, 더 중요한 것은 대상물들 간의 상대적 비교, 아이디얼 포인트 또는 아이디얼 백터와 징후 및 트렌드의 영향요인 등을 추출하여 방향을 설정하거나, 설정된 방향에서 대상물들 간의 변화를 비교, 판별하는데 있다.

트렌드 요인과 변화 분석을 위해서는 좌표 즉 자리매김에 대한 영향요인들과 특성을 파악하여야 한다. 트렌드의 정착과 확산을 좌우하는 가장 기본적인 요인은 디자인이나 서비스와 같은 디자인이 지닌 제 현상을 조망함으로써 차별화된 제품이나 서비스의 방향을 선도(leading)할 수 있기 때문이다. 그러므로 요인간의 경향분석은 새로운 패드나 트렌드 용어의 이동 궤적을 통해 포지션에 대한 메시지를 이해할 수 있고 확실히 정착되거나, 어느 정도 정착되고 있는 영역에 대한 이해와 함께 확실히 정착되어가고 있는 예비 트렌드의 영역 파악을 용이하게 한다.

지각도에 표시된 공간의 변화 방향과 소비자 니즈로 파악된 이상적 이미지가 서로 일치할 때 그 이미지는 타 이미지에 비해서 선호도가 높게 평가되기 때문이다. 일반적으로는 디자인 경향을 분석하는데 (1)다차원척도법 외에 군집법과 (2) 연결종합측정법(conjoint measurement)의 기법을 이용할 수 있다. 다차원척도법은 브랜드 파워가 있는 각 트렌드의 속성에 대하여 소비자가 인지한 값을 척도화한 그래프에 나타나는 기법이고 이렇게 나타낸 도형은 트렌드공간도(trend space map) 혹은 트렌드지각도(trend perceptual map)라고 한다. 이는 트렌드가 지닌 속성이나 변화요인을 좌표로 나타낼 수 있으며 실제적으로 디자인의 특성을 평가하는 기준을 두 가지로 한다면 직교좌표평면에 나타낼 수 있고 세 가지 이상인 경우에도 공간적 크기로 파악할 수 있다.

표 3-12 트렌드 인지영역(acceptable zone) 표기 사용코드

DTTS : Design Trend Tracking System

트렌드의 의미전달		DTTS 사용코드	그래픽 심볼 (Key to Symbols)
국문	영문		과거 현재 미래
• 갑자기 매우 강함	• Sparkle & Shine	SS	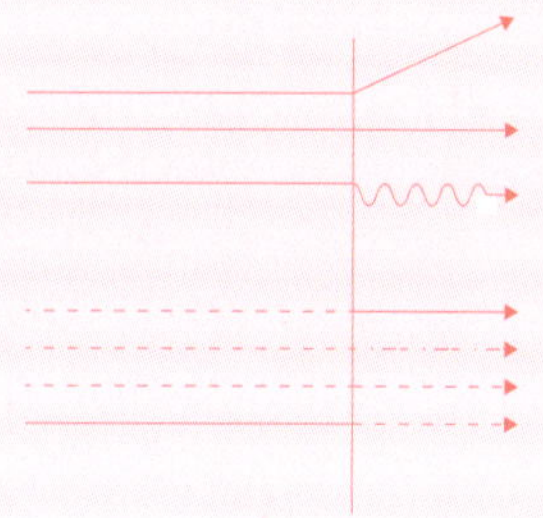
• 현재에 지속적으로 유지 또는 신생 정착함	• Still Batting	SB *	
• 현재에도 지속적으로 유지되며 변형되어 나타남	• Still Batting but Discover	SBD *	
• 최근에 서서히 강하게 나타나거나 부활함	• Turning Up (Come Up)	TU	
• 최근에 조금씩 부각함	• Softening Up	SU*	
• 현재까지 어느 정도 유지	• Long Lasting	LL*	
• 최근에 서서히 상실함	• Turning Down (Put Away)	TD*	기준축

1. 인지영역(acceptable zone) 변화에 의한 비교판별

점위화(positioning)를 위해서는 제품이나 서비스의 전반적인 유사성, 속성에 대한 평가치, 선호도에 대한 자료를 근거로 하여 필요한 대상들을 기하학적인 공간에 표시하는 지각도의 활용기법이 필요하다. 지각도에 의한 포지셔닝 맵(map)의 적용은 제품개발을 위한 기업뿐만 아니라 광고 분야, 조사 기간 등에서 이미 보편화된 기법으로 그 활용범위가 광범위하게 적용되고 있다.

이것은 전반적인 상황을 한 눈에 파악해 볼 수 있기 때문이며, 축에 대한 설명, 그리고 영향요인들이 어떻게 관련되어 있으며, 유사한 요인간의 군집(categorizing)을 이루는 경우 어떻게 군집을 이루고 있는가를 알 수 있다. 예를 들어 트렌드 개념에서 다루어질 각 요인의 경우 새로운 요인의 등장과 이동에 대한 위치 및 점위 방향을 개략적으로 파악할 수 있으므로 X, Y축에 대한 대위 언어별 경향을 효율적으로 이해할 수 있다.

포지셔닝은 주어진 시장에서 한 대상이 차지하고 있는 위치 또는 대상에 대하여 소비자들이 인식하고 있거나, 인식하도록 하는 것을 말한다. 개념적으로 볼 때 포지셔닝 개념은 시장구조, 경쟁적 위치, 상품 교체와 경쟁의 개념에 대한 선행적 연구에 근거를 두고 있다. 특히 디자인 분야에서는 단순한 제품점유율 분석에서 단

기적 제품수요 변화 예측에 이르기까지 디자인차별화와 제품 포지션 분석에 관심이 증대되었고, 이는 다음과 같은 내용을 포함된다.

① 장소적 개념으로서의 위치 (특정 대상이 차지하고 있는 점위는 무엇인가)
② 순위 (다원적인 평가기준에 의해 비교요인 대비 어떠한 점위에 있는가)
③ 태도와 관심 (제품에 대한 소비자의 태도, 관심, 의견은 어떠한가)

지각에 관한 지식이나 기술을 처음으로 마케팅에 도입한 것은 스테플(Volney Stefflre)이다. 그는 "사람은 새로운 사물을 보았을 때 그 사물과 비슷한 다른 사물에 대하여 취했던 행동과 비슷한 행동을 한다"고 주장하였는데 이는 새로운 제품이 시장에 나오면 소비자는 여러 가지 차원에서 기존의 다른 제품과 비슷하다거나 비슷하지 않다는 점으로 그 제품을 인지하게 된다는 것이다. 제품들은 여러 차원에서 서로 다르게 지각되고 있고 소비자들은 하나의 변수와 다른 변수의 상호작용이나 그러한 차원이 여러개 있다는 것을 알지 못하는 경우가 많기 때문에 소비자의 지각지도를 밝혀내고 어떤 차원에서 문제가 되고 있는지를 밝히기 위하여 다차원 척도(MDS:Multi Dimensional Measurement) 방법[22]이 이용된다.

그러므로 지각지도를 이용한 포지셔닝법은 상당히 폭넓게 사용될 수 있는데 이것은 지각지도가 "인간의 지각을 이용하여 대상이 갖고 있는 속성간의 관계 파악"이라는 의미를 갖는 만큼 그 대상은 상품, 언어, 기호 등 매우 다양할 수 있기 때문이다. 또한 미국의 존슨(R.M.Johnson)은 시장에서의 상품속성 및 소비자군을 파악하는데 있어서 이러한 지각지도에 관한 포지셔닝 수법을 사용하여 브랜드가 차지하는 시장공간을 양적, 질적으로 나타내주는 선례를 제작, 제시함으로써, 오늘날 마케팅 전략을 수립하는 데 있어서 포지셔닝 수법이 중요한 도구의 하나로 정착되도록 그 선도적 역할을 한 바있다. 더욱이 X,Y,Z축의 기준으로 평면 및 입체공간에 필요한 이미지 언어를 사용함으로써 대상의 이미지 속성을 공간적 크기로 파악할 수 있는 기법이 되었다.

트렌드 요인과 변화 분석을 위해서는 좌표 즉 자리매김(positioning)에 대한 특성을 파악하여야 한다. 트렌드의 정착과 확산을 좌우하는 가장 기본적인 요인은 디자인이나 서비스와 같은 디자인이 지닌 제 현상을 조망함으로써 차별화된 제품이나 서비스 방향을 예측할 수 있기 때문이다. 그러므로 요인간의 경향분석은 새로운 패드나 트렌드 용어의 이동 궤적을 통해 포지션에 대한 메시지를 이해할 수 있고 확실히 정착되거나, 어느 정도 정착되고 있는 영역에 대한 이해와 함께 정착되어가고 있는 예비 트렌드의 위치 파악을 용이하게 한다. 지각도에 표시된 공간의 변화 방향과 소비자 니즈로 파악된 이상적 이미지가 상호 교차될 때 그것이 지닌 그 이미지는 타 이미지에 비해서 선호도가 높게 평가된다.

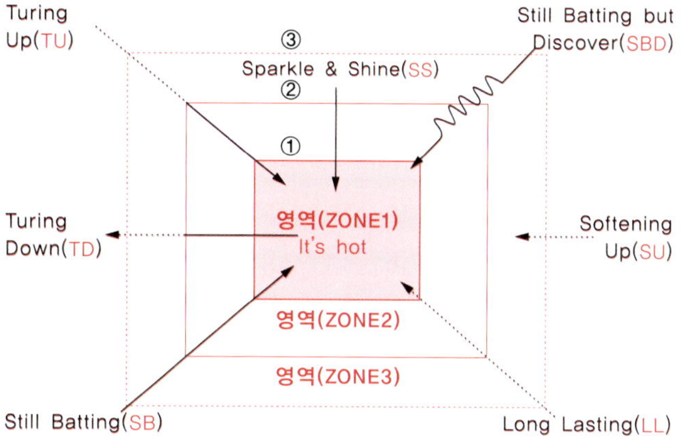

(Zone 1 〉 Zone 2 〉 Zone 3 〉 Zone 4)

그림 3-33 인지영역 구조에서의 사용코드 개념도[48]

일반적으로 디자인 경향을 분석하는데 다차원척도법 외에 군집법과 연결종합측정법(conjoint measurement)의 기법을 이용할 수 있다. 다차원척도법은 브랜드 파워가 있는 각 트렌드의 속성에 대하여 소비자가 인지한 값을 척도화한 그래프에 나타나는 기법이고 이렇게 나타낸 도형은 '트렌드공간도(trend space map) 혹은 트렌드지각도(trend perceptual map)라고 한다.

그림 3-33에서처럼 트렌드가 지닌 속성이나 변화요인을 좌표로 나타낼 수 있으며 실제적으로 디자인의 특성을 평가하는 기준을 두 가지로 한다면 직교좌표평면에 나타낼 수 있고 세 가지 이상인 경우에도 공간적 크기로 파악할 수 있다.

또한 **그림 3-33**은 트렌드 인지구조와 개념을 분석하기 위한 다이어그램(diagram)으로 인지영역을 표기할 때는 영역(Zone 1,2,3)별로 구분되어있는 선(line) 표기에 의해 구성되었다. 즉 점선은 현재까지 트렌드 요인들이 어느 정도 유지되고 있는 영역을 나타냈으며(Zone 3), 세선은 최근에 서서히 강하게 나타나거나 부활되는 영역이며(Zone 2), 실선은 현재에 지속적으로 유지되거나 신생정착해가는 의미의 영역(Zone 1)을 나타내었다.

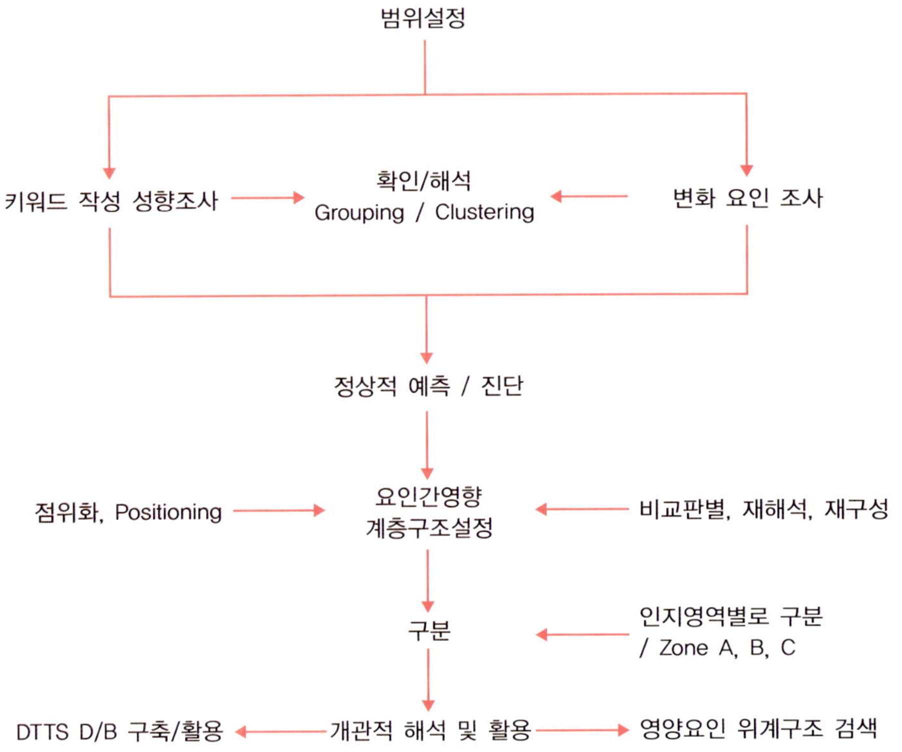

그림 3-34 인지영역 체계구축 과정

따라서 중앙부의 실선으로 표기된 영역은 결국 현재 강하게 파급된(it's hot, trend up) 뜨고 있는 트렌드의 속성을 나타내게 된다. 인지영역 구조 개념도의 선 표시 방법은 굵은실선, 실선, 점선으로 나타내며 Zone 1,2,3의 모양은 정사각형이며 내용 및 양에 따라 면과 변의 위치는 늘리거나 줄일 수 있다. 이때, 가장 영향력이 큰 트렌드 점위 영역(It's Hot)의 표시는 'Acceptable Zone A' 에 해당된다.

인지영역 비교판별법은 트렌드의 특성을 여러 가지로 연결시키거나 결합하였을 때 어떤 결합방법을 소비자들이 상대적으로 더 선호하는가를 측정하고 그 방향과 특성을 파악하고자 하는 기법으로 활용된다. 이는 단순히 경쟁좌표를 설정하는 데서 그치지 않고 영역별로 트렌드 지각도에서 나타난 트렌드 속성들의 상대적인 중요성을 결정함으로써 실질적인 영향력을 파악하기 위한 목적을 가진다.

그림 3-33의 인지영역에 대한 체계구축 전개는 그림 3-34에서처럼 트렌드 예측 및 분석을 위한 기본 데이터 작성에서부터 시작하여 수집된 데이터 성향을 조

사, 확인, 해석하는 단계를 거쳐 평가된 자료는 5단계 코드로 분류된다. 즉 바깥영역과 중간영역 〈Zone 3–Zone 2〉은 간접적으로 영향을 주는 트렌드 요인이며, 중심부분의 영역인 〈Zone 1〉는 트렌드의 중심어로 자리 잡게 된 영역으로 구분한다. 이와 같은 방법으로 분석되어 점위화(positioning map for acceptable zone)한 것을 인지영역에 의한 비교판별 트렌드분석법[24)]이라고 한다.[49]

3-6 규범추출, 체계, 표본확보, 타당성평가 / 통계화, 체계화

디자인 작품을 체험하는 것은 그 작품의 내적·외적 본질을 깨닫는 것이다. 아울러 창작된 작품을 평가하는 것은 그것에 내재된 조형적 원리와 미적가치를 함께 분석하는 것으로 작가의 지적이고 정성적인 창조 능력을 발견하고 기술과 표현력을 객관적으로 이해하는 것이다. 디자이너의 주관적 의지에 따라 예술적 표현의 작품성을 강조하거나, 디자인적인 상품으로 표현할 수 있는 디자인 창작물이란 미적으로 구현시킨 객체로서 새로운 창조에 이르는 일련의 가능성을 의미한다. 그러므로 작품의 조형성을 평가하는 것은 작품이 지닌 미적 표현력을 측정하며 새롭고 가치있는 발상을 논리적인 방법으로 검증하는 과정이다.

즉 디자인 작품에 대한 평가는 작품 자체에 대한 조형성으로서의 검증결과가 이루어져야하기 때문에 다양한 디자인의 창작영역별 정체성과 연관된 조건으로 충족되어야 하는 당위성을 갖게 된다.

결국 예술적, 디자인적 속성을 지니는 작품의 평가에는 예술성과 철학성, 실용성과 합리성과 같은 복합적이며 다원적인 조형성과 기능성을 함께 고려하여야 한다. 따라서 디자이너의 의지와 동인, 영역과 개념 및 목적과 수단에 따른 평가기준의 내용은 각각 다양한 조건과 관점에서 그 기준이 설정되어져야 하므로 이를 위한 객관적인 평가 기준과 분석기법이 요구된다.

그러므로 디자인 작품평가를 위한 기준설정을 위한 항목 제안을 중심으로 하는 본 연구의 목적은 예술로서의 디자인, 디자인으로서의 작품이 지니고 있는 조형성의 체계정립과 평가체계 구축, 그리고 디자인 평가 측정을 위한 기준 설정의 논리적 근거제시와 요인산출에 있다. 연구의 범위로는 디자인 작품 평가기준 선택을 위한 선행 사례의 구성요인 파악, 그리고 실제적 적용을 위한 평가기준 항목의 타당성 검증에 중점을 두었다. 이를 위하여 선진의 선행사례를 분석하고 조형의 원리와 미적가치의 실행구조와 적용과정의 연계성을 연구의 기본으로 활용하였다.

디자인의 미적가치 발견과 체험과정에서 작품을 평가할 때 예술성을 수용하는 것은 단지 개념적 이해가 아닌 예술체험의 공유로서 이에는 디자이너의 표현을 공감하고 그것의 가치를 객관화시키는 것을 뜻한다. 가치란 이와 같은 평가 행위 후에 내리는 결론적 판단만이 아니고 행위 그 자체 속에도 있으므로 결론적 판단도 결국 평가라고 하는 행위가 없으면 성립되지 않는다.

작품이 전달하는 가치는 단지 판단의 형태로 정리되는 내용만이 아니고 그 내용이 전개되었던 체험적 행위도 포함되는 체험 전달이라고 할 수 있으므로, 특히 가치성, 창조성, 정성적인 사상이나 감정 등이 상징적으로 표현된 경우에는 이를 위한 합리적인 평가의 기준 설정이 더욱 필요하게 된다. 디자인이 지니는 미는 예술활동으로 표현되는 예술미로서 이것은 작가의 창조력과 예술적 상상력 및 기술적 능력을 발휘한 표현물에서 찾을 수 있다.

미적 가치를 표현하는 디자인 작품은 순수한 창작적 욕구로부터 시작되며 인간 정신의 체험을 필요로 한다.[52] 작품은 이상과 현상에서 갖가지 감정을 제시하며 감성적, 시각적, 촉각적으로 지각할 수 있도록 한다. 이것의 체험은 수용적 태도를 기본으로 하는 심리적, 사회적 현상으로서 일종의 비유이며 언어로는 표현할 수 없는 것을 명확히 의미짓는 비논변적인 상징, 즉 의식의 논리[53]로서 형식, 합목적성, 기술, 정신적 내용 등의 창작과 표현의 예술성과 디자인 특성을 함께 지닌다. 가치는 가치주체(the subject of valuation)와 가치객체(the object of valuation)가 있다. 가치객체는 가치주체에 의해 소유됨으로써 가치가 있게 되고 또한 가치주체는 가치객체를 소유함으로써 가치가 있게 되는 주체와 객체간의 상호관계에서 생기는 것이다.[33]

예술성에서 중요한 정신적인 내용은 작가가 무엇을 어떻게 표현하고자 했는가 하는 심적 과정의 전달로서 그것을 위한 구성능력 및 외양의 형식과 기교적 능력에 의한 표현이므로 디자인에서의 미감성에 대한 평가는 중요한 의미를 갖는다.

그러므로 작품 속의 표현성을 이해하기 위해서는 평가자가 디자이너의 창작 체험으로 되돌아가 보는 추체험이 필요하다. 즉 작품의 미적 가치를 수용할 감상자 및 평가자에 의해서 디자이너는 그 작품 속으로 불러들여지는 것이므로 결국 평가는 창조를 추체험하게 하는 것이다. 예술적 창작에서 활동은 했지만 무의식 상태로 남은 것 또는 작품의 자연스러운 발생과 성장을 방해하지 않기 위하여 무의식 상태로 남을 수밖에 없었던 것을 의식화하지 않고는 예술작품을 재창조하는 추창조(追創造)의 과정은 있을 수 없다”[34]라고 제드마이어(H. Sedlmayr)가 말했듯이 작품을 평가할 때에는 디자이너의 의도적인 표현은 물론 그의 개성이나 그가 속한 사회적 성격을 포함하는 무의도적 조형 표현을 감지할 때 비로소 예술의 진정한 가치를 알 수 있게 된다.

디자인의 창작에는 다양한 감정에 의한 디자이너의 실제적이거나 가상적인 인식의 내면적 과정을 기초로 하여 각 구성요소 간의 관계에 의하여 어떤 외면적인 이미지를 만들어 내는 것이 표현되어 있다. 그것은 창작자의 직접적이고 정감적인 생명감을 나타내기 위한 것으로 작품에는 긴장과 완화, 균형과 불균형, 리듬의 일관성, 변화가 연속된 통일성이 구성된다. 즉 소멸과 재구성의 주기적이고 연속적인 리듬감, 움직임이 감지되는 가동성, 상호 관련되고 의존하는 유기적인 구성과 조직의 결합, 균형있는 형태와 색, 운동과 정지로서의 선과 질량의 정감, 생명의 긴장과 완화 등이 느껴지는 움직임을 사물의 현상으로 나타낸다.[59]

디자인의 미감은 ‘물질적인 대상의 형식구조 속에 표현되는 자연의 객관적 법칙’ 혹은 ‘균제, 대칭, 조화, 다양성의 통일’ 이나 ‘대상의 크기가 작거나 그 형태 및 색의 점차적인 변화’ 등의 객관적인 형식에서 찾을 수 있는데 이는 형식이 없이는 다양한 내용 표현이 불충분하기 때문이다. 아울러 미적 가치는 물질의 합목적성과도 밀접히 연관되는데 목적에 어긋나는 사물은 물질의 기능적 효용성을 충족시키지 못하여 아름답다고 생각하지 않기 때문이다.

형식과 합목적성을 지니는 디자인 작품은 형태나 색, 크기 등을 육안으로 파악할 수 있는 관조성을 지니며 이는 반드시 통상의 감각적 또는 지각적 대상만을 가리키는 것은 아니다. 즉 가장 중요한 이상적, 형식적인 면에서의 형태와 함께 그 안에 내재하는 내면형식인 구조나 구조를 결합시킨 기법을 관조하여야 한다. 이러한 양식의 관조성은 아름답게 표현된 양식 그 자체를 감상하게 하지만 거기에 머물지 않고 양식을 통해서 작품의 표현을 파악하려는 방향으로 유도하기도 하며, 양식은 의식되지 않고 작품의 본질적 미와 일체로서 감상되기도 한다.

디자인 작품은 감각이나 상상력을 통해서 지각되도록 창작된 표현 형식으로 인간 감정이 내재된다. 이는 고통, 안락, 흥분, 평정 등의 육체적인 감각과 긴장 같은 감정으로 이러한 감각적, 정서적 생명의 본질과 형식과 같이 언어로는 표현이 어려운 것이 조형적 행위를 통해서 나타난다. 따라서 작품은 인간 감정의 표현 형식이며 이를 조형화한 것으로 형태와 색채, 긴장과 리듬, 명암의 대조와 윤곽의 강약, 정지와 운동의 구성요소들과 인자들은 이러한 관념들을 전달할 수 있는 상징체제를 이루게 된다.

작품에 내재된 관념은 여러 가지 감정이나 정서의 주관적 경험이 어떻게 생성되고 소멸되는가에 대한 종합으로 경험되고, 생각해 내고, 상상하고, 고찰하는 등 상징으로 표현되어 인간의 내적 생명에 개성을 부여할 수 있게 된다. 즉 작품 속에는 디자이너가 사용한 재료와 더불어 형상과 내용이 동시에 이루어지며 내용과 형식은 항상 상호작용을 하고 조건지우는 개념으로 존재하며 결부된다. 그러므로 형식은 훌륭하나 이념이 뚜렷하지 않다든가, 의도는 좋은데 구성이 좋지 않았다는 평가가 성립된다. 즉 작품에 대한 평가는 이러한 형식과 내용이 미적 가치로서 얼마나 적합하게 이루어졌는가 하는 문제에 대한 평가를 뜻한다.

예술로서의 디자인은 크게 예술표현(expression)과 디자인표현(communication, distribution)의 조형활동으로 구분할 수 있다. 예술표현이란 회화나 조각처럼 비실용적인 형태를 만들기 위한 조형요소들의 구성으로 자유로움과 추상적인 의미와 사상을 가시적인 형이나 대상으로 표현하는 것이다.

이것은 보이지 않는 인간의 자아, 무의식과 정신적 세계를 이성의 영역을 넘어선 관념세계로 인도하고 인간의식을 자유롭게 하는 표현형식으로 예술적 상징에 의하여 비논리적, 감정적, 직관적인 내적 생명을 정식화하고 객관화한다.

디자인에 나타난 예술성의 표현요소는 기술, 창조, 재현 그리고 직접적인 표현보다는 상징적, 은유적, 암시적인 생명력이 있는 표현을 지향한다. 생명이 있는 재료의 특성은 재료의 저장화와 그의 이용을 촉진시켰으며, 실내조경과 같은 배식 디자인이나 토피어리 트리(topiary tree)와 같은 작품들의 가변성은 오히려 디자인의 한 특성이 되었다.

또한 실용 목적의 합리적인 조형행위는 그 전문성이 인정될 뿐만 아니라 과학적, 사회적, 철학적, 종교적인 의미를 지니며 일상생활에서는 예(禮), 도(道), 풍류(風流)와 같은 예술성을 내포하여 예술로서의 조형디자인임을 입증하고 있다. 한편 디자인표현의 조형활동이란 실용을 목적으로 하는 조형요소들을 구성하는 것으로 재료로서의 물체와 인간과의 관계에서 제안된 일련의 계획 또는 그 결과물을 의미한다. 즉 디자인은 필요에 의한 모든 조건인 목적, 재료, 표현, 수단, 효과 등의 구성요인을 해결하여야 하며 실용적, 합리적, 과학적, 논리적 사고에 근거하는 객관적 체계에 의한 실체를 말한다. 이때 각각의 주제나 발상의 원점에 따라서 그 발전 방법이 다르지만 각 부분은 전체조건에 대한 검토 및 분석과 평가를 요구한다.

허버트 리드 (Herbert Read)는 예술은 인간이 지닌 원초적이며 가장 진솔하고 적절한 표현의 훌륭한 형식을 감상하는 것이고, 리듬과 조화를 지각하는 것이며, 사물들을 모양이 좋고 효과가 있게 만드는 것으로 이는 선천적이고 정상적인 인간의 제 특성이라고 하였다.

예술은 직관적 인식에 속하는 것으로 우리의 감각에 주어진 재료를 일정한 관계에서 파악함으로써 지각하게 되는 가운데 그러한 감각적 지각을 통하여 대상의 내적인 것을 파악하는 정신적 활동이다.[57] 예술은 감정의 객관적인 표현으로 보편성에 기인하지만 한편으로는 감성, 이성과 같은 개성의 산물로서 사실상 예술가 자신이나 감상자에 있어서는 주관적인 속성을 지니기도 한다.

모든 예술작품에는 가시적인 작품의 외형이나 기술적인 장인성 이외에도 비가시적인 작품이 지닌 고유한 진리나 표현성이 존재한다. 이러한 두 가지 질서의 개념 중 비가시적인 것의 가시화에는 창조적 배경인 개인적, 사회적, 종교적, 문화적 요인 등이 다원적으로 작용한다. 예를 들어, 종교적 주제의 작품은 그 의미를 결합시킴으로서 이해하고 평가될 수 있는 것과 같이 예술은 다양한 시각적 이미지를 통하여 비가시적인 더 큰 의미를 표현할 수 있다. 이는 단순한 언어적 표현만이 아닌 이미지 표현에 의한 또 다른 차원의 독립된 의미체계의 다원적인 표현이 가능함을 뜻한다.

이러한 예술적 표현의 작품을 평가하기 위해서는 순수한 예술성을 위한 조형계획과 표현에 중점을 두어 평가하여야 한다. 즉 주관적인 내면세계의 기법과 예술성(esprit)을 이루는 언어적, 도구적, 표상적 이미지와 함께 디자이너의 의지 및 미감적 개인성과 실험적 정신을 함께 평가하여야 한다.

사례 1

공예조형(craft)으로서의 화예디자인이 지닌 미적가치와 표현요소

형상화된 디자인 작품은 예술적 표현이 강한 작품은 예술품으로, 디자인적 의도가 강한 경우에는 상품 즉 상업적인 생산품의 의미를 갖는 대상으로 분류할 수 있다. 그렇지만 예술적 미를 추구하는 작품 활동에서도 상품성으로서의 작업 즉 디자인 창조활동으로서의 역할이 있다. 또한 디자인 품목은 주문이나 의뢰에 의하여 제작되었거나 판매를 위한 상업성을 겨냥하는 경우가 자주 있는데 이는 과거 교양이나 취미 지향의 입장으로부터 보다 독립적인 조형예술의 전문 영역으로의 변화를 뜻한다.

예술품은 일품성의 창작활동이므로 가격산출의 근거가 필요 없으며 산출할 필요도 없다. 즉 상품화나 유통을 전제로 창작할 수 없는 무공리성(無功理性)의 특징을 갖게 되지만 디자인의 경우에는 제작과 시장 환경 등에 따르는 경제적 상품성을 전제로 제작되어야 한다.

작가나 디자이너의 작품 가치가 가격이라는 기준으로 책정되는 경우에는 디자이너와 구매자간에 인정이나 수긍에 의한 합일점을 전제로 하게 된다. 그러나 가격의 비중을 제작에 소요된 시간과 제작과정에 가치를 두는 예술작품이 상품화될 경우에는 작가와 구매자간의 평가 견해가 다를 수 있는데 그 예로 작품성, 재료, 아이디어, 희소성, 난이도, 경력 등의 유명세, 제작기간, 제작시기 등이 영향을 준다. 때문에 예술성이 강조된 작품의 경우에는 판매보다는 작가의 내적 표현에 그 비중이 커서 제작시간과 사용재료 등에 국한되지 않는 작업에 의하므로 가격산출이 필요가 없는 이유가 된다.

그와는 대조적으로 명확한 근거에 의하여 판매가격이 산출되어져야 하는 상품디자인 경우에는 디자이너와 구매자간에 이의가 제기되지 않는 공감할 수 있는 기준을 적용하며 상품으로서의 보편적 공급을 위하여 적절한 가격을 산정하여야 한다. 이때의 보편적인 가격의 산출근거는 품질(quality), 재료비(materials), 인건비(wages), 이익금(profit), 포장(wrapping), 세금(VAT), 배달료(delivery charge)가 있으며 여기에는 브랜드 인지도, 점포 소재지, 제작의 난이도, 디자이너의 인정도, 경영자의 재량 등이 영향을 주게 된다.

인건비의 경우 자격의 정도에 따라서 차등을 두는데 그 이유는 재료의 신선도에 따른 작품의 품질, 상위의 작품성, 고도의 장인성(workmanship)에 의한 각 작품의 가치가 현저하게 다르며 또한 제작에 소요되는 시간에도 직접적인 영향이 있기 때문이다. 때문에 직업을 위한 교육과정에서는 신속한 시간 내에 가치가 있는 좋은 작품제작의 교육에 주력한다. 이는 디자인의 생명이 시간과도 밀접하기 때문으로 남보다 빠른 신선한 아이디어로서 제품을 출하하고 적기 납품, 고품질과 고품격 상품의 공급 등이 성공적인 비즈니스 평가에 영향을 주기 때문이다.

이러한 이유에서 직업적인 전문인들의 경진대회(competition)에는 같은 시간 내에 제작된 디자인들 작품성과 제작성을 공평한 기준 안에서 객관적으로 평가하기 위해 작품의 제작시간을 제한하며 전문능력에 대한 평가의 기준도 사전에 제시된다. 예술미는 시간이나 공간에 따라서 그 가치가 변하지 않는다. 왜냐하면 발상의 주제와 재료의 사용, 그리고 구성에 있어서 예술성과 작품성을 지니기 때문이다.

반면에 디자인의 전략요소에는 시장현황, 소비자의 생활변화, 기술변화, 새로운 문화예술 및 조형 트렌드(trend) 적용 등이 필연적으로 요구된다. 즉 항상 새로운 시장 확대와 가치 제공을 목표로 소비자의 관심을 충족시켜야 하기 때문에 합리성, 효용성을 향한 새로운 재료 이용과 발상, 새로운 구성과 기법이 필요하다. 이는 디자인의 속성이 환경, 시장, 생활, 소비자 기호, 가격 변화의 밀접한 연계성을 갖고 있기 때문이다.

유행에 영향을 받는 감상자나 고객의 취향, 선호성 등도 조형활동에 긴밀하게 반응되어야 하므로 디자인 양식은 시대상응적이며 가변적인 디자인 특성을 지닌다.

예술작품에서는 가치와 미적 표현이 매우 중요한 것처럼 디자인의 경우에서는 미적인 외관뿐만 아니라 작품의 상품성이 중요한 전제 조건이 된다. 또한 조화로운 구성, 공간과 시간, 목적과 의도, 가격도 함께 만족시켜야 하는 당위성을 지닌다.

예술품은 작가의 의도에 따라 표현방법과 규모가 선택적인데 반해 디자인의 경우에는 영역이나 부분의 특성에 따라서 정해진 규격에 제한을 받는다. 이러한 표준규격은 합리적인 기준을 근거로 하며 호환성과 경제성, 유통성을 목적으로 한다.

디자인 작품이 예술적인 경우에는 작가의 의지대로 제작되므로 그 규모가 제한을 받지 않지만 상업용이거나 주문품인 경우에는 공간과 목적에 어울리는 효용성이 요구된다. 그 예로 부케의 경우, 휴대하기에 무겁거나 거추장스럽지 않은 규모이어야 하며 시지각적인 균형감과 의상 및 의식의 특성과 장식품과의 조화를 고려하게 된다. 디자인은 실용 가능성 즉 상품으로서의 가치에 그 성공 여부가 결정되며 상품의 질적 가치는 물론 외적인 가치도 중요하므로 새로운 미적인 가치 추구를 위한 구체적인 계획과 방법의 전략적 방안이 요구되며 이러한 과정에는 혁신적이고 합리적인 기술의 적용과 평가가 요구된다. 때문에 계획된 아이디어는 다양한 실험과 분석에 의한 조형화 전개 및 마케팅적인 검증을 거쳐 상품으로 탄생된다.

디자인에서는 표현하고자 하는 이미지로서의 상징성이 있는데 이는 디자이너의 의도에 의하여 발상이 확대되며 주관과 체험에 의하여 구체화된 형상으로 나타난다. 디자이너 작품에 나타난 표현과 표현성을 통해서 기량은 숙련이고, 기술은 이해이며, 일반적으로 기교는 기량과 기술의 터득 후에 확보할 수 있다[58]는 구체적인 정체성을 발견할 수 있다. 아울러 다목적 효용성의 지향이 상업적 효과에 보다 근접할 수 있도록 계획된 아이디어와 구조의 시각적 실현을 위하여 스케치하거나 역학적 실험을 위한 모형 구조물을 실제로 제작하여 그 효과를 분석, 검증하기도 한다. 그러므로 디자인 평가에서는 새로운 구상이나 기법적용 등과 같은 예술적, 실제적 요구에 대한 평가와 함께 실용, 기능, 합리와 같은 구체적 전개에 필요한 내용도 체계적으로 평가할 수 있도록 고려되어야 한다.

결국 예술작품을 체험한다는 것과 평가한다는 것은 주관적인 것으로 평가자는 자신의 정체성(personal identity)에 의한 조형성과 미감에 대한 가치성과 이미지성을 이해하는 것이다. 이러한 체험에는 정적, 동적, 이념적, 미적 평가와 같은 다양성과 함께 디자인된 구성체에 대한 예술적, 미적, 실용적 가치 등이 함께 포함된다.

① **디자인 평가를 위한 기본 이해**: 디자인 작품에는 디자이너의 조형의식과 태도가 내재되어 있으며 각각의 작품은 그 시대의 조형언어, 사회, 문화적인 배경과 특성으로서의 예술과 문화사조의 이해를 가능하게 한다.[59]

디자인의 기본 활동이란 재료의 물질적 제 성질을 지각하고 그것을 형태나 형으로 구성하는 미감창조의 과정이며 표현을 뜻한다. 이것에는 디자이너의 조형의지에 의해서 지배되는 미의 형식과 함께 조형욕구에 의해서 지배되는 표현이 있다. 전자를 지각에 의한 형식원리라 하고 후자를 상상에 의한 창조원리라고 할 때 이것의 가치는 지각에 있어서의 형식관계의 통일이나 조화의 인식뿐만 아니라 예술적, 디자인적인 가치를 함께 지니게 된다. 결국 디자이너나 평가자는 흡수력(absorptivity), 추리력(reasoning), 독창력(creativity), 기억력(retentive) 등을 지니고 있어야 하며 무엇보다 조형화 과정 및 작품에 대한 창조적 창작 혼에 대한 예술적 미적 가치에 공감하여야 한다. 예를 들어 작품의 제목이 일반적이거나 무제로서 제시된 경우는 고정 관념의 주제를 제거함으로서 순수하게 조형적인 차원에서의 감상이나 이미지의 해석에 자율성을 부여할 수 있는 것과 같다.

따라서 디자인의 미적 가치를 올바로 판단하기 위한 평가의 내용과 평가의 척도 개발은 미에 대한 주관적 평가 판단과 함께 감상자의 지각에 의해 일어나는 느낌이나 정서로서의 물리적이고 현상적인 경험과 반응을 지녀야 한다. 이것을 통해 평가자는 지적이고 정서적인 능력을 자극받고 예술적이고 미적인 구성체에 의한 성과와 노력의 비율을 공유하게 된다. 이와 같이 평가자와 감상자는 작품에 나타난 미적 설계내용, 즉 형태·색·재료로서 이루어지는 하나의 구성체를 통해 그것이 지니고 있는 창조성의 의미와 새롭고 가치있는 착상을 만들어내는 과정을 파악하게 되고 깨닫게 되는 것이다.

디자인의 작품에는 디자이너의 마음, 상태, 욕구, 감정, 인지방법, 개성 등 여러 가지 양상이 나타나므로 이것의 감상과 평가를 위해서는 표현된 모든 실체의 수단과 의미를 함께 인지하고 지각하여야 한다. 아울러 비논변적·비개성적·실체적 형식인 디자인의 평가를 위해서는 먼저 디자이너의 표현의지, 상상력의 활동과 함께 다의적·복합적인 사고에 의한 형태 짓는 일의 체험과 미의식에 대한 창조적 제 원리를 체득하고 사물로 재현된 구체적인 이미지에 대한 교감과 이해가 선행되어야 한다. 그러므로 평가자의 정서는 개인적인 경험이면서도 행동적인 반응으로서의 표출이므로 작품의 창작에서와 같이 평가의 문제에 있어서도 개인적인 감정의 움직임과 밀접한 관계를 갖게 된다.

결국 일반적인 작품의 평가를 위해서는 주제와 개념의 명확성, 신조형으로서의 창조성, 유동적이고 강렬한 효과와 정서적 감흥, 화합된 전체 외관과 형태의 내용, 색채 계획과 조절 및 조화, 실제적·시각적 균형감, 구조감과 안정감, 생명감 혹은 자연스러운 흡족감, 재료의 선택과 효과적 활용, 그루핑의 효과 및 부분 요소들의 상호 연계, 기술성 및 내·외적 조건 충족, 상대적 치수감과 비례감 등으로 그 기준을 제안할 수 있게 된다. 이것은 평가대상 작품 속에 들어 있는 본질을 깨닫는 것이며 작품을 통한 체험은 그것을 재창조하는 것과도 같은 것으로 고유한 조형적 독자성과 미적 원리를 함께 파악하여야 한다.

작품에서 아름다움을 느낄 수 있다는 것은 새로운 작품성에 대한 미적 인상뿐만 아니라 창작의 특이성이나 고유의 이미지 및 실험적 아이디어의 반영 등 전문적 기예와 기술이 미감적으로 표현되고 있음을 뜻한다. 창작에서의 기술이란 의식적으로 아름다움을 창조하려는 인간의 감정이나 의지를 나타내는 기술이며 디자인이 지니고 있는 조형적·시각적·공간적으로 인간의 뜻을 나타내는 기술로서 외형을 묘사하려는 인간욕구로부터 시작된다. 아름다움은 감각적으로 표현되는 것이므로 경험과 과학적인 인과법칙으로는 논의하기는 어렵다. 그렇지만 아름다움이 감각이나 정신에 쾌감을 주는 것이므로 그러한 것을 계획하고 창출해내어 어떻게 표상할 것인가 하는 것이 디자이너의 관심사이기 때문에 작품의 미적 체험에 대한 평가는 당연히 중요시되어야 하는 것이다.

결국 창작이든 발견이든 재구성이든 디자이너의 표현을 통해 나타난 디자인의 이미지는 그들 정신의 소산이고 주관이며 관심과 표적이며 직관이기 때문에 이는 작가 자신의 모습인 것이다. 조형표현이란 이상적이거나 형식적인 면에서의 형태, 내면형식인 구조와 기법의 밀접한 결합 등 작품 안에 실제로 존재하는 것으로 관조(contemplation)와 표현(expression)을 의미한다. 작품의 용모라 할 수 있는 조형성은 "하나의 전체적인 것 속에서 동형성"이라는 프랭클(P.Frankl)의 주장[60]과 같이 대상의 부분적 특성 그 자체가 아니라 그 특성에 나타난 전체성을 의미한다. 예술품 또는 디자인이란 이와 같이 제작자의 존재를 느낄 수 있도록 기억되는 형식이고 산물일 때에 그 가치성을 지닌다. 그러기 위해서 디자이너는 예술 또는 디자인을 성취하는 기술적·표현적 수단을 알아야 하고 보편적 인식쪽으로 이끌어줄 작품을 창안하여야 하며 계획하여야 한다. 또한 평가자는 작품에 나타난 디자이너의 경험과 가치의 의사소통을 위한 언어를 이해하고 공감하며 감상, 평가할 수 있는 미적 원리와 사실을 이해할 수 있는 굿 디자인(GD)의 조건과 충족을 함께 체득하여야 한다.

② **평가방법의 선택** : 디자인 평가를 위한 일반적인 접근으로서 사용하고 있는 체크리스트(check list)법은 유사조건에서 중요하다고 생각되는 평가자의 질문항목을 준비하여 이용하는 방법이다.[61] 이것은 동일한 조건에서 적합한 기준을 디자이너 스스로 평가할 수 있도록 하고 평가자에게도 조형 활동 전반에 대한 가시적, 비가시적인 요소 평가와 함께 정량적이며 정성적인 내용과 항목들을 공통의 측정 척도로 평가할 수 있는 장점을 지닌다. 체크리스트 평가법은 보편적인 조건과 객관적이며 가변적인 기준과 항목으로 구성할 수 있

으므로 디자인 작품 평가를 위한 주된 방법으로 선택되고 있다.

③ **평가기준 설정을 위한 사례 분석**: 국제적으로 공인된 영국의 플로리스트 협회(society of floristry, U.K)의 「인터메디어트(National Intermediate)」와 「내셔널 디플로마(National Diploma)」 자격 부여를 위한 실기평가에서 사용하는 화예디자인 작품의 평가기준은 **표 3-13**에서와 같이 주제와 개념의 명확성, 창조성, 조형성, 형태감, 재료성, 기술성, 취급성 등의 20개 항목으로 구성되어 있다. 평가서에 나타나 있는 주요기준 해설은 평가 참여자가 염두에 두는 기준을 연구자가 해석하여 기술한 것이다.

시험은 매년 1회, 정기적으로 시행되며 이론시험의 경우에는 3시간 30분 동안에 6문제를 논술식 답안으로 작성하여야 한다. 실기시험의 「내셔널 디플로마」자격에는 4시간 30분 동안에 6작품을, 「인터메디어트」자격에는 4시간에 웨딩 부케디자인, 근조 형상헌화디자인, 꽃다발디자인, 꽃꽂이, 웨딩 액세서리 등의 5작품을 제작한다. 실기평가 시험문제에 내포되어 있는 작품유형, 작품규모, 계절, 시대, 양식, 재료, 색채계획 등을 파악한 후 제작한 작품은 **표 3-13**의 평가항목으로 3인의 평가자에 의하여 평가된다. 평가시의 각 항목별 점수는 6단계(0~5)의 평가척도로 이루어지며 각 항목별 점수의 합계가 100점 기준에 70점 이상을 합격(pass)점으로 인정하고, 80점 이상은 우수(credit), 90점 이상일 때는 최우수 직위, 명예(distinction)의 등급으로 평가한다.

표 3-13 영국 플로리스트 협회의 국가공인 자격시험의 작품 평가기준서[43]

주요 기준	주요 기준 해설*	문제 1					
		5	4	3	2	1	0
• 주제부합성 (suitability question/occasion)	• 작품의 컨셉트에 대한 가시적 내용		√				
• 상품성(commercial viability/marketability)	경제성, 시장성, 유통성	√					
독창성(distinction)	• 창작의 특이성, 고유의 이미지, 실험적 아이디어 반영		√				
소구력(impact)	미감의 시각화, 심미성		√				
디자인(design)	새로운 작품성에 대한 미적 인상		√				

(계속)

주요 기준	주요 기준 해설*	문제 1					
		5	4	3	2	1	0
프로화일(profile)	측면 윤곽, 전면과 측면의 안정적 비례		√				
리세션(recession)	• 리세션에 의한 시각적 변화와 입체감			√			
• 시각적 균형(balance-visual)	조형요소의 시각적 균형감각			√			
• 실제적 균형(balance-actual)	• 좌우상하의 균형감과 안정감		√				
그루핑(grouping)	• 조합에 의한 구조적 질서, 패턴, 라인			√			
색채(colour)	색채의 계획, 균형, 조절, 조화			√			
색채 사용(use of colour)	색채 표현, 배치, 구조 및 반영		√				
• 부소재(accessories/ribbon etc)	부소재의 선택과 사용			√			
장인성(workmanship)	전문적 기예와 기술 표현	√					
• 기술성(technique of assembly)	기술 구성의 합리성, 조립 및 제작		√				
• 구조감(stability of construction)	구조적 구성요인과 제안, 안정감, 견고성			√			
마감성(clean finish)	청결, 단정, 미려한 마무리 상태				√		
• 재료상태(finish-flower condition)	재료의 품질 보존 정도				√		
중량감(weight)	적합한 실제적 무게감			√			
취급성(ease of handling)	구조 및 포장에 대한 취급용이성과 배려		√				
문제 1 합계		10	36	21	4	0	0
문제 1 평점 (100점 만점)		71					

표 3-14 브룩스비 대학 화예디자인 작품 평가기준서

지도교수(tutor) □ 응시자, 동료(self/peer) □ 감독자(workplace) □

평가 기준 (assessment criteria)	논평과 피드백 (comments & feedback)
재료의 선택(경제성, 적합성)과 단가산출 (economical use of materials. suitable materials chosen, costed correctly)	
균형과 비례감(balance and proportion)	
강세감과 리세션(area of dominance and recession)	
윤곽선/형/프로화일/그루핑/패턴/선 (outline/shape/profile/rouping/patterns/lines)	
색의 선택과 배치, 조절 (choice and use of colour)	
장인성 (workmanship)	
구조 및 조립의 적합성 (stability of construction and assembly)	
마감성과 취급성/부소재의 사용 (finish and ease of handling/Accessories/ribbon used effectively)	
작품관리 및 고객 서비스 등 (card, envelop/ care instructions/cut flower food)	
제작시간/작업환경 정돈/작품 보관 등 (order form completed/completed in time/work area cleared/ stored in the correct place)	

영역범위(unit) 평가유형(assessment type) :	종목(item) 학생명(student) 일자(date)
통과(competent) □ 평가자 서명(assessor signature) :	미달(not yet competent) □ 응시자 서명(candidate signature) : ________

표 3-14의 작품 평가서 사례는 영국의 브룩스비 대학(Brooksby College)에서 수행하고 있는 국가자격증의 일종인 「NVQ(National Vocational Qualification) Florisrty II」[32] 와 「Part III」을 위한 실기평가표(practical assessment sheet)이다. 이것은 국가 공인기관(National Examination Board)에서 정한 모듈(module)을 대학에서 이행하는 제도의 일환으로써 교과목 레벨에서 규정하고 있는 각각의 작품들을 아래의 기준서로 평가를 받게 되며 각 평가는 일정한 수준에 도달하여야만 한다.

표 3-15 화예디자인 경진대회에서의 주요 평가기준 사례 (영국)

Competition Ⅰ	Competition Ⅱ
• 독창성 (distinction) • 디자인(작품성/예술성/기술성/합리성) • 색채 조화감 (colour harmony) • 장인성 (workmanship)	• 주제부합성/상품성 (suitability, commercial viability) • 독창성 (distinction) • 구조 및 조립성 (construction & assembly technique) • 색채 (colour blending & harmony) • 장인성 (workmanship)

표 3-16 화예디자인 평가 및 심사 안 사례[43]

* BSF (Board of the Society of Floristry. u.k)

영역	평가 항목	점수 (100점)
• 꽃꽂이 (볼, 화병, 바구니 등) (flower arrangement)	• 재료의 적합성과 주제 이해의 명해성과 적응성 • 디자인, 비례, 균형 • 색채조절과 조화 • 독창성 • 기술성과 마감성 • 경제성과 재료의 질적 상태	10 25 20 20 15 10
• 부케, 코사지 형상, 모싱, 꼴라주 (bouquet, figure, mossing, collague)	• 재료의 적합성과 주제 이해의 명해성과 적응성 • 디자인, 형태, 시각적 균형 • 실제적 균형, 중량감 • 색채조절과 조화 (모두 흰색인 경우 질감) • 독창성 • 장인성과 마감성 • 경제성과 재료의 질적 상태	10 20 10 10 10 30 10
• 혼례용(wedding) 근조 헌화디자인(sympathy)	• 재료의 적합성과 주제 이해의 명해성과 적응성 • 디자인, 형태 • 색채조절과 조화, 그루핑 • 비례, 균형 • 장인성과 마감성 • 경제성과 재료의 질적 상태	10 20 20 10 30 10

표 3-15와 표 3-16은 영국 플로리스트 협회 출제위원회의 기준으로 「The Society of Floristry」, 혹은 「City & Guilds London Institute」에서 주최하는 화예디자인 실기의 평가 또는 전문 화예 디자이너의 경진대회(competition)를 위한 화예디자인 작품의 평가 및 심사 기준 안으로 위와 같다. 화예디자인 작품에 대한 평가대상으로는 창조성, 조형성, 형태감, 재료성, 균형성, 운동감, 연속성, 비례감, 율동감, 상품성으로 세분화된다. 이것에 대한 각 항목별 특성과 의미의 주요 평가항목의 구체적 내용은 다음과 같다.

1. 창조성에 대한 평가

창조성이란 창의적인 기억, 문제에 대한 감수성뿐만 아니라 이미지로 생각하는 능력과 함께 아이디어를 즐기며 분석하고 합성하는 능력을 포함하는 융통성이며 독창성과 감수성을 의미한다.[39] 이것은 조형으로서 새로운 가치와 만듦의 힘을 뜻하며 조형목적을 만족시킬 수 있는 독특한 성향이고 재료, 기능, 형태를 위한 새로운 방법과 기법의 구조와 형식 및 개선과 시도를 내포하는 다의적·다원적 특성을 지닌다.

2. 조형성에 대한 평가

조형성이란 기술성·표시성을 나타내는 시각적 행위나 상징과 같은 정신적 의미를 내포하며 기능성·구조성·생산합리성·재료성과 같은 실용적 필요를 함께 지닌다. 조형성으로서의 표현성이란 기술성을 뜻하며 기능성·필요성·재료성과 함께 구조, 표시, 상징을 나타내기도 한다.[40] 이는 조형을 이루고 있는 성질과 속성이며 요소적으로는 색채, 질감, 형태를 구성하며 점, 선, 면, 입체와 같은 공간 한정성을 이루고 있으며 길이, 방향, 개수, 크기 등의 조건성을 갖고 있다.[41] 조형의 구분에는 개념적·구조적·현상적 조형성이 있으며 이것의 주요내용은 다음과 같다.

표 3-17 조형 표현요소와 조형성 평가를 위한 조건성

구성 요소	조 건 성
• 개념 요소 (conceptual elements) • 시각 요소 (visual elements) • 상관 요소 (relational elements) • 구조 요소 (constructional elements)	• 점(point), 선(line), 면(plane), 양감(volume) • 형태(shape), 크기(size), 색(colour), 재질(texture) • 위치(position), 방향(direction), 공간(spatiality), 중량감(gravity), 점위(点位, orientation) • 정점(vertex), 모서리(edge), 면(face), 길이(length), 깊이(depth), 넓이(width)

표 3-18 화예디자인 작품평가를 위한 기준 설정과 항목[(43)]

평가기준	코드	평가 항목	평가척도				
			5	4	3	2	1
주제성 (Theme)	1-1	주제에 대한 개념 표현(문제이해의 명해성)					
	1-2	주제의 범위(접근방법의 가시화, 표현력 확보)					
	1-3	주제에 대한 발상과 해석(독창성 및 가능성 추구)					
조형성 (Configuration & Image)	2-1	예술성(창조적 표현과 실험)					
	2-2	상품성(경제성, 화제성, 유행성)					
	2-3	독창성					
	2-4	소구성(impact, appeal)					
	2-5	형태감					
	2-6	프로파일(profile)					
	2-7	비례					
	2-8	시각적 균형					
	2-9	실제(사실)적 균형					
	2-10	미적 가치(심미성)					
	2-11	형태조화(harmony of shape & form)					
	2-12	색채조화(색채계획과 사용)					
	2-13	구조감(구성요인, 구조와 형식)					
	2-14	공간감(공간활용)					
	2-15	그루핑(grouping)					
	2-16	리세션(recession)					
	2-17	무게(중량감)					
	2-18	시각특성(방향감, 율동감, 운동감(movement))					
재료성 (Material)	3-1	재료의 선택과 사용					
	3-2	부소재의 활용					
	3-3	재료의 상태					
	3-4	재료의 질감					
장인성 (Workmanship)	4-1	마감성					
	4-2	조립성, 전문성					
	4-3	기술표현(기술과 기능)					
	4-4	취급성					

(1) 개념적 조형성

① 미감적·형식적·표상적·장식적·감성적 표현력을 지니며 고유한 정체성으로서의 표현

② 창의적·실험적·발상적 표현활동으로서의 접근과 태도

③ 조형문화로서의 미의식과 사상

④ 독창적·개성적 창작활동의 진작과 표현의지

(2) 구조적 조형성

① 조형 전개과정에서의 조형 구성요인의 재해석
② 조형요소의 반영과 시각적 내용의 상호관계
③ 새롭고 실험적인 이미지 전달과 아이디어 제안
④ 신조형 기법의 창안 및 응용
⑤ 형상구성으로서의 미적 구성(배열, 조직, 형태, 질감, 구조 변화 등)
⑥ 형태구조의 변환 시도와 새로운 표현형식의 기법 응용

(3) 형상적 조형성

① 조형 형상에 필요한 균형감, 중량감, 통일감, 대비감
② 조형적 형상 특성(집중, 변화, 깊이, 연속, 구심 등)
③ 작품에 나타난 생명력, 긴장감, 시각적 동세, 역동성 등
④ 표현으로서의 이념, 정신 및 자연감, 생명감으로서의 시각적·정서적 효과
⑤ 표출성, 기술성, 상징성, 기능성, 재료성, 구조성 등
⑥ 감성적 인상과 조형 트렌드 발견, 매력적 외양

3. 형태감에 대한 평가

형태란 어떤 객관에 대하여 그 전체를 구성하는 각 부분이 질서를 형성함으로써 완전히 통일·종합되어 있는 전체 혹은 체제로서, 사유적으로는 물건의 실체적 본질에 대한 외형적 양식을 뜻한다. 개념적인 해석에서는 평면의 확장이라든가 면에 의해 둘러싸인 3차원적인 영역을 뜻하는 것으로서 모든 형태는 디멘션(dimension)과 구성요소의 가감에 의하여 나타나는 시각적 변환으로서 이해할 수 있다. 즉 형태는 둘러싸고 있는 선들로 이루어진 시지각 영역의 포괄적 의미로 어떠한 물체의 외적 형태와 외형선 안의 선 및 공간과 면의 형태로 이루어진 부피가 있는 입방체를 말한다. 형태는 어떤 내용을 담는 속성을 지닌다.

형태란 부분 및 그 관계로부터 따로 떼어 끌어낼 수 없이 유기적으로 결합된 상태를 의미하며 항상 주변의 관계들과 계속적으로 지각적 반응을 유지하고 있는 구성요소로서 조형의 기초개념이다. 화예디자인에서는 작품의 형태감이 중요한 역할을 하게 되며 각각의 형태에는 고유의 시각특성, 즉 가시적 요소로서의 위치·방향·

공간·크기·색·재질·중량감 등을 갖고 있다. 이러한 형태는 수많은 사고(thinking) 매개 및 형상발상을 위한 방법으로 전개된다.

형상이란 사용된 사물의 추상적인 형태를 뜻하는 구조나 체제를 갖춘 대상 자체를 뜻하지 만 전체로서의 형식과 윤곽, 지각 및 경험의 통일적 전체 및 기본단위로 평가되어야 한다. 그러므로 시각적 동세와 같은 운동지각 등 형태심리 지각의 기반으로 화예디자인 조형의 감상과 평가에 미치는 중요한 요인이 된다. 이와 같은 형태가 지니고 있는 형태감에 대한 주요 평가내용은 아래와 같다.[41]

① 시각에 의해 포착된 표현대상의 본질적 특징 발견
② 개념요소의 가시적 표현과 특성 적용
③ 시각요소들에 대한 가변적 상황
④ 객관적 실체에 나타난 디자인적 착상과 의미 전달
⑤ 형상 발상 전개 내용의 체계적 접근성
⑥ 실체화 속에 나타난 작가의 요구에 부합되는 상징
⑦ 작가의 표현 의지와 조형 표현 양식의 이해
⑧ 형태의 구조, 재료의 성질 이해와 전개
⑨ 형태의 시각적 특성을 상호관계로 연계한 내용 및 기술
⑩ 구조적 구성요인의 특성과 유기적·기능적 관계 정립

4. 재료성에 대한 평가

화예디자인 재료에는 자연적인 형과 인위적인 형이 있다. 자연적인 형은 그 형태가 비인위적인 자연 그대로의 형이며 인위적인 형은 인조재료나 자연재료로 제작된 구성형을 뜻한다. 재료적 특성에 의해 이루어지는 보편적인 주요 형태로는 둥근 덩어리 형태, 트럼펫이나 종과 같은 형태, 작은 구형의 점과 같은 형태, 선재 등이다. 이러한 것들은 크기나 굵기에 따라서 점으로서의 재료, 면으로서의 재료, 선으로서의 재료 등으로 다시 구분되며 각각의 특성을 고려하여 효과적인 구성을 계획하게 되므로 외형선이나 필러(filler) 또는 리세션(recession)의 역할 및 강세감, 균형감, 통일감을 조성하게 된다.

그러므로 재료의 본질적 특성과 구조적 분석을 통하여 새로운 시각적 운동감, 방향감, 질서감, 질감을 이루고 있는지 평가하여야 한다. 더욱이 재료에 의해 이루

어지는 조형과 공간과의 관계에 영향을 주는 조화적 배치, 분할, 이해, 효과 등을 통해 형태와 재료 사이의 미적 영향과 관계를 평가에 내포하여야 한다.

① 재료의 본질적 특성 이해, 구도적·구조적 분석
② 형태와 재료 사이의 영향과 관계 연출
③ 재료의 강도와 성질, 질감 파악
④ 재료에 의한 시각적 운동감, 질서감
⑤ 재료의 조화적 배치, 방향, 분할, 이해. 효과 등
⑥ 조형과 공간의 관계에 대한 지각의 발전

5. 균형성에 대한 평가

균형은 중량의 역학관계나 평균과 같이 중앙점에서 전후의 수평을 삼은 원리로서 자유로운 형과 변화를 지니고 있으면서 전체로서 조화를 유지하고 있는 상태를 의미한다. 이는 서로 반대되는 힘의 평형상태, 즉 상하, 좌우, 비대칭으로 시각적·정신적 안정감을 갖게 되는 필연적 결속을 뜻 한다.[43] 균형성에 나타나고 있는 주조(dominance)와 종속(subordination)의 형식적·비형식적 관계를 평가하여야 하며 작품의 부분, 부분과 전체 사이에 생긴 시각상의 힘의 정도나 무게, 빛, 방향 등에 의한 조화상태를 평가한다.

① 사실적·시각적인 구조적 강도와 안정감[68]
② 크기, 무게, 비중에 대한 안정감과 조화 상태
③ 조화를 결정하는 인자로서의 무게, 방향
④ 구성된 색 또는 재료에 대한 좌우, 상하, 거리에 의한 효과
⑤ 부분과 부분, 부분과 전체 사이에 생긴 시각상의 힘의 정도
⑥ 마음의 편안함, 상쾌한 느낌의 기분, 인상
⑦ 조화 및 안정감을 이루는 질서의 형식적 구성 형식
⑧ 대칭, 비대칭, 비례 및 주조와 종속의 형식적·비형식적 관계

6. 운동감에 대한 평가

① 방향성, 힘의 방향, 방향이 있는 긴장
② 인지의 역동성, 심리적 긴장감
③ 전체 구도 속에서의 움직임
④ 공간으로의 퍼짐, 힘의 이동과 변화
⑤ 시각과 느낌으로서의 역동성

7. 연속성에 대한 평가

① 반복과 진행에 대한 모듈의 자원
② 물체에 생명감을 제공하는 강도의 정도
③ 질서를 제공하는 내면의 전래 및 일련의 조화
④ 대상을 질서있게 하려는 개념
⑤ 증가하거나 감소하는 특성에 의한 생성된 변화

8. 비례감에 대한 평가

① 부분과 부분, 전체와의 관계에 의한 시각적 균형
② 분량의 측정에 대한 수리적 관계, 수적 질서
③ 폭, 길이, 두께, 높이 등의 비교되는 비 또는 비율
④ 수적 변화와 비율, 균제미, 균형미

9. 율동감에 대한 평가

① 부분과 상호의 관계로 생기는 동세감, 팽창감
② 흐르는 선의 연속감, 진행감, 리듬감
③ 예측이 가능한 규칙적이고 순환적인 성격
④ 율동을 얻기 위한 수단으로 이용된 반복, 교체, 단계적 변환
⑤ 선, 크기, 형태, 색, 방향 등의 배열과 움직임
⑥ 시각적 감각과 활동적 감각의 내용
⑦ 감각이나 지각에 의한 예측 가능한 운동 암시

10. 상품성에 대한 평가

① 독창성, 심미성, 품격, 마감성
② 수요 고객의 의식, 가치의 수용과 소비태도의 분석 및 반영
③ 시간과 노력, 경제적 문제의 낭비 감소
④ 기능성과 타당성 구축과 기술의 신뢰성 확보
⑤ 판매유통과의 정합성 및 시장 특성과 환경 동향 파악
⑥ 소매가격의 경쟁성과 이윤 확보
⑦ 사용성, 내구성, 보관성, 효용성, 운송성, 장식성 등
⑧ 선호 조형요소의 발견 및 제품의 가치 확보
⑨ 희망, 요구, 제약 조건의 분석 및 정리
⑩ 기호 소비에 대한 정체성 확인
⑪ 유지와 관리성
⑫ 환경친화성

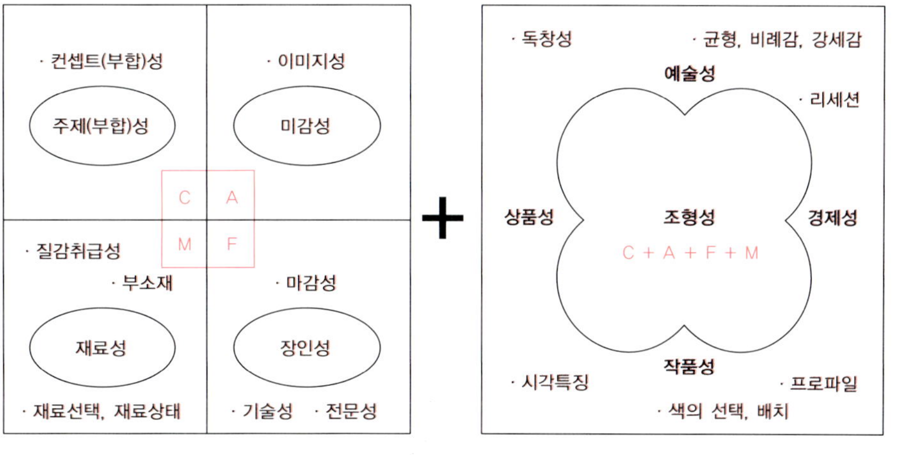

그림 3-35 주요 평가기준의 내용별 관계도

C(Conception), A(Aesthetic), F(Finishing touch), M(Meterial)

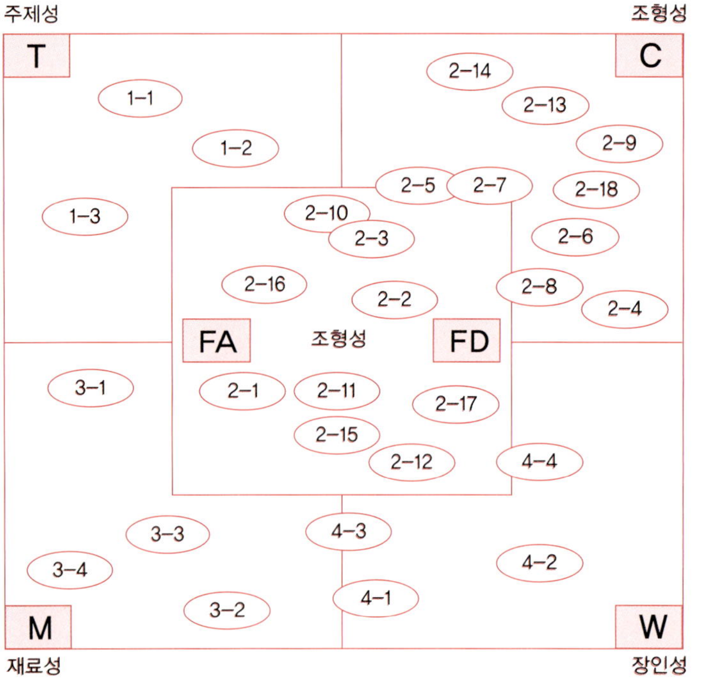

그림 3-36 평가기준별 항목(29개)간의 속성과 체계도 (positioning map)
T(theme), C(Configuration & Image), W(workmanship), M(Meterial) /숫자는 코드명임

평가측정 기준–앞장의 10개[35] 주요 평가항목의 구체적 내용을 기본으로 구성(그림 3-35)된 평가측정 기준은 표 3-22과 같다. 평가를 측정하기 위한 기준은 주제성, 조형성, 재료성, 장인성의 4개영역으로 구분하였고, 이것의 세부적인 내용은 29개의 평가항목으로 제시하였다(그림 3-51, 표 3-22). 이러한 평가의 항목들은 화예디자인의 다양한 영역과 평가목적 등의 제 특성에 적합하게 구성하여 객관적인 공통의 측정 척도로 활용할 수 있다.

화예디자인은 디자이너의 조형개념과 미적 경험을 표현한 예술(floral art)이며 디자인(floral design)이며, 창조적인 사고의 결과물이다. 이러한 조형 창조는 새롭고 독특한 것을 창출해 내려고 하는 노력에 의해 이루어지며 경우에 따라서는 수용된 가설을 거부하거나 경계를 허무는 작업이기도 하다. 창조적 조형행위란 새로운 것을 발견하거나 또는 그것에 대한 가능성을 얻어내는 일종의 양식이 될 수 있고 실험적으로 변화된 객체가 되기도 한다.

화예디자인 작품에는 작가가 의도하고 있는 작품성으로서의 주관적 표현이 나타나게 되므로 작가의 사고와 경험의 내면적 요소와 함께 주제성, 이미지성, 재료성, 장인성, 조형성의 내용도 함께 평가되어야 한다. 여기에서의 조형성에는 작가의 독창성에 대한 정신적인 측면과 물적 대상을 예술적인 기교로 완성시키는 측면을 포함시켜야 한다. 이에 따라 작품의 평가는 비가시적이며 정신적인 가치의 창조성에 대한 이해와 객체에 나타난 가시적인 가치의 발견으로 구성되고 있다.

분석된 연구결과의 내용을 요약하면 첫째, 화예디자인의 평가는 자연과학처럼 절대적인 객관성을 지니기보다는 주제, 이미지, 재료, 조형성 등의 관점에 따른 상대적인 주관성을 지닌다. 둘째, 평가를 위한 연구 분석의 틀로 설정된 기준들은 정량적·정성적으로 활용될 수 있으며 제안된 기본적 항목 구성들은 합리적인 근거를 지니면서 객관적 평가기법(skill, tool)으로 활용될 수 있다. 셋째, 화예디자인 평가는 평가종목과 평가목적에 따라서 각각 다른 객관적 평가기준과 요구항목의 적용이 요구되며 대상에 대한 명해성 및 표현성을 위한 평가의 기준과 항목을 구체화하는 기법이 필연적으로 요구된다. 넷째, 평가를 위한 일반적 방법인 체크리스트법은 평가의 내용과 항목들을 공통의 측정척도로 사용하고 비교할 수 있다는 장점과 보편적 객관성을 확인할 수 있다. 다섯째, 본 연구에서 제안된 평가를 위한 표6의 4개 기준설정(TCMW)과 29개의 항목들은 예술적 속성과 디자인적 속성을 지닌 화예디자인의 영역에서 논리적 조건성과 신뢰성으로 적용할 수 있는 가치를 상승적으로 포용함을 알 수 있다.[43]

사례 2

철도문화디자인의 정체성 구현연구

(1) 편의성 증대를 위한 평가[70]

프랑스나 독일 등의 교통 선진국에서 먼저 정착되고 있는 궤도차량은 교통문화의 선진화를 앞당기기 위하여 새로운 패러다임의 신에너지 바이모델 차량이 주종을 이루어야 한다는 과제 때문에 FRT(Fiberglass Rapid Tram)가 갖추어야 할 디자인 요인은 기술과 디자인을 고객중심으로 승화시켜 편의성 증대에 의한 가치창출을 우선적으로 고려하여야 한다는 것이다. 즉 FRT와 같은 차세대 차량디자인 개발에는 실용성 증대와 함께 복합적인 기술적용 등의 전략이 체계적으로 뒷받침되어야 한다.

(계속)

구체적으로 FRT의 질적 가치제고를 위한 실내의 레이아웃, 시설물 배치에 대한 실내조형성 평가를 위해서는 효용으로서의 편의성과 연관되는 항목 간의 관계가 균형적인 내용으로 디자인에 포함되어야 한다. 이와 함께 디자인이 지닌 동인, 개념 및 목적에 따른 평가의 기준내용이 각각의 다양한 조건과 관점에서 설정되어야 하며 이를 위한 객관적인 모형 체계와 분석방법의 제시가 요구된다.

따라서 가치제고를 위한 정체성의 평가를 위해서는 사용성, 친근성, 쾌적성, 감성, 인지성, 조작성, 안전성에 대한 문제와 함께 실내디자인의 편의성 증대를 위한 범용적인 항목추출과 객관적인 측정체계의 모형 설정에 대한 논리적 근거를 마련하여야 한다. 디자인에 대한 평가는 대상에 대한 조형성으로서의 검증결과가 이루어져야 하기 때문에 이를 위한 객관적인 편의요소들이 항목별 내용과 자료로써 준비되어야 한다. 이것을 위한 내용은 감성적 범주와 함께 시각정보 전달 및 이용자의 의식과 가치가 수용된 디자인 가치의 내용으로 최적화하였다. 이러한 시도는 승객중심의 디자인을 어떻게 진단할 것인가에 대한 해석과 검증의 기반이 될 수 있다.

(2) 편의성의 언어적 개념과 속성

차량디자인에서의 편의성이란 차량탑승 시 또는 승차 중에 발생되는 이용에 대한 노력의 감소를 목적으로 하며 이것은 최소의 노력 대비 또는 최적의 에너지 소비에 의한 행동, 동작, 지각, 반응으로 나타나는 효율과 인지 및 제반 행태를 포함한다. 이와 같은 개념은 이용자 기능 또는 이용자 동작에서 발생되므로 차량시설 및 기기의 기능이나 효용과 직접적으로 연관된다. 아울러 이러한 편의성은 대뇌에서 내려진 의사결정 내용을 물리적으로 조작하는 과정에서 형성된다.

감성의 범주에서 편의성에 대한 언어적 의미는 안락, 쾌적, 만족, 선호, 친근감과 관련되어 있다. 감성공학[36] 적으로 접근되고 있는 이 분야에는 오감과 관련된 심리적 만족을 감성만족으로 표현될 수 있는 편의성과 같은 쾌적감의 정도가 핵심으로 자리잡고 있다.[(44)]

표준 감성어휘
- **안락감** : 안정된, 자연스러운, 넉넉한, 연속적인, 즐거운, 균형있는
- **쾌적감** : 상쾌한, 청결한, 신선한, 조용한, 깔끔한, 평온한, 생생한
- **사용감** : 편리한, 단순한, 손쉬운, 실용적인

디자인과 연계되는 만족감이란 효용성, 편리성, 안전성, 내구성 등에 의해 조성되는 총괄적인 심상이다. 이와 같이 외부의 물리적인 자극이나 변화에 의해 지각되는 심리적 체험을 평가하기 위해서는 FRT를 이용하는 승객의 감성언어를 구체적인 디자인 요소로 추출하고 감성을 표현하는 단어를 재해석한 후 형용사군에 의한 의미공간을 다차원인 척도로 평가하는 의미미분척도방법(SD척도평가법)[38]을 활용할 수 있다. 이것은 이미지 요인들이 지닌 군집된 점위(position)를 상대적인 대위개념으로 파악하여 시지각적으로 정량화하는 방법이다. 형용사가 지니고 있는 의미에는 구체적이거나 추상적인 연상과 표상을 지니고 있기 때문에 개인적 관점과 취향에 따른 이해는 다양한 의미전달과 속성으로 재해석될 수 있다.

예를 들어 사용성 평가기준에 대해 샤켈(Shockel)은 효율성, 학습성, 유연성과 이용자 태도의 관점에서 접근하였고 슈나이어(C.A. Schneier)는 학습성 외에 편리성·즐거움을 기준으로 제안한 바 있다.[25] 감성어휘 구조에 의한 디자인의 감성 군집화 과정은 다음과 같다.

1단계 – 관련언어 키워드(keyword) 추출, 정리 / 상호독립적 차원 파악

↓

2단계 – S.D 요인 분석 / 각 형용사가 어느 인자에 속하는가 분류
인자 cluster 분석[언어 점위화(positioning)측정]

↓

3단계 – Multivariate Analysis (각 조건의 공간 점유 위치)
- 1차로 추출된 키워드를 유사단어 / 유사의미별로 그루핑
- 2차로 추출된 키워드를 키 메시지별로 군집화(clustering)

↓

4단계 – 형용사 연관 이미지의 카테고리화
(언어요소를 이미지 요소로 전환)

↓

5단계 – 언어요소와 이미지 요소에 의한 미래적 디자인 요소로 결정

그림 3-56 사용편의성이 지닌 인터페이스 조건[26]

(계속)

차량이용의 주체자인 승객의 관점과 의견, 행태에 나타나고 있는 사용 편의성에 대한 보편적인 범위는 **그림 3-52**에서와 같이 차량과 승객 간의 인터페이스 내용으로 승객의 측면에서 고려되어야 하는 접근사항은 다음과 같다.

- 신체적 인터페이스는 승객 개개인에 대한 특성파악 및 그룹별 이용승객에 대한 구분과 이용노선 선택 등이 포함된다. FRT 실내디자인에서는 앞·뒤 차의 각 영역에 따른 동선의 방향이나 출입구 주변의 움직임이 주된 영향을 준다. 아울러 장치 및 시설 기기에 대한 조작성, 위치성, 파지성 등의 세부내용이 있다.
- 생리적 인터페이스는 시각, 청각, 촉각과 관련된 정보 및 커뮤니케이션과 함께 재료 및 마감재에 대한 표면, 품질, 반사, 눈부심 등이 해당된다. 실내공간에 존재하는 시설물의 표시, 크기, 위치 등에 따른 안락감 정도 및 물리적 스트레스와 피로감소가 있다.
- 지적영역의 인터페이스는 편의성에 대한 수준 및 인지도가 내포되며, 대상물 각각에 대한 구성요소와 표시, 색채 및 표면처리와 효과까지도 포함된다. 아울러 승객 개인별 라이프스타일과 함께 습관화된 내용까지도 포함된다.
- 감성적 측면은 실내에 놓여 있는 장치물, 의자 등의 배치에 따른 느낌과 이것이 지닌 이미지성이 포함되며 특히 크기, 방향, 위치, 공간 등 분위기 연출항목과 함께 실내 환경과의 조화성 문제가 있다.

(3) 평가모형 체계구축

평가모형을 위한 구분과 항목의 추출은 **표 3-23**의 내용과 같이 승객이 갖는 심적 느낌이나 정서로 표현되는 정성적 요인과 물리적이고 현상적인 경험과 반응들을 포용하게 된다.

편의성의 평가요소에 대한 속성과 요구항목의 기본구성은 4개 (E/Effectiveness, A/Activity, C/Cognition, S/Safety)의 대분류로 구분하고 추출된 대표적인 평가항목은 19개의 코드로 구분하였다. 평가대상별 요구내용과 중요도에 대한 접근 방법은 다음과 같은 기준으로 분석하였다. 예를 들어 이해, 감지, 반응과 같은 기능적 반응은 사용성으로 구분하고, 취급, 경고, 안내와 같은 정보제공은 안전성과 연관시켰다.

(계속)

이와 함께 작동, 효용에 관계되는 것은 신체적 인터페이스와 연관된다. 또한 안전성에 대한 주요 문제는 지적 인터페이스와 연계되며 쾌적성은 심리적·감성적 인터페이스의 기본 내용이 된다. 아울러 인지성·조작성에 대한 분류내용은 생리적 인터페이스와 연관된다.

또한 다이어그램으로 제시된 **그림 3-53** 평가모형의 영문 코드는 4 영역에 따른 속성별, 항목별 코드이며, 편의성의 속성과 평가항목 간의 최적의 해(解)를 구축하기 위한 다원적 접근의 모형으로 형성되어 있다. 이는 필요 시 평가의 대상이 증가하여도 특성이 상호 교차적으로 활용될 수 있는 체계로써 여러 평가항목들이 지니고 있는 중요도, 즉 관계성과 함께 속성 간의 내용을 동시에 제시할 수 있는 구조를 지닌다.

표 3-51 편의성의 구분과 평가항목[44]

구분 코드	속성 구분	항목 코드	평가 항목	요구내용	중요도	평가대상
E	사용성 친근성	E1 E2 E3 E4 E5	• 이해 • 감지 • 반응 • 효용 • 작동	• 물리적으로 쉽고, 자연스러운 접근 • 이용자 이해, 반응 • 불필요한 동작, 시간, 에너지 절약 • 지각, 인지, 공용(Coordination)에 대한 기능 • 높은 효율성 유지 • 동작 및 자세 유지	• 기억의 용이함 • 동질성 • 소구력 • 미적 질서 • 자연스러운 동작 및 자세 유지(버튼 누름, 조작감 등)	• 단말기 접근 • 정지 버튼 • 승강구 출입 • 시각정보 표시 • 기기의 파지성, 형태, 크기 • 휠체어 이용성
A	쾌적성 감성	A1 A2 A3 A4 A5	• 즐거움 • 이미지 • 분위기 • 환경 조건 • 편의 시설물	• 재미, 호감, 취향 • 좋은 기억과 편안함 • 오감 만족의 상태 • 친근한 공간 연출 • 자연스러운 분위기 조성 • 안락한 환경조성	• 만족감 • 선호감 • 친근감 • 감성공학 • 문화 및 정서성	• 실내 기본구조물 • 시설물 및 설비 • 청결 / 소음 • 냉난방 장치 / 환기 • 안내방송 • 창문의 크기, 높이, 유리색 • 실내조명 • 시각정보 표시 / LED
C	인지성 조작성	C1 C2 C3 C4 C5	• 지각 • 융통성 • 접근성 • 사용감 • 기기 인지 및 조작	• 사용법을 쉽게 배우고 기억하게 함 • 다양한 사용자와 환경에 적응/변경 할 수 있게 함 • 실수의 취소화, 필요 도움기능 제공 • 힘이 덜 들고 압박감 없는 사용 • 잡기 편리함, 지지하기 편리함 • 작동이 편리하고 손에 잘 맞음	• 작동 시 일관성 유지 작동순서, 구조, 용어 • 시설물 ,픽토그램, 아이소타입 • 호환성, 기능할당, 구체적 정보 및 적응 • 실수방지, 작동가이드, 피드백, 취소, 도움말, 기억 • 파지 용이성, 그립 크기, 위치 • 형태, 크기, 컨트롤 방식	• 안전대, 손잡이의 위치, 크기, 굵기, 재질감 등 • 출입문 개폐성 • 이동성 • 의자 지지면의 프로토타입 • 손조작, 착지, 촉감
S	안전성	S1 S2 S3 S4	• 사고 방지 • 오용 • 경고 • 방재 시설물	• 디자인 형상의 안전성 • 비상장치 및 기기 설치 • 비상시 사용취급의 합리성 • 취급 시 정확성 유지, 오용 방지 • 실수의 최소화, 필요한 정보 제공 • 잠재적 위험에 대한 경고	• 외관 형태, 사용시의 자세 유지 • 모서리의 예각, 파지시 압박감 • 부품노출, 가드 설치 • 전기적, 기계적, 화학적 위험감소, 잠재위험요소 제거 • 경고수준의 적절성, 경고위치	• 불연재 내장 사용 • 소화기 비치 • 비상탈출구 위치, 방법 안내 • 출입문 수동작동 변환 용이 • 비상등 / 비상 마스크 • CCTV • 비상 버튼 • 안전대 • 해치사용

(계속)

그러므로 본 모형 체계는 다양한 언어적 의미와 조건을 지닌 편의성이라는 평가대상을 통일체적인 개념으로 이해하는 데 적합하며 평가하고자 하는 항목 간의 상관성을 상호 비교할 수 있는 장점을 지닌다. 따라서 X, Y 축에 의한 유형별, 내용별 평가항목 전개보다는 보다 일목요연한 체계로 평가내용에 대한 상징적·구체적인 시지각적 해석과 진단을 쉽게 인지하게 한다.

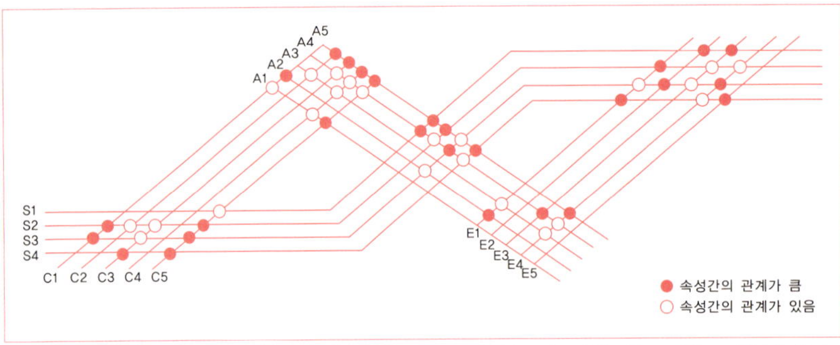

E :Effectiveness / A : Amenity / C : Cognition / S : Safety

그림 3-57 편의성 평가모형 체계구조

가치제고를 위한 정체성의 평가체계를 요약하면 다음과 같다. FRT에 대한 평가는 평가대상 속에 들어 있는 본질과 속성을 이해하는 것이며 평가를 통한 체험은 디자인의 고유특성을 이해하는 것과 같다. 본고에서 제시된 평가모형은 감성어휘를 중심으로 구축되었으므로 디자인 실체의 내용과 조건을 인식하여야 한다는 당위성을 전제로 연구된 것이다.

특히 다양한 계층의 승객을 대상으로 하는 FRT는 개인별·그룹별 라이프스타일의 요인분석이나 행태분석 등에 의한 이용자의 편의성 프로필을 재정립, 반영시켜야 한다. 또한 정체성 반영에는 승객의 의식 및 가치와 같은 정성적 평가내용을 이해하여야 하므로 이념적·가치적 특성을 함께 수용하여야 한다. 왜냐하면 평가의 고유성격은 종합적이며 구성체인 결과물에 대한 성과와 노력을 공유하는 것에 부합되기 때문이다. 따라서 향후의 디자인 정성적 평가에 대한 논리적인 접근방법이 다양하게 추구되어야 하며 특히 인지적 문제에 대한 승객의 수용성, 심미적 만족도, 문화적 차이 등도 논의되어 평가내용으로 함축되어야 한다. 아울러 조형의 기본구성인 표출성, 기술성, 기능성, 재료성, 구조성, 상징성에 대한 체계적인 평가기법도 함께 이루어져야 한다.

평가에 대한 체크포인트

- 평가의 기준은 정확성, 명료성(precision), 적절성(relevance)을 갖추고 있는가
- 평가의 기준은 공정성, 타당성, 중요성을 지니고 있는가
- 평가영역, 항목, 지표, 가중치에 대한 형식은 합리적인가
- 평가측정에 대한 척도구성, 타당화, 신뢰도는 갖추고 있는가
- 성과지표, 목표치, 측정방법은 합리적인가
- 성과의 검증기준의 목표수준, 검증방법은 합리적인가
- 측정방법은 정량적으로 측정이 가능한 척도를 구체적으로 제시하는가
- 개념이나 사상의 범위를 한정시킨 변이, 방법과의 연관성과 구체적인 종속변인에 대한 분석이 검증되었는가
- 측정방법과 해석을 위한 관찰자료의 값은 측정방법이 불연속 값(discrete value)인가 연속 값(continuous value)인가

연현주(2015)는 온라인 마켓의 패션주얼리 브랜드디자인 전략플랫폼(SPFBD : Strategic Platform for Fashion Jewerly Brand·Design) 구축[71]에서 브랜드디자인 전략 기반 구축 및 실행체계구조 관리운영의 요인별 중요도와 우선순위를 통해 전략 플랫폼 구축에 요인 간의 유의미한 요인분석을 파악하는 데 목적을 두고, 설문지법에 의해서 패션주얼리 관련업계 종사자와 전문가를 대상으로 선정하여 타당성을 평가하였다.

실증분석을 하기 위한 통계 패키지는 SPSS(Statistical Package for the Social Sciences) Ver 20.0을 이용하였고 분석방법은 표 3-24와 같이 연구 단계에 따라 적용하였으며 구체적인 내용은 다음과 같다.

표 3-19 실증분석의 내용과 분석방법

분석내용	통계기법
인구통계학적 분포	빈도분석
변인별 특성 및 중요성 파악	기술통계, 일원분산분석, 빈도분석
측정도구의 타당도	요인분석
측정도구의 신뢰도	신뢰도분석
요인과 요인 간 독립성유지	배리맥스
단계별 요인 간 관계	상관분석, 회귀분석
요인 간의 차이검증	교차분석

① 표본 집단의 인구통계학적 분포와 측정변수를 파악하기 위하여 자료의 전체적인 분포양상을 볼 수 있는 빈도분석(frequency analysis)과 평균 및 표준편차를 구하는 기술 통계를 실시하였다.

② SPFBD의 측정 요인의 타당성을 검증하기 위하여 각 항목별 요인분석(factor analysis)을 시행하였으며 각 요인에 신뢰도를 평가하기 위해 가장 일반적으로 사용되는 크론바흐 알파(Cronbach α)값을 이용하였다.

③ SPFBD의 변인들의 중요성을 살펴보기 위해 기술 통계와 두 개 이상 집단들에 평균 차이를 알아보는 일원 분산분석(one-way ANOVA)은 요인, 그룹, N값, 평균, 표준편차, F값, P-value로 구분하는 것으로 이를 통해 빈도분석을 시행하였다.

④ 요인분석에는 주성분 분석과 요인분석과 요인 간의 상호 독립성을 유지하여 회전하는 직교 회전 방식인 배리맥스(varimax) 방식을 사용하여 측정하였다.

⑤ SPFBD 단계별 요인 간의 관계와 단계 간에 미치는 영향을 살펴보기 위해 상관분석과 회귀분석(regression analysis)을 하였다.

⑥ 직업별 요인 간의 차이를 살펴보기 위해 교차분석을 하였다.

신뢰도 분석은 검사-재검사법(test-retest method), 대안법(alternative form method), 반분법(split-halves method), 내적 일치도(internal consistency) 등[미국 AERA와 APA 및 NCME(1999) 추천 방법]이 있으며 신뢰도 검증은 동일한 개념

을 측정하기 위한 것으로 여러 문항으로 이루어진 문항의 일치성을 측정하고자 할 때 이용되며 신뢰도 분석 절차는 내적 일치도 측정(반복법과 같이 항목을 나누거나 반복하지 않고 1회 검사로 측정함)의 방법에 의한 Cronbach α값을 이용하여 각 문항 간의 일치성을 분석하였다. 측정도구에 신뢰도를 분석한 내용의 결과는 표 3-25와 같다.

표 3-20 신뢰도 검증

구 분			문항 수	Alpha
SPFBD	• 브랜드디자인 전략플랫폼 기반 구축을 위한 전략 요인	조직 및 체계 전략 요인	4	0.59
		브랜드디자인 체계 전략 요인	2	0.70
		생산 체계 전력 요인	2	0.57
		브랜드디자인 전략플랫폼 기반 구축을 위한 전략 요인	8	0.71
	• 브랜드디자인 전략 플랫폼 실행체계구조 관리 및 운영 요인	브랜드디자인 관리운영 요인	3	0.71
		조직 관리운영 요인	6	0.70
		브랜드디자인 전략플랫폼 실행체계구조의 관리 및 운영 요인	9	0.77

표 3-20에서 보는바와 같이 Cronbach α가 브랜드디자인 전략플랫폼 기반 구축을 위한 전략 요인이 0.71, 브랜드디자인 전략플랫폼 실행체계구조의 관리 및 운영 요인이 0.77로 모두 0.50 이상으로 나타났다. 따라서 본 연구에 측정도구의 신뢰도는 신뢰할 만한 수준임을 알 수 있다. 분산분석은 독립변수가 두 가지 이상의 값을 갖는 명목 자료일 때, 즉 집단 구분이 두 개 이상일 때 집단 간 평균의 차이를 찾는 목적을 갖는다.

이것은 종속변수의 변화가 어떠한 원인(독립변수)에 의해서 어느 정도 일어나는지를 분석하는 것이 기본원리이다. 즉 종속변수의 변화는 특정한 변수와 함께 변동하는 부분과 그 이외의 부분으로 나누어 볼 수 있다. 특정한 독립변수의 변화에 따라 변동하는 부분이 크면 클수록 독립변수의 변화에 따라 종속변수가 변동하는 정도가 커지고, 통계적으로 유의한 차이를 보이는지의 여부를 검증하게 된다.[45]

진미자(2005)는 철도문화디자인의 정체성 구현 연구 논문에서 분산분석(ANOVA; Analysis of Variance)의 기본적인 가설은 두 집단 이상의 평균의 차이를 검증하였다. 즉 한 종속변수의 평균이 실험요소에 따라 차이가 있는지를 알기 위하여 사용된다. 분산분석에서 차이가 있다고 하는 것은 각 실험요소에 따른 평균이 다르다는 의미가 아니라 각 요소에 따른 평균이 모두 다 같은 것은 아니라는 것을 뜻한다. 분산분석 실시를 위한 가설은 다음과 같다.[46]

- 귀무가설 (H_0) : 각 집단의 평균들이 동일하다
- 대립가설 (H_1) : 각 집단의 평균들이 차이가 있다

분산분석에서의 가정은 다음과 같다. (1) 독립성(independence) : 특정 표본의 측정치가 다른 표본의 측정치와 서로 독립되어야 한다. (2) 정규성(normality) : 측정치의 분포가 정규분포에서 나온 것이어야 한다. (3) 분산의 동일성(homogeneity of variance) : 집단 간 분산이 동일하다. 또한 분석에서는 일원분류 분산분석[43]을 사용하였다. 일원분류 분산분석은 하나의 요인에 대해 여러 처리수준들 간의 실험결과를 비교·분석하고자 하는 것으로 특히 실험을 하는 데 있어서 각 처리의 순서를 랜덤(random)하게 이루어지도록 하므로 완전 임의화 계획법(CRD)이라고도 한다.

표 3-21 이원분류 분산분석의 자료구조

처 리	$1 \cdots i \cdots k$
반응값	$y_{11} \cdots y_{i1} \cdots y_{k1}$ $\vdots \cdots \vdots \cdots \vdots$ $y_{1j} \cdots y_{ij} \cdots y_{kj}$ $\vdots \cdots \vdots \cdots \vdots$ $y_{1n_1} \cdots y_{in_i} \cdots y_{kn_k}$
평 균	$\overline{y_{1.}} \cdots \overline{y_{i.}} \cdots \overline{y_{k.}}$

그룹의 종류(경영, 기술, 디자인)에 따라 각 부문의 차이를 분석하는 것으로 분산분석의 모형은 다음과 같다.

$$y_{ij} = \mu + \alpha_i + \varepsilon_{ij}, \quad i = 1, \cdots k, \quad j = 1, \cdots n_i$$

y_{ij} : i번째 처리를 받은 n_i개의 개체 중 j번째 개체에 대한 반응변수의 값
μ : 전체 모평균
α_i : i번째 처리의 효과(그룹 효과)
ε_{ij} : 오차항

이때 관심이 되는 가설은 '모든 처리수준에서의 모평균이 모두 같다.(그룹간에 차이가 없다.)' 이다. 즉, 분산분석은 표 3-22와 같다.

표 3-22 분산분석표

요 인	자유도	제곱합	평균제곱합	F 통계량
처리 A	k−1	SST	MST=SST/(k−1)	F = MST/MSE
오차	n−k	SSE	MSE=SSE/(n−k)	
전체	n−1	TSS		

표 3-22에서 F-통계량은 이상의 대응되는 귀무가설하에서 자유도가 (k−1, n−k)인 F 분포를 따르므로 이에 기초하여 가설에 대한 검정을 수행한다. 즉 $F>F_{\alpha}(k-1, n-k)$이면 (1)가설은 기각된다. 즉 그룹 간에 차이가 존재한다고 할 수 있다. 그리고 유의수준 =0.05라 했을 때 유의확률(p-value) 값이 0.05보다 작다면 귀무가설은 기각 된다. 만약 위와 같이 처리수준의 효과가 모두 같지는 않다(즉 그룹 간에 차이가 존재한다)고 판정되면 어느 수준들 간의 차이(어떤 그룹 간의)가 유의한지를 알아보기 위해 다중비교(multiple comparison)를 행한다. 다중비교 검증절차는 무척 많으며, 이들 중 어느 것이 좋은가에 대해서는 아직까지 정의된 바가 없다. 여기서는 튜키(Tukey)의 검증방법을 사용한다.

이 검증은 일반적으로 HSD(Honestly Significant Difference) 검증이라 부른다. 튜키의 검증법은 가장 보수적인 방법으로 여간해서는 평균차이가 유의(차이가 난다)하다는 결론을 내리지 않는다.

먼저 가설은 귀무가설(H_0) : $\mu_i=\mu_j$ (즉 i 그룹과 j 그룹 간의 평균에 차이가 없다)이다. 검정 통계량은 $q=\dfrac{\overline{Y_i}-\overline{Y_j}}{\sqrt{s^2/r}}$ 이고, 만약 $q>q_{v,k,\alpha}$ 이면 귀무가설을 기각한다. 즉, 유의수준 =0.05 라 했을 때 유의확률값이 이보다 작으면 귀무가설을 기각한다. 여기서 s^2은 MSE이고 v는 분산분석표에서 오차의 자유도, k는 처리의 개수, r은 처리내의 관측수, $\overline{Y_i}$는 i 번째 그룹의 평균이다. 이상의 내용에 따른 5개영역별 분산분석 결과는 다음과 같다.

• 전략/경영

표 3-23 전략/경영의 분산분석

요 인	자유도	제곱합	평균제곱합	F 통계량	유의확률
그룹	2	2.09	1.05	5.40	0.0059

표 3-23을 보면 유의확률(p-값)이 0.0059로 유의수준을 0.05로 했을 경우 이보다 작은 값을 가지므로 귀무가설을 기각한다. 즉 그룹 간에 차이가 있다(경영, 디자인, 기술 그룹에서 '전략/경영' 에 대한 생각이 어느 하나의 그룹은 다르다). 따라서 어떤 그룹이 다른지 알아보기 위해 사후분석을 실시한 내용은 표 3-24과 같다.

표 3-24 경영과 기술 그룹의 신뢰구간

그룹 비교	평균 차이	95% 동시 신뢰 구간		
경영 · 디자인	0.15421	−0.10690	0.41532	
경영 · 기술	0.32575	0.08935	0.56215	***
디자인 · 경영	−0.15421	−0.41532	0.10690	
디자인 · 기술	0.17154	−0.07991	0.42299	
기술 · 경영	−0.32575	−0.56215	−0.08935	***
기술 · 디자인	−0.17154	−0.42299	0.07991	

표 3-24에서 *** 표시된 부분이 유의하지 않음을 말해준다. (95% 동시 신뢰구간이 0을 포함하지 않는 경우) 즉, 그룹 간의 차이가 있다는 것으로 경영과 기술 그룹은 '전략/경영' 에 있어서 차이가 난다. 이를 명확히 하기 위해 다시 그룹으로 나누어 생각해 보면 표 3-25와 같은 결과를 얻는다.

표 3-25 세 응답 그룹 간의 그룹화

그 룹		5점척도에서의 평균	N	그 룹
경영 · 디자인	A	4.1506	36	경영
B	A	3.9964	29	디자인
B		3.8248	43	기술

표 3-25에서 경영은 A그룹으로, 기술은 B그룹으로 나누었음을 알 수 있다. 디자인은 어느 쪽이든 상관이 없다는 진단을 얻을 수 있고 이는 결국 디자인중심의 정체성 구현 방향이 보편적인 일반성과 범용성을 지니고 있음을 말해준다.

• 기술/시설

표 3-26 기술/시설의 유의확률

요 인	자유도	제곱합	평균제곱합	F 통계량	유의확률
그룹	2	0.43	0.22	1.11	0.3322

표 3-26을 보면 유의확률(p-값)이 0.3322로 유의수준을 0.05로 했을 경우 이보다 큰 값을 가지므로 귀무가설을 기각할 수 없다. 즉 그룹 간에 차이가 있다고 볼 수 없다(경영, 디자인, 기술 그룹에서 '기술/시설' 에 대한 비슷한 생각을 가지고 있다).

• 서비스

표 3-27 서비스의 유의확률

요 인	자유도	제곱합	평균제곱합	F 통계량	유의확률
그룹	2	0.62	0.31	1.44	0.2426

표 3-27의 서비스 역시 유의확률(p-값)이 0.2426으로 유의수준을 0.05로 했을 경우 이보다 큰 값을 가지므로 귀무가설을 기각할 수 없다. 즉, 그룹 간에 차이가 있다고 볼 수 없다(경영, 디자인, 기술 그룹에서 '서비스' 에 대한 비슷한 생각을 가지고 있다).

• 디자인

표 3-28 디자인의 유의확률

요 인	자유도	제곱합	평균제곱합	F 통계량	유의확률
그룹	2	1.09	0.55	2.27	0.1085

표 3-28의 디자인 역시 유의확률(p-값)이 0.1085로 유의수준을 0.05로 했을 경우 이보다 큰 값을 가지므로 귀무가설을 기각할 수 없다. 즉 그룹 간에 차이가 있다고 볼 수 없다(경영, 디자인, 기술 그룹에서 '디자인'에 대한 비슷한 생각을 가지고 있다).

• 철도문화디자인

표 3-29 철도문화디자인의 유의확률

요 인	자유도	제곱합	평균제곱합	F 통계량	유의확률
그룹	2	0.48	0.24	0.70	0.4976

표 3-29를 보면 철도문화디자인 역시 유의확률(p-값)이 0.4976으로 유의수준을 0.05로 했을 경우 이보다 큰 값을 가지므로 귀무가설을 기각할 수 없다. 즉 그룹 간에 차이가 있다고 볼 수 없다(경영, 디자인, 기술 그룹에서 'RCDT(railway culture design technology)'에 대한 비슷한 생각을 가지고 있다). 종합해보면 3개 응답그룹(경영, 디자인, 기술) 간에 '전략/경영' 부문을 제외하고는 약간씩의 차이는 있으나 전반적으로 비슷하게 인식하고 있는 것을 알 수 있다. 설문 응답자의 인구통계학적 분석내용을 요약하면 다음과 같다.

설문내용 중에서 일반사항 1항의 전문영역에 대한 질문에서는 경영영역의 경우 [행정>차량기계]의 순이며 기술은 [차량기계>철도개발기술]의 순으로 나타났다. 2항의 해당 전문영역에서의 연구(근무) 년수는 평균 7.5년으로 나타났으며 이는 응답자의 대부분이 철도연관 산업에 전문경력과 경험이 있는 것을 알 수 있다. 3항의 현재 업무내용 항목에서는 경영 영역의 경우 [경영>기획조정>정책운영, 설계기술] 순으로, 기술에서는 [R&D>설계기술>시뮬레이션]의 순으로, 디자인 영역에서는 [R&D>시뮬레이션>인터페이스기술] 순으로 나타났다. 이는 업무내용 간의 영역이 교차되고 융합됨을 의미하며, 해당영역 간의 전문성 확립은 영역간의 영향력을 극대화해야 한다는 점을 시사한다.

이해묵(2001)은 산업디자인 성공화 전략을 위한 PISS시스템 구축에 관한 연구논문에서 요인분석(factor analysis)을 다음과 같이 실시하였다.[47]

① 요인의 추출

설문지 구성 내용에서 알 수 있듯이 설문 내용은 예상되는 7가지의 요인 관련 내용과 제품의 경쟁력 우위, 제품 성공 수준을 묻는 내용들로 분류하여 구성하였다. 응답자들의 설문 결과를 기초로 43개의 질문 문항들이 이러한 구조를 갖고 있는지를 알아보기 위해 표 3-30와 같이 요인 분석을 하였다. 요인분석의 결과는 부록 통계자료(total variance explained)에서 알 수 있듯이 아이겐값(eigen value)이 1 이상인 요인이 11개가 나왔다.

그러나 비록 요인의 개수가 11개로 결과가 나왔지만 부록 컴포넌트 매트릭스(component matrix)에서 보면 각각의 설문 문항들이 대부분 요인 1에 분류되어 있음을 확인할 수 있다. 이는 설문 문항들을 분류하는 축이 적절하지 않아서 동질적인 성질을 갖는 하나의 요인으로 묶였기 때문이다. 따라서 이를 해결하기 위해 적당한 축을 찾기 위해 요인회전(factor rotation) 배리맥스(varimax)회전방법을 사용하였다. 이렇게 요인분석을 한 결과 설문 문항들이 다음과 같은 총 11개의 요인으로 분류되었는데 이중 변수가 3개 이상으로 묶인 요인 1~8까지를 유효한 요인으로 사용하였으며 변수가 2개 이하로 묶인 요인 9, 요인 10, 요인 11은 사용하지 않았다.

표 3-30 요인분석 결과 (총 11개 요인)

요 인 (Factor)	변 수 (Variables)	비 고
Factor 1	Var16 Var30 Var40 Var41 Var42 Var43	사 용
Factor 2	Var26 Var27 Var28 Var29	
Factor 3	Var11 Var17 Var18 Var19 Var20 Var21	
Factor 4	Var22 Var23 Var24 Var25	
Factor 5	Var1 Var2 Var4 Var5 Var6 Var12 Var34	
Factor 6	Var7 Var8 Var9 Var10	
Factor 7	Var36 Var37 Var38 Var39	
Factor 8	Var31 Var32 Var35	
Factor 9	Var3 Var13	비사용
Factor 10	Var14 Var17	
Factor 11	Var33	

② 요인의 해석

- 요인 1은 디자인을 통한 제품 차별화(변수 16), 고객의 구매행동 심리(변수 30), 종합적 재정적 수익률(변수 40), 판매량(변수 41), 타 신제품과 비교한 수익률(변수 42), 최초 목표한 수익률(변수 43)의 내용으로 묶였으며 이는 제품 성공 수준이라고 해석한다.
- 요인 2는 R&D 기술(변수 26), 엔지니어링 기술(변수 27), R&D 자원(변수 28), 엔지니어링 자원(변수 29)의 내용으로 묶였으며 연구개발, 엔지니어링, 생산 등에 대한 자원 및 기술과 프로젝트에서의 요구 간의 적합성을 의미하므로 이를 기술 시너지라고 해석한다.
- 요인 3은 최종 제품의 디자인 시방서의 작성(변수 11), 매출액 대비 디자인 비용(변수 15), 디자인 부서의 재량권(변수 18), R&D와 제조 부서 간의 통합성(변수 19), 마케팅과 제조 부서 간의 통합성(변수 20), 마케팅과 제조 부서 간의 통합성(변수 21)의 내용이며 이를 대 부서 간 교차 기능이 포함된 디자인 능력이라고 해석한다.
- 요인 4는 판매력 자원(변수 22), 유통 분배 자원(변수 23), 광고 판촉 자원(변수 24), 판매력 기술(변수 25) 등 기업의 자원 및 기술과 프로젝트에서의 요구 간의 적합성을 나타내므로 마케팅 시너지라고 해석한다.
- 요인 5는 시장의 특징과 동향 측정(변수1), 경쟁사와 경쟁 제품의 가능성 평가(변수 2), 상품화를 위한 테스트 마케팅 초청(변수 4), 고객 선호도 등 시장조사의 수행(변수 5), 제품의 판매, 광고, 유통 적용(변수 6), 생산가 절감과 품질 관리(변수 12), 제품의 잠재시장 규모(변수 34)에 대한 내용이며 이를 마케팅 능력이라고 해석한다.
- 요인 6은 시험적 엔지니어링, 기술, 생산에 대한 평가(변수 7), 제품 설계를 위한 시방서 기획(변수 8), 시방서에 의한 실험 및 테스트의 평가(변수 9), 프로토타입 제작 및 샘플 시험의 시행(변수 10)에 대한 내용으로 이를 기술적 능력이라고 해석한다.
- 요인 7은 고객 요구사항(변수 36), 제품의 소비자에 대한 기능성(변수 37), 제품의 품질(변수 38), 제품의 기술적 기능성(변수 39) 등에 관한 내용이며 이는 결국 타사제품에 대하여 제품의 경쟁력 있는 우수성을 나타내므로 제품의 경쟁적 우위라고 해석한다.

• 요인 8은 고객의 가격 예민성(변수 31), 경쟁사의 경쟁 제품에 대한 정보(변수 32), 제품이 독특한 형태와 성능(변수 35)에 관한 내용이므로 제품 경쟁력이라고 해석한다. 표3-31은 이러한 내용들의 해석으로 결국 8가지의 요인들을 추출하였다.

11. 가설(hypothesis)의 도출

요인분석 결과와 그림 3-54의 예비 구조 모델을 바탕으로 다음과 같은 가설을 세웠다.

H1. 기술 시너지가 클수록 제품의 경쟁적 우위가 높아진다(요인 2).
H2. 대부서 간 통합성과 디자인 능력이 우수할수록 제품의 경쟁적 우위가 높아진다(요인 3).
H3. 마케팅 시너지가 클수록 제품의 경쟁적 우위가 높아진다(요인 4).
H4. 마케팅 능력이 우수할수록 제품의 경쟁적 우위가 높아진다(요인 5).
H5. 기술적 능력이 우수할수록 제품의 경쟁적 우위가 높아진다(요인 6).
H6. 마켓 정보 및 가격, 형태 등 제품 경쟁력이 우수할수록 제품의 경쟁적 우위가 높아진다(요인 8).
H7. 제품의 경쟁적 우위가 높을수록 제품의 성공 수준이 높아진다(요인 7).

표 3-31 요인별 변수 내용 및 해석

요 인(Factor)	변 수	내 용	비 고
Factor 1	Var16	디자인을 통한 제품 차별화	제품 성공 수준
	Var30	고객의 구매 행동 심리	
	Var40	종합적 재정적 수익률	
	Var41	판매량	
	Var42	타 신제품과 비교한 수익률	
	Var43	기업의 목표와 비교한 수익률	
Factor 2	Var26	R&D 기술	기술 시너지
	Var27	엔지니어링 기술	
	Var28	R&D 자원	
	Var29	엔지니어링 자원	

(계속)

요 인(Factor)	변 수	내 용	비 고
Factor 3	Var11	최종제품의 디자인과 시방서의 작성	
	Var17	매출액 대비 디자인 비용	
	Var18	디자인 부서의 재량권	
	Var19	R&D와 제조 부서 간의 통합성	
	Var20	마케팅과 R&D 부서 간의 통합성	
	Var21	마케팅과 제조 부서 간의 통합성	
Factor 4	Var22	판매력 자원	
	Var23	유통 분배 자원	
	Var24	광고 판촉 자원	
	Var25	판매력 기술	
Factor 5	Var1	시장의 특징과 동향 측정	
	Var2	경쟁사와 경쟁 제품의 가능성 평가	
	Var3	제품 차별화를 위한 매력적 특성 부여	
	Var4	상품화를 위한 테스트 마케팅 수행	
	Var5	고객 선호도 등 시장 조사의 수행	
	Var6	제품의 판매, 광고, 유통 적용	
	Var12	생산가 절감, 품질관리	
	Var34	제품의 잠재 시장 규모	
Factor 6	Var7	시험적 엔지니어링, 기술, 생산에 대한 평가	기술적 능력
	Var8	제품 설계를 위한 시방서 기획	
	Var9	시방서에 의한 실험 및 테스트의 평가	
	Var10	포로토타입 제작 및 샘플 시험의 시행	
Factor 7	Var36	고객 요구 사항	제품의 경쟁적 우위
	Var37	제품의 소비자에 대한 기능성	
	Var38	제품의 품질	
	Var39	제품의 기술적 기능성	
Factor 8	Var31	고객의 가격 예민성	제품의 경쟁력
	Var32	경쟁사의 경쟁 제품에 대한 정보	
	Var35	제품의 독특한 형태와 성능	

연현주(2015)는 측정 타당도를 다음과 같이 실시하였다.[74]

온라인 마켓의 패션주얼리 브랜드디자인 전략플랫폼 구축을 위한 개념화 단계인 브랜드디자인 전략플랫폼 기반구축의 전략 요인과 구조화 단계인 실행체계구조로 브랜드디자인 전략플랫폼 구축의 관리 및 운영 요인에 타당성을 분석하기 위한 목적으로 요인분석을 시행하였다. 두 단계 각 8개 항목과 9개 항목을 분석하기 위하여 주성분 분석과 0.40 이상의 요인 적재치를 사용하였고, 요인의 적재치를 높이기 위한 방법으로 배리맥스(varimax) 직교 회전방식을 사용하였으며, 고유값(eigen value) 1.0을 기준으로 요인추출을 실시하였다.

(1) 브랜드디자인 전략플랫폼 기반구축을 위한 전략 요인 분석

브랜드디자인 전략플랫폼 구축을 위한 전략요인 분석에서의 타당도는 KMO(Kaiser Meyer Olkin)44)의 표본 적합도 .728, Bartlett의 단위행렬 카이제곱 (x^2)= 324.681, 자유도(df)= 28, 유의확률(p)45)=.000으로 요인분석의 과정을 충족시키는 것으로 나타났다. 브랜드디자인 전략플랫폼 기반구축을 위한 전략 요인 분석을 실시한 결과는 표 3-32와 같다.

표 3-32 브랜드디자인 전략플랫폼 기반구축을 위한 전략 요인분석

요인 / 문항	요인 1	요인 2	요인 3
	조직 및 체계 전략요인	브랜드디자인 체계 전략요인	생산 체계 전략요인
미션설정	.783	.108	.095
비전설정	.700	−.020	.253
유통 및 마케팅 경쟁력강화	.577	.423	−.185
소비자 요구반영	.480	-.017	.434
브랜드 차별화	.104	.841	.114
디자인정체성 확보	.038	.803	.290
제조 및 생산품질 향상	.203	.103	.770
기술력 확보	.022	.295	.747
고유 값	2.669	1.231	1.006
설명력(%)	33.358	15.393	12.569
누적기여율(%)	33.358	48.750	61.320

표 3-32에서 보는 바와 같이 총 8개의 변인이 추출되었으며, 고유값(eigen value) 1.0을 기준으로 3개의 요인으로 묶였다. 이 중 요인 1의 미션설정, 비전설정, 유통 및 마케팅 경쟁력 강화, 소비자 요구반영은 조직 및 체계 전략요인으로, 요인 2의 브랜드 차별화, 디자인 정체성 확보는 브랜드디자인 체계 전략요인으로, 요인 3의 기술력 확보, 제조 및 생산품질 향상은 생산 체계 전략요인으로 명명하였다. 설명력은 요인 1이 33.4%, 요인 2는 15.4%, 요인 3은 12.6%이었다.

(2) 브랜드디자인 전략플랫폼 실행체계구조의 관리 및 운영 요인 분석

브랜드디자인 전략 플랫폼 실행체계구조의 관리 및 운영 요인 분석에서의 타당도는 KMO의 표본적합도 .782, Bartlett의 단위행렬 카이제곱(x^2)=465.103, 자유도(df)=36, 유의확률(p)=.000으로 요인분석의 과정을 충족시키는 것으로 나타났다. 브랜드디자인 전략플랫폼 실행체계구조를 위한 관리 및 운영 요인 분석을 실시한 결과는 표 3-33과 같다.

표 3-33 브랜드디자인 전략플랫폼 실행체계구조의 관리 및 운영요인 분석

요인 / 문항	요인 1	요인 2
	브랜드디자인 관리운영요인	조직 관리운영요인
디자인 권리	.801	.037
디자인 상품 개발	.27	.118
디자인 평가	.725	.199
정책	.093	.724
투자	−.158	.734
전략 구축	.320	.597
새로운 사업 창출	.402	.525
트렌드 선도	.391	.477
온라인 운영	.363	.452
고유 값	3.210	1.278
설명력(%)	35.672	14.197
누적기여율(%)	35.672	49.869

표 3-33에서 보는 바와 같이 총 9개의 변인이 추출되었으며, 2개의 요인으로 묶였다. 이 중 요인 1의 디자인 권리, 디자인 상품 개발, 디자인 평가는 브랜드디자인 관리 운영요인으로, 요인 2의 정책, 투자, 전략구축, 새로운 사업창출, 트렌드 선도, 온라인 운영은 조직 관리 운영요인으로 명명하였다. 설명은 요인 1이 35.7%, 요인 2는 14.2%이었다. 트렌드 선도와 전략 구축 요인이 요인 2의 조직 관리 운영요인으로 묶였지만 요인 1의 브랜드디자인 관리운영 요인을 충족시킬 수 있는 요인이다.

12. SPFBD 변인들 간의 상관관계

(1) 브랜드디자인 전략플랫폼 기반구축을 위한 전략 요인의 상관관계

브랜드디자인 전략플랫폼 기반구축을 위한 전략을 측정하는 변인들 간의 상관관계에 대해 살펴본 내용 결과는 표 3-34와 같다.

표 3-34 브랜드디자인 전략플랫폼 기반구축을 위한 전략요인의 상관관계[46)]

구분	비전 설정	미션 설정	소비자 요구반영	기술력 확보	제조 및 생산 품질향상	유통 및 마케팅 경쟁력 강화	브랜드 차별화	디자인 정체성 확보	기반 구축 위한 전략
비전설정	1								
미션 설정	.448*** (0.000)	1							
소비자 요구반영	.230*** (0.000)	.256*** (0.000)	1						
기술력 확보	.176** (0.000)	.186*** (0.003)	.220*** (0.000)	1					
제조 및 생산 품질 향상	.265*** (0.000)	.202** (0.001)	.299*** (0.000)	.397*** (0.000)	1				
유통 및 마케팅 경쟁력 강화	.167** (0.009)	.276*** (0.000)	.224*** (0.000)	.109* (0.088)	.152* (0.017)	1			
브랜드 차별화	.135* (0.034)	.180*** (0.005)	.158*** (0.013)	.254*** (0.000)	.204* (0.001)	.240*** (0.000)	1		
디자인 정체성 확보	.167** (0.009)	.180** (0.005)	.121*** (0.057)	.368*** (0.000)	.267*** (0.000)	.197** (0.002)	.544*** (0.000)	1	
기반구축 위한 전략	.559*** (0.000)	.584*** (0.000)	.528*** (0.000)	.589*** (0.000)	.589*** (0.000)	.503** (0.000)	.616*** (0.000)	.638** (0.000)	1

*p<.05, **<.01, ***<.001

표 3-34에서와 같이 비전설정(r=.559, p<.001), 미션설정(r=.584 <.001), 소비자 요구반영(r=.528, p<.001), 기술력 확보(r=.589 p<.001), 제조 및 생산품질향상(r=.589, p<.001), 유통 및 마케팅 경쟁력 강화(r=.503, p<.001), 브랜드 차별화(r=.616, p<.001), 디자인 정체성 확보(r=.638 p<.001)는 브랜드 디자인 전략플랫폼 구축을 위한 전략요인과 통계적으로 유의미한 상관관계를 보였다. 따라서 비전설정, 미션설정, 소비자 요구반영, 제조 및 생산품질향상, 유통 및 마케팅 경쟁력 강화, 브랜드 차별화, 디자인 정체성 확보가 중요하다고 인식할수록 브랜드디자인 전략플랫폼 기반구축을 위한 전략요인이 중요하다고 인식하고 있음을 알 수 있다.

(2) 브랜드디자인 전략플랫폼 실행체계구조의 관리 및 운영 요인의 상관관계

브랜드디자인 전략플랫폼 실행체계구조의 관리 및 운영 요인의 상관관계 브랜드 디자인 전략플랫폼 실행체계구조의 관리 및 운영 요인을 측정하는 변인들 간의 상관관계에 대해 살펴본 결과는 표 3-35와 같다.

표 3-35 브랜드디자인 전략플랫폼 실행체계구조 관리 및 운영요인 상관관계

구분	투자	정책	트렌드 선도	새로운 사업창출	전략 구축	디자인 권리	디자인 상품개발	디자인 평가	온라인 운영	관리 및 운영
투자	1									
정책	.406** (0.000)	1								
트렌드 선도	.234** (0.000)	.270** (0.000)	1							
새로운 사업 창출	.168** (0.008)	.346** (0.000)	.295** (0.000)	1						
전략 구축	.261** (0.000)	.284** (0.000)	.345** (0.000)	.421** (0.000)	1					
디자인 권리	.033 (0.605)	.143* (0.024)	.316** (0.000)	.299** (0.000)	.300** (0.000)	1				
디자인 상품 개발	0.135** (0.035)	.215** (0.001)	.221** (0.000)	.255** (0.000)	.229** (0.000)	.483** (0.000)	1			
디자인 평가	0.93 .147	.264** (0.000)	.322** (0.000)	.302** (0.000)	.221** (0.000)	.433** (0.000)	.427** (0.000)	1		
온라인 운영	.095 (0.138)	.281** (0.000)	.267** (0.000)	.331** (0.000)	.357** (0.000)	.127** (0.046)	.235** (0.000)	.365** (0.000)	1	
관리 및 운영	.443** (0.000)	.593** (0.000)	.614** (0.000)	.647** (0.000)	.629** (0.000)	.574** (0.000)	.584** (0.000)	.647** (0.000)	.607** (0.000)	1

*p<0.5, **<0.1 · ·

표 3-35에서 보는 바와 같이 투자(r=.443, p<.001), 정책(r=.593 p<.001), 트렌드 선도(r=.614, p<.001), 새로운 사업 창출(r=.647 p<.001), 전략 구축(r=.629, p<.001), 디자인 권리(r=.574, p<.001), 디자인 상품개발(r=.584, p<.001), 디자인 평가(r=.647 p<.001), 온라인 운영(r=.607, p<.001)는 브랜드디자인 전략 플랫폼 구축의 관리 및 운영 요인과 통계적으로 유의미한 상관관계를 보였다. 따라서 투자, 정책, 트렌드 선도, 새로운 사업 창출, 전략 구축, 디자인 권리, 디자인 상품개발, 디자인 평가, 온라인 운영이 중요하다고 인식할수록 브랜드 디자인 전략플랫폼 실행체계구조를 위한 전략요인이 중요하다고 인식하고 있음을 알 수 있다.

13. SPFBD에서 브랜드디자인 전략플랫폼 기반구축을 위한 전략 요인

SPFBD에서 브랜드디자인 전략플랫폼 기반구축을 위한 전략 요인이 브랜드디자인 전략플랫폼 실행체계구조의 관리 및 운영 요인에 미치는 영향 브랜드디자인 전략플랫폼 기반구축을 위한 전략 요인이 브랜드디자인 전략플랫폼 실행체계구조의 관리 및 운영 요인에 미치는 영향에 대해 살펴본 내용의 결과는 표 3-36와 같다.

표 3-36에서 보는 바와 같이 회귀분석[47]의 결과로 브랜드디자인 전략 플랫폼 기반구축을 위한 전략 요인에 상수(constant)가 1.111, 표준화 계수(β) 0.648, 회귀모형의 F값이 176.919로 유의미한 것으로 판명되었다.

약 42%(c=.420)의 설명력을 지니며, 브랜드디자인 전략플랫폼 실행체계구조의 관리 및 운영요인에 브랜드디자인 전략플랫폼 기반구축을 위한 전략 요인은 통계적으로 유의미한 정(+)의 영향을 미치는 것으로 나타났다. 따라서 브랜드디자인 전략플랫폼 기반구축을 위한 전략요인이 중요하다고 인식할수록 브랜드디자인 전략플랫폼 실행체계구조 관리 및 운영 요인의 중요성이 높음을 알 수 있다.

표 3-36 SPFBD 기반구축 전략요인이 실행체계구조 관리·운영요인에 미치는 영향

구분	브랜드디자인 전략플랫폼 실행체계구조의 관리 및 운영 요인			
	b	β	t	p
브랜드디자인 전략플랫폼 기반구축을 위한 전략 요인	0.701	0.648	13.301**	0.000
Constant	1.111		5.014***	0.000
R2	0.420			
F(p)	176.919*** (0.000)			

***p<.001

진미자(2005)는 철도문화디자인 정체성 연구논문에서 상관분석과 회기분석 및 관계분석과 신뢰도 분석을 다음과 같이 실시하였다.[75]

(1) 상관분석

문항들, 즉 변수들 간의 관련성을 분석하기 위하여 상관분석을 하였다. 상관분석은 하나의 변수가 다른 변수와 어느 정도 밀접한 상호연관이 있는가를 알아보기 위한 분석방법으로 기본적인 개념은 아래와 같다.

① 상관계수

상관계수는 두 변수 사이에 존재하는 관련성 정도를 측정하는 단위이다. 상관분석이 이루어지기 위해서는 두 확률변수 X, Y 모두 정규 분포한다는 가정이 필요하며, 두 확률변수 X, Y의 기대값을 각각 μ_x, μ_y 라고 할 때 이들의 결합된 변화량을 측정하는 것으로 E[(X−)(Y−)]를 사용한다. E[(X−)(Y−)]는 X, Y의 변화하는 방향관계나 그 관계의 강도를 측정하는 측도가 된다. 이 때 E[(X−)(Y−)]를 X와 Y의 공분산(covariance)이라고 하며 기호로는 Cov(X, Y)로 나타낸다.

상관계수(correlation coefficient) : 두 확률변수 X, Y에 대하여

$$\mathrm{Corr}(X,\ Y)= \frac{cov(X,\ Y)}{S.\ D(X)S.D(Y)}$$ (여기서 S.D는 표준편차임)

② 모상관계수의 추론

표본 상관계수는 표본에 따라 값이 변한다. 모집단에서 상관계수는 모집단 전체에서 존재하는 변수 사이의 상관관계이므로 모상관계수를 표본 상관계수와 구분하기 위하여 일반적으로 그리스 문자인 ρ(rho)로 표기한다. 표본 상관계수는 표본자료에서 구한 것이며 모상관계수는 모집단 전체를 반영한 상관관계이다. 대부분의 통계 분석에서는 표본 상관계수보다 모집단 상관계수에 더 많은 관심을 둔다. 그러나 모상관계수를 알 수 없는 관계로 ρ의 추정치로서 표본 상관계수인 r을 사용한다. 따라서 표본상관계수를 구했다고 하더라도 모상관계수가 ρ=0인지 가설 검정하여야 한다.

③ 모상관계수에 대한 가설 검정

상관분석의 가설을 검정하기 위한 검정통계량은 다음과 같다.

H_0 : ρ=0 (모집단 상관관계는 없다.)

H_1 : ρ≠0 (모집단 상관관계는 있다.)

$T=\dfrac{r}{\sqrt{\dfrac{(1-r^2)}{(N-2)}}}$ [r : 상관계수, (N−2) : 자유도]는 자유도가 N−2인 t 분포를 따른다. 여기서 $T \geq t(N-2,\ 1-\frac{\alpha}{2})$이면 유의수준 에서 귀무가설 H_0를 기각하게 된다(즉 모집단에 상관관계가 있다고 본다).

이상의 내용에 따라 5개 기준에 대한 상관관계는 표 3-37과 같다.

표 3-37의 상관계수 값들은 상관계수에 대한 검정을 실시한 결과, 유의수준 0.01에서 모두 0.0001보다 작은 p값들을 가지므로 유의한 결과를 나타낸다. 즉 두 변수 사이의 상관관계는 모두 존재한다고 할 수 있다. 그리고 디자인과 철도문화디자인 간의 상관관계는 매우 높음을 알 수 있다.

표 3-37 기준별 피어슨 상관계수 (Pearson Correlation Coefficients)

	전략/경영	기술/시설	서비스	디자인	철도문화디자인
전략/경영		0.73241	0.69032	0.66487	0.58089
기술/시설			0.77878	0.64792	0.50005
서비스				0.67766	0.53885
디자인					0.82348

3개 그룹별 상관계수를 구해보면 표 3-38, 표 3-39, 표 3-40과 같다.

경영, 기술, 디자인 응답그룹별로 상관계수에 대한 검정을 실시한 결과 유의수준 0.01에서 p값이 모두 이보다 작으므로 유의한 결과를 가진다. 즉 상관관계가 모두 존재함을 알 수 있다.

그러나 그룹별로 살펴보면 상관계수에 있어서 약간의 차이를 보인다. 특히 디자인 그룹에서의 상관관계는 '철도문화디자인' 과 '기술/시설' 이나 '서비스' 영역의 값이 다른 그룹에 비해 낮게 나타남을 알 수 있다.

④ 경영

표 3-38 경영 그룹의 상관계수

	전략/경영	기술/시설	서비스	디자인	철도문화디자인
전략/경영		0.75152	0.61370	0.71283	0.72118
기술/시설			0.73293	0.70316	0.49701
서비스				0.57554	0.50114
디자인					0.80550

⑤ 기술

표 3-39 기술 그룹의 상관계수

	전략/경영	기술/시설	서비스	디자인	철도문화디자인
전략/경영		0.74288	0.70732	0.58867	0.55762
기술/시설			0.76567	0.71142	0.66364
서비스				0.76367	0.70066
디자인					0.86695

⑥ 디자인

표 3-40 디자인 그룹의 상관계수

	전략/경영	기술/시설	서비스	디자인	철도문화디자인
전략/경영	0.76918	0.72620	0.69645	0.50134	
기술/시설		0.86112	0.56077	0.34339	
서비스			0.63437	0.37434	
디자인				0.80649	

디자인그룹을 중심으로 응답자 그룹 간의 상관관계 분석의 특징은 다음과 같다.

- 디자인그룹에서의 RCDT와 기술/시설 항목을 비교하면 경영그룹(0.49701)과 기술그룹(0.66364)에 비해 상관관계가 낮게(0.34339) 나타남
- 디자인그룹에서의 RCDT와 서비스 항목을 비교하면 경영그룹(0.50114)과 기술그룹 (0.70066)에 비해 상관관계가 낮게(0.37434) 나타남
- 디자인 그룹에서의 RCDT와 전략/경영 항목을 비교하면 경영그룹(0.72118)과 기술그룹(0.55762)에 비해 상관관계가 낮게(0.50134) 나타남

위와 같은 상관계수에서 디자인그룹이 기술그룹의 응답자보다도 이상의 분야에 대한 이해가 낮게 나타나고 있는 것은 전략 및 서비스 중요성에 대한 인식부족으로 해석할 수 있다. 그러나 상대적으로 경영그룹, 기술그룹에서 인식하고 있는 디자인에 대한 상관관계는 거의 차이가 없으며 오히려 기술그룹에서 인식하는 디자인에 대한 상관관계는 디자인그룹보다 약간 높게 나타나고 있다. 이는 디자인에 대한 기술그룹의 중요성 인식을 의미한다.

(2) 회귀분석(regression analysis)을 통한 검증[76]

PISS 연구논문에서의 회귀분석은 동일한 개념을 측정하기 위한 분석법으로 결과의 조직 및 체계 전략 요인의 상수(constant), 표준화계수(β), 회귀모형의 F값에 의해 유의성에 대한 분석이다.(r−두 변수의 관계로 한 변수가 변해감에 따라 다른 변수가 어떻게 변해지는지 말해 주는 통계기법, R^2 −상계계수의 제곱값, p−유의수준, p값이 낮아질수록 차이가 있음)

상관분석에서 제시한 가설을 검증하기 위하여 회귀분석을 하였다. 가설 H1~H6을 검증하기 위해 먼저 요인분석에서 추출된 요인 2, 3, 4, 5, 6, 8을 독립변수로 하고 요인 7(제품의 경쟁적 우위)을 종속변수로 하여 다중 회귀분석을 실시하였다.

표 3-41 Model Summary

Model	R	R Square	Adjusted R Square	Std. Error of the Estimate
1	.715	.512	.443	.85

a) Predictors : (Constant), Factor2 Factor3 Factor4 Factor5 Factor6 Factor7 Factor8

표 3-42 ANOVA

Model		Sum of Squares	df	Mean square	F	Sig
1	Regression	37.617	1	21.567	23.248	.000
1	Residual	35.900	56	.928		
1	Total	73.517	57			

a) Predictors : (Constant), Factor2 Factor3 Factor4 Factor5 Factor6 Factor7 Factor8
b) Dependent Variable : Factor1

표 3-43 Coefficients

Model		Unstandardized Coefficients		Standardized Coefficients	F	Sig
		B	Std. Error	Beta		
1	(constant)	5.73E-03	.517		.011	.991
	Factor 2	.230	.125	.217	1.836	.072
	Factor 3	.197	.119	197	1.662	.103
	Factor 4	-1.815E-02	.103	-.020	-1.77	.860
	Factor 5	-7.312E-02	.102	-0.83	-.714	.479
	Factor 6	3.48E-02	.112	.035	.312	.756
	Factor 8	.312	.119	.297	2.615	.012

a) Dependent Variable : Factor 1

회귀분석을 통해 종속변수인 요인 7과, 독립변수인 요인 2, 3, 4, 5, 6, 8 간의 관계를 알아본 결과는 상기 표 3-41, 표 3-42, 표 3-43과 같았다. 표 3-41에서 R-square 값은 이 모형의 설명력 정도를 의미하는 값이고 표 3-42의 F값은 추정된 회귀식 전체의 유의성에 대한 검증을 하는데 사용되는 값이다. (종속변수의 총 분산이 모형에서 사용된 독립변수 전체 (또는 회귀식 전체)에 의해 충분히 설명되는지를 검정하는 방법으로 F통계량이 사용된다.)

위 회귀분석 결과를 보면 F값과 R-square 값이 모두 유의하고 설득력이 있다는 사실을 알 수 있다. Coefficients에 대한 회귀분석 결과에서 각 Coefficients의 t 통계량은 추정된 파라미터에 대해 유의성을 검증하는 데 사용되는 검정통계량으로 보통 t 통계량 값이 2보다 크면 독립변수가 종속변수의 변화를 잘 설명한다는 결론을 내릴 수 있다. 이 모델의 경우 90% 신뢰수준을 기준으로 할 때 요인 2, 요인 3, 요인 8이 종속변수 요인 7에 미치는 영향이 있다는 점을 알 수 있다.

그 내용을 해석하면 다음과 같다.

① **기업의 기술 시너지** : R&D 자원 및 기술, 엔지니어링 자원 및 기술 – (요인 2)는 제품의경쟁적 우위(요인 7)에 영향을 미친다.

H1– 채택(support), 90% 신뢰수준

② **기업의 디자인 능력** : 제품디자인, 디자인 비용, 재량권 – 과 대 부서 간 교차 기능 – R&D, 마케팅, 제조 – (요인 3)은 제품의 경쟁적 우위(요인 7)에 영향을 미친다.

H2– 채택(support), 90% 신뢰수준

③ **제품 경쟁력** : 가격, 제품 경쟁력, 제품 차별성 – (요인 8)은 제품의 경쟁적 우위(요인 7)에 영향을 미친다.

H6– 채택(support), 90% 신뢰수준

④ (요인 4) **마케팅 시너지** : 판매, 유통 분배, 광고 판촉의 자원과 판매 기술은 제품의 경쟁적 우위(요인 7)에 영향을 미치는 않는 것으로 분석되었는데, 이는 기업 내부 자원에 의하기보다는 외부 조직의 활용이나 상황에 따른 변화의 가능성에 있기 때문에 직접적이기보다는 간접적 영향을 미치는 것으로 해석할 수 있다.

H3– 기각(reject), 90% 신뢰수준

⑤ (요인 5) **마케팅 능력** : 시장의 동향, 경쟁 제품 평가, 제품 차별화, 테스트 마케팅, 고객선호도, 제품의 판매·광고·유통은 제품의 경쟁적 우위(요인 7)에 영향을 미치지 않는 것으로 분석되었다. 이는 마케팅 자체가 제품의 경쟁적 우위(요인 7)에 직접적 영향을 미치는 시대가 지나고 있음을 알 수 있으며, 이 중 제품 차별화와 고객 선호도는 제품개발의 성공화에 중요한 요인으로 연구되고 있으나 본 설문조사 통계에서는 채택되지 않았다. 이는, 기업 혹은 프로젝트의 종류에 따라 중요한 요인이기도 하지만, 기업이 선도적으로 혁신적 제품을 개발할 경우에는 타 제품과의 차별화나 고객 선호도는 중요하지 않을 수 있다고 해석할 수 있다.

H4– 기각(reject), 90% 신뢰수준

⑥ (요인 6) **기술적 능력** : 엔지니어링, 기술, 생산과 설계, 실험실 테스트, 프로토타입의 제작 등은 제품의 경쟁적 우위(요인 7)에 영향을 미치지 않는 것으로 분석되었다. 이는 기술이 보편화되고 있는 시대적 추세에 따라 기술 능력 자체가 제품의 경쟁적 우위(요인 7)를 높이지는 않는다는 것을 반영한다고 해석할 수 있다.

H5– 기각(reject), 90% 신뢰수준

표 3-44 Model Summary

Model	R	R Square	Adjusted R Square	Std. Error of the Estimate
1	.542	.293	.281	.96

a) Predictors : (Constant), Factor7

표 3-45 ANOVA

Model		Sum of Squares	df	Mean square	F	Sig
1	Regression	21.567	1	21.567	23.248	.000
	Residual	51.950	56	.928		
	Total	73.517	57			

a) Predictors : (Constant), Factor7

b) Dependent Variable : Factor1

표 3-46 Coefficients

Model		Unstandardized Coefficients		Standardized Coefficients	F	Sig
		B	Std. Error	Beta		
1	(constant)	1.449	.386		3.757	.000
	V39	.554	.115	.542	4.822	.000

b) Dependent Variable : Factor1

가설 7을 검증하기 위해 요인 7을 독립변수로 하고 요인 1(제품의 성공 수준)을 종속 변수로 하여 단순 회귀분석을 실시하였다. 회귀분석을 통해 제품의 경쟁적 우위가 제품 성공 수준에 미치는 영향이 유의한지를 알아보았다. 위의 결과에서 F값과 R-square값을 보면 제시된 모형이 유의하고 설명력이 있는 것으로 판단할 수 있다.

⑦ (요인 7) 제품의 경쟁적 우위는 제품의 성공 수준에 영향을 미친다.

H7-채택(support), 90% 신뢰수준

즉 고객 요구 사항의 반영, 제품의 소비자에 대한 기능성, 제품의 품질, 제품의 기술적 기능성은 제품의 성공 수준에 영향을 미치는 것으로 해석되었다.

이상의 결과를 요약하면 그림 3-37과 같이 정리할 수 있다. 그 내용은 제품개발의 성공화를 위한 영향 요소로서 기업의 기술 시너지, 디자인 능력, 제품 경쟁력은 제품의 경쟁적 우위에 영향을 미치며 마케팅 능력, 마케팅 시너지, 기술적 능력은 직접적 영향을 미치지 않는다고 할 수 있다. 또한 '제품의 경쟁적 우위가 제품 성공 수준에 이르게 한다.' 라고 해석할 수 있다.

그림 3-37 회귀분석(Regression Analysis)을 통한 가설의 검증

진미자(2006)는 관계분석을 다음과 같이 실시하였다. 즉 IDISS 구축을 위한 기본요소가 지니는 핵심요인을 추출한 후 모형의 논리적 스펙을 구성하기 위한 관계분석은 그림 3-38의 체계로 이루어진다. 기본요소를 토대로 하는 97개 설문항목 간의 신뢰도 분석과 상관분석, 분산분석의 통계학 패키지를 적용하였다.

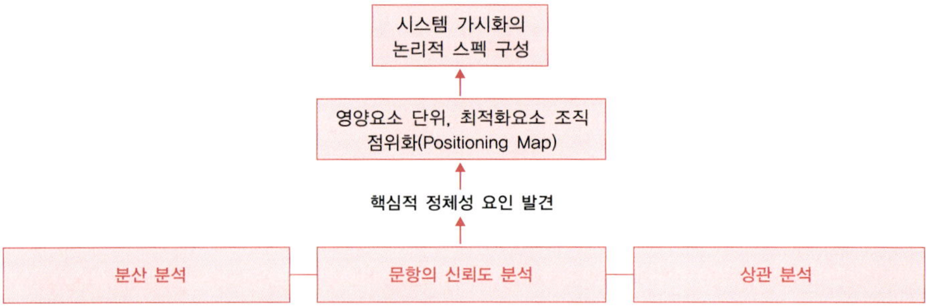

그림 3-38 IDISS 요소 분석체계

또한 신뢰도 분석은 내적일치도(internal consistency)의 개념인 크론바흐의 알파계수를 사용하였다. 일반적으로 알파(ALPHA)값이 클수록 설문 문항의 일치도가 있다고 판단한다.[46]

표 3-47 문항의 신뢰도 분석

	전략/경영	기술/시설	서비스	디자인	철도문화디자인
ALPHA	0.8809	0.8911	0.8236	0.9159	0.9437
Standardized item ALPHA	0.8803	0.8913	0.9018	0.9146	0.9457

표 3-47에서 알 수 있듯이 각 영역의 요인에 대한 크론바흐 알파값이 높게 나왔다. 즉, 설문지에서 문항들 간의 일치도가 높다는 것을 알 수 있다. 이와 함께 응답된 108개 표본에서의 5개영역들을 '경영', '기술', '디자인' 의 3개 응답그룹으로 군집시켜 얻어낸 그룹별 통계량의 표준편차는 표 3-48과 같다.

표 3-48 그룹별 표준편차

그룹	응답자 N	변수	평균	중위수	Q1	Q3	표준편차
경영	36	전략/경영	4.15	4.21	3.84	4.34	0.06
		기술/시설	3.99	3.90	3.69	4.43	0.07
		서비스	4.04	4.08	3.66	4.34	0.07
		디자인	3.97	4.00	3.68	4.24	0.07
		철도문화디자인	3.85	3.86	3.36	4.25	0.10
기술	43	전략/경영	3.82	3.79	3.58	4.11	0.07
		기술/시설	3.88	3.86	3.52	4.19	0.06
		서비스	3.87	3.84	3.58	4.21	0.07
		디자인	3.74	3.74	3.42	4.00	0.07
		철도문화디자인	3.72	3.61	3.39	4.17	0.08
디자인	29	전략/경영	4.00	4.00	3.74	4.32	0.08
		기술/시설	3.84	3.86	3.52	4.29	0.09
		서비스	3.99	4.05	3.74	4.32	0.10
		디자인	3.89	4.05	3.42	4.32	0.11
		철도문화디자인	3.86	4.00	3.44	4.33	0.12

3-7 조건충족, 표본확보 및 체계구축 / 최적화

1. 아키텍처(Architecture) 구현[(49)]

한석우(2005)는 산업디자인 예측시스템(DTTS)구축을 위한 연구 논문의 위계구조의 검증을 위한 아키텍처 디자인 구현에서 신조형 개념과 신제품 설계 미학에 의한 비디오 도어폰(video door phone) 개발로 디자인의 시각적·형상적 전략을 제안하고 그에 따른 제품 디자인의 생산에 목표를 두었다. 미래 시장에서 가장 기본적으로 이해되고 있는 디자인 고품격화 시도는 디자인 독창성의 창조 기회증가와 함께 디자인에 있어서 포트폴리오적 기획과 전략 실현에 변수이다.

따라서 본 연구를 통해 신제품 개발에 필요한 개념적 이미지와 가시적인 구체적 연관성에 관한 체계 구현을 실천하고 아울러 미래 생활안전 및 개인의 프라이버시 확보와 대비를 위한 신시장 개척에 주안점을 두고 디자인 활동의 표면화와 기술력 확보 및 제품력 증진이라고 하는 산업디자인의 새로운 의미와 가치를 실현시킨다.

① 디자인 활용의 표면화와 수출품목의 다변화 기여(trend innovation)
② 독자 기술을 이용한 고유 브랜드의 자주개발상품 창안(brand innovation)
③ 수입 완전 자유, 확대시장에서의 자생력과 경쟁력 확립(market innovation)

(1) 디자인 필요성

① 현재 수준

- 소비시장 변화에 수동적 대처
- 기술혁신과 품질 우위 확보 미흡
- 제품 만족도, 기술적 요소(기능, 기구, 구조, 재료, 가공 기술력)부족
- CIPD(Corporate Identity through Product Design)[48] 전략 요구
- 트렌드 창출형 고유디자인 확산

② 추진 필요성

다원적 창조시대, 생활시스템, 생활장면(life scene, life soft) 변화, 소비태도의 변화, 의식구조와 가치관의 변화는 디자인에 있어서의 "개별성과 자립성, 국제성"을 가져오게 되었고 아울러 미래의 제품사용자에게는 고감도·고품격의 문화디자인을 요구하게 되었다. 따라서 주체적인 전략과 개발에 의한 신제품 디자인의 필요성을 갖는다.

- 사용성, 감성 제품의 정체성 중시
- 기술력 강화에 의한 시장개척의 기능성
- 제품설계 미학 적용의 신개념 확립
- 기능의 편리화, 장식성, 이미지를 중시한 감정디자인 제안
- 소비자 선호의 소구점 다양화 및 트렌드
- 연관제품의 소요구조 변화 대처 및 트렌드 선호
- 제품의 본물성 증대 및 디자인 신부가가치의 고서비스화
- 제품의 감성적 이미지 증진
- 제품의 생활 문화적/질적 가치 중시

(2) 기대효과

① 1차적 기대 결과

- 사용성, 서비스력 향상의 애착상품(personal identity) 개발
- 연구개발의 독창성, 고유성 발휘로 기업 이미지 구현과 제품의 신뢰성 확보
- 트렌드 확보에 의한 국적있는 디자인 창안

② 2차적 기대 결과

- 대체 아이템 개발의 응용 확산(형태의 고급화, 색채의 다양화, 편리성 개선)
- 기능의 혁신, 트렌드 차별화, 브랜드 인지도 확산
- 수요구조 변화 대응과 기술력, 조형력 증진으로 수출시장 경쟁력에서 우위 확보
- 디자인 프로세스의 체계화 연구로 관련 개발 제품에의 기술 확산
- 트렌드 예측 시스템 적용에 의한 디자인 분석 및 구현능력 제고

(3) 영향요인의 위계구조에 대한 신규 트렌드 제안

브랜드 인지도가 높고 기술의 총합이 되는 자동차는 산업디자인의 꽃이라고도 불려진다. 또한 컴퓨터 주변기기로서의 모니터는 개발주제와 근접된 제품디자인 영역이므로 요인추출의 근거가 된다. 자동차에는 트렌드의 메가 스트림과 함께 신조형 창출에 대한 요인이 다양하게 나타나 있는 대표적 사례이므로 위계구조 적용사례의 디자인개발에 부합될 수 있는 대상이다. 아울러 디자인 활용의 표면화나 독자기술을 이용한 자주개발 상품의 자생력과 경쟁력 확립에 부합되는 내용을 지니고 있다. 따라서 다음과 같은 접근단계에 의해 검증하였다.[78]

S1 : 상황인식/자료유목화 단계 : 첫 번째 단계는 비디오폰 트렌드 요인발견을 위한 제품 인티그레이션(integration)으로서 디자인관련 키 워드 입력단계이다. 자동차(포르쉐, 벤츠, BMW)의 대표적 브랜드가 지니고 있는 키 워드, 키 메시지 군에서 비디오폰이 추구하는 제품포지션, 마켓포지션에 부합되는 중심어 8개를 요인으로 추출하였다.

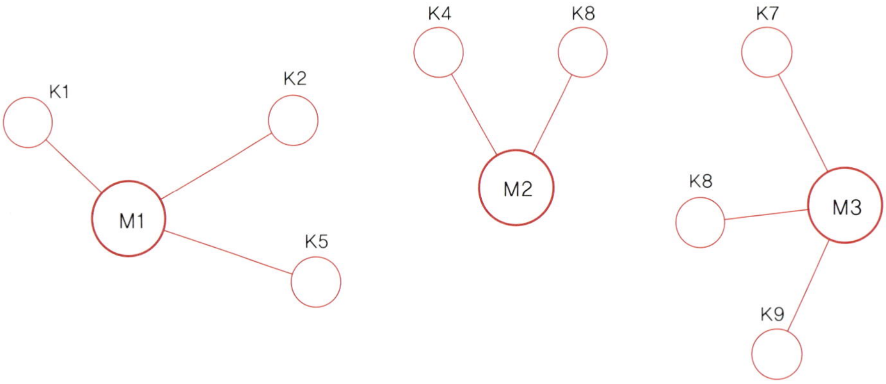

그림 3-39 요인 간 연계구조 사례

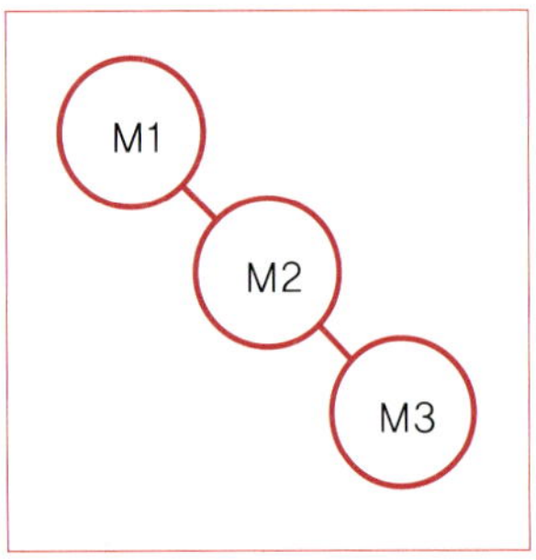

키 워드 : KI 안전한 K2 신뢰있는
K3 편안한 K4 위풍있는
K5 튼튼한 K6 쾌감
K7 우아한 인상 K8 미래감

키 메시지 : MI 신뢰감있는 M2 기품있는
M3 맵시있는

트렌드 : 기품있는, 단순한, 감성적인

그림 3-40 요인 간 영향구조

S2 : 기준상관화 단계 : 고품위, 중저가의 틈새시장 수출형의 트렌드창출 디자인에 필요한 키 메시지를 확인하고 기준이 되는 요인 간의 상관관계를 설정하기 위해 모니터의 이미지 분석을 위한 대위언어를 선택·확인하였다.

대위언어 : Flat & Sharp/Roundish/Solid & Sharp/Solid & Round

S3 : 관계설정화 : 연관된 이미지 자료 분석틀의 대위언어별로 맵핑(mapping)(자동차와 모니터 각각의 맵을 1개의 비교 맵으로 작성)

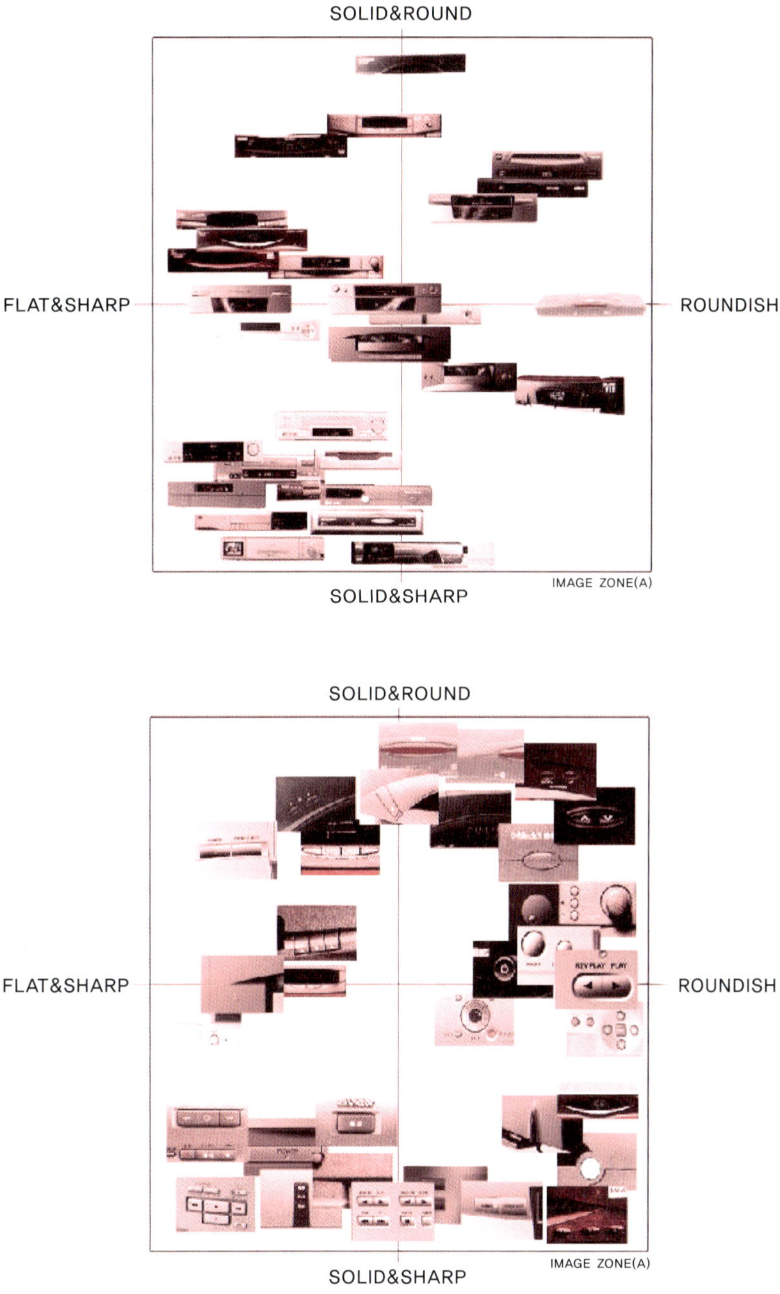

그림 3-41 모니터의 대위 언어별 스케일링 맵 (scaling map)

S4 : 자동차의 이미지 자료를 분석틀의 대위 언어별(Flat & Sharp/ Roundish/ Solid Sharp/Solid & Round)로 그룹핑하여 트렌드의 요인을 발견한다.

Flat & Sharp　　Solid & Sharp　　Roundish　　Solid & Round

그림 3-42 대위언어별 이미지의 그룹 / 자동차

S5 : 기존의 컴퓨터 모니터 연관 기기의 이미지를 중심으로 비디오폰에 부합되는 영향요인을 추출(영향요인의 분석을 위해 △, ㅁ, ㅇ의 3 기호로 표시함)한다.

그림 3-43 트렌드 영향요인 분석 / 모니터

Flat & Sharp

Solid & Round

Solid & Sharp

Roundish

그림 3-44 트렌드 영향요인 분석 / 자동차

S6 : 추출된 영향요인의 교차적 영향계층 설정과 구체적인 트렌드 이미지어를 추출함

이미지어 : 균형잡힌 안정감/믿음이 가는 우아함/유니크한 감성

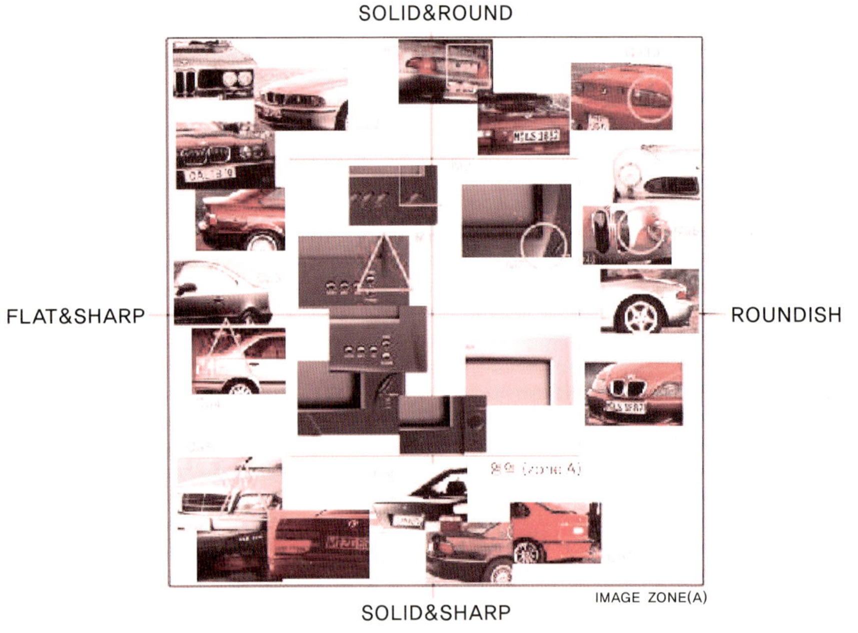

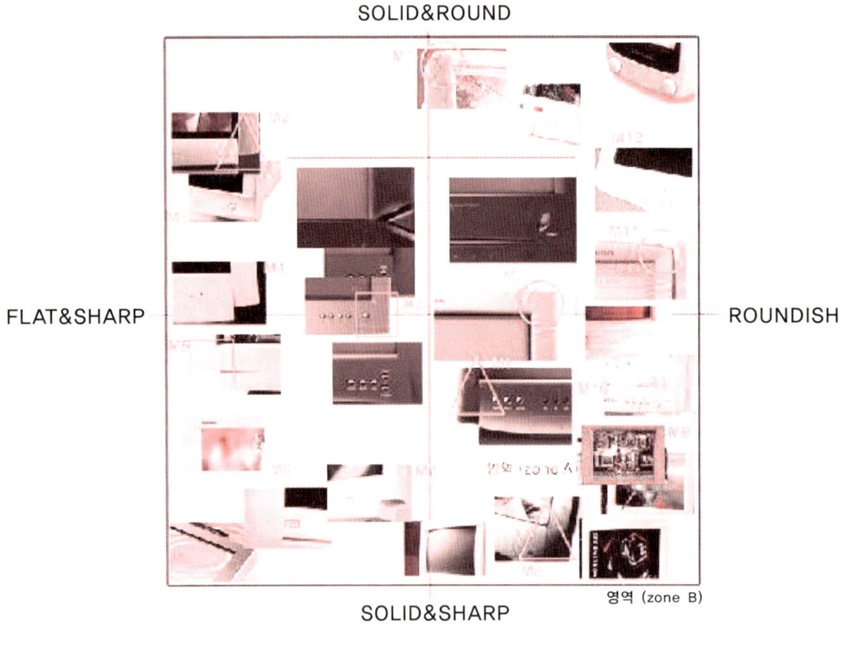

그림 3-45 영향요인간 연계구조 이해

S7 : 트렌드 이미지 창출을 위해 노브(knob)를 중심으로 전개한 Key Idea 유형

그림 3-46 키 아이디어에 의한 트렌드예측 시안 (alternation)

S8 : 형상화 단계를 위해 제품 인터페이스 대상의 부분 상체 및 그래픽 확인

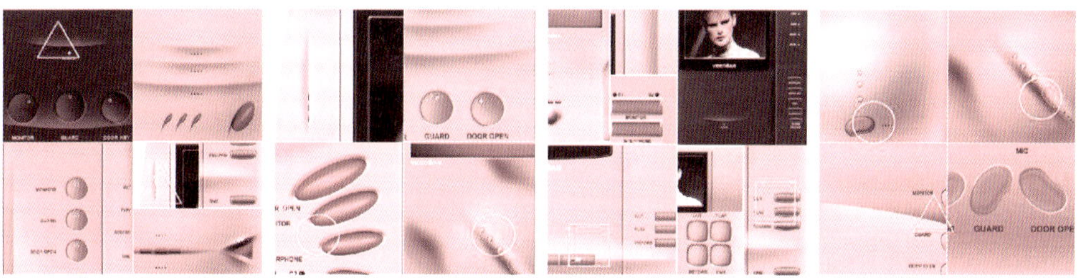

그림 3-47 비디오 도어폰 디자인 시안을 위한 부분 상세도

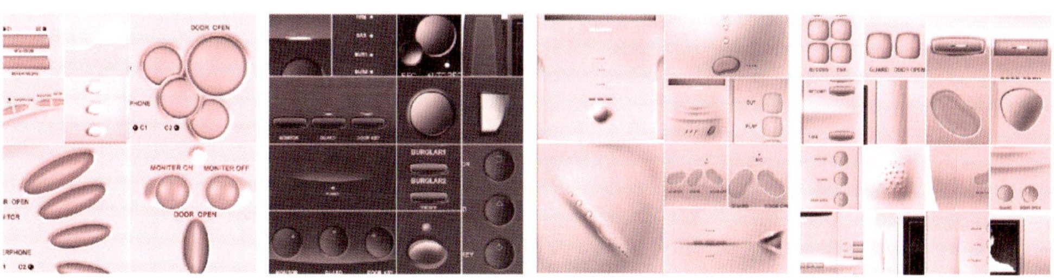

그림 3-48 비디오 도어폰 디자인 시안/색채 및 그래픽 시안

S9 : 최적화된 2개의 후보군 비디오폰의 필요충분조건과 트렌드의 영향요인이 최종적으로 형상화된 디자인 아키텍처(architecture)체계의 프로토타입이 된다.

SOLID&ROUND

FLAT&SHARP

ROUNDISH

SOLID&SHARP

그림 3-49 비디오 도어폰 아키텍처 체계구현 양산 모델 / JVS-406

SOLID&ROUND

FLAT&SHARP

ROUNDISH

SOLID&SHARP

그림 3-50 비디오 도어폰 아키텍처 체계구현 양산 모델 / JVS-4208[49)]

2. 시스템 (System) 구축[47)]

시스템은 구성되고 구성할 수 있는 보편의 존재나 과정의 보충적 의미의 양산 중 하나이며 상호의존적인 전체요소를 비교할 수 있는 특징을 지니고 있다. 기본적으로 사용된 개념을 모으거나 조직화하는 것을 구성하거나 이러한 사상으로부터 중요하거나 때로 암시적인 모든 것을 구성하는 의미를 갖고 있다. 또한 시스템이란, 체계화 조직 등 목적을 이루기 위하여 구성요소들 간의 상호작용하는 방법과 절차를 의미하며 시스템 구축이란 결정이론에 의한 접근 또는 체계분석이라고도 하며 이는 기존의 시스템이 지닌 결점을 제거하기 위하여 문제를 파악하고 그 시스템을 변형하는 방법을 찾아내는 것이다.

이를 위해서 시스템을 구성하고 있는 요소 간의 적합성과, 시스템과 외부환경 사이의 적합성을 탐색하고 기존의 구성요소를 새로운 구성요소로 변환하는 순서를 찾아내는 기법이다. 또한 각각의 요소를 해석하고 시스템의 목적, 필요조건, 제약조건을 명확히 하여 문제해결을 위한 시스템으로 재구성하는 것이다. 따라서 시스템 구축은 문제를 구성하는 시스템이 어떻게 움직이는지 하는 문제의 인식과 분석과정에서 유효한 수단으로 활용될 수 있다. 시스템 분석의 단계는 다음과 같다.

① 개념단계로서 목적(goal, target)과 방향을 뚜렷이 하며 범위와 관심의 초점을 명확히 정의한다.

② 연구단계로서 문제해결을 위해 자료를 수집·정리하게 되며 문제해결을 위한 여러 가지 대안들을 열거하거나 개발한다.

③ 분석 단계로서 ②의 단계에서 제시된 각종 대안들을 분석하기 위한 모델을사용하여 대안들을 비교, 검토한다. 즉 경제적 효율이나 목적달성의 유효도 등을 검토하는 대체안의 분석을 말한다.

④ 판단 단계로서 ③의 단계에서 얻게 된 결과를 판단(decision making)하게 된다.

⑤ 시험단계로서 문제의 해답이 옳은 것인지를 시험한다.

이해묵(2005)은 산업디자인 성공화를 위한 전략시스템(PISS : Product Innovation Strategic System) 연구논문에서 대분류된 ① 기술 시너지는 기술 혁신력(technical innovation power), ② 디자인 능력은 디자인 창조력(design creation power), ③ 제품 경쟁력은 그대로 제품 경쟁력(product competitive power)으로 재해석하였으며 앞에서 설명된 중분류와 소분류의 내용(변수)들을 기호로 코드화하였다.

표 3-49는 PISS의 요인들을 상관(matrix)화하여 3가지 전략모델에서 요인 간의 상관관계를 비교하기 위한 것이며 그림 3-55는 PISS에 있어서 기술(TI : Technical Innovation)과 디자인(DC : Design Creative), 자원(resource), 제품 경쟁력(product competitive), 가격(cost)과의 관련성을 보여주는 그림이다. 그 내용을 해석하면 아래와 같다.

- 제품개발에 있어서 성공화는 일반적으로는 기술, 디자인, 자원이 서로 밀접한 영향을 미치고 있으며 가격은 그 보다 작게 영향을 미친다.
- 기술 혁신력 지향형은 기술 요인에 디자인과 자원 요인이 영향을 미치며 디자인과 자원 요인은 서로 영향을 미친다.
- 디자인 창조력 지향형은 디자인 요인에 기술과 자원 요인이 영향을 미치며 기술과 자원은 서로 영향을 미친다.
- 제품 경쟁력 지향형은 자원 요인에 기술과 디자인 요인이 영향을 미치며 기술과 디자인은 서로 영향을 미친다고 해석된다. 표 3-49와 그림 3-54는 PISS 일반형, 기술 혁신력 지향형, 디자인 창조력 지향형, 제품 경쟁력 지향형의 자원을 도형의 크기로서 보여준 사례이다. PISS는 산업디자인 제품개발의 성공화 전략에 대한 문제점과 개선 방안에 대한 개념적·전략적 틀을 제공하고, 사례연구를 통한 실증적 전략 모델을 구축하는 것이다.

이를 위해 다음과 같은 조건과 구조를 확인 및 제시하였고 설문지의 분석을 통한 실증 모델에 의해 전략 요인 구조를 추출한 과정 및 내용을 요약하면 다음과 같다.

- 전략 시스템 구축을 위한 7개 요인을 추출.
- 설문지 작성법에 의한 43개 항목의 설문내용(변수)을 선정.
- 요인분석(factor analysis)과 요인회전-배리맥스(varimax rotation) 방법을 사용하여 변수 내용 및 요인을 확보.
- 7가지의 가설을 도출.
- 회기분석을 통하여 영향을 미치는 3가지 요인을 검증.
- 기술 시너지(TIP), 디자인 능력(DCP), 제품 경쟁력(PCP)의 전략요인 구조를 추출하였다.

표 3-49 제품개발 전략 시스템 (PISS : Product Innovation Strategic System)

□ Technology ○ Disign △ Market ◇ Cost

System	Code1	Organics (기구)	Code2	Tissue (조직)	Code3	Cell (단위)
PISS	T	기술 혁신력 / Technical Innovation Power (Tip)	R1	R&D 자원 / RDR (R&D Resource)		
			T1	R&D 기술 / RDT (R&D Technology)		
			R2	엔지니어링 자원 / ER (Engineering Resource)	T ③	디자인 기술 / DTE (Design Technology)
			T2	엔지니어링 기술/ ET (Engineering Technology)	D ②	디자인 색채 / DCO (Design Color)
	D	디자인 창조력 / Design Creative Power (DCP)	C1	디자인 비용 / DC (Design Cost)	D ③	디자인 재질 / DMA (Design Material)
			R3	디자인 부서 재량권 / DDE (Design District Descresion)	D ④	디자인 포장 / DPA (Design Package)
			D1	디자인 차별화 / DDI (Design Differentiation)	T ④	디자인 인간공학 / DHE (Design Human Engineering)
			R4	최고경영자 지원/ TMS (Top Management Support)	D ⑤	디자인 독창성 / DOR (Design Orginality)
	C	제품 경쟁력 / Product Competitive Power (PCP)	C2	가격 / CD (Cost)	R ⑤	디자인 품질 / DOU (Design Quality)
			D7	제품의 형태 / DA (Design Appearance)	D ⑥	디자인 조형성 / DFO (Design Formation)
			R6	경쟁상품 정보 / CPI (Competive Product Information)		
			T5	제품의 성능/ PP (Product Performance)		

이를 통해 디자인 개발을 위한 신개념의 전략이란 기획(plan/program), 정책(policy), 관리(management), 실증(implemention)을 통합적·체계적·변환적으로 관리 운영하는 것이다. 제품개발의 제품 경쟁력은 시장 확보, 디자인 혁신을 통한 디자인 경쟁력, 통합적 전략 운영이라 할 수 있다. 그리고 디자인 자원(resource)은 디자인 능력과 더불어 기술 능력, 마켓 능력, 마켓 시너지를 포함하는 다원적이고 다양한 차원의 자원을 의미한다.

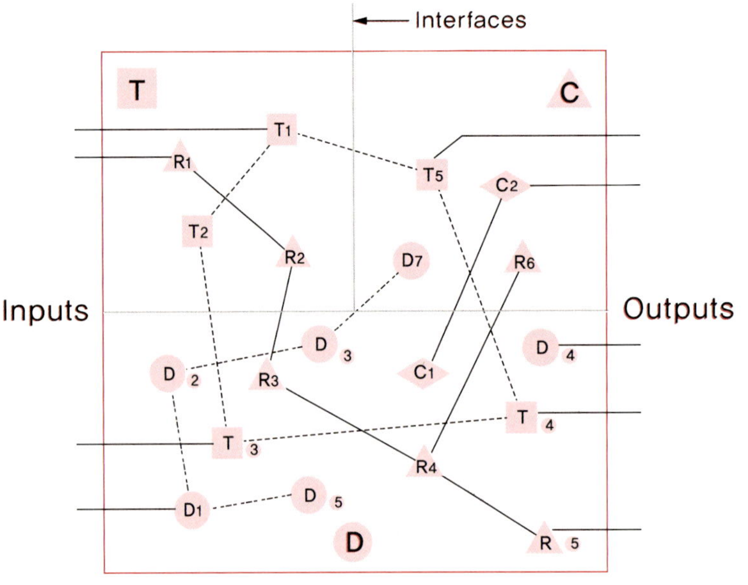

그림 3-51 PISS의 요인 간 관련 구성도

⟨hierarchical implementation of partitioning of PISS⟩

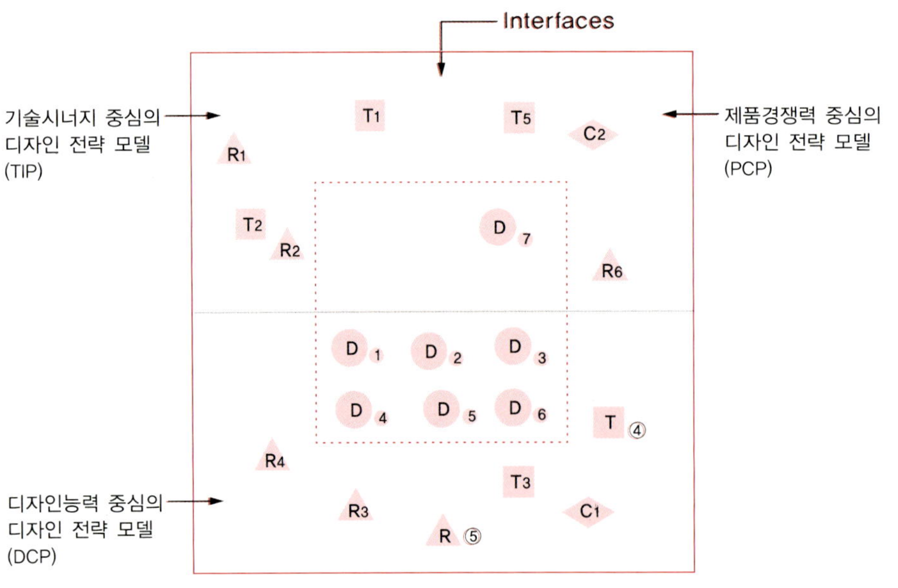

그림 3-52 PISS 점위도 (position map)

아울러 다변하는 사회의 경쟁력있는 제품개발을 위한 디자인 조건은, 첫째, 목표의 명확화·미래 지향화이다 – 전략적 목표. 둘째, 범위의 전문화, 특화, 세분화이다 – 전문성. 셋째, 방법의 전문가 또는 전문가 집단과의 협력(alliance), 벤치마킹(banch marking)이다 – 범용성. 넷째, 평가 도구(tool)와 기술(skill)의 확보이다 – 범용성, 객관성, 합리성. 또한 신제품 개발력과 정체성 확보를 위한 체계적 프로세스(process) 관리, 프로젝트(project) 관리, 인적자원(people) 관리의 3P 관리가 필요하다고 하였다.[79]

표 3–50 PISS 구조체계별 요인상관(matrix)

● Tissue ○ Call

	PCP (제품 경쟁력 중심)						TIP (기술 혁신력 중심)					DCP (디자인 창조력 중심)							PCP&DCP (제품경쟁력 디자인창조력)	
	R1	R2	R3	R4	R5	R6	T1	T2	T3	T4	T5	D1	D2	D3	D4	D5	D6	D7	C1	C2
TIP	●	●					●	●												
DCP			●	●	○				○	○		●	○	○	○	○	○		●	
PCP						●					●							●		●

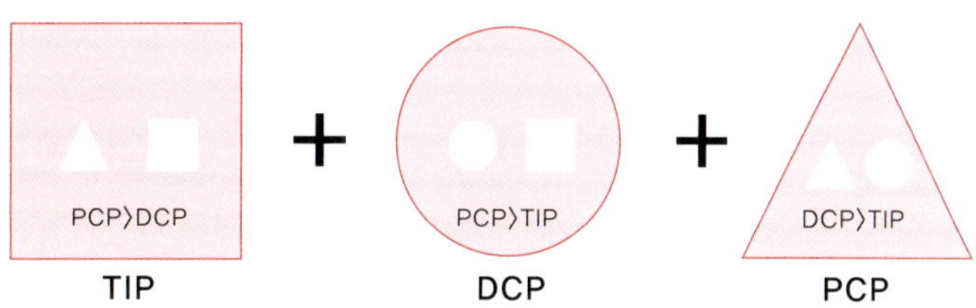

그림 3–53 PISS 모형(structure)별 구조체계

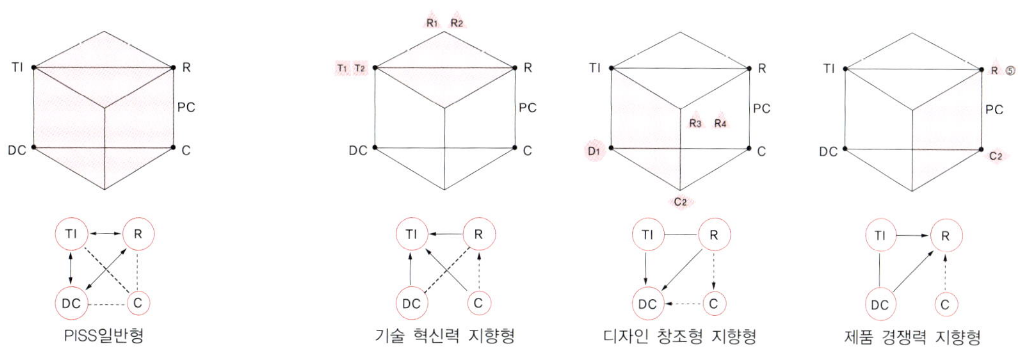

그림 3–54 PISS 4개 유형별 TI/R(PC)/C/DC의 상관체계(interaction system)

(4개 유형 : PISS 일반형, 기술 혁신력 지향형, 디자인 창조력 지향형, 제품경쟁력 지향형)

3. 플랫폼 (Platform) 구축

연현주(2015)는 온라인 마켓 유통확대 쥬얼리 브랜드·디자인 전략 플랫폼을 제시하기 위한 연구 논문에서 다음과 같은 플랫폼을 구축하였다. 즉 SPFBD 구조단계별 실행 콘텐츠의 1단계는 브랜드디자인 전략기반(infrastructure)구축으로 기본단위 구성요인과 구조모형을 비전, 미션, 소비자, 기술, 제조 및 생산, 유통, 브랜드, 디자인 전략요인으로 구축하였으며, 2단계 브랜드디자인 전략의 실행체계구조는 기반구축의 구성요인을 포괄하는 정책수립, 전략구축, 관리운영, 평가실시를 통한 융합된 입방체 구조로 구축하였다.

3단계 실현화하기 위한 평가 및 검증단계와 4단계 응용확산 단계로 온라인 유통마켓 확대를 위한 전략구현의 구성요인으로 구축하였다. 이러한 플랫폼 구축의 타당성 및 신뢰성을 검증하기 위하여 다음과 같은 사항을 실시하였다.

① SPFBD의 브랜드디자인 전략 기반구축 전략요인과 실행체계구조의 관리 및 운영요인 간의 타당도는 유의확률 0.05 이하로 과정을 충족하였으며 신뢰도 검증을 위한 요인분석으로 신뢰도를 분석한 결과 표준 적절성이 0.5 이상으로 SPFBD의 체계구조는 신뢰할 수준으로 검증하였다.

② 브랜드디자인 전략 기반구축을 위한 전략 요인이 브랜드디자인 전략 실행체계구조 관리 및 운영 요인에 미치는 영향으로 상관관계분석과 회귀분석을 시행한 결과 정(+)의 유의미한 영향으로 기반구축 전략요인이 중요할수록 실행체계구조의 관리 및 운영 요인이 중요하다는 것을 알 수 있다.

③ 직종에 따라 SPFBD의 기반구축과 실행체계구조 관리 및 운영요인에 중요도 인식을 교차 분석한 결과로 기반구축에서는 비전, 브랜드, 디자인에서 유의한 차이를 인식하고 실행체계구조에서는 디자인 상품개발과 온라인 운영에서 중요요인에 대한 인식에 유의한 차이를 보였다.

④ 또한 브랜드디자인 전략 기반구축의 구성요인별 중요도 순위를 통해 브랜드디자인의 인식을 분석한 결과, 대부분 브랜드 요소에 정체성, 브랜드, 가치, 품질, 신뢰, 서비스, 차별화의 위치가 낮게 평가되고 있었다. 그리고 디자인 요소는 관리, 디자인 개발, 디자인 계획, 디자인, 품질, 스타일이 위치하는 높은 것으로 브랜드와 디자인을 인식하는 차이가 큰 것으로 조사되었다. 이는 패션주얼리 브랜드디자인의 인식이 낮음을 판별할 수 있다.

이에 브랜드와 디자인의 인식차이를 줄이고 브랜드디자인 가치를 향상시키기 위한 지속적인 노력과 연구가 필요하다. SPFBD의 타당도와 신뢰도를 검증한 결과 SPFBD의 최적화된 체계구조를 수직단계로 구조화하여 제시하였으며 직종별 브랜드디자인 전략 기반구축 전략요인의 중요도를 직종별 교차 분석하여 구성요인별로 단계를 수직구조의 구조모형으로 구축하였다.

적용 사례를 분석한 내용을 종합하여 SPFBD 실행 체계의 응용확산 단계로 온라인 마켓 유통 확대를 위한 전략구현을 다음 그림 3-55과 같이 제시한다.

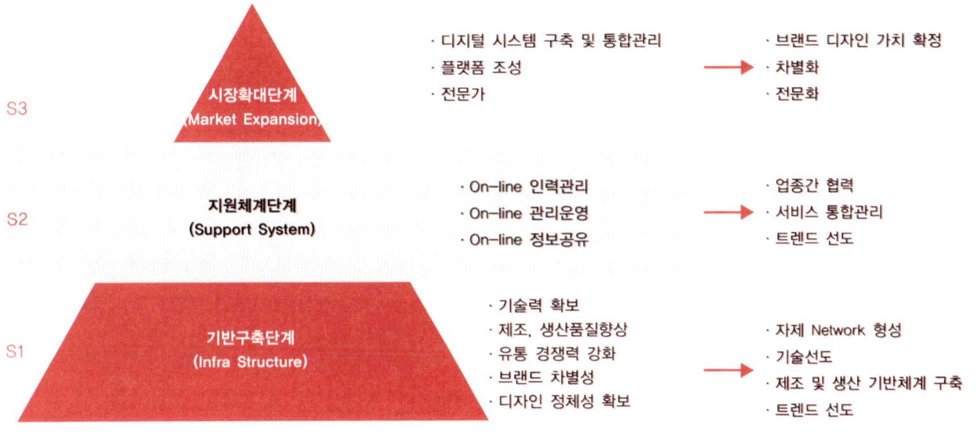

그림 3-55 온라인 마켓 유통확대 전략 구현

S1(S1:Stage 1-기반구축단계)/ S2(S2:Stage 2-지원체계)/ S3(S3:Stage 3-온라인 시장확대)

소규모 패션주얼리 업계를 위한 기술(T), 제조(M^1), 유통(M^2), 브랜드/디자인(B/D)의 클러스터를 형성한 시장 기반으로 온라인 마켓의 활성화를 위한 단계별 온라인 유통의 확대 전략을 구성하였다.

첫째로 기반구축 전략 단계로 분야별 자체 Network를 활용한 기술력 확보와 제조 및 생산 품질 향상, 유통 경쟁력 강화, 브랜드 차별화, 디자인 정체성 확보를 통한 기반을 구축하여 기술변화에 따른 확산으로 기술 선도, 제조 및 생산의 기반체계를 재구축하고 유통의 소비자 성향을 파악하여 구매력을 향상시킨다.

둘째로 지원체계 단계로 On-line의 인력 관리 및 관리운영, On-line의 정보공유를 통해 트렌드 선도, 업종 간 협업, 서비스 통합 관리 등의 기반구축에 대한 지원 시스템을 구축하였다.

셋째로 시장 확대 단계로 디지털 시스템구축 및 통합 관리하고 플랫폼을 조성하며 On-line 전문가, 트렌드 및 데이터분석 전문가들을 통해 패션주얼리 브랜드디자인 가치를 확정하여 온라인형 주문 System, 온라인의 차별적, 전문적·맞춤형으로 특화하여 SPFBD의 브랜드디자인 가치 창출(value creation)을 한다.

이에 온라인 유통 마켓의 확대 전략으로 기반 구축 단계, 지원체계 단계, 시장 확대 단계로 클러스터를 형성한 시장 중심으로 협업하여 온라인에서 배송 및 교환의 시스템을 구축 및 통합 관리하고, 고객 응대 서비스 및 업데이트 등의 인력 관리와 관리운영을 실행하여 유통 영역을 확대 적용할 수 있다. 전략 구현을 통해 패션주얼리 산업의 소규모 영세업체와 개인 작가 등이 온라인 시장에 진출하여 소비자에게 다양한 제품과 다양한 디자인을 제공하여 시장 확대와 활성화를 기대한다.

이는 SPFBD의 전반적인 체계를 구축한 것이며 적용사례의 대상 기업들은 패션주얼리 업체 전체를 대표하지 않으며 그룹별 사례수가 적어 비교 분석의 한계가 있다. 사례조사의 한계를 보완하기 위해서는 패션주얼리의 규모별, 관련 업계를 위한 더욱 심층적인 연구가 필요하다. 또한 SPFBD 체계구조 전략요인의 필요 부분을 선택하여 적용하는 방안과 SPFBD의 기반구축의 전략요인에 중요도와 우선순위로 구분하여 기본체계를 항목별 구분하였으나 기술, 생산, 유통, 브랜드/디자인 관련 직종 분야별 또는 업태별 세분화된 체계구조가 모색되어야 한다.

온라인 마켓의 패션주얼리 브랜드디자인 전략 플랫폼 구축으로 기반구축과 실행체계구조의 타당성 및 신뢰성을 평가한 것으로 향후 적용한 사례조사의 보완이 필요하며 구축된 체계구조를 현업에서 효과적으로 활용되는지 평가할 수 있는 시스템이 지속적으로 보완되어야 한다고 하였다.[45]

Bibliographic Reference

[1] 논문작성법, 서울과학기술대학교 산업대학원, 2009, pp.23-28.

[2] 김연화, "찻주전자의 조형이념과 형식", 한국디자인트렌드학회 (ISSN 1229-9081, Vol.29), 2010.

[3] 변민주, "융복합을 기반으로 한 근미래의 문화콘텐츠 전략분야의 도출과 방법론 연구", 과학문화디자인연구소, 2014, pp.279-280.

[4] [48] [49] 한석우, "산업디자인 트렌드 예측시스템(DTTS) 구축을 위한 영향요인의 위계구조", 박사학위 논문 국민대학교 테크노디자인전문대학원, 2003, 2005, pp.78-84, pp.93-97, pp.99-101.

[5] [6] 최연구, "문화콘텐츠란 무엇인가", 살림, 2006.

[7] 심승구, "한국 술문화의 원형과 콘텐츠화", 인문콘텐츠학회 학술 심포지엄 발표자료집, 2005.

[8] 하혜경, "IPTV 사용성 향상을 위한 GUI디자인 연구", 영남대학교 대학원, 2009, pp.21-25.

[9] 미래창조과학부 & 한국산업기술진흥협회, "창조경제를 위한 기술혁신 지원제도", 진한엠앤비, 2013, p.195.

[10] 세종에듀테인먼트, "인터넷 디지털과학콘텐츠 활성화방안", 한국과학창의재단, 2005.

[11] 국립서울과학관, "맞춤형 학교 밖 과학교육 프로그램 개발 연구", 국립서울과학관, 2005, p.16.

[12] 이성식, "디지털미디어를 위한 콘텐츠디자인 교육과정 연구", 국민대학교

[13] 심상민, "콘텐트비즈니스의 새 흐름과 대응전략", 삼성경제연구소, 2002.

[14] [50] [51] 한석우, "조사 DB 신분류체계 연구", 산업자원부, KIDP, 2004, pp.78-79.

[15] Findeli, A., 2001, "Rethinking Design Education for the 21st Century: Theoretical, Methodological and Ethical Discussion, " Design Issues Vol 17, Issue1, pp.5-18.

[16] "한국콘텐츠진흥원, 해외콘텐츠시장 동향조사1", 한국콘텐츠진흥원, 2014, pp.3-4, pp.6-7, p.85, pp.97-99.

[17] 문형욱, "'전시학' 의 학문적 패러다임 구성과 정체성 확립에 관한 연구", 과학문화디자인연구소, 2011, p.77, pp.80-81.

[18] 김민수, "멀티미디어를 활용한 인터렉티브 전시연출 특성에 관한 연구", 한국전시디자인학회 춘계학술세미나, 2006, p.22.

[19] 국립중앙과학관, "첨단과학기술 전시주제 및 전시기법 개발", 과학기술문화체험전시기술 연구사업, 2003.11.21.~2006.6.30. p.2.

[20] [52] 임학순, "창의적 문화사회와 문화정책", 진한도서, 2003, pp.40-41, p.45, p.140

[21] [53] 임은모, "문화 콘텐츠 비즈니스론", 진한도서, 2001, p.54, p.126.

[22] [54] 쟝 피에르 바르니에, "문화의 세계화 한울", 2000, pp.28-29, p.59.

[23] 한석우, "인간공학", 조형사, 2000 (7쇄), p.6.

[24] [55] 한석우, 김연화, 주서영, "디자인의 세계", 2014, p.79, pp.137-140.

[25] 대한인간공학회, "감성공학기초와 응용", 1994, pp.11-12.

[26] [56] 한석우, "그래픽인터페이스로서의 다이어그램의 속성별 구조해명", 한국과학예술포럼 (ISSN 2005-1409, Vol.12) 2011.

[27] Henry Dreyfuss, "Symbol Source book", Mc Graw. Hill, NY, 1975, p.60.

[28] Geoffrey Broadbent 원저, 이광노 외 4인 공역, "건축디자인 방법론", 기문당, 1988, p.164.

[29] [57] [58] 한석우, "입체조형", 미진사, 2006(2쇄), pp.186-187, pp. 16-17, p.34.

[30] Keith Albarn, Jenny Miall Smith, "Diagram", Thames and Hudson, 1977, p.86.

[31] [59] [60] 진미자, "화예디자인 지닌 정서성과 기능적 효과", 한국화예디자인학회논문집 제4집, 2001, p.46, p.43, p.48.

[32] Susanne K. Langer 원저, 박용숙 역, "예술이란 무엇인가", 문예출판사, 1999. p.37.

[33] Samuel Alexander, Space, Time and Deity. London, Macmilan & Co. 1920. 2:302. / 백기수, "예술학", 서울대학교 출판사, 1993, p.189.

[34] H. Sedmayr. Kunst und Wahrheit.1958. p.109./ 와타나베마모루(渡邊護), 이병용 역, "예술학". 현대미학사, 1994. p.61.

[35] 백기수, "예술학", 서울대학교 출판사, 1993, p.35.

[36] 진미자, "크라프트로서의 화예디자인이 지닌 미적가치와 표현요소". 한국화예디자인학회논문집 제5집, 2001, p.75.

[37] P. Frankl. "Das System der Kunstwissenschaft", 1938.

[38] J. Christopher Jones 원저. 김재윤 역. 『디자인방법론』, 대우출판사, 1993, p.350.

[39] 한석우, "Creative Creativity", Seoul Tech Internet 교육프로그램, 1999.

[40] 한석우, "화예디자인에서의 리본의 조형적 가치와 기능적 장식", 한국화예디자인학회논문집 제4집, 2001, p.131.

[41] 진미자. "화예디자인의 표현과 기법", 미진사, 2001, pp.231-232.

[42] 진미자, "화예디자인", 미진사, 1988, p.132.

[43] 한석우, 진미자, "디자인 작품의 평가를 위한 기준설정과 항목", 화예디자인학회, 2004.

[44] 진미자 외, "궤도차량 실내디자인의 편의성 증대를 위한 평가 모형", 한국철도학회 2005년도 춘계학술대회논문 CD, 2005.

[45] 연현주, "온라인 마켓의 패션주얼리 브랜드디자인 전략 플랫폼(SPFBD) 구축", 서울과학기술대학교 NID융합기술대학원 박사학위논문, 2015, pp.68-69, pp.76-81, pp.59-60.

[46] 진미자, "철도문화디자인의 정체성 구현 연구", 서울과학기술대학교 NID융합기술대학원 박사학위논문, 2006, p.188, pp.193-198, pp.189-192, pp.188-189.

[47] 이해묵, "산업디자인 성공화 전략을 위한 PISS 시스템 구축에 관한 연구", 홍익대학교 대학원 박사학위논문, 2001, pp.123-127, pp.127-131, pp.138-140.

Endnote

1) 김연화, "비양식성과 비정통성으로서의 민화가 지닌 현상학적 해석", 한국과학예술포럼(ISSN 2005-1409, Vol.18), 2014.

2) Smith, C., 1998, 1-28.

3) Brooker, 56-58.

4) 이 용어를 처음 사용한 한국과학기술원 원광연 교수는 Culture Technology를 Technology for multimedia production, Technology for culture-related activities로 정의하고 있다. 원광연(2003), 문화산업기술의 현황과 전망, 문화산업과 기술개발 세미나, 한국문화관광정책연구원

5) 한국표준과학연구원, "인간 감성파악 및 측정기술개발", 과학기술처, 1993, p.3.
6) 한국표준과학연구원, "감성 측정 및 평가기술개발", 과학기술처, 1995, p.3
7) 한국표준과학연구원, ibid., p.78.
8) 한국표준과학연구원, op.cit., pp.25-37.
9) 임연웅, "디자인방법론 연구", 미진사, 1992, p.182.
10) 이순요, 나가마치, "정보화시대의 감성인간공학", 양영각, 1996, p.20.
11) ibid. p.57.
12) Lawrence R.Guinta & Nancy C. Praizler, The QFD Book, The Team Approach to Solving Problems and Satisfying Customers Through Quality Function Deployment, AMACOM, 1993.
13) 한의영, "일반상품학", pp.99-104에서 인용.
14) C.Merle Crawford, New Products Management, 3rd edition, IRWIN, Inc., 1991, pp.117-123.
15) Jay Doblin, Unpublished Design Theory Note, I.I.T. Chicago, 1981.
16) op.cit. p.116.
17) 언어, 문자, 교육, 환경 등을 초월하여 누구에게나 쉽게 이해될 수 있는 그림 문자로써 '국제 그림문자 교육기구' 인 ISOTYPE : 'International System of Typographic Picture Education' 약어의 조합으로 이루어졌으며, 동일하다는 의미의 접두어인 iso와 형(型)이라는 의미의 type와 합성되어 동일한 형의 사용이라는 뜻.
18) 한석우 외 2인, "지역적 특성에 따른 제품 차별화에 관한 연구-한·일 공동", 산업통상자원부, KIDP, 1992-94.
19) 한석우, "입체조형-형태와 공간", 미진사, 1984, p.47.
20) Andreas Papadakis, "Deconstruction", Academy Editions, London, 1989, pp.51-53.
21) 노로 가게유 원저, 조암감수, "도해에로고노믹스", 한국공업표준협회, 1990, pp.214-216.
다이어그램의 유형 : 개념계, 영역계, 좌표계, 연결계, 배열계
22) Peter D. Bennett & Harold H. Kassarjian 원저, "소비자행동연구", 권오휴, 이상빈 역, 오리콤, 1983, pp.98-100.
23) 한석우 외, "산업디자인 트렌드예측을 위한 전략시스템(TTSS) 구축과 인터페이스 개발에 관한 연구", 산업통상자원부, 1998, p.29.

인지영역 구조개념도의 선 표시방법 : ① 굵은 실선, ② 실선, ③ 점선· ①, ②, ③의 모양은 정사각형이며 내용 및 양에 따라 면과 변의 위치는 늘리거나 줄일 수 있음·영역(Zone 1) — 확실히 정착된 트렌드 영역(SS,SB, SBD)·영역(Zone 2) — 어느 정도 정착되고 있는 트렌드 영역(TU,LL)·영역(Zone 3) — 정착되어가고 있는 트렌드 영역(LL,SU)·영역(Zone 4) — 정착할 수도 있는 예비 트렌드 영역(SU)

24) 가장 영향력이 큰 트렌드 점위 영역을 'Acceptable Zone A' 임

25) 26) FRT : 연료전지 궤도차량(Fuel cell Rubber tired Tram) / 유사한 개념의 차량은 간선급행버스, 굴절버스, 궤도차량, BRT(Bimodal Rapid Transit Tram), APTS(Advanced Public Transportation System), MAX(Metropolitan Area Express), GLT(Guided Light Transport), AGT(Advanced Guided Transport), UHT(Urban Hightech Trolley), Omni–Bus 등 다양한 명칭을 사용함

27) 유니버설디자인(Universal Design) : Barrier Free Design, Trance Boarder Design

28) 건설비 감소 : 경전철 대비 1/21~1/50, 지하철 대비 1/46~1/203(GAO, USA, 2003기준), 건설기간은 1/2 감소됨

29) 한국철도기술연구원, "도시형 연료전지 궤도차량 개발" 세미나자료 인용, 2004.

30) 한석우, "조사 DB 신분류체계 연구", 산업통상자원부, KIDP, 2004, p.67.

31) Society of Floristry, U.K. Intermediate/National Diploma Examination. Intermediate/ 5문제/out of 500 marks– pass 70%, credit 80%, distinction 90%.
National Diploma/ 6문제/out of 600 marks – pass 70%, credit 80%, distinction 90%.

32) NVQ : National Vocational Qualification Floristry Level II

33) By the Examination Board of the Society of Floristry. U.K

34) 제시된 평가항목들은 화예디자인의 다양한 영역과 평가목적 등의 제 특성에 적합하게 선택하여 객관적인 공통의 측정 척도로 활용할 수 있음.
–(평가시의 각 항목별 점수는 5~7단계의 척도로 이루어질 수 있음)

35) 창조성에 대한 평가, 조형성에 대한 평가, 형태감에 대한 평가, 재료성에 대한 평가, 균형성에 대한 평가, 운동감에 대한 평가, 연속성에 대한 평가, 비례감에 대한 평가, 율동감에 대한 평가, 상품성에 대한 평가

36) 감성공학 : 인간의 감성을 존중하여 시스템에 적용하는 기술로, 고객이 가진 감성이나 이미지를 물리적인 디자인요소로 번역, 설계하고 실현하는 학문이나 기술을 뜻함

37) 표준감성어휘 : 한국표준과학연구원, "사용자인터페이스 디자인을 위한 프로토타이핑 기술개발과 디자인 평가 시스템 구축", 산업통상자원부, 1997, p.80.

38) SD분석(Semantic Differential Analysis) : 대상에 대한 이용자의 감정, 태도, 연상, 기대, 평가 등의 심리적 요인을 총합한 것으로 분석과 평가방법의 일종임

39) 한국표준과학연구원, ibid., p.58.

40) 채서일 외 2인, "SPSS/PEC를 이용한 통계분석", 학현사, 1992, p.102, p.113.

41) 일원분류 분산분석 : 일원변량 분산분석이며 집단구분 변수가 하나일 때 이용되는 검증방법

42) KMO (Kaiser Meyer Olkin)의 적합도 : 0.5이상의 표준형성 적절성,

43) Bartlett P 값 0.05 이하

44) * : 상관계수는 0.05 수준 유의확률(양쪽)에서 유의함, ** : 상관계수 0.01 수준 유의확률(양쪽)에서 유의함, *** : 상관계수 0.001 수준 유의확률(양쪽)에서 유의함

45) r은 두변수의 관계로 한 변수가 변해감에 다른 변수가 어떻게 변하는지 말해주는 통계기법, R^2 은 상관계수에 제곱한 값으로 두 변수가 공유하고 이는 분산의 비율로 두 변수 간의 설명을 나타냄. p는 유의 수준을 나타내는 것으로 $p<.05$, $p<.01$, $p<.001$을 같이 제시해 주는데, p값이 낮아질수록 차이가 있다고 해석할 수 있다. 황해익, 송연숙, 최혜진, 손원경. (2008) 영유아·아동연구에서의 SPSS 자료분석. 서울: 창지사.

46) 제품의 정체성 확보에 의한 기업의 이미지 확보 C.I.P.D(Cooperate Identity through Product Design)

47) 모델명 JVS−420 / JVS−406 / 디자이너 : 한석우 / 제조사 : Jonhan, 제품사양 : 4" slim monitor / 2 cameras to 4 monitors / Free voltage / Builtin power supply / Wall−mount type / Door release function / Sharp & Clear image quality / 100M wiring distance between monitor and camera / Chime adjustable by turning volume / Easy installation with 2−0wire system

48) 한석우, 산업디자인트렌드 예측시스템(DTTS) 구축을 위한 위계구조, 국민대학교 테크노디자인 전문대학원 박사학위논문, 2005, pp.110−116.

Word Expound

- 디자인웨어(designware) : 구조성(hardware), 효율성(software), 이용자특성(userware), 기술성(technoware), 시장성(marketware), 유행어(trendware), 가치성(valueware)
- 다이어그램의 유형 : 비교 다이어그램(comparative diagram), 통계학적 다이어그램(statistical diagram), geometrical chart, pictorial chart, cartogram, stereogram(graph)등, 조직도(organization diagram), 계통도(flow diagram/flow charts), 도표(table chart/tabulation), 의존(연결사슬형) 다이어그램, 비누거품 (soupbubble diagram), 방사 다이어그램(spiders thread diagram), 격자상자(grid box), 매트릭스(metrics), 파이(pie), 퍼트 (PERT : Program Evaluation & Review Technique), 네트워크(net−work, decision tree), 블록(block diagram), CPM(Critical Path Method) 등이 있음.
- 콘텐트(content) : 문화, 예술, 창조과제, 공유되는 성질과 규범의 체계, 소프트웨어 등 on−off 라인으로 표출될 수 있고 권리 관계를 주장할 수 있는 모든 종류의 원칙과 무형의 경험 재화로써 제작, 서비스지원, 유통 등의 영역을 지님
- 아이소타입(ISOTYPE) : 언어, 문자, 교육, 환경 등을 초월하여 누구에게나 쉽게 이해될 수 있는 그림문자로써 '국제 그림 문자 교육기구' 인 'International System of Typographic Picture Education' 약어의 조합으로 이루어졌으며, 동일하다는 의미의 접두어인 iso와 형(型)이라는 의미의 type와 합성되어 동일한 형의 사용

- 모델(model) : 개념설명을 목적으로 만든 대상물로 하나의 복합된 유추이며 사물의 구조를 설명하기 위해 선정한 것. 모형이란 대상을 의미하는 완전히 실현된 형태이전에 존재하는 이상적인 형태로써 간주되거나 표현된 일련의 현상, 모습. 모형의 유형에는 구성요소에 따라 유추적·물리적·상징적·이론적·개념적·심상적(정서적)·공간적 유형이 있음
- 변인(variable) : 숫자나 값이 부여되는 일종의 기호나 차이로 능동변인과 속성변인, 연속변인과 유목(categorical)변인, 독립변인과 종속변인 등
- 관계성 : 두 가지 대상 혹은 두 원소로 된 집합인 순서쌍(ordered pair) 의 집합과 서로 걸리는 관계가 지닌 속성
- 구조 : 구조를 규정하는 교차점인 관계의 정보망으로 이러한 정보망은 전체성과 관계를 유지하는 부분들로 분리될 수 있는 실제이며 그 관계는 계층적임
- 표집법(sampling)의 유형 : 단순, 난선 표집법, 체계적 표본 추출법, 심층(stratified) 표집법, 다선(multi-stage) 추출법, 군집 추출별
- 분석 : 개념을 속성별로 나누어 그 의미와 구성을 명확하게 하는 일로서 해석가능한 형태로 자료를 축약시키기 위하여 연구 문제의 답을 구하고 자료를 유목화, 서열, 조작, 요약하는 행위
- 통계적 분석 유형 : 빈도분석, 그래프와 다이어그램, 평균(mean), 중앙치(median), 최빈치(mode) 외 집중경향치, 변산도 측정치, 중다변인분석 등
- 공변량분석(analysis of covariance) : 설험집단들의 최초의 차이 및 최초의 측정치와 종속변인과의 상관을 고려한 후 그 집단의 차이의 유의도를 검증하는 변량분석의 한 형태
- 다차원 척도분석(MDS: Multi Dimensional Scaling) : 평가자의 주관성과 내면성을 전제로 파악하고 변수들이 응답자에게 어떻게 인식되고 있는지를 알아보기 위한 분석
- 분산분석 (ANOVA : Analysis of Vairence) : 3개 이상의 유목적인 독립변수의 변균 값이 1개의 종속변수에 미치는 영향의 차이에 대한 분석
- 상관관계연구 : 변수들간의 관계를 규명하기 위한 비실험연구로서 독립변수의 조작이 불가능하여 인과관계를 밝힐 수 없는 탐색연구로 문제발견과 규명을 목적으로 현황, 발생, 문제의 근원을 조사하는 연구

- **아이겐 값** : 각 요인이 기존 변수의 정보를 어느 정도 설명하는지를 나타내는 지표로, '변수 하나에 담겨진 정보의 양을 1이라고 했을 때 추출된 요인에 포함된 상대적 정보의 양이 얼마인지를 보여주는 것' 으로 해석된다. 추출된 각 요인에 포함된 정보량이 최소한 각 변수에 담겨진 정보량보다 많아야 요인 분석이 의미를 갖게 되므로 요인 분석에서는 아이겐 값이 1 이상인 요인들의 수만큼 요인이 추출
- **요인분석** : 설문지 항목들의 선별과 정교화 및 주요 변수들의 개념타당성(Construct Validity)를 검증하기 위해서 분석하는 것으로 질문 문항들, 변수들 혹은 대상들 간의 상호관계를 분석해서 이들 사이에 공유/내재된 구조를 파악해 내는 기법을 말한다. 즉, 변수들 사이의 상관 관계에 근거하여 이들 변수들 속에 존재하는 공유된 관계-구조(Structure)를 파악해 냄으로써 변수들을 보다 적은 수의 동질적인 차원으로 묶어주고 자료에 대한 이해를 용이하게 해주는 기법으로서 정보의 손실을 최소화 하면서도 소수의 공통 요인으로 복잡하고 큰 다변량 자료를 전체적으로 해석할 수 있다. 즉 유사한 개념들을 나타내는 측정 항목들의 중요한 몇 개의 변수로 줄이기 위한 절차로 이용됨
- **요인 회전** : 요인들의 축을 어떤 원하는 위치에 도달할 때까지 원점을 중심으로 돌리는 것을 말한다. 여러 방법들 중에서 직교 회전인 배리맥스(VARIMAX)는 각 요인별로 전체 변수에 실린 적재값(factor loading)의 제곱에 대한 분산이 최대가 되도록 요인 축을 회전하는 방법으로 요인들 간의 독립성 확보에 적절함
- **통계적 검정** : 통계학에서 귀무가설, 즉 모집단의 정확한 평균치에 대한 가정의 정부(正否)를 임의 표본을 사용하여 확인하는 일
- **통계적 추측과 해석**(statistical analysis) : 임의적 표본에 의하여 모집단을 규정하는 평균치, 분산 등 여러 수치를 추정하는 것 또는 이러한 통계적 추측에 쓰이는 수법 및 통계적 해석
- **프로파일 분석**(profile analysis) : 전략적 목적을 위해 사용하는 것으로 개인이나 집단의 각기 다른 측정치와 집합으로 각각은 동일화 측정 단위로 표현

- **회귀분석** : 둘 또는 그 이상의 변수들 간의 관계를 파악함으로써 어떤 특정한 변수(종속변수)의 값을 다른 한 개 또는 그 이상의 변수(독립변수)들로부터 설명하고 예측하는 통계적 기법이다. 이때 설명 혹은 예측하고자하는 변수를 종속변수(Dependent Variable)라고 하며 종속변수를 설명 혹은 예측하기 위해 사용되는 변수들을 독립변수(Independent Variables)라 한다.

  독립변수가 하나인 가장 간단한 경우의 회귀분석은 단순회귀분석(Simple Regression)이다. 독립변수가 여럿인 경우는 다중회귀분석(Multiple Regression)임) 통계학에서 관찰된 연속형 변수들에 대한 독립변수와 종속변수 사이의 선형적 관계식을 구하고 어떤 독립변수가 주어졌을 때 이에 따른 다른 종속변수를 예측하는 방법

- R-square 값 : 추정된 회귀식이 종속변수의 변화에 대해 어느 정도의 설명력을 갖는지를 검토(Model Fitness)하기 위해 사용하는 지표. 즉 R^2 는 회귀식(또는 독립변수 들)이 Y의 변동을 얼마만큼 설명해 주는가를 나타내는 지표이다. 0에서 1사이의 값을 가지며 1에 가까울수록 회귀식의 설명력(적합도)이 커짐- F값=F통계량 : 추정된 회귀식 전체의 유의성을 검증하기 위한 통계량. F통계량은 F 검증에 사용되는 검정통계량 (F검증: 종속변수의 총분산이 모형에서 사용된 독립변수 전체 (또는 회귀식 전체)에 의해 충분히 설명되는지를 검정하는 방법.)

  검정통계량 : 가설검정을 위해 사용하는 통계량. 예를 들어 F통계량을 써서 가설을 검증할 때에는 F통계량이 검정통계량이 되는 것

  t 통계량 : 추정된 파라미터에 대해 유의성을 검증하는 데 사용되는 검정통계량. 이 t 통계량은 자유도 n−2(n은 표본 수)의 자유도를 갖는 t 분포를 따르는데 보통 t 통계량 값이 2보다 크면 조사자는 독립변수가 종속변수의 변화를 잘 설명한다고 (또는 β 라는 파라미터가 0이 아니라는 가설이 통계적으로 유의하다고) 결론을 내릴 수 있음.

- Coefficients : 회귀분석 결과식, $Y_i=\alpha+\beta \cdot X_i+\varepsilon_i$ α, β 가 coefficients이다.

Chapter 4

논문의 검증(Verification)
사실 확보하기

Chapter 4

논문의 검증(Verification) 사실 확보하기

1-1 논의의 신뢰성, 본질, 논거 확립 / 가치화

논증은, 옳고 그름을 사례에 맞도록 논술하여 증명하는 것으로 주어진 판단의 확실성과 개연성을 정하여야 할 근거를 제시하는 것이다. 즉 어떤 주장과 그 주장에 대한 근거로 구성되는 것으로써 전제와 결론으로 이루어지는 명제들의 집합으로 구성된 추론과정의 언어적 표현이며 관계된 명제(relational proposition)가 참이라는 사실을 확률적인 진위가 포함된 증거를 찾는 통제된 방법에 의해 이룩된다.

하나의 논증은 다른 논제의 전제가 될 수 있고 사실·진실을 밝히는 것으로써 일련의 진리탐색이나 사실규명과 같은 의미를 지닌다. 직접적·간접적·연역적·귀납적·유추적 논증에서 설득할 수 있는 근거는 증명이 되며 여기에서의 근거란 결론의 참을 정당화하기 위한 근거로써 전제의 결론이라는 명제의 집합이다. 즉 진리값이 논란의 여지가 있는 명제를 믿어야 하는지에 대한 이유를 제공하는 것이다.

또한 관계된 명제에 대한 확률적인 진위가 포함되어 있는 증거를 찾아내는 통제된 방법인 실험적 방법은 직접적인 증명방법이 아니며, 통계는 출처·표본수·최근의 사실·관련요인의 확인과 측정에 대한 해석에 해당된다. 따라서 통계는 논증의 논거로 이용될 수 있다. 보일(T. Bowell)과 캠프(G. Camp)는 「Critical Thinking」에서 "진리값이 논란의 여지가 있는 명제를 왜 믿어야 하는지 그 이유를 제공하는 것이 논증이다."라고 표현하였다.

논증적·추론적(discussive)이란, 개념적 사고에 의하여 판단이나 추리해 나가는 방식이며 모양으로 지각작용과 구별되는 비계량적·논변적인 의미를 지니며 일반적으로 추리, 추론, 증명과 같은 의미의 논증에는 잠재적 논증(potencial proof)과 실제적논증(actual proof)으로 구별되고 있다. 연역논증의 기준은 타당성과 건전성이며 귀납논증은 강도와 설득력을 특징으로 한다.

예를 들어 "~~을 압축한다, 그 이후는 ~~, 그 결과 ~~이다" 라고와 같은 표현은 좋은 추리에 등장되는 용어이다. 좋은 추리란 추리하고자 하는 주제에 대한 광범위한 지식을 요구하는 복잡한 기술을 지닌다. 논증에서는 "그러므로, ~~이 도출된다"는 전제를 도입하는 용어로 사용되고 "~~임에 틀림없다, 반드시 ~~이다, ~이어야 한다"라고 하는 것은 전제로부터 유도된 결론에 이용된다. 아울러 정당화 될 수 있는 이유는 타당한 진술을 통해 구현되어지므로 설득, 묘사(description), 서술(narration), 설명, 해설(explanation), 선전(propaganda)에 해당되는 것은 논증에 적합하지 않은 내용을 의미한다.

check point

논증에 대한 체크포인트

1. 연구의 핵심이 되는 문제규명을 위한 검증은 객관적이며 합리적이고 보편적인 내용을 지니고 있는가
2. 이론증명에 대한 검증 및 평가의 결과와 원인이 제시되고 있는가
3. 국문초록에서 제시된 ~~프로그램 개발은 본 연구의 주제와 어떤 관계가 있는지 설명되고 있는가
4. 문제진술의 내용이 주관적이며 단순한 구조모형 중심으로 이루어지고 있지는 않은가
5. 논의과정에서의 연구내용이 요약된 결론으로 주장하기 위해 전체적인 논문의 형식과 체계가 미흡하지 않는가
6. 전체적인 논문의 전개과정에는 규범이 되는 사유와 논리확립이 나타나고 있는가
7. 소론 및 결론은 논증으로 확인 된 내용중 연구 발견점을 중심으로 요약·제시되고 있는가
8. 전략에 대한 내용이 축약되서 다이어그램으로 제시하고 있는가
9. 객관적인 타당성을 변인 간의 상관관계로 표현하고 있는가
10. 현대 미술영역에 대한 전문성과 특성제시가 광범위하지는 않은가

(계속)

11. 논의에 대한 사례선정은 객관성이 결여되지 않는가(~~에 필요한 대표성의 객관적, 보편타당적, 합리적 준거에 의한 것인가)
12. 기본적으로 요구되는 구체적인 개념설정구조와 구성요소의 최적화 및 형상화 과정에서 요구되는 요소는 새로운 가치로 구현되고 있는가
13. 내용적 측면은 해석진단 비교, 판별이 미흡하고 단순한 자료의 제시로 평가되지는 않는가 (추측형과 서술형의 맥락으로 문장이 전개되어 있지는 않는가)
14. 결론은 이론적으로 구축된 사실만을 요약·함축적으로 제시되고 있는가
15. 시스템 속성은 보편적인 충분조건, 요구사항, 필요사항 또는 구성요소와 내용접근을 중심으로 전개되고 있는가
16. 충분조건을 포함한 논리적인 필요조건과 함께 현상분석, 문제점 도출, 문제 해결을 위한 디자인적 또는 전략적 해결안이 표준으로 공식화/최적화가 되도록 분석되고 있는가
17. 논문의 기본형식인 논거, 논의, 논증은 과학적 체계로 확립되고 있는가
18. 논의(argument)에 대한 심도 있는 비판적 해명을 발견할 수 있는가
19. 연구에서 제시된 표~~ 및 그림~~에 대한 축약적인 해석이 해당되는 본문에서 구체적으로 축약되고 있는가
20. 연구목적에의 부합과 연구자의 연구발견 내용에 대한 근거가 확보되었는가
21. 논의에 대한 해석의 타당성, 신뢰성을 발견할 수 있는가
22. 논거에 제시된 예제는 보편타당성과 신뢰성을 갖추고 있는가
23. 연구의 사실확인인 해설형으로 구성되어 있지는 않은가(해설보다는 연구자의 해석 또는 재해석을 요구함)
24. 개념의 관계구조, 질서, 문제진술이 단순명료하게 표나 다이어그램 형식으로 가시화되고 있는가
25. 연구자의 주장은 통계적·계량적으로 검증된 근거에 기초한 연구의 주요 발견점(facts finding)인가
26. 연구 목표를 위한 접근 방법의 명확화와 구성의 범용성을 갖추고 있는가

(계속)

27. 논리적 근거 규명과 사실확인은 논의의 타당성과 신가치를 반영하고 있는가
28. 연구절차에서 디자인 목표 및 범위에 대한 컨셉트 설정이 언급되었는가
29. 주요 문제점에 대한 실용적인 방안을 설정하고 있는가
30. 무엇을, 어떠한 근거와 방법으로 시각화할 것인지를 제시하고 있는가
31. 분석대상에 대한 논리적인 규명과 당위성을 발견할 수 있는가
32. 브랜드 선호도, 중요도와 디자인 선호도와의 관계성에 대한 함의적인 핵심 내용을 나타내고 있는가
33. 문제검증방법의 합리성 확보와 함께 연구자의 주장을 충분하게 제시하고 있는가
34. 도구와 환경에 대한 한계, 범위를 상황적 표현이 아닌 객관적으로 표현하였는가
35. 실험내용의 유용성 측면, 효율성 측면을 통계적으로 제시하고 있는가
36. 영향요소, 영향요인, 영향의 조건 등에 대한 결정적인 대안을 증명하고 있는가
37. 색채전략의 결정에 대한 필요조건과 충분조건은 디자인 대상에 따른 제품의 정체성과 마케팅 포지션에 따라 다양하게 계획되고 결정되어야 하는 속성을 논의하였는가
38. 선행연구와 신규연구 간에 나타난 연구의 발견점을 요약·제시하고 있는가
39. 범용적이며, 일반적 관점과 수평적 관점에서의 비교에서 한계를 기술하고 있는가
40. 제품이 지니고 있는 물성적·대인적·사회적·가치적·비가시적 요구충족 등 제품 특성 등이 규명되고 있는가
41. 문화적 가치가 지닌 기능가치와 상징적 의미뿐만 아니라 문화 자체가 지니는 형이하학적·형이상학적·개념적 특징과 정체성은 다원적·다의적 속성을 지니고 있으므로 문화적 창조가치라는 용어에 대한 연구자의 주장을 재현할 수 있는가
42. 논의와 논증과정에서 논의(argument)에 대한 비판내용이 비교·검토되고 있는가

(계속)

43. 전체적인 문맥은 추측형이 아닌 논술형·단답형의 기술로 전개되고 있는가
44. 참고 문헌에 제시된 항목들은 각주나 후주에 정확하게 제시되고 있는가
45. 사용성의 중심요소는 편리성·조작성·능률성뿐만 아니라 가치의 향상성까지 포함되므로 사용성 자체의 개념구조를 재발견할 수 있는가
46. 종속변수의 평균이 실험요소에 따라 차이를 알기 위해 사용되는 독립성, 정규성, 분산의 동일성이라고 하는 분산분석에서의 가정을 구체적으로 제시하고 있는가
47. 보수적인 다중비교 방법으로 평균차이가 유의하다는 결론을 내리지 않는 특성에 대한 연구자의 견해는?
48. 대표 감성으로 제시한 ~~개의 문항에 대한 변수들 간의 상관관계는 무엇인가
49. 감성어휘 선정과 클러스터링(clustering)에 대한 논리적 근거를 제시하였는가
50. 논의과정에서의 연구내용이 요약된 결론으로 보기에는 전체적인 논문의 형식과 체계가 미흡하지 않는가
51. 논제에 대한 논거 확보, 논의 과정에서의 변수에 대한 가능치의 범위 제한 등을 구체적으로 기술하였는가
52. 논의 과정에서의 최종적인 판별에 대한 검증은 보편타당한가
53. 전략체계와 ~~방향을 위한 체크리스트는 운영·평가와 연계되는 요인으로 이용될 수 있는가
54. 논문의 전개는 객관적·합리적 측면에서의 해석 또는 재해석으로 구성되고 있는가
55. 목적에 부합할 수 있는 문제의 변수에 대한 검토와 조건에 대한 비판적 평가 및 판별이 수리적으로 표현되고 있는가
56. 논증에 대한 정성적, 정량적 접근 체계와 형식이 이론화되기 위한 조건을 제시하였는가
57. 연구자가 제시한 서비스 모델의 신뢰성 확보와 결과해석의 공명성에 대한 구체적 내용은 문제규명의 요구에 부응하는가(연구 결과의 논리적 타당성에 대한 입증 등)

(계속)

58. ~~디자인 특성에서 추출된 객관적 요인들이 가지고 있는 내용적 내포성과 형상적 외연성 간의 구성된 조형성으로서의 특성이 확인되고 있는가
59. 디자인이 지닌 형이상학적, 형이하학적 요인 간의 상관관계와 상관성은 어떻게 구체화되고 있는지에 대한 문제를 논의하였는가
60. ~~에 나타난 내적 의미와 함께 ~~이 지니고 있는 형태 속성 및 특징, 가시적 현상이 지닌 형식미학으로서의 구조 등이 구체적으로 규범이 제시되고 있는가
61. 연구 결과의 논리적 타당성에 대한 입증은 과학적인가
62. 방법적용과 과학적 개념을 체계적으로 통제 확인하였는가
63. 변인 간의 관계, 판별, 해석 등의 원인은 무엇인가를 진술하고 있는가
64. 합리적인 사실확인을 위한 이론적 체계구성은 미흡하지 않은가
65. 디자인 역할 변화에 시대적 구분을 ~~년대로 설정한 논리적 준거는?
66. 디자인 역할 변화가 지닌 다원적 또는 가변적 특성에 대한 관점은?
    [예] : 산업적·생활적·문화적·기술적·가치적 변화요인의 혼재 등
67. 사실 확보에 대한 확인된 내용 및 자료는 논증 부분의 신뢰성을 지니는가
68. ~~프로그램 제안에 대한 기대효과에 대한 객관적·보편적 효과와 검증된 내용은 무엇인가
69. 프로그램 별 ~~의 콘텐츠 및 목표, 방법에 대한 실체적 연구 방법전개는?
70. 사용자의 소통과 조형적 가치표현의 극대화 문제에 대한 해석과 진단의 기준은?
71. 기술동향을 예술활동으로 부합시키는 구체적 방향과 방안이 제시되고 있는가
72. 논제에 나타나듯이 '~체계화 연구' 에서처럼 체계화에 대한 프로토콜과 구조의 위계관계는?
73. 현재의 연구내용은 체계화보다는 가이드라인 제시 또는 요구항목 중심의 전개로 구성되어 있지는 않은가
74. 전체적으로 문맥의 흐름이 ~~의 일반적인 비교사항, 필요성 확인 또는 요소와 요소 간의 공통성을 중심으로 전개되고 있지는 않은가
75. 논제의 근거로써 전제가 될 명제에 대한 비판적 논변이 부족하지 않은가

(계속)

76. 평가체제의 타당성 분석 및 검증과정에서의 계량적 접근 및 해석이 긍정적으로 평가될 수 있는가
77. 실험에 대한 시행과정 및 내용은 변별력 측정으로는 미흡하지 않은가
78. 작품에 나타난 조형특성을 제시하기 위한 특성분석에 대한 변인요소 원칙에 의한 관점에서 객관적으로 분석, 판별, 진단, 검증자료로 이론을 구축하고 있는가
79. 실험 ~와 ~~에 대한 목적 및 효과에 대한 판별과 해석에 대한 논의의 준거를 확인 및 제시하고 있는가
80. ~시스템 제안의 기대 효과에 대한 학제적 효과 및 실용화 내용을 제시하였는가
81. 논의의 가치와 이론의 의미, 취지, 요지에 부합하는 논지가 배열되었는가
82. 합의된 내용들은 실제로 문제 및 가치에 어떤 도움이 되었는가
83. 제시된 구조, 모형, 시스템 등은 상호간의 기능적 연관으로 연구 변인간의 관계성에 대한 패러다임 또는 모델인가
84. 경험적 결과 추론을 위한 실제와 유사상황을 설정하고 있는가
85. 실증적 사실관계 및 인과관계와 정당성에 대한 규범적 접근을 위한 조작적 변경은?
86. 개념과 변인을 측정·조작하는 데 필요한 행위를 구체적으로 명시하였는가
87. 논리적 추론을 통해 설정한 주요변수의 통제는?
88. 문제인식과 해석에서의 방침(형성, 수준, 제한)결정을 공식화하였는가
89. 의문형의 문장과 진술의 해답을 규명하기 위한 측정결과는 설득력을 지니는가
90. 문제결정과 해석 및 원인규명 체계에서 논리적 질서는?

Chapter 5

결론(Conclusion) 주장하기

Chapter 5

결론 (Conclusion) 주장하기

결론부는 논문의 요약이며 단안, 기결, 매듭, 종결로서 연구 결과로부터 얻은 연구의 주요 발견(facts finding)이다. 또한, 그 결과가 해당분야와 연관 영역의 어떠한 관계와 의의를 지니며 기여, 개선, 응용, 활용에 대한 제시이다. 그러므로 기존의 지식 또는 가정된 지식을 전제로 판단되어야 하며 과학적 합리적으로 도출된 최적안으로 귀결되어야 하는 당위성을 지닌다. 선행연구에 대한 내용의 확장, 차이, 요인내포, 일치, 비교, 대조와 같은 맥락에서 다루어져야 한다.

일반적으로는 연구에서 진행된 조건의 범위에 한정되기 때문에 결론의 적용범위를 제시하거나 실제적인 면에서의 증진을 제시하거나 이론적·연구적 시사성을 제시하기도 한다. 비판적 반응에서 준비적 측면과 결론 도출의 의미 및 과정에 대한 비판적 반응에 대한 준비이기도 하다. 이것은 일반화 가능성에 대한 제한점에 해당되며 빈약한 탐구과정으로부터의 과대결론 또는 당연히 주장할 수 있는 발견점에 대한 문제와 새로운 지식에의 개선이나 이론적·연구적·실제적 공헌에 대한 타당도의 문제에 해당된다.

결론은 논문 전체를 요약한 부분으로 연구 목적·재료 및 방법·결과·고찰에서 다룬 내용을 일련 번호를 부여하면서 아주 간단하고 명료하게 기술하는데, 연구의 결론에 관한 것은 결과와 논의부분에서 이미 어느 정도 제시되어 있으므로, 이 부분에서는 앞선 진술들을 종합하여 보다 일반적인 수준에서 핵심적인 결론을 제시하도록 한다. 또한 논문의 전체과정을 간략하게 요약하여 제시하는 요약부분에서는 문헌을 인용하지 않는 것이 원칙이다. 또한 고찰에서 기술한 내용 중에서 자신의 연구 결과의 응용성 또는 앞으로의 연구방법에 대해 간결하게 기술한다.

결론은 요약의 장인 동시에 연구자의 주제와 결론이 가장 뚜렷하게 드러나야 하는 곳이다. 그러므로 본론에서 전개한 사실을 간단히 요약하고 연구의 중요한 결과를 지적함으로써 논문 전체를 매듭지어야 한다.

특히 이 부분을 통하여 자신의 새로운 주장을 다시 한 번 반복하여 논문의 타당성과 가치를 분명히 드러내야 한다. 또한 논문에서는 설명을 하지 못했지만 그 논문의 범위 밖에서 연구할 가치가 있거나 계속해서 연구하여야 할 문제점 등을 제시할 수 있어야 한다. 결론 부분에는, 앞으로 이 문제에 관한 한 어떠한 논쟁도 사양치 않겠다는 이론적인 자신감이 분명하게 나타나야 한다.

이에 대해 윤미선(2009)은 구체적으로 결론이란 '연구전체의 요약으로 전반부는 연구문제 및 가설과 가설검증을 위한 통계분석방법을 설명하고 후반부는 구체적 연구가설검증결과와 논의의 내용을 가설별로 간결하게 요약하며 결과에 대한 해석은 의미 추론이다.' 라고 하였다. 또한 "결론은 서론의 변주(變奏)이다." 라고 언급한 와다나베 겐지(2008)의 표현대로 목적과의 관련성이나 결과의 함축적 의미에 대한 서론부에서 서술한 논제의 핵심을 다시 제시하는 것과 논의과정에서 이미 일반화된 함의기술이 포함되어야 한다.

결론은 검증되거나 발견된 사실에 의해 지지되므로 연구결과의 가설 지지여부는 조직화하거나 간략히 제언·언급할 수 있고 향후 가능성있는 문제를 계속할 문제의 쟁점들을 제시할 수 있다.

중요한 것은 그 내용이 분명하고 합리적이며 유의미(meaningful)한가에 대한 객관성 확보와 함축성이 나타나 있어야 한다는 것이다. 아울러 결론에서는 연구의 한계와 추후 본인의 연구와 연계된 새로운 연구 방향에 대한 제언과 논의내용 구축, 쟁점, 해석, 비판, 최적화, 방법론적 대안, 적용문제에 대하여 언급한다.

check point

결론의 체크포인트

1. 기술된 현상에 대한 체계적 관점을 제시하는가
2. 발견적(self discovery) 견해를 기술하고 있는가
3. 당위성이나 해결안을 실증적으로 제시하고 있는가
4. 연구자가 제시한 결론의 주요이론은 개념의 상호 한정의 과정을 통하여 나타난 것인가
5. 관찰일지의 내용이 주관적이며 단순한 어휘 중심으로 구성되고 있지는 않는가

(계속)

6. ~~에 대한 문제는 결론부에 있어 명확하게 연구자의 주장으로 표현되어야 하며 핵심내용은 판별 및 재해석을 통하여 얻게 된 객관적인 발견점을 중심으로 요약되고 있는가
7. 결론은 이론의 필요불가결의 조건이 확인된 새로운 사실(facts finding)만을 축약하여 제시하고 있는가
8. 서론부에서 제시된 연구목적인 ~~과 ~의 관계성 제고 및 ~~문화적 특징 도출에 대한 논의 과정, 해석 및 재해석, 판별, 주장에 대한 사실 확보 등을 준거로 제시하였는가 (결론부는 논리적, 객관적 근거 확인 및 검증된 사실을 함축·요약하여야 함)
9. 결론부에서 주장하는 본인의 전략이 어떻게 도출되었는지에 대한 구체적 근거를 제시하였는가
10. 현재 제시된 결론의 내용이 갖는 필요불가결의 조건은?
11. ~~검증이라 부르는 ~의 검증법은 가장 보수적인 다중비교방법으로 평균차이가 유의하다는 결론을 내리지 않는 특성에 대한 연구자의 견해는?
12. 제시한 문항에 대한 변수들 간의 상관관계는? −대표 감성 어휘로 사용된 변수들 간의 분석을 하기 위한 상관분석이 필요한가 (~개의 감성 어휘 추출에 대한 논리적 근거 제시는 충분한가)
13. 결론부에 제시한 향후 연구 내용은 본 연구를 위한 연구 제한의 내용이 되므로 연구범위 및 방법에서 제시하고 있는가
14. 결론부에 제시한 구성적·내용적·기술적 측면이 지닌 상호 관계성을 통섭적으로 제시하고 있는가
15. 연구자가 연구를 통해서 얻은 주요 새로운 발견점은?
16. ~~의 특성 비교 기준인 풍토성과 기능성·심미성에 대한 공통적 발견점을 해당 항목에 종합적으로 제시하고 있는가
17. 연구자가 실험을 통해서 확인(사실 확보) 및 검증된 것을 함축적으로 주장하고 있는가
18. 결과에 대한 형식보다는 원인이 증명될 수 있는 자료가 구체적으로 제시되고 있는가
19. 연구에 대한 요약이나 해설보다는 연구자가 연구에서 얻은 보편적 진리와 가치가 확인된 사실을 중심으로 주장되고 있는가(객관적·논리적 해(解)에 대한 새로운 발견 등)

(계속)

20. 결론부의 내용 중 '~도출하였다.' 의 경우에 구체적 내용의 논거를 전제로 하였는가
21. 디자인적 분석에 대한 귀납적 추론에 대한 합리적 당위성 및 결과해석의 신뢰성이 보완된 주장인가

사례 1

The Improvement of Usability for Train Toilet Design[1]

Conclusions

Different from coach design, toilet design requires the consideration of ergonomic elements and facilities. Thus, it must secure safety, convenience and amenity based of UOD concept. Furthermore, future railway coach design must be focused on creating high quality tourism culture and providing sensible services. Moreover, because toilet is a representative place used by the public, the design must be approached from the concept of barrier free design.

That is, as pointed out by Bennet and C.A Schneier7), toilet must be produced as a space of convenience and enjoyment. Enjoyment, namely, satisfaction is an important feature and the ultimate attribute of usability. The competitiveness and influence of train can contribute to the development of the railway industry and welfare society, and its effects realized by design based on humanism may bring pride in industry, technology and transportation culture.

The major results of this study are as follows.

The key factors of usability are convenience, operability, the efficiency of equipment, sanitation, and the environment of use and ultimately the improvement of value. The future direction of toilet design

(계속)

should be changed from necessary functions required in a functional space of the minimum unit to sufficient functions required in a convenient space of the optimal unit.

Conditions necessary for UOD are formed interactively by metaphysical factors such as hardware, imageware and sceneware and physical factors such as usability.

For the improvement of sanitation, maintenance/management and productivity, facilities should be transformed into units and modules and the pleasantness of service spaces should be secured.

The layout of a toilet needs not only to secure a spare room but also to realize universal design with accessibility and admissibility in consideration of physically disabled persons' movement. Furthermore, it should be improved into an ergonomic facility reflecting the 3-dimential workability, movement range and behavioral characteristics of passengers.

The layout facilities should be curvilinear rather than rectilinear to secure the safety of the space. In addition, hygienic environment-friendly materials harmless to the human body must be used.

The major components of toilet design should be understood from the aspect of correlation between the object and users. Spatiality and mobility are related to physical interface, convenience to physiological interface, the contents of visual information and guidance to intellectual interface, and formative beauty to aesthetic interface. However, these components are in interdependent or integrated relations and exchange influence with one another. Accordingly, the basic philosophy of user-oriented design defines the future concepts of relations among users, vehicles and environment. Analysis of correlations among factors that describe the structure of TUI can be applied rationally to interface in areas related to train design.

사례 2

Structure of chinoiserie in the form of modern ceramics[2]

Conclusions

Basic structure of art called chinoiserie was representative formative style spread throughout whole Europe, focusing on England, France, Germany, including Denmark, Italy in the middle of 17th century, it originated in oriental thinking and decorative creative activities and reconstructed European art.

It has religious, philosophical image structure such as oriental Zen Buddhism, ideology of qi, Five Elements of Chinese Yin and Yang ideology which is especially noticed in Chinoiserie. Since bamboo tree symbolizes beginning, growth, longevity, integrity, health, peony is related to traditional folk ideologies and beliefs of live, they are appearing as main motifs in teapots focusing on life, esprit, mind etc. This confirms influence of meaningful formative style as formative composition style and aesthetic form and factors which stimulate modern changes.

Chinoiserie was developed widely as various motifs starting from lotus, peonies, footed plates with two fish swimming amongst water plants painted by cobalt, till the second part of 18th century Chinese blueware was most widely known in the whole world. High quality Vietnamese blueware was as well an important article as ceramics for export.

Representative elements which unite artistic expressions from Chinese, Indian, oriental cultures have various formative features in the background of regional, cultural properties by countries, but the focus of it was verified to be Chinism, i.e. development based on Chinese motifs.

First. Chinese motifs had a role of creation of formative style of new shape uniting Baroque style shape image flavoured with Chinoiserie together with Rococo style.

Second. The tools with satisfy new sense of aesthetics has a meaning

(계속)

to induce such possibilities in order to have pleasant formative elements relations from foreign, emotional life culture activities which perceive uniformity and harmony of both oriental and occidental formative shapes.

Third. In the case of England Chinoiserie style developed focusing on ceramics monopolized wide life scene including furniture, interior decorations, architecture, clothes, colours. Looking from conceptual viewpoint it was aesthetical from which combines metaphysical and physical emotions and visual perception elements such as Chinism, Taoist ideology, Shamanist habits, and ideology expropriated in change and recomposition of Chinese culture and esprit, formative elements which represent motifs appear as property of it.

사례 3

Formative attributes of Apricot flower and interpretationaccording to types[3]

Conclusions

Meaning of formative emblem carried out by pattern of apricot flower exists in life style, attitude, belief, way of thinking, artistic activities etc., such phenomenon was constantly constructed as forms and conceptions over passing changes of time. This is due formative emblem is metaphysical language participating in interpretation and creation of cultural symbols, and is complex activity of life style and way of thinking.

Consequently, after diagnosing and reinterpreting mutual application of conceptions of various styles and techniques in fields of traditional paintings, folk painting, ceramics, folk art and modern design of Korea, China and Japan, three countries connected by apricot flower, which is purpose of this research, it was verified practical role in plastic arts suggesting applied researches which purpose is extension of

(계속)

communication values for formative emblem based structure such as examples of apricot flower patterned ACD structures.

Firstly, pine tree, orchid, chrysanthemum, bamboo which symbolize Chinese ethereality are mainly expressed, apricot flower which is expressed with pleasure among Four Gracious Plants (apricot, orchid, chrysanthemum, bamboo) inclines to Confucian character and ethical-moral outlook, its method of formative emblem is various and lyrical due to influence of folk beliefs and is constructed with humour.

Secondly, ideological and cultural features of Korea, China and Japan depends greatly on outlook of life, values, religious consciousness, folk beliefs and features of ethnical consciousness and is distinctive factor. Shape and technique of formative emblem is various. In case of Korea, mind of classical scholars is expressed both directly and indirectly together with artlessness of expression. Especially philosophical, visual identity which appears in folk paintings, folk tales, and pieces of folk art manifests important implications looking aesthetically and artistically. Consequently, surface of ACD application and extension of power of applied technologies contributes to reconstruction of directions and conceptions.

Thirdly, symbolism of apricot flower includes Confucian Heaven worshipping ideology, ethics, and values with humour in both Korean and Chinese cases. Especially, motif which appears as life ideology influenced by folk beliefs is expressed by plural meanings. On the other hand, in the case of Japan it is expressed by aesthetic sense with emphasized decorative formativeness under the influence of Zen Buddhism, ideology of kamis etc.

Fourthly, topic of apricot flower patter is not only formative emblem; it examines Korean aesthetic sense and inherited sense of shape. Distinctive identity has been kept transmitting it from generation to generation. After inspiring self-importance of national ego it contributed to extension of ACD competitive power as important factor.

(계속)

The problem of application materials and technologies in the process of formative creation is precondition and mandatory contents in the process of realization on the scope and limits of formative emblem. That is why researches on manifestation of art, culture embodied design together with discoveries on detailed application on ACD enables inspiration of conceptions on establishment of crafts, arts, designer's workmanship and formative emblem. Accordingly, plural and creative efforts are necessary to be continued in the fields connected with society, industry, culture, science as it was seen in the previous examples presented in the research where pattern of apricot flower is used in ACD.

Bibliographic Reference

[1] Han, Seok–woo, Jim Mi–ja, "The Improvement of Usability for Train Toilet Design", 5th ADC International Simposium on Design Science, Taiwan, 2006.

[2] Kim, Youn–hwa, "The Esthetic Form and the Representation Element of the motif of Chinoiseris", Korea Society of Design Trend (ISSN 2233–9205 Vol.34), 2011.

[3] Han, Seok–woo, Kang, Seung–gi, "Formative attributes of Apricot flo–wer and interpretation according to types", Korea Society of Floral Art and Design (ISSN 1598–1223 Vol.22), 2010.

부록 1 참고문헌 표기 방법

- **주저자** : 제1저자 또는 교신저자에 해당하는 책임저자를 말한다. 주저자는 교신저자와 동일한 역할을 하며, 논문에 대한 기여도가 동일하여 주저자와 교신저자가 다를 경우에 교신저자의 권한은 주저자와 교신저자의 합의에 의하여 결정한다.
- **교신저자** : 논문 투고의 전 과정을 책임지는 저자를 말한다. 일반적으로 연구책임자는 교신저자가 될 수 있다. 교신저자는 공동 저자들에게 최종 논문을 회람하여야 하고, 투고 사실을 알려 확인받아야 한다. 또한 논문 심사 후 수정을 해야 하는 경우에도 교신저자는 이를 공동 저자에게 알려서 승인을 받아야 한다.
- **공동저자** : 연구에 참여한 공동 연구원 및 연구보조원, 연구 수행 중 중요한 연구 정보를 상의하고 결론에 도달하는 데 기여한 자를 말한다. 공동저자의 포함 범위는 연구의 계획, 개념확립, 수행, 결과 분석 및 연구 결과의 작성에 현격히 기여한 자이다.
- **인용 연구자의 성명** : 가급적 모두 표기하며, 인용이 반복되어 누구 등이라고 한다든가 누구 et al. 등으로 표기하려면 먼저 본문 중에 생략된 연구자의 이름이 전원 소개된 다음이라야 한다. 한국인의 이름은 본문과 참고문헌에 모두 성과 이름을 함께 표기한다.
- **저자수가 다수** : 모두 표기하며 저자가 서양인일 경우 성(family name)을 먼저 쓰고, 나머지 이름은 머리글자(initial)로 대신한다. 저자가 4인 이상인 경우 첫 번째 저자의 성을 쓰고 나머지 이름을 머리글자로 표기한 다음 'et al.'을 사용한다. 사례는 다음과 같다.

  예) 인용하는 저서나 저자명이 본문에 나타나는 경우, 괄호 속에 발행연도 또는 발행 연도와 해당 면을 표시한다.

  예) 이 문제에 관하여 ○○○(1996)은..

  예) ○○○(1993: 25–26)은...(1993년도 문헌의 페이지 25에서 26까지를 의미함)
- **인용하는 저서나 저자명이 본문에 나타나지 않는 경우** : 해당 부문 말미에 괄호를 치고 그 속에 저자명과 발행 연도를 표시한다.

  예) 한 연구(○○○, 1992)에 의하면~
- **하나의 사항에 여러 문헌을 이용** : 동양서는 가나다순으로 서양서는 알파벳순으로 기재하되 문헌들 사이를 쌍반점(;)으로 가른다.

  예) 최근의 연구(○○○, 1996; ○○○, 1989, 1990)

- **저작권 및 출판권** : 저작권은 저자에 속하며 편집출판권은 학회에 귀속된다. 작품논문의 경우, 특허·실용신안·의장 등의 등록에 관하여서는, 응모자 자신이 실시하며, 그에 관한 문제가 발생하는 경우에는 본인의 책임 하에 대응하여 처리하여야 한다. 학술지에 게재된 논문은 본 학회의 승인 없이 무단 복제할 수 없으며 투고된 논문은 온라인상에서 데이터베이스화하여 이를 일반에게 공개하며, 투고된 논문에 따른 권리, 이익, 저작권 및 디지털 저작권에 대한 모든 권한 행사 등은 학회에 이양하는 것을 동의하는 것으로 간주한다.
- **본문내용의 제목**(장, 절, 항 등) : 큰 장이 바뀔 때는 1줄 띄어 다음 표제로 바꾸며, 중간 절이나 작은 항의 경우에는 띄지 않는다. 표기순서는 'I, II, III, IV, V; 1, 2, 3; 1–1, 1–2, 1–3; 1–1–1, 1–1–2, 1–1–3', '⑴, ⑵, ⑶', '①, ②, ③' 순으로 한다. 또한 본문의 원고를 편집할 때는 큰 장의 경우 페이지를 바꾼다. 본문에서 그림 혹은 표를 설명할 경우 [표 1], [그림 2] 또는 〈표 1〉, 〈그림 2〉와 같이 표기한다. 본문 작성 시에는 작품 〈 〉, 작품집 《 》, 논문 「 」이나 저서는 " ", 강조와 간접이용 ' ', 직접인용 " ", 신문기사 " ", 신문명과 잡지명 《 》으로 표기한다.
- **문헌 나열** : 단행본, 논문, 정기간행물, 웹사이트 순으로 하고 그 구분 내에서도 한글, 한자, 일본어 순서로 하며, 한국어 발음상 가나다순으로 나열하고 그 다음에 이어서 양어 표기문헌을 알파벳 순으로 나열. 또한 각 문헌은 저자, 논문(또는 서적명), 학회지명 또는 출판사, 출판연도 순으로 기술예) 홍기초(1998)는, 홍기초와 임조형(1998), 이결과(임조형, 1998)는 이들의 연구(홍기초와 임조형, 1998)는 이들의 조사(홍기초 등, 1998)는 ~ 와 같이 논했다.(임조형 등, 1998)
  - 단행본의 경우에는 저자(또는 역자), "서적명" 또는 서적명, 출판사, 출판년도, 쪽 번호, 순으로 기재한다.
  - 잡지의 경우에는 저자이름, 표제, 잡지이름, 권, 호, 출판사(또는 학회명), 발행년도, 쪽 번호, 순으로 기재한다.
  - 월드와이드 웹 정보의 경우에는 저작권자 이름, 홈페이지 또는 해당문건의 제목, www 상의 전체주소, 저작권자(단체), 저작년도, 순으로 기재한다.

예) www.ergoweb.com/news/detail.cfm?id?number=40Ergoweb Inc.,2005. (world wide web)

- **외국어 및 한자** : 한글로 표기하는 것을 원칙으로 하되, 뜻이 분명치 않을 때는 ( ) 안에 원어 또는 한자로 표기한다. 다음의 문장에서는 한글 또는 원어로 일관되게 표기한다. 예) 구성주의(constructivism) 등
- **편집된 서적** : 편집자의 이름을 저자명의 위치에 놓고 마지막 편집자의 이름 다음에 Ed, 혹은 Eds.를 소괄호로 묶어 제시한다. 저자가 없는 저작물을 참고한 경우에는 제목을 저자명 위치, 즉 출판년도 앞에 제시한다. 참고문헌 요소의 끝에는 마침표를 붙인다. 저자가 없는 저작물에 대한 참고문헌은 저자명의 위치로 옮겨진 제목 다음에 마침표를 찍는다.
- 2인 이상의 서양인 저자명은 마지막 저자명 앞에 '&' 를 붙인다. 그러나 한국인 저자명을 한글로 표기하는 경우, 각 저자명은 쉼표로 분리하고, 마지막 저자명 앞에는 관례에 따라 앰퍼샌드(ampersand, &)를 생략한다.
- **정기간행 학술잡지** : 저자명(family name)을 앞에 쓴다, 본문제목(따옴표 " " 사용) · 학술지명 · 권(호) · 면 · 연도의 순으로 기술하되, 외국학술지는 학술지명을 이탤릭체로 표기한다.예) Marter, Joan "Three Women Artist Married to Early modernist", The Art Magazine, 13(2), pp.90−98, 1972.
- **정기간행물이 아닌 단행본** : 저자명, 서명(" "사용. 개정판일 때에는 판수표시), 출판사명, 면, 출판년도의 순으로 표기한다. 예) 홍길동, "디자인론", 서광사, pp.211−235, 1999.)
- **비정기 간행물의 제목** : 제목은 이탤릭체로 표기하되, 영어 제목의 경우, 제목의 첫 단어와 부제의 첫 단어, 그리고 고유 명칭의 첫 글자만 대문자로 표기한다. 서적을 알아보거나 검색하는 데 필요한 정보를 첨부할 때는 제목 바로 다음에 한 칸 띄고 소괄호 사이에는 마침표를 붙이지 않는다. 소괄호 안의 정보는 이탤릭체로 표기하지 않는다. 만일 참고문헌을 검색하거나 인출하기 위해 정보가 필요하다면, 참고 문헌의 유형에 관한 기술은(소괄호에 첨부된 징보 다음에) 대괄호(brackets) 안에 기입한다.
- **번역본** : 저자, 번역자: 책명, 발행소, 쪽, 발행년. 순으로 기재한다.

[예] 4) Thackara, J., 김한국역, 모더니즘 후의 디자인, 나라출판사, 105, 1990

- **학위 논문** : 이길동(1992), 미술교육의 과정연구, 한국대학교 대학원 박사학위 청구논문
- **학술대회 발표논문** : 저자명, "제목", 학술대회 명칭, 편집자 명, Proceeding지명, 권, 호, 인용한 첫 쪽~마지막 쪽, 개최년도. 예) [1] J. E. Harvey, "Linear

arithmetic design theory applied to innovative product development thinking", Asia Design Conference, J. C. Stover, Ed., Proc. SPIE, vol.115, pp.87–99, 1999. [2] 장윤선, 이성규, "컨텐츠의 유형별 분류에 따른 웹 디자인 연구", 대한디자인학회 추계학술발표대회, 홍길동, 대한디자인학회 추계학술발표대회 발표논문지 제12권, pp.137–139, 2002.

- 저널의 권수 : 'Vol' 은 사용하지 않으며, 각 호가 1페이지부터 시작하는 저널은 권 수 바로 뒤에 괄호를 하고 호수(number)를 기입한다.
- 전자 자료 : 인터넷 문서에서 얻은 정보에 대해서는 끝부분에 인터넷 주소를 기입한다. 데이터베이스에서 얻은 정보에 대해서는 데이터베이스 이름을 제공하는 것으로 충분하다. 주소는 기입하지 않아도 된다. 자료 자체만 제시하기보다는 URL을 통하여 인용 자료를 획득한 방법에 관한 정보를 알 수 있도록 available from이라고 기입한다.
- 신문이나 잡지 : 페이지 번호 앞에 'p' 나 'pp' 를 사용하지 않는다.
- 각종 기호 및 단위의 표기 : 전문사전 및 국제관용에 따른다.
- 인용에 따른 윤리와 책임 : 인용내용은 연구자가 직접 읽고 확인한 것이어야 하며, 1차적 자료(primary source)가 없어 부득이 다른 사람이 인용한 것을 근거로 다시 인용하게 되었을 경우에는 반드시 2차적 자료(secondary source)를 근거로 재인용했다는 사실을 밝혀주어야 한다. 예) 문헌 재인용~~수용자는 커뮤니케이터에 대하여 지각, 판단, 평가하게 되기에 디자인 속성에 따라서 각각 상이할 수밖에 없는 주관적인 개념으로 파악되어야 함을 알 수 있다(홍길동 2008, 재인용)
- 출판일 : 저작물의 판권소유가 설정된 연도를 소괄호로 묶는다. (미출판 저작물에 대해서는 저작물이 완성된 연도를 기입한다.) 잡지, 소식지, 신문은 출판년도 다음에 정확한 날짜를 소괄호로 묶어 기입한다. (월 또는 월, 일) 출판허가를 받았으나 아직 출판되지 않은 저작물은 영문 저작물은 'in press' , 한글 저작물은 '근간' 이라고 쓰고 소괄호로 묶는다. 저작물이 실제로 출판되기 전까지 출판일을 기입해서는 안 된다. 학술대회에서 발표한 논문과 포스터에 대해서는 학술대회 연도와 월(month)을 쉼표로 분리하여 소괄호 안에 기입한다. 날짜를 알 수 없을 때는 소괄호 안에 n.d.라고 적는다.
- 특허 : 출원자명, "제목", 특허등록번호, 등록년도. 예) [1] A. C. Smith, "Optical disc–type data storage and retrieval system", U.S Patent 330210, 1980.

- 본문의 각주는 본문에 담겨있는 정보를 보충하거나 보강하는 역할을 한다. 각주에는 복잡하고 관련이 없거나 핵심에서 벗어난 정보를 포함해서는 안 되며, 논의를 보강해주는 역할을 하는 경우에 한하여 포함시켜야 한다. 그러나 여러 단락으로 된 각주를 달거나 여러 가지의 수식을 각주에 포함시켜야 한다면 각주를 사용하기 보다는 본문에 기술하거나 부록을 활용하는 것이 좋다.
- **저자 주**(author note) : 저자의 소속기관의 부서를 확인하고 인정하는 글을 제공하며, 군리 포기나 이해 문제에 대하여 진술하고, 관심 있는 독자들을 위해 연락 방법을 제공하며 다음과 같이 배열한다. 소속기관명, 제목, 저자명, 부서명, 대학명 혹은 기관명 등과 같은 순서로 배열하고 마침표를 찍는다. 교신저자를 따로 정하는 경우엔 저자명 뒤에 소괄호를 치고 이탤릭체로(교신전자)라고 기재한다.
- **미주, 후주**(footnote, endnote) : 본문 중 본문에 이용된 것과 독자의 이해를 돕기 위해 부연설명을 해야 할 경우에 주석을 미주로 표기해야 하며, 반괄호를 사용하여 해당 내용의 우측 상단에 본문의 font보다 2–3 작은 point로 1), 2), 3), (윗 첨자)으로 표시하고 이들을 모두 번호순으로 참고문헌 뒤의 미주란에 기입해 준다.
- **그림**(fig : figure)**과 표**(table)
  - 그림과 표가 들어가는 경우에는 인쇄면이 규정된 쪽수 이내에 들어가도록 그 면적계산에 주의한다.
  - 그림과 표에는 [**그림** 1], [**표** 1], [Fig 1], [Table 1]과 같은 번호를 붙이고 제목과 설명문을 기입한다. (예: [**그림** 1] 실험의 자극재료, [**표** 1] 평균반응 수)
  - 그림과 표의 제목 및 설명의 위치는 그림(Fig.)은 그림의 좌측하단에, 표(table)의 경우에는 우측상단에 표기한다.
  - 그림 및 표의 제목 및 설명은 본문에 함께 기재한다.
  - 그림 및 표의 위치는 본인이 지정하여 본문용 원고에 레이아웃하여 인쇄원고 상태로 제출한다.
  - 모든 그림이나 표는 원고의 해당 페이지에 제시되어야 한다.
  - 그림과 표는 본문내용 중에 흑백으로 작성하고, 사진은 그림으로 취급, 또한 모든 원도는 인쇄원판으로 사용되므로 해상도에 주의한다.
  - 사진 및 그림의 해상도는 실제 인쇄될 크기에서 150dpi 이상을 유지하여야 한다.

- 일반적으로 표의 제목(caption)은 표의 상단 좌측에 넣어 위치시키고 그림의 제목은 그림의 아래쪽 가운데에 넣어 위치시킨다.
- 모든 표와 그림을 사용할 때에는 이에 관한 설명을 본문에 반드시 기술해야 한다. 또한 본문 중의 원하는 위치에 삽입, 일렬번호와 제목을 붙임(표와 그림의 모든 번호는 논문 전체를 통해 가장 먼저 사용된 것부터 차례대로 아라비아 숫자로 표기)
- [표 1], [표 2], [표 3]…, [그림 1], [그림 2], [그림 3]…과 동시에 출처는 표나 그림의 하단에 기재하되, 참고문헌 작성방식을 따라야 한다.
- 통계 결과표를 작성할 때, 통계치(예 : t, F, m, SD)는 모두 이탤릭체로 하고 유의도 수준 p는 표 하단 왼편에 제시한다.
- 그림은 본문 주에 삽입하고 그림 제목은 그림의 하단에 [그림 1], [그림 2]로 일련번호와 함께 적는다. 자료 출처는 그림의 하단에 밝히며, 참고문헌 작성요령을 따른다.
- 일반적으로 표의 세로선은 삭제한다.
- 그림의 내용은 충분히 가독성이 있어야 하며 필요시에는 컬러로 표기(컬러 표기시에는 보기 및 심벌로 지정)하며 사진은 그림으로 취급한다. 또한 사진 및 그림 원고는 별도로 준비하지 않고 논문원고를 인쇄원판으로 사용한다. 따라서 흑백 인쇄를 전제로 하여 원고를 준비해야 한다.
- 그림 및 표 번호는 접미어 문자를 사용하지 않는다. 즉 1, 1a, 1-1 등이 아닌 [표 1], [표 2], [그림 1], [그림 2]로 표기한다.
- 표의 바로 아래에 위치하는 표의 주(note)는 일반 주(general note), 구체 주(specific note), 확률 주(probability note)로 분류한다. 표의 주 정렬은 일반 주, 구체 주, 확률 주의 순서로 한다. 일반 주는 약자, 기호 따위의 설명을 포함하여 전반적으로 표와 관계되는 정보를 한정해 주거나, 설명하기도 하며 또는 제공하기도 한다. 일반 주는 note라는 단어를 이탤릭체로 쓰고 마침표를 찍는다. 그리고 한 칸을 띄우고 설명할 내용을 기입한다.
- 그림 및 표의 표제 및 설명은 본문에 함께 기재한다.
- 그림 및 표의 크기, 선의 굵기, 글자의 크기는 본지의 반단 또는 전단으로 축소되었을 때의 크기를 고려하여 작성하여야 한다.
- 사진은 가급적 흑백으로 선명하여야 하며 사진 내의 글자크기는 축소를 고려하여 작성하여야 하며 해상도와 가독성을 위해 고딕체로 표기한다.

부록 2 영문 표기 방법

Books

Bibliographic details which must be included are as follows:

Author(s) (in capitals)

Title (unerlined)

Edition (if other than 1st edition)

Publisher

Date of Publication

examples

a) reference to a whole book

i) alternative method

LUKER, H.S. and LUKER, A.J Laboratory exercises in zoology. Butter-worths. 1971.

b) reference to a paper or chapter in a collection by several authors in book form. Additional bibliographic details which are needed are as follows:

author of chapter/paper;

title of paper (not underlined);

page numbers of paper or chapter

examples

ii) Alternative method

BURRAGE, S.W.and BARLEY, M.J. Microcomputers in environmental control. In: IRELAND, C.R. and LONG, S.P. Microcomputers in biology: a practical approach. IRL Pr.1985. pp.277-318.

PERIODICAL ARTICLES

Bibliographic details which must be included are as follows

Author

Title of article

Title of periodical (underlined)

Date of publication

Volume number – underlined

Part number – underlined

Page numbers of article

examples

i) Alternative method

HYMAN, E.D. A new method of sequencing DNA. Analytical Biochemistry. 174, 1988, pp.423–436.

REPORTS

Bibliographic details for inclusion are as follows:

Author

Title of report (underlined)

Issuing body and/or publisher

Date of publication

Report series code and/or accession number

examples

i) Alternative method

PATTEE, H.E. Joining ceramics and graphite to other materials. Washington, D.C., National Aeronautics and Space Administration. 1968. N69–14241. (NASA–SP–5052)

GOVERNMENT PUBLICATIONS

Bibliographical details vary according to the type of publication. If present the following should be included:

department or body responsible;

sub–division of department;

title (underlined);

author, or chairperson;

publisher; date; series;

Parliamentary paper or command number.

CONFERENCE PROCEEDINGS

Normally single papers from a set of conference proceedings will be cited. Bibliographic details for inclusion are as follows:

Author

Title of paper

Title of conference (underlined)

Number (where appropriate)

Date and location of conference

Date of publication

examples

i) Alternative method

MELCHERS, P. Synthesis and processing of immunoglobins. In: Processing and Turnover of Proteins and Organelles in the Cell FEBS/ Federation of European Biochemical Societies 12th meeting, Dresden 1978. Vol.53, Symposium S6. Pergamon. 1979. pp.57–70.

PATENTS

Bibliographic details to be included are:

Inventor/patentee

Company (the company rather than the individual may be the patentee, so include both if both are given in the original reference)

Title of patent (underlined)

Patent number, including country of origin

Date of publication

Application number and date of application

THESES

Bibliographic details to be included are as follows:

Author

Title–underlined

Qualification e.g. M.A. Ph.D.

Institution awarding qualification

Date

examples

i) Alternative method

THOMPSON, J.A. The control of the root to shoot ratio of radish (raphanus sativus L.) Ph.D.C.N.A.A. 1981.

BRITISH STANDARDS

Details to be included are institution, title, (underlined), number, publisher, date.

examples

i) Alternative method

BRITISH STANDARDS INSTITUTION. Recommendations for the presentation of theses. B.S.I. BS 4821. 1972.

UNPUBLISHED SOURCES

Information obtained by direct contact with specialists in the subject must be acknowledged.

examples

BROWN, J. Personal communication

BROWN, J. Private communication

JONES, A. (Unpublished)

찾아보기

ㅂ

ㅅ

ㅇ

ㅈ

ㅊ

ㅋ

ㅌ

ㅍ

ㅎ

INDEX

논문작성 체크포인트

초판 인쇄 2015년 11월 25일
초판 발행 2015년 12월 1일

저 자 한석우 · 김연화

발행인 주병오
펴낸곳 지구문화사 JIGU PUBLISHING Co.
주소 경기도 파주시 회동길 209
파주출판문화정보산업단지
전화 031-955-7577
팩스 031-955-7730
이메일 jigupub@hanmail.net
등록번호 1979년 7월 13일 제9-57호

ISBN 978-89-7006-771-1

PREPARING DISSERTATION FOR ART CRAFT & DESIGN

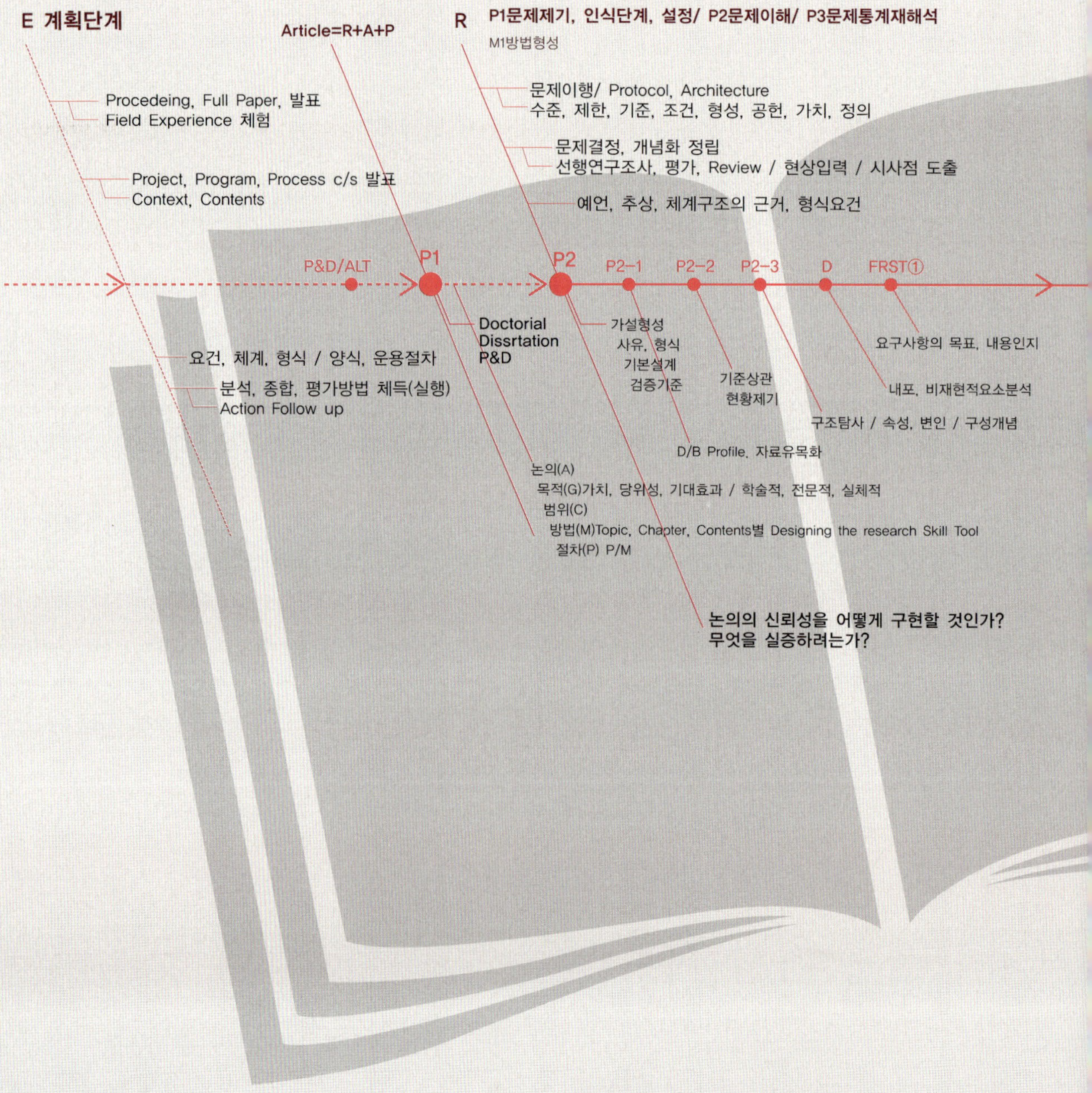

Identity Specific Selection Criteria (Generate–Organize–Appropriate)

A 문제명확화, 체계화, 최적화실행단계

방법적용 / 방법진술, 실행, 평가 사실확보 / 실험

문제규명, 근거, 원인, 영향요인, 일반법칙과의 통계적 해석, 검증

구조모형/ 표본정립/ 규범추출/ 형식, 조건의 최적화, 전제, 관계, 법칙, 정형...
변인간의 관계진술 / 상관화 / 정량화, 정성화 / 형이상학적 본질, 추론합의...

Show that is ture / an accurate of a facts theory

P 문제해결 / 문제검증단계

방법시연

논지확립 / 통계적, 계량적 검증내용 제시
이론체계구현 / 실체제시, 사실확인

A① → P3 — O — D — I — C — ● ····· V — FRST② → P4 ····· P

A1?
A2?
A3?

Article=R+A+P
A=V

Scenario
Persona
Protocol...

이론체계구축 / 요인간의 위계구조, 형상학적 구조,
Contents정형화 / 타당성 / 유용성 / 형식논리학적구조/
조건충족

상관, 회기
변량, MDS
Anova, meta 분석
표본조사
(단순확률,
계층(층화),
다단계계통,
이중추출법) 등

반응, 추적, 진술, 비교, 판별, 해석, 본질의 재해석, 재생, 실험
분석, 상관, 회기, 변량, 예언, 예측, 평가, 추상

원인해명, 조건요소재현, 전제, 규범
본질, 논거확인

가치확인, 당위성 확보
확률적준거확인

사실의 구조구현
–Platform
–System
–Architecture
–Structure

· Survey
–Diagramming
–Simulating
–Testing / Experimenting
–Modeling / Prototyping

· Already done & Should be done!
· Reason, Facts, priority의 진위를 판단, 해석, 확장하였는가?
· 타당성을 어떻게 구현할 것인가?
· 논의의 신뢰성 확보는?

Legend :

P&D–Planning&Design
ALT–Alternation
E– Experience
T– Tipic
G– Goal
C– Categorising
M– method &Methodology
P– Phase
R– Resource
P1– Profile
P2– Perspective
P3– platform
D– Denotation
FRST①– Feasible Research Sys Target
A– Argument
O– Organizing
D– Diagramming
I– Iinterpretation, Implication
C– Connotation
V– Value
FRST②– Feasible Research Solution Target
P– Proof
P– Presentation